U0800285

“双高计划”专业群制度及典型案例研究

容　会　宋　浩　陈云川　著

中国铁道出版社有限公司
CHINA RAILWAY PUBLISHING HOUSE CO., LTD.

内 容 简 介

本书结合近三年昆明冶金高等专科学校“双高计划”专业群的建设实践，立足于区域特色和专业特色，梳理阶段性建设成效，总结建设经验，推广优秀做法。其内容包括专业群制度（现代学徒制、产教融合以及教育教学等）的介绍及解读，“双高计划”专业群阶段性建设的典型案例分析，“双高计划”专业群阶段性建设成果展示和评估等，并通过解读教育部有关“双高计划”建设的要求和指示精神，结合昆明冶金高等专科学校“双高计划”专业群的建设成果，提炼经验，总结心得。

本书对高职院校进行教学改革探索、提升办学质量、专注内涵发展具有重要的参考价值，可供高职院校教师参考。

图书在版编目（CIP）数据

“双高计划”专业群制度及典型案例研究/容会，宋浩，陈云川著．—北京：中国铁道出版社有限公司，2024. 3

ISBN 978-7-113-30696-0

Ⅰ. ①双… Ⅱ. ①容… ②宋… ③陈… Ⅲ. ①高等职业教育-专业设置-学科建设-研究-中国 Ⅳ. ①G718. 5

中国国家版本馆 CIP 数据核字（2023）第 210315 号

书　　名：“双高计划”专业群制度及典型案例研究
作　　者：容　会　宋　浩　陈云川

策　　划：潘星泉　　**编辑部电话：**（010）51873090
责任编辑：潘星泉　张　彤
封面设计：刘　颖
责任校对：苗　丹
责任印制：樊启鹏

出版发行：中国铁道出版社有限公司（100054，北京市西城区右安门西街 8 号）
网　　址：http://www.tdpress.com/51eds/
印　　刷：天津嘉恒印务有限公司
版　　次：2024 年 3 月第 1 版　2024 年 3 月第 1 次印刷
开　　本：787 mm × 1 092 mm 1/16　**印张：**18. 5　**字数：**464 千
书　　号：ISBN 978-7-113-30696-0
定　　价：54. 00 元

版权所有　侵权必究

凡购买铁道版图书，如有印制质量问题，请与本社教材图书营销部联系调换。电话：（010）63550836

打击盗版举报电话：（010）63549461

前言

围绕办好新时代职业教育的新要求，昆明冶金高等专科学校以服务地方经济、支撑行业发展为出发点，积极组织建设测绘工程技术专业群，科学地对专业群进行组织管理，对于优化专业结构、凝聚专业资源、提高人才质量、增强学校核心竞争力等起到了积极作用。然而，在当前专业群建设实践过程中，尚未充分发挥出专业群资源共享、协同发展的优势。因此，亟须理性剖析专业群在组织管理过程中的实际运行情况。

本书对昆明冶金高等专科学校测绘工程技术专业群的“双高计划”建设成效进行了系统调研、分析和数据解读，通过本书可系统了解昆明冶金高等专科学校“双高计划”各建设任务的实际成效，评价建设举措的有效性。同时也可以发现在建设过程中可能存在的宏观认识偏差、建设方向不聚焦、利益相关者感知不强、各方工作协调不足等问题，处理好“双高计划”与常规建设、短期目标与长远规划、战略发展筹划与落细落实之间的平衡关系，以评促改，推动学校“双高建设”整体绩效目标向着更高质量、更高水平迈进。

学校将以“双高”专业群建设为引领，带动其他专业改革创新，立足区域经济社会发展、先进装备制造产业发展需求，以产教融合、校企合作机制创新为突破口，探索新时代高素质技术技能人才培养和校企协同创新的新路径，形成自身的人才培养模式及标准，提升专业群服务区域及国家装备制造产业发展的能力。同时，以服务国家“一带一路”倡议为初心，积极探索中外合作办学模式，践行海外技术技能人才培训赋能，培育国际化的技术技能人才。

本书是在昆明冶金高等专科学校“双高”建设办公室统筹下，由计算机信息学院容会、宋浩、陈云川著述。在著述过程中，得到了昆明冶金高等专科学校“双高”建设办公室、测绘学院、计算机信息学院、建筑工程学院等的鼎力支持，参考了大量相关学院和部门的著作与成果，在此对各位领导、专家一并表示感谢。

由于书中内容涉及的知识新而广，著者水平有限，书中难免存在疏漏和不足之处，恳请广大读者和专家批评指正。

著 者
2023 年 10 月

目 录

第 1 篇

绪　论

本书以“职教二十条”“双高计划”申报及评价系列文件、职业教育改革发展各相关重要文件等为依据，在中期检查中对昆明冶金高等专科学校测绘工程技术专业群的建设成效进行了系统调研、分析和数据解读，并对教职工、在校生、毕业生、行业企业/用人单位、家长在专业群“双高”建设各项任务中的满意度得分进行算术平均计算，结果见表 1-1 所示。

在校生满意度为 97.78%，毕业生满意度为 98.98%，教职工满意度为 95.04%，行业企业满意度为 99.50%（其中，用人单位满意度为 99.75%），家长满意度为 97.35%，见表 1-1。

表 1-1　各调研对象对“双高”专业群建设质量的总体满意度

调研维度	调研对象	满意度
测绘工程技术专业群	在校生	97.78%
	毕业生	98.98%
	教职工	95.04%
	行业企业	99.50%
	其中：用人单位	99.75%
	家长	97.35%

一、人才培养模式创新

测绘工程技术专业群毕业生就业流动以省内生源、省内就业为主；毕业生当前从事工作与所学专业的相关度较高；毕业生和企业均认可本专业群毕业生的就业胜任力与竞争力；课堂教学的内容前沿性较强；毕业生和企业对人才培养质量满意度较高。

就业质量方面，本专业群2022届毕业生就业流动以省内生源、省内就业为主（占比为88.18%），毕业生在本省就业的比例为89.09%，这体现了本专业群服务地方经济发展的人才供给定位。毕业生当前从事的工作与所学专业的相关度较好，2022届毕业生中，80.37%的学生认为其当前从事的工作与专业“完全对口”或“基本对口”。从企业维度来看，所有的企业人员均表示本专业群毕业生在其单位所从事的工作与专业“完全对口”或“基本对口”，这在企业的态度倾向上进一步说明本专业群所培养人才具有很强的针对性与适应性，能够很好地满足企业对技术技能人才的要求。

能力优势方面，就胜任力而言，本专业群有98%以上的毕业生、所有的企业人员均认为其在某些方面能够胜任当前工作，其中毕业生和企业均认为本专业群毕业生在“专业知识和技术技能”方面胜任的比例最高，占比分别为69.09%、92.11%。就竞争力而言，与同层次院校毕业生相比，55.10%的毕业生和89.47%的企业人员表示本专业群毕业生在工作上相较其他高职院校毕业生具有优势。此外，与本科院校毕业生相比，61.82%的毕业生表示其工作态度更踏实，54.55%的毕业生表示其动手能力更强。

前沿性与职业技能等级证书方面，就课堂教学内容前沿性而言，本专业群在课堂教学中涉及的专业领域或前沿动向较多，课堂前沿性较好，100%的教师、92.26%的在校生和93.33%的毕业生均表示在教学中会涉及专业领域或社会前沿动向。在职业技能等级证书方面，本专业群有80.77%的教师、41.41%的在校生表示其参与了“1+X”证书相关活动。

本专业群2022届毕业生对当前工作各方面的满意度均较高，其中对所在行业、能力胜任和工作单位方面的满意度相对较高（满意度分别为95.82%、95.64%、95.55%）；企业对本专业群人才供给各方面的满意度很高，其中对学校声誉、道德品质、所学专业以及职业素养方面的满意度得分均为99.74。同时，97.37%的企业人员明确表示未来会继续招聘本专业群毕业生。

二、课程教学资源

本专业群构建了多层次、多样化的课程体系，课程的前沿性、规范性、共享性特征明显；专业群大部分教师均参与过资源库建设活动；教师对专业群课程教学资源建设工作满意度较高。

课程建设方面，在双元制课程建设方面，本专业群教师参与比例为2.31%；在前沿性课程建设方面，本专业群教师参与比例为38.46%；在课程规范性建设方面，本专业群教师参与比例为46.15%；在课程共享性建设方面，本专业群教师参与比例为34.62%。

从企业视角来看，本专业群合作企业中，有50.00%的企业人员表示参与了前沿性课程建设，有50.00%的企业人员表示与学校合作开发的课程具有较强的科学规范性，有50.00%的企业人员表示与学校合作的课程是向社会、企业和其他院校开放、共享的。

资源库建设方面，有65.38%的教师表示参与过资源库建设。在国家级教学资源库采用方面，有53.85%的教师表示采用过国家级教学资源库。

本专业群教师对课程建设的满意度为98.08%，表明本专业群在课程建设方面取得了较好的成效，得到了专业群教师的广泛认可。

三、教材与教法改革

本专业群开发和使用了多种类型的新形态教材，教师采用最多的是国家级教学资源库。专业群课堂教学中采用多种教学方法，其中教师采用较多的是讲授法教学、线上线下混合式教学和实训实习教学；本专业群师生对课堂教学各方面满意度均较高。

教材改革方面，在新形态教材采用率上，教师采用最多的是国家级教学资源库，占比为53.85%，其次是新型融媒体教材，占比为30.77%。在国家规划教材采用率上，本专业群有96.15%的教师采用过国家规划教材。

教法改革方面，专业群课堂教学中采用多种教学方法，其中教师采用较多的是讲授法教学、线上线下混合式教学和实训实习教学（占比分别为88.46%、88.46%、80.77%），在教师课堂教学能力方面，本专业群有88.46%的教师、87.37%的在校生、95.22%的毕业生都认可专业群教师的专业技术水平。同时，有84.00%的教师、87.57%的在校生、93.27%的毕业生都认可专业群教师的教学能力水平。在课堂信息化教学要素上，教师接触最多的是投影仪和PPT（100.00%），其次是台式机、笔记本或PAD（92.31%）以及线上课程和学习资源（78.10%）。

本专业群师生对课堂教学各方面满意度均较高，其中教师对教学方法、前沿内容、教材的满意度相对较高（满意度分别为98.46%、96.00%、95.00%），在校生对教学团队教学方法、信息化的满意度相对较高（满意度分别为97.92%、97.76%、97.67%），毕业生对教学方法、教材、信息化的满意度相对较高（满意度分别为99.43%、99.38%、99.33%）。

四、教师教学创新团队

本专业群高度重视师德师风建设，活动形式多样、内容丰富，教职工参与积极性较强，教师团队吸纳了校内外多方群体参与；师生对本专业群师德师风建设满意度很高，且教师对本专业群教师发展工作的满意度也很高。

师德师风重视程度与建设活动方面，本专业群所有的教职工均对“师德师风”相关讲话、论述、政策、原理有一定了解，其中，表示“非常了解”或“了解”的比例为92.86%。本专业群教职工参与比例最高的是强化爱国主义、国家利益、社会责任等方面的活动（占比为96.43%）。此外，本专业群教职工在“师德师风”各方面的提升度均高于98%(99.64%),其中提升较高的方面是“理想远大,信念坚定”(99.29%)和“人格高尚,感召力强”(99.29%)

教师队伍方面,本专业群的教师团队具有多种形态,以专业群内老师组成的课程团队为主(参与度占比为80.77%),校企组建成的双师队伍(参与度占比为46.15%)以及联合教同一门课程的多个专业的老师(参与度占比为46.15%)也具有一定规模。在校生接触最多的是专业群内老师组成的课程团队(占比为78.38%),其次是校企组建成的双师队伍(占比为44.03%)和联合教同一门课程的多个专业的老师(占比为42.89%)。

教师发展方面,本专业群开展了多类能力提升活动,在教学技能提升上,本专业群超过96%的教师均参与过一项或多项教学技能提升活动,其中教师参与比例最高的是教学能力培训或研修(占比为84.62%);在服务能力提升上,本专业群中超过53%的教师都参与过一项或多项服务能力提升活动,教师参与比例最高的是“校企共同研发、推广技术标准”方面的活动(占比为30.77%);在职业发展活动参与方面,本专业群中超过80%的教师都参与过一项或多项职业发展活动,其中教师参与比例最高的是社会挂职锻炼和职业发展咨询(占比均为26.92%);在教师参与培训机构举办的培训活动方面,本专业群中超过84%的教师都参与过一项或多项教师培训机构举办的培训活动,其中教师参与比例最高的是网上培训(占比为73.08%);在教师教学能力提升方式方面,本专业群超过96%的教师都利用某种方式提升了自身的教学能力,其中有92.31%的教师通过自己参加培训或自学提升个人教学能力。

本专业群教职工对“师德师风”建设相关活动的满意度为98.21%。在校生对本专业群教职工在“师德师风”方面满意度最高的是“政治性强,家国情怀”(满意度为98.34%),毕业生满意度最高的是“学识扎实,业务精湛”(满意度为99.43%)。此外在教师发展方面,教师对其在教育教学信息化方面的满意度最高(满意度为97.31%)。

五、实践教学基地

本专业群建立了融教学实训、社会培训、技能鉴定、教学科研、社会服务、科普教育于一体的开放共享型实训基地;教师和合作企业均对本专业群基地建设满意度较高。本专业群建设了诸多类型实训基地,在实训基地的功能上,有47.67%的在校生认为专业群建设的实训基地既可实践教学,也用于社会培训;29.69%的在校生认为面向区域内学校和企业开放共享;29.12%的在校生认为有企业在此做真实生产;此外,还有27.42%的在校生认为可以在此做社会技术服务。

本专业群的实训基地建设工作开展较好,教师、合作企业人员的满意度分别为94.62%、99.50%。

六、技术技能平台

本专业群积极打造技术技能服务平台,且为企业提供的技术技能服务类型较为丰富,教师参与积极性较高,以“校企共同研发、推广技术标准”方面的活动类项目为主,合作企业对本专业群的技术技能平台服务满意度很高。

平台建设方面,有47.62%的企业人员表示与本专业群开展了技术技能合作。

平台服务方面,本专业群为企业提供的服务类型较为丰富,教师参与比例最高的是“校企共同研发、推广技术标准”方面的活动(30.77%),其次是“服务企业的技术研发和产品升级”(26.92%)和“承接企业真实生产项目”方面的活动(23.08%)。

教师和合作企业均对本专业群的技术技能平台服务的满意度较高,二者的满意度分别为93.08%、99.50%。

七、社会服务

本专业群在技术研发和产品升级服务方面取得了一定的成效。专业群开展了多种形式的职业培训,教师参与度较高,以职工继续教育为主。企业人员对本专业群的技术成果转化服务与职业培训服务认可度较高。

技术转化方面,本专业群有26.92%的教师表示参与过服务企业的技术研发和产品升级。

职业培训方面,本专业群超过46%的教师均参与过一项或多项职业培训活动,其中教师参与比例最高的为职工继续教育(参与比例为34.62%),其次是面向急需紧缺领域人才培训(参与比例为23.08%)。

在技术成果转化满意度方面,本专业群合作企业的满意度为99.50%。在职业培训方面,教师和合作企业人员的满意度分别为97.69%、99.50%。

八、国际交流与合作

本专业群开展了诸多国际化项目,教师参与比例最高的是引进优质职业教育资源;企业人员对本专业群国际化建设工作满意度较高。

在诸多国际化项目中,本专业群教师参与比例最高的项目是引进优质职业教育资源(占比为11.54%)、“一带一路”建设和国际产能合作(占比为11.54%)。

在国际化建设满意度方面,本专业群教师对专业群国际化建设满意度为94.80%,在国际化合作满意度方面,企业满意度为98.95%。

九、可持续发展保障机制

本专业群在参与学校治理方面的成效很好,建立了政、行、企、校以及第三方机构等多方参与的教学诊改质量保障机制。

就专业群治理效果而言，本专业群大部分教职工都认为专业群的治理效果好，教职工对专业群治理效果的满意度为94.64%。此外，本专业群建立了教学诊改质量保障机制，专业群完善政府、行业、企业、第三方机构等多方参与的人才质量评价体系，综合评价毕业生的职业道德、技术技能水平、就业质量，院校的产教融合、校企合作水平等。通过引进第三方机构开展评估，监控专业群各关键量化指标，找出存在的问题，并及时进行诊改。专业群联合在校生、毕业生、教职工、行业企业以及家长对本专业群的九大建设任务进行建设成效评估。后续本专业群将继续跟踪问卷调研的反馈情况，并根据利益相关方的反馈意见，对专业群的建设工作进行持续改进。

第2篇

专业群人才培养方案

“双高计划”明确提出高职教育要实现高质量发展,达到国际先进水平的宏伟目标。近些年,国家相继出台围绕高职院校“产教融合、校企合作”建设政策和方案,专业群人才培养模式是高职教育建设的核心,也是高职教育发展特色内容之一。因此,探索“双高”建设背景下专业群人才培养模式路径,对于建设一流高水平高专业群职业院校、适应经济转型、创造大国工匠,具有一定指导意义和现实意义。

本章节结合昆明冶金高等专科学校,测绘工程技术双高专业群实际。对测绘工程技术(专业代码:420302)、测绘地理信息技术(专业代码:420303)、建筑工程技术(专业代码:440301)、建筑材料工程技术(专业代码:430701)、物联网应用技术(专业代码:510102)专业人才培养方案、特色等进行了详细的梳理与说明,以期对其他专业的建设提供一些新的思路。

2022 级测绘工程技术专业群人才培养方案审定意见表

专业群审核意见： 意见样式：本专业群负责人已对本群内所有专业的 2022 级专业人才培养修订方案进行审核，符合要求。 请专业群负责人在签字前，仔细审核！ 专业群负责人签字：　　　　日期：
教务处意见： 签字(盖章)：　　　　日期：
学校审核意见： 签字(盖章)：　　　　日期：

测绘工程技术专业群人才培养方案

专 业 群 名 称：	测绘工程技术专业群
适 用 年 级：	2022 级
专 业 群 级 别：	☑ 国家级　☐省级　☐筹备
修(制)订时间：	2022 年 8 月

测绘工程技术专业群人才培养方案

一、专业群名称

测绘工程技术

二、群内专业名称及代码

1. 测绘工程技术(专业代码:420302)
2. 测绘地理信息技术(专业代码:420303)
3. 建筑工程技术(专业代码:440301)
4. 建筑材料工程技术(专业代码:430701)
5. 物联网应用技术(专业代码:510102)

三、入学要求

高中阶段教育毕业生、中等职业学校毕业生或具有同等学力者。

四、修业年限

三年。

五、职业面向

(一)产业与专业群映射关系

建筑工程产业涵盖测绘、建筑设计、建筑施工、装配式建筑等领域,随着新型城镇化和新型基础设施建设的全面推进,需要工程技术的交叉融合、高度集成与协同创新。以云南省新型城镇化及新型基础设施建设对高素质、复合型技术技能人才的巨大需求为背景,聚焦建设工程行业和测绘地理信息行业工业化、信息化改造,加快发展现代绿色装配式建筑产业和智慧城市建设,应用物联网等技术,对接测绘基准建立、规划、勘察、设计、施工及装配式建筑产业链、创新链、人才链,按照专业基础相通、教学资源共享、就业领域相近的原则,组建测绘工程技术专业群。

本专业群瞄准新型城镇化及新型基础设施建设全过程,以产业发展需求及新技术应用为牵引，以行业人才需求为驱动，以岗位任职要求为导向，系统地构建契合产业转型升级所需的专业体系，形成以测绘工程技术、测绘地理信息技术、建筑工程技术、建筑材料工程技术、物联网应用技术等五个专业组成的专业群。

（二）群内各专业逻辑关系

测绘工程技术是新型城镇化建设的重要支撑，贯穿工程建设的全过程，为规划、勘察、设计、施工、管理各阶段提供测绘技术支持、空间基准与位置服务。测绘地理信息技术为规划、勘察、设计和管理各阶段提供地理空间数据支撑和可视化服务。建筑工程技术和建筑材料工程技术服务设计、施工阶段，保障建设过程的施工安全、材料性能和建设质量，物联网应用技术融合测绘地理信息技术，对接产业的智能化监测，实现工地管理的智慧化，服务于智能建筑、智慧城市建设。

通过测绘工程技术、测绘地理信息技术与物联网应用技术的集成，融合各类传感数据和空间位置数据，引入空间分析和三维可视化技术手段，拓展自动化监测、智能化管理和可视化服务领域，促进智慧城市建设。建筑工程技术、建筑材料工程技术与物联网应用技术的集成，将派生新型建筑设计和建造模式，变革材料检测分析模式，促进建筑工业化、智能化。

测绘工程技术专业群教学资源共享度高，就业领域交叉重叠，技术关联度大，专业群的组建将促进专业间的相互渗透、相互补充和融合共享，发挥集群效应，为新型城镇化建设产业链提供复合型、创新型、国际化的人才链支撑，带动工程建设行业发展和转型升级，提升参与国际市场竞争的能力。工程建设行业与技术技能人才培养逻辑关系如图 2-1 所示。

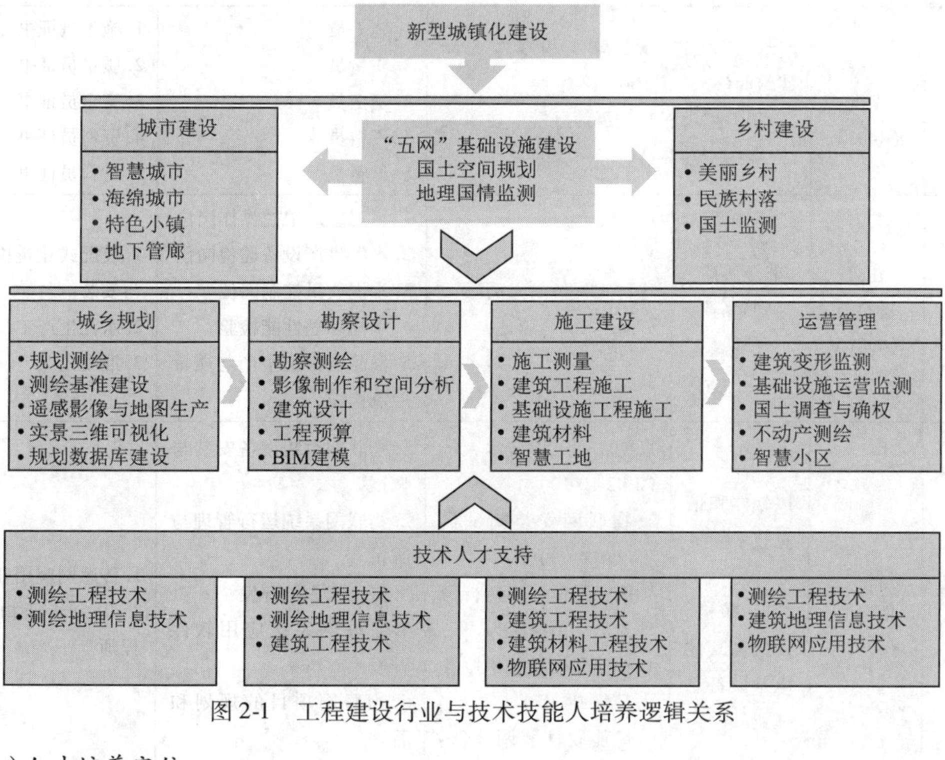

图 2-1　工程建设行业与技术技能人培养逻辑关系

（三）人才培养定位

专业群以服务新型城镇化建设技术集成与创新、岗位技能交叉与融合为主线，通过优质教学资源共享、就业与创业资源共享，面向城乡规划、勘察设计、施工建设、运营管理各个阶段，共同培养测绘地理信息、“五网”基础设施建设、城市建设、乡村建设领域所需的复合型、创新型、国际化的高素质技术技能人才。

（四）职业面向

所属专业大类（代码）	所属专业类（代码）	对应行业（代码）	主要职业类别（代码）	主要岗位类别或技术领域举例	职业资格或职业技能等级证书举例
资源环境与安全大类(42)	测绘地理信息类（4203）	测绘地理信息服务（744）	测绘和地理信息工程技术人员(2-02-02)	1. 数字地形图测绘 2. 控制测量 3. 工程测量 4. 不动产测绘 5. 地理信息数据生产 6. 遥感影像处理 7. 地理信息数据生产 8. 地理空间数据库建设与维护 9. 地理信息应用服务 10. 地图编制	1. 测绘地理信息数据获取与处理 2. 不动产数据采集与建库 3. 测绘地理信息智能应用 4. 无人机摄影测量 5. 地图绘制员 6. 测绘地理信息智能应用职业技能等级证书 7. 测绘地理信息数据获取与处理职业技能等级证书 8. 不动产数据采集与建库职业技能等级证书
土木建筑大类（44）	土建施工类（4403）	土木工程建筑业(48) 房屋建筑业(47)	1. 建筑工程技术人员(2-02-18) 2. 建筑信息模型技术人员(4-04-05-04)	1. 施工员 2. 质量员 3. 安全员 4. 资料员 5. 材料员	1. 施工员证书 2. 质量员证书 3. 安全员证书 4. 资料员证书 5. 材料员证书
能源动力与材料大类(43)	建筑材料类（4307）	非金属矿物制品业（31）	建材工程技术人员(2-02-19)	1. 水泥生产中控操作岗位 2. 水泥生产设备巡检岗位 3. 水泥质量控制岗位 4. 水泥物理性能检验 5. 商品混凝土生产与质量控制岗位	1. 装配式建筑构件制作与安装 2. 水泥生产工 3. 混凝土工
电子信息大类(51)	电子信息类（5101）	1. 软件和信息技术服务业(65) 2. 计算机、通信和其他电子设备制造业(39)	1. 物联网工程技术人员(2-02-10-10) 2. 物联网安装调试员(6-25-04-09) 3. 信息通信网络运行管理人员(4-04-04) 4. 软件和信息技术服务人员(4-04-05) 5. 智能硬件装调员(6-25-04-10)	1. 物联网系统设备安装与调试 2. 物联网系统运行管理与维护 3. 嵌入式系统开发 4. 物联网系统应用软件开发 5. 物联网项目的规划和管理 6. 物联网市场营销类	1. 传感网应用开发 2. 华为认证物联网工程师

六、培养目标与培养规格

(一)培养目标

测绘工程技术专业群培养理想信念坚定,德、智、体、美、劳全面发展,具有一定科学文化水平,良好的人文素养、职业道德、安全意识、创新意识、环保意识,具有精益求精的工匠精神和团队合作精神,较强的就业能力和可持续发展的能力,掌握测绘地理信息数据获取与处理、测绘地理信息应用和服务、建筑工程施工、建筑材料生产与检测、物联网系统安装与调试等专业知识和技术技能,面向测绘地理信息、国土资源管理、城市规划、环境保护、水利水电、建筑、交通等领域岗位群,能够从事新型城镇化和新型基础设施建设工作的高素质技术技能人才。

(二)培养规格

本专业毕业生应在知识、能力、素质方面达到以下要求:

1. 知识要求

Z1:掌握思想政治理论、德育与法律基本知识、学科体系知识、英语、体育、计算机基础应用、职业发展等基础知识。

Z2:掌握人文素养、心理健康以及文明生产、安全生产、环境保护、消防等必备的知识。

Z3:掌握专业必备的中华优秀传统文化知识。

Z4:掌握专业软件应用与数据处理的基本知识。

Z5:掌握高等数学必备知识。

Z6:熟悉与本专业相关的法律法规知识。

Z7:掌握测绘地理信息数据获取与处理方面的知识与方法。

Z8:掌握测绘地理信息应用与服务方面的知识与方法。

Z9:掌握建筑工程施工方面的知识与方法。

Z10:掌握建筑材料生产与检测方面的知识与方法。

Z11:掌握物联网系统安装与调试方面的知识和方法。

2. 能力要求

N1:具有较强的语言、文字表达能力和沟通能力。

N2:具有利用计算机进行常规的办公文稿处理,熟练运用信息技术的能力。

N3:具有终身学习、探究学习、发现问题、分析问题和解决问题的能力。

N4:具有独立思考、逻辑推理、制订工作计划等方面的能力。

N5:具有较强的执行能力,能按照规则做事。

N6:具有较好的组织协调能力和团队协作能力。

N7:具有运用知识和理论,可不断提供新思想、新理论、新方法和新发明的创新能力。

N8:能够进行测绘地理信息数据获取与处理。

N9:能够开展测绘地理信息应用与服务。

N10:能够进行建筑工程施工。

N11:能够进行建筑材料生产与检测。

N12:能够进行物联网系统的安装与调试。

3. 素质要求(含思政要求)

S1:具有正确的世界观、人生观、价值观。坚定拥护中国共产党领导和我国社会主义制度,在习近平新时代中国特色社会主义思想指引下,践行社会主义核心价值观,具有深厚的爱国情感和中华民族自豪感;崇尚宪法、遵守法律、崇德向善、诚实守信、尊重生命、热爱劳动,履行道德准则和行为规范,具有社会责任感和参与意识。

S2:具有良好的职业道德和职业素养。爱岗敬业,具有精益求精的工匠精神;尊重劳动、热爱劳动,具有较强的实践能力;具有质量意识、绿色环保意识、安全意识、信息素养、创新精神;具有较强的集体意识和团队合作精神,能够进行有效的人际沟通和协作,与社会、自然和谐共处;具有职业生涯规划意识。

S3:具有良好的身心素质和人文素养。具有健康的体魄和心理、健全的人格,能够掌握基本运动知识和一两项运动技能;具有感受美、表现美、鉴赏美、创造美的能力,具有一定的审美和人文素养,能够形成一两项艺术特长或爱好;掌握一定的学习方法,具有良好的生活习惯、行为习惯和自我管理能力。

七、人才培养模式与途径

(一)"一面向、两主体、三平台、四阶段、五融合"人才培养模式

1. 一面向

面向工程建设领域,服务云南省"五网"基础设施、新型城镇化、城乡一体化、智慧城市、特色小镇与美丽乡村建设,在各种人才培养保障机制下,为社会输送专业知识扎实、技术水平过硬,符合产业发展趋势的复合型、创新型高素质技术技能人才。

2. 两主体

人才培养依托学校和行业企业协同创新双主体。学校在人才培养中发挥主导作用,利用师资、课程、场地等教学资源开展系统性的教育教学,帮助学生构建完整的专业基础理论及技能;行业企业在人才培养中承担行业指导和生产育人的角色,在各阶段的能力培养中全程参与,并在顶岗实习中承担主要指导工作。

3. 三平台

依托专业社团、技能竞赛、工程中心三个平台,从培养学生的专业兴趣着手,逐步引导学生积极参与到各项技能竞赛中,使之从中获得专业认同感并培养自身的团队协作能力。通过竞赛,选拔出一批政治立场坚定、诚实守信、技术技能水平高、思维灵活、具有创新能力的学生进入到工程技术中心,在学校和企业指导教师的带领下,参与到实际生产、科技研发、创新创业项目中,逐渐成长为产业急需、技能高超的高素质技术技能人才。

4. 四阶段

按照能力进阶,将人才培养过程划分为行业认知、基础学习、技能强化、工程实践四个阶段。依托校企合作主体,积极创造条件,为学生提供不同形式的技术技能训练途径,如参观实习、生产

实习、技能竞赛、顶岗实习等，逐阶提高学生的技术技能水平。在人才培养的各个阶段，将社会主义核心价值观教育融入其中，培养学生爱国、敬业、诚信、友善的品质，通过立品行、强技能，促进学生可持续发展。

5. 五融合

课程、师资、实训等教学资源相融合，实现优质资源共建共享，拓宽就业渠道；测绘工程技术、测绘地理信息技术、建筑工程技术、建筑材料工程技术、物联网应用技术等五个技术领域交叉融合，拓展新的服务领域和行业应用；通过教学、生产、科研相融合，实施生产育人，提升科技创新与社会服务能力；岗位课程面向社会开放共享，教学内容紧扣岗位培训需求，课程考核与职业资格取证相融合；在课程学习、工程训练中融入创新能力和创业精神的培养，实现课程学习、工程训练与创新创业相融合。

"一面向、两主体、三平台、四阶段、五融合"人才培养模式如图 2-2 所示。

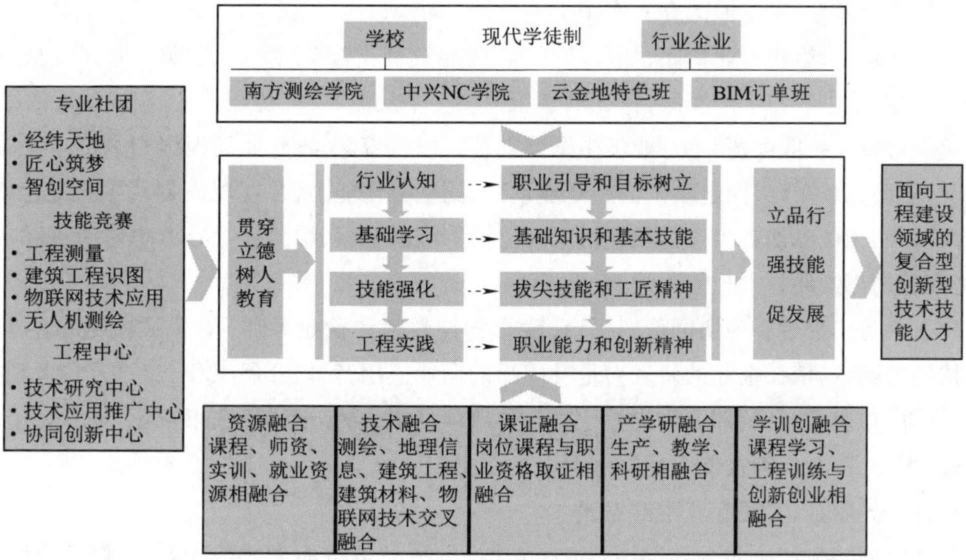

图 2-2　"一面向、两主体、三平台、四阶段、五融合"人才培养模式

（二）人才培养模式实现途径

1. 深化校企合作，促进产教融合

总结现代学徒制和企业新型学徒制试点经验，联合行业企业，举办特色产业学院和订单班，如中兴学院、南方测绘学院、云金地特色班、BIM 订单班，校企共同研究制定人才培养方案，及时将新技术、新材料、新工艺、新规范纳入教学标准和教学内容，强化学生实习实训，根据学生所处的阶段及专业技能水平，适度参与到科学研究、科技服务中，服务于国家及地方经济社会发展。

2. 循序渐进，阶段化培养人才

行业认知阶段：学生入校后的第一学期即开展职业引导，根据专业群面向的岗位群，借助专业社团的作用，如经纬天地、匠心筑梦、智创空间，开展专业讲座、技术培训；利用学期末的综合实习，对接企业，组织学生到走在行业前端的生产单位进行参观实习，了解当前行业发展动态和趋势。通过多途径，帮助学生建立专业兴趣和夯实专业认同感，树立目标，为后续的专业学习铺平道路。

基础学习阶段：高素质技术技能人才培育需要学生具备扎实的专业理论知识及娴熟的专业技能。在行业认知的基础上，开展正常、有序、系统的专业教学，引入质量保障机制，全面提高教育教学质量。

技能强化阶段：在学生具备了一定的专业知识和素养的基础上，借助各种竞技平台，开展形式多样的知识竞赛、测绘技能大赛、建筑工程识图竞赛、创新创业大赛、物联网技术应用竞赛、大学生计算机作品竞赛等，通过竞技比赛，重点培育一批专业技能拔尖、具备创新能力和工匠精神，符合行业需求的复合型高端技术技能人才。

工程实践阶段：依托顶岗实习、课余及假期时间，充分发挥学校和企业双主体的作用，积极创造条件，为学生提供形式不同的生产性工程实践机会，落实产教一体化。学生在工程项目中，用理论指导实践，实践验证理论，通过这种方式，促进对理论知识和技术应用的理解和思考，总结经验，逐步完善和提升自身的专业素质。

3. 依托三个平台，发挥梯次育人作用

结合专业特点，组建专业社团，如经纬天地、匠心筑梦、智创空间等，定期举办兴趣班、技术交流与培训，组织学生参与生产实践，旨在给学生提供一个交流心得、切磋技艺、实践锻炼的平台。

定期举行专业技能大赛，本专业学生全部参赛。以点带面，各专业间根据相关度，联手举办综合性竞赛，借助竞技平台，促进学生的主观能动性、团队合作能力，并发现拔尖人才和复合型人才。以此作为基础，积极参加省级、国家级、国际级等高等级的赛事，培养一批具有集体荣誉感、工匠精神、技能高超的高素质技术技能人才。

以校企共建工程中心为协同创新平台，联合学校教师和行业大师、技术专家共同组建科学研究及科技创新团队，依托企业的研发力量及广泛的商业应用背景，开展工程实践培训、课题申报及行业项目应用与研发，带领部分拔尖学生进入科研项目中，并实现科研成果转化，培养学生的科研能力、创新能力，以及成为技能大师的潜力。

4. 实施跨界融合，实现专业集群发展

结合新型城镇化、“一带一路”建设对工程建设领域技术技能人才的新要求，联手测绘、建筑、IT 行业企业，整合资源，开发共享课程，建设共享型创新实践教学基地，不同专业技术领域、不同行业企业的专兼职教师协同开展教学、科研和生产，实现资源共建共享、技术集成创新和产学研结合；在人才培养的四个阶段，将课程学习、工程训练和创新创业有机融合，实现学训创一体；政校企合作，开展新型职业培训与鉴定试点，开发岗位培训课程，实施“课、证”融合。通过跨界融合，发挥集群效应，使专业群综合办学实力、科技研发与协同创新能力、社会服务能力和毕业生竞争力全面提升，实现专业集群发展。

八、课程体系

（一）底层共享课

1. 公共基础课

公共基础课包括马克思主义基本原理、中国近现代史纲要、大学语文、中华优秀传统文化、大学英语、劳动教育、劳动教育实践课、职业生涯规划与就业指导、信息技术、高等数学、毛泽东思想和中国特色社会主义理论体系、思想道德与法治、形势与政策、军事理论、体育、入学教育、毕业教育等。

2. 专业群共享课

测绘基础、工程测量、工程 CAD、建筑构造与识图、物联网概论、地理信息系统技术应用。

(二)中层分立课(专业核心课)

测绘工程技术专业:数字测图、测量误差与数据处理、控制测量、地理信息系统技术应用、工程测量、GNSS 定位测量。

测绘地理信息技术专业:地图制图、地理信息系统技术应用、空间数据库技术应用、GIS 应用综合实习。

建筑工程技术专业:混凝土结构平法识图、BIM 施工组织与管理、建筑结构、建筑施工、建筑工程计量与计价。

建筑材料工程技术专业:水泥质量控制、生料制备与水泥制成操作、熟料煅烧操作、商品混凝土、水泥物理性能检验、新型干法水泥设备巡检。

物联网应用技术专业:Android 程序设计、传感器技术与应用、传感网技术与应用、RFID 技术与应用、嵌入式技术及应用、物联网综合应用技术。

(三)高层互选课(专业拓展课)

测绘工程技术专业:地籍与房产测量、摄影测量与遥感、变形监测、三维激光扫描技术应用、自然资源概论、测绘程序设计与开发、测绘法律法规与项目管理、BIM 施工组织与管理、传感器技术与应用。

测绘地理信息技术专业:工程测量、三维激光扫描技术应用、地籍调查与测量、地理国情监测技术、程序设计基础(Java 语言)、建筑信息模型(BIM)技术、3S 技术集成应用、无人机测绘技术、GIS 项目管理。

建筑工程技术专业:招投标与合同管理、建筑工程技术资料管理、建设项目经济分析与评价、钢结构工程施工。

建筑材料工程技术专业:商品混凝土、混凝土性能检测。

物联网应用技术专业:数据库技术与应用、专业综合实习、人工智能导论、Python 程序设计、大数据与数据可视化技术、大数据技术综合应用。

九、运行与质量保障机制

1. 建立与行业、企业动态联动的专业优化调整机制

定期开展行业、企业调研,及时跟踪产业发展,掌握测绘、建筑行业人才市场和岗位需求变化,将新技术、新工艺、新规范等产业先进元素纳入教学标准和教学内容,实现专业办学与产业、行业的对接,有针对性地调整教学内容,促进专业群自我完善。

2. 建立校企协同育人的运行机制

明确校企协同育人的主体功能和角色定位,建立健全校企双方人员互聘制度,实施弹性教学

制度、教学资源共建共享制度、特色学院运行管理制度、订单培养教学管理制度、科技成果转化与推广应用制度等。

结合学徒制试点专业，校企合作制定人才培养方案、课程教学标准、教师标准、实训条件建设标准等，建立并完善现代学徒制教学文件。

3. 建立多专业交叉融合的协同教学机制

结合专业群共享课程的模块化开发与建设，组建多专业交叉融合的教师协作团队，探索教师分工协作的模块化教学模式，制定模块化选课与学分认定制度、模块化教学实施与考核评价制度、教师协作教学运行管理制度等。

4. 建立“行业—企业—学校、专业群—专业—课程”教学指导运行机制

聘请行业企业专家、各专业带头人共同组成专业群建设指导委员会，统一指导专业群建设，把握专业群定位和发展方向。各专业根据专业建设和发展需要，聘请行业企业专家，与专业带头人和骨干教师一起共同组成专业教学指导委员会，指导各专业建设和发展。制定专业群教学指导委员会运行管理制度、各专业教学指导委员会运行管理制度。聘请行业企业专家、教学名师和骨干教师一起组建课程开发与实施专家组，指导模块化课程开发与教学实施，制定课程开发与实施专家组管理制度。

十、群内各专业人才培养方案

1. 测绘工程技术专业人才培养方案
2. 测绘地理信息技术专业人才培养方案
3. 建筑工程技术专业人才培养方案
4. 建筑材料工程技术专业人才培养方案
5. 物联网应用技术专业人才培养方案

群内专业一:测绘工程技术专业人才培养方案

专 业 名 称 :	测绘工程技术
专 业 代 码 :	420302
适 用 年 级 :	2022 级
所 属 学 院 :	测绘学院
所 属 专 业 群 :	测绘工程技术专业群
修(制)订时间:	2022 年 8 月

测绘工程技术专业人才培养方案

一、专业名称及代码

专业名称:测绘工程技术专业

专业代码:420302

二、入学要求

高中阶段教育毕业生、中等职业学校毕业生或具有同等学力者。

三、学制

三年

四、职业面向

(一)职业面向

所属专业大类(代码)	所属专业类(代码)	对应行业(代码)	主要职业类别(代码)	主要岗位类别(或技术领域)	职业资格(职业技能等级)证书举例
资源环境与安全大类(42)	测绘地理信息类(4203)	测绘地理信息服务(744)	测绘和地理信息工程技术人员(2-02-02)	数字地形图测绘 控制测量 工程测量 不动产测绘 地理信息数据生产 遥感影像处理	测绘地理信息数据获取与处理职业技能等级证书(1+X) 不动产数据采集与建库职业技能等级证书(1+X) 测绘地理信息智能应用职业技能等级证书(1+X) 无人机摄影测量职业技能等级证书(1+X)

(二)职业发展

岗位类型	岗位名称	岗位要求
目标岗位	工程测量员、大地测量员、不动产测绘员	具备 GNSS 控制网、精密导线和精密水准路线的布测能力;具备测量误差与数据处理的能力;具备施工测量、线路测量的能力;具备变形监测项目实施能力;具备地籍调查与房产测绘的能力
发展岗位	地图绘制员、摄影测量员、自然资源调查与监测普查员、测绘产品质检工程师	具备地理空间数据采集的能力;具备地理空间数据处理的能力;具备空间分析的能力;具备地理空间数据库建立的能力;具备遥感影像处理的能力;具备自然资源调查监测的数据获取与分析能力;具备产品质量检验与质量优化的能力
迁移岗位	测绘项目经理、工程建设项目负责人、技术培训师	具备测绘项目生产现场管理能力;具备项目设计书与技术总结编写的能力;具备工程建设生产现场管理能力;具备员工培训的能力

（三）技术领域与职业能力要求

序号	技术领域	工作任务	岗位所需知识、能力和职业素质
1	数字地形图测绘	图根控制	知识要求 1. 掌握二级以下导线的布设理论与施测方法。 2. 掌握二级以下导线测量的过程与规范要求。 3. 掌握二级以下导线测量数据处理方法。 4. 熟悉三角高程测量和四等以下水准测量技术要求。 能力要求 1. 能够对全站仪进行熟练对中与整平操作。 2. 能够利用全站仪进行导线测量观测。 3. 能够利用水准仪进行四等以下水准测量。 4. 能够根据技术规范进行观测数据的处理与计算。 职业素养 1. 具备严肃认真、一丝不苟的工作态度。 2. 具备规范操作仪器和数据检查的意识。 3. 具备积极思考和解决问题的意识。
		大比例尺地形图测绘	知识要求 1. 掌握全站仪在数字测图时的仪器设置与使用方法。 2. 熟悉 RTK 在数字测图时的仪器设置与使用方法。 3. 掌握全站仪、RTK 地形信息数据采集方法与要求。 4. 熟悉地形图地物地貌的数字表达方式与绘图方法。 能力要求 1. 能够正确对全站仪与 RTK 进行正确设置。 2. 能够根据规范要求进行野外地形数据采集。 3. 能够根据规范要求进行内业成图。 4. 能够根据规范要求进行地形图质量检查。 职业素养 1. 具备安全文明生产和精益生产的意识。 2. 具备良好的工程质量意识。 3. 具备爱岗敬业、吃苦耐劳的工作作风。
2	控制测量	水准测量	知识要求 1. 掌握二等水准测量的基本理论与计算方法。 2. 掌握二等水准测量的过程与规范要求。 3. 熟悉一等水准测量的基本理论与计算方法。 4. 熟悉一等水准测量的过程与规范要求。 能力要求 1. 能够对精密(光学或电子)水准仪进行整平与设置操作。 2. 能够利用精密水准仪进行水准测量观测。 3. 能够根据精密水准测量要求进行观测结果正确计算。 4. 能够根据规范要求对观测过程与计算结果进行检查。 职业素养 1. 具备良好的工程质量意识。 2. 具备认真、严谨的学习和工作态度。

续上表

序　　号	技术领域	工作任务	岗位所需知识、能力和职业素质
2	控制测量	导线测量	知识要求 1. 掌握一级导线测量的基本理论与计算方法。 2. 掌握一级导线测量的过程与规范要求。 3. 熟悉四级导线测量的基本理论与计算方法。 4. 熟悉四级导线测量的过程与规范要求。 能力要求 1. 能够对全站仪进行熟练对中与整平操作。 2. 能够利用全站仪进行精密导线测量观测。 3. 能够根据导线测量要求进行观测结果正确计算。 4. 能够根据规范要求对观测过程与计算结果进行检查。 职业素养 1. 具备严肃认真、一丝不苟的工作态度。 2. 具备良好的工程质量意识。 3. 具备爱岗敬业、吃苦耐劳的工作作风。
		GNSS 测量	知识要求 1. 掌握 GNSS 定位测量的基本原理知识。 2. 掌握 GNSS-RTK 的理论知识与测量方法。 3. 掌握静态观测的理论知识与观测方法。 4. 熟悉静态观测的数据处理方法。 能力要求 1. 能够完成 RTK 测量的设置与操作。 2. 能够进行静态观测设置与测量。 3. 能够对静态观测数据进行正确解算。 职业素养 1. 具备良好沟通能力、组织协调能力。 2. 具备测绘规范意识。 3. 具备较强的工作责任心。
3	工程测量	线路工程测量	知识要求 1. 熟悉工程测量规范。 2. 掌握道路施工测量原理与方法。 3. 掌握纵横断面图绘制原理与方法。 能力要求 1. 能够进行线路施工测量。 2. 能够进行圆曲线、缓和曲线测设。 3. 能够绘制纵横断面图。 4. 能够进行土石方测算。 职业素养 1. 具备严肃认真、一丝不苟的工作态度。 2. 具备测绘规范和工程质量意识。 3. 具备积极思考和解决问题的意识。

续上表

序　号	技术领域	工作任务	岗位所需知识、能力和职业素质
3	工程测量	建筑工程测量	知识要求 1. 掌握建筑施工控制网布测的原理和方法。 2. 掌握建筑施工测量的原理与方法。 3. 掌握建筑变形监测的原理与方法。 4. 掌握建筑竣工测量的原理与方法。 能力要求 1. 能够进行建筑施工控制网布测。 2. 能够进行建筑施工测量与数据处理。 3. 能够进行变形监测网的布测与数据处理。 4. 能够进行竣工测量并提交系列成果。 职业素养 1. 具备精益求精的工匠精神,吃苦耐劳、爱岗敬业。 2. 具备良好的职业道德和职业素养。 3. 具备独立制订工作计划、分析问题、解决问题的能力。
4	不动产测绘	地籍调查	知识要求 1. 掌握权属调查内容与方法。 2. 掌握土地划分与编号。 3. 掌握土地利用现状调查内容与方法。 4. 掌握变更地籍调查方法。 能力要求 1. 能确定地块的权属情况。 2. 能确定地块的土地利用现状分类。 3. 能确定地籍要素调查的主要内容。 4. 能进行地块的划分与编号。 5. 绘制地籍草图。 职业素养 1. 具备规范意识和严谨的工作作风。 2. 具备良好的职业道德和职业素养。 3. 具备独立制订工作计划、分析问题、解决问题的能力。
		地籍与房产测绘	知识要求 1. 掌握地籍控制测量原理与方法。 2. 掌握界址测量的原理与方法。 3. 掌握变更地籍测量。 4. 掌握面积测算原理与方法。 5. 掌握地籍图、宗地图、房产图的绘制方法。 6. 掌握质量检查方法。 能力要求 1. 能够根据项目设计方案进行控制测量与数据处理。 2. 能够明确地籍要素测量的内容。 3. 能够进行变更地籍测量和界址的恢复与鉴定。 4. 能够利用采集的数据绘制地籍图、宗地图、房产图。 5. 能够进行土地面积测算。 6. 能够对地籍调查与测绘成果进行检查。 职业素养 1. 具备法律意识、规范意识和严谨的工作作风。 2. 具备良好的职业道德和职业素养。 3. 具备独立制订工作计划、分析问题、解决问题的能力。

续上表

序　号	技术领域	工作任务	岗位所需知识、能力和职业素质
5	地理信息数据生产	测绘地理信息数据采集	知识要求 1. 熟悉地理信息空间数据结构与获取方法。 2. 熟悉地理信息空间数据采集方法。 3. 掌握地理信息空间数据编辑与处理方法。 能力要求 1. 能够确定不同地物类型和空间数据结构。 2. 能够清楚地理空间数据获取方法。 3. 能够运用主流 GIS 软件进行地理空间数据采集。 4. 能够对地理空间数据进行编辑与处理。 职业素养 1. 具有良好的学习习惯和细致、严谨的工作作风。 2. 具有良好的标准规范意识。
		空间数据库建立	知识要求 1. 掌握测绘地理信息空间数据库相关的基本知识。 2. 掌握地理空间数据库的建库、查询、分析等知识与方法。 3. 掌握地理空间数据库产品输出等相关知识。 能力要求 1. 能够理解地理空间数据库建库流程。 2. 能够运用主流 GIS 软件进行地理空间数据采集与建库。 3. 能够根据 GIS 软件进行地理空间数据查询与分析。 4. 能够根据 GIS 软件进行地理空间数据产品输出。 职业素养 1. 具有精益求精的工匠精神，崇德向善、诚实守信、爱岗敬业。 2. 具有良好的职业道德和职业素养。 3. 具备良好的标准规范意识。
6	遥感影像处理	遥感影像处理	知识要求 1. 掌握遥感的基本概念。 2. 掌握遥感的分类与用途。 3. 掌握遥感影像的分辨率与遥感影像的选择。 4. 掌握遥感影像数据获取方法。 5. 掌握遥感影像数据处理方法。 能力要求 1. 能够根据任务要求选择合适的遥感影像数据。 2. 能够下载常用遥感影像数据。 3. 能够借助遥感软件进行遥感影像数据处理。 职业素养 1. 具有严谨、细致的工作作风。 2. 善于总结经验。
		地图制图	知识要求 1. 掌握地图的基本概念。 2. 掌握地图制图的数学基础。 3. 掌握地图的表示方法。 4. 掌握专题地图的表示方法。 能力要求 1. 能够进行地图文件创建与投影定义。 2. 能够进行土地利用现状图制作。 3. 能够进行专题地图制作。 职业素养 1. 具有严谨、细致的工作作风。 2. 具有规范标准意识。 3. 具有国家版图意识。

五、培养目标与培养规格

(一)培养目标

本专业培养理想信念坚定,德、智、体、美、劳全面发展,具有一定科学文化水平,良好的人文素养、职业道德、安全意识、创新意识、环保意识,具有精益求精的工匠精神和团队合作精神,较强的就业能力和可持续发展的能力,掌握控制网建立与施测、野外数据采集、内业数据处理、工程测量、变形监测、不动产测绘等专业知识和技术技能,面向基础测绘、建筑、道桥、矿冶、农林、市政、水利电力和工程建设等领域岗位群,能够从事数字测图、控制测量、工程测量、不动产测绘、测绘地理信息数据获取与处理、摄影测量与遥感、自然资源调查与监测等方面工作的高素质技术技能人才。

(二)培养规格

本专业毕业生应在知识、能力、素质方面达到以下要求:

1. 知识要求

Z1:掌握思想政治理论、德育与法律基本知识、学科体系知识、英语、体育、计算机基础应用、职业发展等基础知识。

Z2:熟悉与本专业相关的法律法规以及劳动保护、环境监测与治理、安全生产等知识。

Z3:掌握专业必备中华优秀传统文化知识与自然地理知识。

Z4:掌握高等数学、工程数学等数据处理必备的基本知识。

Z5:掌握地形测量的基本原理与知识,掌握测绘仪器的操作与常规检校方法。

Z6:掌握计算机制图(CAD)和大比例尺数字地形图测绘的原理、方法和项目实施流程。

Z7:掌握测控区控制网建立的方法、观测程序、记录计算、数据处理及注意事项。

Z8:掌握工程测量、变形测量内容的方法、观测程序、限差及注意事项。

Z9:掌握地籍调查与不动产测绘的方法、步骤及图形绘制。

Z10:理解地理信息系统及空间数据库的基本原理,熟悉 GIS 软件进行数据处理的方法和流程。

Z11:理解无人机航空摄影测量的基本知识与方法,熟悉遥感软件进行数据处理的方法和流程。

2. 能力要求

1)通用能力

N1:具有较强的语言表达与文字表达能力。

N2:具有较强的人际沟通能力。

N3:具有终身学习、熟练运用计算机信息技术、收集处理信息的能力。

N4:具有独立思考、逻辑推理、制订工作计划等方面的能力。

N5:具有发现问题、分析问题和解决问题的能力。

N6:具有运用知识和理论,可不断提供新思想、新理论、新方法和新发明的创新能力。

N7:具有较好的组织协调与执行能力。

N8:具有探究学习、终身学习、分析问题和解决问题的能力。

N9:具备较强的应用英语交流能力。

2)专业能力

N10:能利用高等数学和工程数学的知识处理专业数据。

N11:能熟练操作水准仪、全站仪、GNSS 接收机,能进行仪器的常规检校。

N12:能应用计算机绘图软件绘制复杂图形;能组织与实施大比例尺地形图测绘。

N13:能进行平面控制网、高程控制网和 GNSS 网的布测和数据处理。

N14:能开展各种工程测量项目及矿山、地铁、城市管线等地下工程测量和数据处理;能按要求进行变形监测项目的测量与数据处理。

N15:能按要求实施地籍调查、不动产测绘与登记等项目。

N16:能掌握 GIS 软件、遥感软件、点云处理软件的基本功能,并进行相关的应用。

N17:能初步掌握测绘项目技术设计、技术总结等文本的编写能力。

3. 素质要求

S1:具有正确的世界观、人生观、价值观。坚决拥护中国共产党领导,树立中国特色社会主义共同理想,践行社会主义核心价值观,具有深厚的爱国情感、国家认同感、中华民族自豪感;崇尚宪法、遵守法律、遵规守纪;具有社会责任感和参与意识。

S2:具有良好的职业道德和职业素养。崇德向善、诚实守信、爱岗敬业,具有精益求精的工匠精神;尊重劳动、热爱劳动,具有较强的实践能力;具有质量意识、绿色环保意识、安全意识、信息素养、创新精神;具有较强的集体意识和团队合作精神,能够进行有效的人际沟通和协作,与社会、自然和谐共处;具有职业生涯规划意识。

S3:具有良好的身心素质和人文素养。具有健康的体魄和心理、健全的人格,能够掌握基本运动知识和一两项运动技能。具有感受美、表现美、鉴赏美、创造美的能力,具有一定的审美和人文素养,能够形成一两项艺术特长或爱好;掌握一定的学习方法,具有良好的生活习惯、行为习惯和自我管理能力。

六、课程设置及要求

根据专业培养目标,对接岗位能力要求,将"1 + X"测绘地理信息数据获取与处理职业技能等级证书、"1 + X"测绘地理信息智能应用职业技能等级证书、"1 + X"不动产数据采集与建库职业技能等级证书、"1 + X"无人机摄影测量职业技能等级证书标准内容融入专业(技能)课程。课程设置包括专业基础课、专业核心课、专业拓展课。专业基础课程包括测绘基础、工程 CAD、建筑构造与识图、物联网概论、工程数学、专业实习等。专业核心课程包括数字测图、测量误差与数据处理、控制测量、地理信息系统技术应用、工程测量、GNSS 定位测量等。专业拓展课程包括地籍与房产测量、摄影测量与遥感、变形监测等。

专业(技能)课程描述,见表 2-1。

表 2-1　测绘工程技术专业课程描述

课程名称	课程目标	教学内容	教学要求	思政元素	支撑培养规格
测绘基础	1. 知识目标 (1)熟悉大地水准面、参考椭球、高斯平面直角坐标系等测绘基本概念。 (2)熟悉三、四等水准测量的主要技术要求。 (3)熟悉二、三级和图根导线测量的主要技术要求。 (4)掌握三、四等水准测量的观测、计算及数据分析的方法。 (5)掌握二、三级和图根导线测量的观测、计算及数据分析的方法。 (6)掌握利用误差传播定律进行中误差计算的方法。 (7)熟悉大比例尺数字地形图成图的基本原理和方法。 (8)熟悉大比例尺数字地形图在工程中的应用。 2. 能力目标 (1)能熟练操作全站仪、水准仪及使用函数计算器的能力。 (2)具备完成单一路线水准测量、导线测量任务的能力，能独立完成简易平差计算。 (3)具备采用三角高程测量方法测定两点间高差的能力。 (4)具备采用交会法定点测量的能力。 (5)理解测量与测量误差的关系，初步具备进行测量误差处理的能力。 (6)具备初步测绘大比例尺地形图的能力。 (7)具备识图和初步使用地形图的能力。 3. 素质目标 (1)践行社会主义核心价值观，具有深厚的爱国情感和中华民族自豪感。 (2)遵法守纪、崇德向善、尊重生命、热爱劳动，具有社会责任感和社会参与意识。 (3)树立良好的劳动纪律观念。 (4)具有良好的职业道德，能自觉遵守测绘地理信息行业法律、法规、规范和企业规章制度。 (5)具有严谨认真、实事求是、一丝不苟、精益求精的测绘工匠精神。 (6)具有集体意识和团队精神，友爱互助，文明作业。 (7)具有按国家测绘规范或行业规程的要求严格作业的工程质量意识和工作态度	1. 测绘学科技术的历史与发展。 2. 测绘基础理论概念。 3. 平面坐标和高程系统。 4. 角度测量的基本理论及方法。 5. 角度测量仪器的操作与使用。 6. 距离测量的常用方法及仪器操作。 7. 水准测量基本理论以及水准仪的操作使用。 8. 测量误差基本理论及精度评定。 9. 导线测量的基本方法及内外业计算。 10. 地形图基本理论知识及测量方法。 11. 地形图在工程上的基本应用	1. 教学中要尽量做到“精讲多练”，学生在学中练、练中学，在练中建立测绘基本概念和思维能力。 2. 融入课程思政，结合校级资源库和智慧职教，做到“线上 + 线下”有效结合，适度实行分层实践，丰富课堂教学与实践。 3. 成绩综合评定覆盖学习全过程，做到“形成性评价 + 过程性评价”相结合。 4. 在教学中强调严谨、细致、精益求精的工匠精神，培养高度的质量意识、安全意识、责任意识。 5. 采取形成性考核方式进行课程考核与评价（项目考核 30% + 过程考核 30% + 综合测试 40%）	职业认同感和自豪感、爱岗敬业、严谨认真、吃苦耐劳、一丝不苟、团结协作	S2 Z1 Z5 Z7 N10 N11

续上表

课程名称	课程目标	教学内容	教学要求	思政元素	支撑培养规格
测绘基础实习	1. 知识目标 (1)熟悉坐标、高程、点的位置测定等测绘基本概念。 (2)熟悉四等水准测量的主要技术要求。 (3)熟悉二级以下导线测量的主要技术要求。 (4)掌握四等水准测量的观测、计算及数据分析的方法。 (5)掌握二级以下导线测量的观测、计算及数据分析的方法。 (6)掌握利用误差传播定律进行中误差计算的方法。 2. 能力目标 (1)能熟练操作全站仪、水准仪及使用函数计算器的能力。 (2)具备完成单一路线四等水准测量、二级以下导线测量任务的能力,能独立完成简易平差计算。 (3)具备采用三角高程测量方法测定两点间高差的能力。 (4)理解测量与测量误差的关系,初步具备进行测量误差处理的能力。 3. 素质目标 (1)培养沟通能力和团队协作精神。 (2)锻炼吃苦耐劳和热爱测绘的态度。 (3)正确树立规范意识、质量意识、安全意识	1. 水准仪操作使用与常规检查。 2. 全站仪操作使用与常规检查。 3. 函数计算器的使用。 4. 单一路线四等水准测量与计算。 5. 单一路线二级导线测量与计算。 6. 水准测量数据整理。 7. 导线测量数据整理。 8. 实习技术总结编写。 9. 技能达标考核	1. 实施理实一体化教学,以操作演示等教学方法指导学生实践操作,并在实践过程中作巡回指导与纠错;以下达实习任务的方式实施教学。 2. 融入课程思政教育,引入测绘标准规范,引导学生树立安全意识、规范意识、质量意识。 3. 采取形成性考核方式进行课程考核与评价(项目考核 40% + 过程考核 30% + 综合测试 30%)	严谨细致、一丝不苟、理实结合、知行合一、吃苦耐劳、团队协作、规范意识、质量意识、安全意识	S2 Z1 Z5 Z7 N10 N11
建筑构造与识图	1. 知识目标 (1)熟悉《房屋建筑制图统一标准》、《总图制图标准》、《建筑制图标准》的一般规定。 (2)掌握图幅、图线、字体、比例、符号、轴线、图例、尺寸标注的相关规定。 (3)熟悉投影的基本知识。 (4)熟悉点、线、面、体、组合体的投影规律。 (5)掌握平面图、立面图、剖面图、详图等建筑施工图绘制要求。 2. 能力目标 (1)具有较良好的空间想象能力;能正确识读建筑施工图。 (2)能对已有建筑进行测量并正确绘制平面图。 (3)能根据平面图及相关信息绘制立面图和剖面图。 (4)能够根据建筑功能要求合理选择地下室、屋面、墙面、楼地面、门窗等构造做法。 3. 素质目标 (1)培养严谨的学习态度、良好的学习习惯和职业素养。 (2)具有依据国家建筑规范或行业规程严格作业的工程质量意识和工作态度。 (3)具有积极思考问题、解决问题的意识	1. 图幅、图线、字体、比例、符号、轴线、图例、尺寸标注。 2. 投影基础。 3. 平面图识读与绘制。 4. 立面图识读与绘制。 5. 剖面图识读与绘制。 6. 详图识读与绘制。 7. 基础、地下室、楼地面、墙体、墙柱面、顶棚、屋面构造做法	1. 教学过程中不但要注重知识的传授,更要注重能力、素质的培养和锻炼、价值的引领。 2. 宜组织结构化教师团队,不同分工,收集整理教学资源、制作完善教学课件、微课、合理设计教学过程,教学评价与反思。 3. 突出实践动手能力,宜采用项目式模块化、线上线下混合式教学模式。 4. 成绩综合评定覆盖学习全过程,做到"形成性评价 + 过程性评价"相结合	正确的价值观、健康的身心、健全的人格品质、远大的理想信念、精益求精的工匠精神、良好的职业道德、行业自豪感、行业规范意识、民族自豪感和爱国热情、求真务实、开拓创新	Z6 N12

续上表

课程名称	课程目标	教学内容	教学要求	思政元素	支撑培养规格
工程数学	1. 知识目标 (1)掌握行列式知识。 (2)掌握矩阵相关知识的运算法则。 (3)能运用所学知识解决专业中相关问题。 2. 能力目标 具备一定的计算、应用、分析问题、解决问题的能力,拥有一定的数学建模思想。 3. 素质目标 具备严谨、细心、全面、逻辑性较强的数学基本素养	1. 行列式。 2. 矩阵。 3. 线性方程组。 4. 向量空间与线性变换。 5. 特征值和特征向量、矩阵的对角化。 6. 二次型。 7. 应用问题	1. 在潜移默化中坚定学生理想信念、厚植爱国主义情怀、加强品德修养教育。 2. 充分利用信息化手段与课程资源,通过任务驱动、小组合作等方式提高学生的学习主动性。 3. 通过专业案例的引入,让学生体会到数学的实用性和与专业的融合性,根据教学内容有机融入课程思政、积极引导学生提升职业素养,努力提高创新能力和运用数学知识解决实际问题的能力。 4. 采用形成性评价进行课程考核,平时成绩50%、综合测试50%	坚定理想信念、爱国主义情怀、勇于探索的科学精神、严谨求实、辩证思维	Z4 N5 N10
工程CAD	1. 知识目标 (1)掌握工程图的设置。 (2)掌握基本图形的绘制与编辑。 (3)掌握平面图和工程图的绘制等基本方法。 2. 能力目标 (1)能够熟练地使用CAD软件,完成典型工程图和平面图的绘制。 (2)能够具备使用CAD软件进行测绘平面图设计的能力。 3. 素质目标 (1)培养严谨的学习态度、良好的学习习惯和职业素养。 (2)具有积极思考问题、解决问题的意识	1. CAD基础知识和基本操作。 2. CAD基本操作实训。 3. 基本绘图命令与实训。 4. 基本编辑命令与实训。 5. 复杂平面图形绘制与实训。 6. 文字与尺寸标注与实训。 7. 工程图绘制与实训。 8. 地图符号制作与实训。 9. 项目训练、综合训练	1. 采用讲练结合、以练为主的一体化教学方法,理实一体教学。 2. 利用《测绘工程CAD》课程资源、多媒体教室、数字测图实训室、网络教学平台等载体,线上线下混合式教学。 3. 培养学生职业道德和工匠精神,给出绘图任务,要求学生明确相应制图标准,准确绘制图样。培养学生敬业、精益、专注、创新的工匠精神。 4. 采取形成性考核方式进行课程考核与评价(项目考核30% +过程考核20% +综合测试50%)	严谨认真、高质高效、法律意识、规范意识、创新思维	Z6 N12

续上表

课程名称	课程目标	教学内容	教学要求	思政元素	支撑培养规格
物联网概论	1. 知识目标 (1)了解物联网基本概念，了解物联网体系结构。 (2)理解物联网应用系统。 (3)理解物联网安全技术。 (4)理解物联网关键技术：射频技术、传感器及检测技术、无线传感器网网络、无线通信技术、云计算技术等。 2. 能力目标 (1)掌握物联网技术和标准。 (2)熟悉服务业和制造业在内的物联网相关产业。 (3)具有依托物联网资源体系提高隐私和安全能力。 (4)掌握物联网技术的基本应用。 3. 素质目标 (1)具有严谨的学习态度，良好的学习习惯。 (2)诚信、敬业、科学、严谨的工作态度。 (3)安全、质量、效率、保密及环保意识。 (4)人际沟通与团队协作意识；工作责任心和职业道德	1. 物联网概述。 2. 感知技术。 3. 通信技术。 4. 应用技术。 5. 物联网应用。 6. 物联网安全。 7. 综合应用实例	1. 以学生为本，注重知行合一，选取物联网应用场景，引入项目式教学提高学生分析问题和解决问题的能力。 2. 丰富课堂实践教学环节，组织学生通过虚拟仿真技术参与体验情景式教学，提升学生的理论联系实际能力。 3. 利用职教云等在线教学平台开展信息化教学，不断增强教学的实效性与针对性。 4. 重视课程的思政教育，将自主创新、科技研发、数据安全融入教学，教育学生更好地求知、实践、做人、做事，帮助形成良好的工作态度和严谨的工作作风。 5. 采取形成性考核方式进行课程考核与评价（项目考核 20% + 过程考核 20% + 综合测试 60%）	科技强国、民族自信、技术自信、严谨的科学态度、团队协作能力、家国情怀、敬业、精益、专注、创新	Z4 N3 N6
数字测图	1. 知识目标 (1)熟悉大比例尺野外数字地形图测绘的主要技术要求。 (2)熟悉地形图图式。 (3)熟悉外业数据采集方法。 (4)掌握大比例尺数字地形图成图的基本原理和方法。 (5)掌握大比例尺数字地形图在工程中的应用。 (6)掌握纸质地形图的扫描矢量化方法。 (7)熟悉数字测图成果检查验收的要求。 (8)了解裸眼测图技术及作业方法。 2. 能力目标 (1)能熟练运用地形图图式。 (2)能进行图根控制测量，能使用测量平差软件完成控制测量数据处理。 (3)能使用全站仪和 GNSS-RTK 进行野外地形数据采集。 (4)能应用数字测图软件进行地形图绘制与编辑。 (5)能利用地形图进行工程应用；能进行地形图数字化。	1. 数字测图职业岗位。 2. 数字地图的概念、类型及特点。 3. 大比例尺数字测图技术、方法及特点。 4. 图根控制测量。 5. 外业数据采集方法。 6. 大比例尺数字地形图绘制流程和方法。 7. 等高线绘制与编辑。 8. 地形图的质量检查与验收。 9. 技术设计与技术总结编写要求。 10. 数字地形图要素的属性查询。	1. 组织学生在全真或模拟的生产现场，引入典型的生产项目，按照实际生产的作业流程及技术要求，以边讲边练、边学边练的方式开展教学，完成基本能力与方法的训练，实现“学中做，做中学”，使学生能从操作中学到知识，又能用所学理论知识提升和创新操作技能，初步积累单项技能经验。 2. 采用课程思政教学方法，将大学生成长成才与地形图测绘项目结合起来，在知识中融思政，以思政促理解。	政治责任感和使命感、版图意识、保密意识、依法测绘意识、爱岗敬业、吃苦耐劳、艰苦奋斗	S1 S2 Z3 Z5 Z6 N11 N12

续上表

课程名称	课程目标	教学内容	教学要求	思政元素	支撑培养规格
数字测图	(6)具备初步的数字测图技术设计书和技术总结编写能力。 (7)具备初步的地形图质量检查和验收能力。 (8)具备自主查阅专业文献资料的能力。 3. 素质目标 (1)具有严谨认真、实事求是、一丝不苟、精益求精的测绘工匠精神。 (2)具有政治责任感和国家版图意识,具有数据安全和保密意识。 (3)具有集体意识和团队精神,友爱互助,文明作业。 (4)具有安全生产和依法测绘的意识和能力。 (5)具有依据国家测绘规范或行业规程严格作业的工程质量意识和工作态度。 (6)具有跟踪数字测图新技术应用前景和发展趋势的意识	11. 面积量算方法。 12. 断面图绘制方法。 13. 土石方计算方法。 14. 裸眼测图方法	3. 在教学中通过师生双向提问、讨论等方式充分调动学生学习的积极性和主动性,引导学生对问题的深入思考,启发学生的思维,加深学生对问题的认识和理解。使“教”与“学”的活动实现双向反馈、相互促进。 4. 综合运用好各种教学资源,充分调动学生学习积极性、主动性。 5. 采取形成性考核方式进行课程考核与评价(项目考核30% +过程考核 20% +综合测试50%)		
数字测图课程设计	1. 知识目标 (1)掌握地形图测绘的主要技术要求。 (2)熟悉地形图图式符号。 (3)掌握等高线绘制、修饰的方法。 (4)掌握地形图分幅及整饰的方法。 (5)掌握测图软件的工程应用主要功能。 (6)掌握测图软件进行纵横断面绘制及土方量计算的方法。 2. 能力目标 (1)能进行等高线手工绘制。掌握数字成图软件的绘图方法及主要功能。 (2)掌握等高线自动追踪的基本理论,能根据高程点熟练生成等高线,并结合地貌地物修改等高线。 (3)掌握地形图图式有关内容。 (4)掌握纸质地形图的扫描矢量化方法。 (5)掌握大比例尺数字地形图在工程中的应用,掌握纵横断面图绘制及填挖方量计算的方法。 3. 素质目标 (1)养成勤于思考的学习习惯和严谨的工作作风。 (2)培养数据保密意识。 (3)树立良好的劳动纪律观念。 (4)培养团结协作、爱岗敬业、吃苦耐劳的测绘精神	1. 等高线内插勾绘工作。 2. 栅格地形图进行图像配准、矢量化及图形编辑。 3. 依据野外实测点数据文件进行展点,绘制地形图。 4. 根据高程点生成并修改等高线。 5. 图幅整饰及成果输出。 6. 断面图的绘制。 7. 土石方量计算。 8. 成果质量的自查、互查	1. 实施理实一体化教学,以操作演示等教学方法指导学生实践操作,并在实践过程中作巡回指导与纠错;以下达实习任务的方式实施教学。 2. 利用《数字测图》课程资源、MOOC、数字测图实训室、地形模型室、校园实训场等载体,以及集中讲授、分组讨论、独立完成等形式开展教学,提高教学效果。 3. 融入课程思政教育,引入测绘标准规范,引导学生树立安全意识、规范意识、质量意识和数据保密意识。 4. 采取形成性考核方式进行课程考核与评价(项目考核 40% +过程考核 30% +综合测试 30%)	一丝不苟、严谨认真、规范生产意识、吃苦耐劳、地图之美、保密意识	S1 S2 Z3 Z6 N12

续上表

课程名称	课程目标	教学内容	教学要求	思政元素	支撑培养规格
数字测图综合实习	1. 知识目标 (1)巩固数字化测图理论知识，全面掌握大比例数字地形图测绘的整个流程和方法。 (2)能熟练表述等高线插绘原理及表示方法，掌握等高线穿坎、穿地物的相应处理方法。 (3)能熟练表述常见点、线、面地物的表示方法。 (4)掌握地物、地貌采集与取舍的方法。 (5)能熟练表述地形图检查要点。 (6)熟悉大比例尺数字地形图在工程中的应用。 2. 能力目标 (1)能熟练掌握全站仪、GNSS-RTK 外业数据采集的过程和方法。 (2)熟悉《1:500　1:1000　1:2000 地形图图式》，能识读相应比例尺地形图。 (3)能熟练利用南方 CASS 软件完成内业成图和编辑工作。 (4)具备初步的数字测图技术总结编写能力。 (5)具备对地形图进行检查与验收的能力。 (6)具备自主查阅专业文献资料的能力。 3. 素质目标 (1)具有严谨认真、一丝不苟、精益求精的测绘工匠精神。 (2)具有政治责任感和国家版图意识，具有数据保密意识。 (3)具有集体意识和团队精神。 (4)具有安全生产和依法测绘的意识和能力。 (5)具有依据国家测绘规范或行业规程严格作业的工程质量意识和工作态度。 (6)具有跟踪数字测图新技术应用前景和发展趋势的意识	1. 全站仪、GNSS-RTK 的基本操作与设置。 2. 测图仪器的常规检查。 3. 全站仪测图基本流程与操作方法。 4. GNSS-RTK 测图基本流程与操作方法。 5. 草图绘制。 6. 地物地貌特征点的选择与综合取舍。 7. 数据下载与格式转换。 8. 地物绘制与编辑。 9. 等高线绘制与编辑。 10. 地形图整饰、分幅与输出。 11. 地形图质量检查与验收。 12. 技术总结报告编写。 13. 技能达标考核	1. 实施理实一体化、项目导向式教学，以操作演示等教学方法指导学生实践操作，并在实践过程中作巡回指导与纠错。 2. 利用《数字测图》课程资源、MOOC、数字测图实训室、地形模型室、校园实训场等载体，以及阶段点评、分组协作、独立完成等形式开展教学，提高教学效果。 3. 融入课程思政教育，引入测绘标准规范，引导学生树立安全意识、规范意识、质量意识和数据保密意识；培养学生民族自豪感和职业荣誉感。 4. 采取形成性考核方式进行课程考核与评价(项目考核 40% + 过程考核 30% + 综合测试 30%)	严谨认真、实事求是、精益求精、集体意识、文明作业、规范意识、保密意识	S1 S2 Z3 Z5 Z6 N2 N9 N12 N17
测量误差与数据处理	1. 知识目标 (1)理解观测量、测量误差的概念和分类。 (2)掌握中误差、方差、相对误差等误差指标的计算方法。 (3)理解最小二乘原理。 (4)掌握方差、协方差、权、协因数的概念和意义。 (5)掌握误差传播律在测量中的应用。 (6)掌握椭圆三要素的计算方法及其应用。 (7)掌握条件平差的原理及计算步骤。 (8)掌握间接平差的原理及计算步骤。	1. 矩阵运算与函数求导。 2. 误差分类、精度指标。 3. 最小二乘原理。 4. 误差传播定律。 5. 误差椭圆。 6. 水准网条件平差。 7. 水准网间接平差。 8. 单一附合导线的条件平差。	1. 以构建知识体系和能力训练体系为主线，采用集中讲授、分组讨论、课后练习等教学方法，充分运用多媒体、PPT、教学视频。 2. 重视课程思政教育，激发学生的求知欲，调动学生的主观能动性，教育学生更好地做人，帮助学生成长，培养学生严谨认真、一丝不苟的职业道德和工匠精神。	爱岗敬业、责任感、严谨认真、实事求是、吃苦耐劳、规范意识、唯物辩证	Z4 N10

续上表

课程名称	课程目标	教学内容	教学要求	思政元素	支撑培养规格
测量误差与数据处理	2. 能力目标 (1)能够运用误差传播律、权倒数传播律、协因数传播律解决测量中的实际问题。 (2)能够运用条件平差、间接平差方法进行高程控制网和平面控制网的数据处理。 (3)能够准确计算并分析应用平差结果的误差椭圆、相对误差椭圆。 (4)能够运用平差软件完成测量结果的数据处理。 3. 素质目标 (1)具有良好的职业道德。 (2)具有刻苦钻研、好学上进的精神。 (3)具有良好的分析、解决问题的能力	9. 单一附合导线的间接平差	3. 采取形成性考核方式进行课程考核与评价(过程考核40% +综合测试60%)		
控制测量	1. 知识目标 (1)掌握国家控制网、工程控制网布设的原理、方法。 (2)掌握工程控制网施测的原理,外业数据采集、记录计算的方法。 (3)熟悉工程控制网的技术设计的过程和要求。 (4)掌握测区踏勘、选点、埋石的要求和方法。 (5)掌握国家三、四等平面控制测量和精密高程测量的要求和方法。 (6)掌握利用计算机软件进行控制网概算和平差计算等内业数据处理方法。 (7)掌握控制网技术设计和技术总结报告编写方法。 2. 能力目标 (1)熟练操作2″全站仪、精密水准仪。 (2)能进行平面控制网、高程控制网的选点和埋石。 (3)能进行精密水平角、垂直角和边长的观测。 (4)能利用平差软件对观测成果进行计算处理。 (5)熟悉使用控制测量国家规范和行业规程的能力。 (6)具备进行四等平面网、二等水准网的设计、布网、观测和数据处理及技术总结的能力。 (7)具备自主查阅专业文献资料的能力 3. 素质目标 (1)良好的思想政治素质,具有政治责任感和国家版图意识,具有数据安全和保密意识。 (2)具有良好的职业道德,自觉遵守行业法律、法规、规范和企业规章制度。 (3)认真、严谨的学习和工作态度。 (4)具有集体意识和团队精神,友爱互助,文明作业。 (5)具有职业荣誉感,热爱测绘,乐于奉献,吃苦耐劳	1. 平面控制网的布设原则和方案。 2. 平面控制网的技术设计、选点埋石。 3. 精密测角。 4. 精密测距。 5. 将地面观测的边长归算至椭球面。 6. 将地面观测的方向值归算至高斯面。 7. 将地面观测的边长归算至高斯面。 8. 导线网归算、投影、平差计算。 9. 工程测量投影面与投影带的选择。 10. 国家高程基准。 11. 高程控制网的布设。 12. 精密水准测量。 13. 三角高程测量。 14. 水准测量概算。 15. 高程控制网概算和平差	1. 采用项目化的教学设计,理论与实训一体化教学的方法。 2. 充分利用网络教学平台,利用课件、图片、视频等富媒体,将课前发布任务、课中互动学习、课后练习巩固贯穿。 3. 增加课程的知识性、人文性,将珠峰复测、北斗组网、生产案例等融入教学全过程,培养学生民族自豪感和职业荣誉感,激发学生爱岗敬业的使命担当。 4. 注重课证融通,把企业X证书内容融入课堂教学,提高学生的职业岗位适应能力。 5. 采取形成性考核方式进行课程考核与评价(项目考核30% +过程考核20% +综合测试50%)	职业情感与职业道德、严谨认真、吃苦耐劳、精益求精、一丝不苟、集体意识、敬业精神、民族自豪感、文化自信、整体思维	Z1 Z4 Z7 N11 N13

续上表

课程名称	课程目标	教学内容	教学要求	思政元素	支撑培养规格
GNSS定位测量	1. 知识目标 (1)掌握GNSS基本概念和发展概况。 (2)掌握GNSS系统组成与测量特点。 (3)掌握GNSS卫星定位原理。 (4)掌握GNSS测量误差来源及其对策。 (5)掌握GNSS坐标系统与时间系统的概念。 (6)掌握GNSS测量技术设计要求。 (7)掌握GNSS测量外业实施的要求和方法。 (8)掌握GNSS数据处理的方法。 2. 能力目标 (1)掌握GNSS的定位原理。 (2)能进行GNSS控制网的技术设计。 (3)能进行GNSS选点与标石埋设。 (4)能使用GNSS接收机。 (5)能对GNSS接收机进行简单的检验。 (6)能作外业观测计划。 (7)能进行GNSS控制网的外业观测。 (8)能操作GNSS后处理软件。 (9)能对GNSS网的质量做出分析。 (10)能进行GNSS网的平差处理。 (11)能编写GNSS测量技术总结。 3. 素质目标 (1)良好的思想政治素质,具有政治责任感和国家版图意识,具有数据安全和保密意识。 (2)具有良好的职业道德,自觉遵守行业法律、法规、规范和企业规章制度。 (3)认真、严谨的学习和工作态度。 (4)具有一定的计划、组织和协调能力,具有集体意识和团队精神。 (5)具有职业荣誉感,热爱测绘,乐于奉献,吃苦耐劳	1. GNSS发展概况。 2. GNSS系统组成和测量特点。 3. GNSS卫星信号和卫星星历。 4. GNSS卫星定位原理。 5. GNSS误差来源。 6. GNSS测量的坐标系统。 7. GNSS测量的时间系统。 8. GNSS测量的技术设计。 9. GNSS测量的外业实施。 10. GNSS测量数据处理	1. 充分利用教材、微课、多媒体教室、网络教学平台为载体,结合习题练习、项目训练、课上指导、课余答疑、线上辅导等教学手段。 2. 增加课程的知识性、人文性,将珠峰复测、北斗组网、生产案例等融入教学全过程,培养学生民族自豪感和职业荣誉感,激发学生爱岗敬业的使命担当。 3. 采取形成性考核方式进行课程考核与评价(项目考核30% + 过程考核20% + 综合测试50%)	志存高远、脚踏实地、勇于探索、新时代北斗精神、工匠精神、"四个自信"、民族自豪感、时代责任感、辩证唯物主义思想、团结协作、组织协调能力	Z7 N11 N13
工程测量	1. 知识目标 (1)掌握工程建设中地形图的应用与测绘方法。 (2)掌握施工放样的基本方法和精度分析。 (3)掌握道路工程施工测量原理方法。 (4)掌握工业与民用建筑工程施工测量原理方法。 (5)掌握管道、河道、水库及架空输电线路测量方法。 (6)掌握矿山工程施工测量原理方法。 (7)掌握高精度特种工程测量原理方法。 (8)掌握工程竣工测量原理方法。 2. 能力目标 (1)具有熟练掌握全站仪、GNSS仪器的操作和工程软件的应用能力。 (2)具有完成工程控制网优化设计和项目实施的能力。 (3)具有熟练测设点的平面位置和高程位置的作业能力。 (4)具有能利用精度分析结果指导工程作业的能力。	1. 工程控制网的设计与实施。 2. 各种工程测量仪器操作应用。 3. 地形图在工程中的应用。 4. 基于公路等线状工程的勘测与施工测量。 5. 基于工业与民用建筑工程的施工测量。 6. 基于水利水电工程的施工测量。	1. 充分利用教材、课件、多媒体教室、网络教学平台为载体,结合习题练习、项目训练、课上指导、课余答疑、线上辅导等教学手段。 2. 重视课程思政教育,增加课程的知识性、人文性,将大国工程、精密工程、项目案例等融入教学全过程,培养学生民族自豪感和职业荣誉感,激发学生爱岗敬业的使命担当。	爱国主义、职业自豪感、社会责任感、服务意识、严谨求实、质量第一、诚实守信、团结协作、综合应用、分析解决问题的思维能力	S2 Z8 N5 N14

续上表

课程名称	课程目标	教学内容	教学要求	思政元素	支撑培养规格
工程测量	(5)具有完成线路曲线细部测试和纵横断面测量工作的能力。 (6)具有完成建筑工程施工测量和土石方量计算的能力。 (7)具有完成水利、水电工程施工放样的能力。 (8)具有完成冶金矿山地质勘探工程地质点、探井和钻孔定位测量和剖面测量工作的能力。 (9)具有完成冶金矿山巷道贯通和掘进施工测量工作的能力。 3. 素质目标 (1)良好的思想政治素质，具有政治责任感，具有数据安全和保密意识。 (2)具有良好的职业道德，自觉遵守行业法律、法规、规范和企业规章制度。 (3)认真、严谨的学习和工作态度。 (4)具有一定的计划、组织和协调能力，具有集体意识和团队精神。 (5)具有职业荣誉感，热爱测绘，乐于奉献，吃苦耐劳	7. 基于冶金矿山开采的地面与地下工程测量	3. 采取形成性考核方式进行课程考核与评价（项目考核 30% + 过程考核 30% + 综合测试 40%）		
工程测量综合实习	1. 知识目标 (1)掌握单一路线一级导线测量和二等水准测量的点位布设、外业观测和内业计算方法。 (2)熟悉精密导线测量和精密水准测量的技术要求。 (3)掌握 GNSS E 级网的布设要求，掌握 GNSS 静态观测原理与方法。 (4)掌握曲线测设的方法、观测程序、限差及注意事项。 (5)掌握纵横断面测量的方法、观测程序、限差及注意事项。 (6)掌握土石方量计算的数据条件、计算方法及各种方法的差异。 2. 能力目标 (1)熟练操作 2"级以上全站仪、精密水准仪，能对仪器进行常规的维护和保养。 (2)熟练掌握一种 RTK 测量技术，并能对 GNSS 接收机进行常规的维护和保养。 (3)掌握单一路线一级导线测量和二等水准测量的点位布设、外业观测和内业计算。 (4)能够进行 GNSS E 级网的布设、静态观测和数据处理。 (5)能根据工程需要，进行各种曲线放样元素的计算及实地测设。 (6)能进行纵横断面的测量，并根据需要用多种方法计算土石方量。 3. 素质目标 (1)具有严谨的学习态度与良好的学习习惯，认真、严谨、细心的工作态度。 (2)具有能按国家测绘规范或行业规程的要求严格作业的工程质量意识和工作作风。 (3)具有跟踪测绘新技术应用前景和发展趋势的意识	1. 单一路线一级导线测量与数据处理。 2. 单一路线二等水准测量与数据处理。 3. GNSS E 级网的布设、静态观测和数据处理。 4. 曲线放样元素的计算及实地测设。 5. 纵横断面的测量。 6. 多种方法土石方量计算。 7. 技术总结报告编写	1. 实施理实一体化、项目导向式教学，以操作演示等教学方法指导学生实践操作，并在实践过程中作巡回指导与纠错。 2. 利用《工程测量》课程资源、测量项目实训室、校园实训场等载体，以及阶段点评、分组协作、独立完成等形式开展教学，提高教学效果。 3. 融入课程思政教育，引入测绘标准规范，引导学生树立安全意识、规范意识、质量意识和数据保密意识；培养学生民族自豪感和职业荣誉感。 4. 采取形成性考核方式进行课程考核与评价（项目考核 40% + 过程考核 30% + 综合测试 30%）	爱岗敬业、吃苦耐劳、一丝不苟、实事求是、团结协作、创新意识、规范意识、质量意识、探究精神	S2 Z7 Z8 N5 N6 N13 N14 N17

续上表

课程名称	课程目标	教学内容	教学要求	思政元素	支撑培养规格
地籍与房产测量	1. 知识目标 (1)掌握权属调查内容与方法。 (2)掌握土地划分与编号。 (3)掌握土地利用现状调查内容与方法。 (4)掌握变更地籍调查方法。 (5)掌握地籍控制测量原理与方法。 (6)掌握界址测量的原理与方法。 (7)掌握变更地籍测量。 (8)掌握面积测算原理与方法。 (9)掌握地籍图、宗地图、房产图的绘制方法。 (10)掌握质量检查方法。 2. 能力目标 (1)能确定地块的权属情况。 (2)能确定地块的土地利用现状分类。 (3)能确定地籍要素调查的主要内容。 (4)能进行地块的划分与编号。 (5)能绘制地籍草图。 (6)能够根据项目设计方案进行控制测量与数据处理。 (7)能明确地籍要素测量的内容。 (8)能进行变更地籍测量和界址的恢复与鉴定。 (9)能利用采集的数据绘制地籍图、宗地图、房产图。 (10)能进行土地面积测算。 (11)能够对地籍调查与测绘成果进行检查。 3. 素质目标 (1)具备法律意识、规范意识、数据保密意识和严谨的工作作风。 (2)具备良好的职业道德和职业素养。 (3)具备良好的人际沟通和协调能力。 (4)具备独立制订工作计划、独立分析问题、解决问题的能力	1. 地籍基本知识。 2. 权属调查。 3. 土地划分与编号。 4. 土地利用现状调查。 5. 变更地籍调查。 6. 地籍控制测量。 7. 界址测量。 8. 变更地籍测量。 9. 地籍图、宗地图绘制。 10. 房产图的绘制。 11. 面积测算。 12. 控制测量检查。 13. 地籍调查成果检查。 14. 地籍图检查	1. 对照课程标准、法律法规、行业规范,全面把握课程深度与广度、教学内容的重点与难点。 2. 实施理实一体化教学,鼓励采用启发式、讨论式、参与式、探究式等多种教学方法,积极运用现代化教学设备和资源,提高教学效果。 3. 重视课程思政教育,以不动产测绘与登记所需的严谨性为切入点,帮助学生形成良好的工作作风,帮助学生成长。 4. 考核方式为形成性过程考核(项目考核20% + 平时考核30% + 综合测试50%)	社会主义核心价值观、大局意识、法律意识、职业道德素养、学以致用、理论联系实际、规范意识、保密意识、人际沟通和协调能力、独立思考和分析解决问题的能力	Z1 Z9 N2 N15
摄影测量与遥感	1. 知识目标 (1)掌握摄影测量的概念、发展阶段及技术特点。 (2)理解摄影测量单张像片与立体像对的解析理论。 (3)掌握数字地面模型的概念和获取方法。 (4)掌握数字微分纠正方法。 (5)掌握遥感图像预处理和增强处理方法。 (6)掌握遥感图像传统分类方法。 (7)掌握遥感图像专题图制作方法。 2. 能力目标 (1)具有能够按摄影测量作业流程完成数据内定向、相对定向、绝对定向的能力。 (2)具有利用航空摄影影像成果生产 DEM、DOM 的能力。 (3)具有遥感图像预处理作业的能力。 (4)具有遥感图像增强处理的能力。 (5)具有遥感图像传统分类方法处理的能力。 3. 素质目标 (1)培养严谨的学习态度、良好的学习习惯和职业素质。 (2)具备人际沟通与团队协作能力。	1. 摄影测量概念、发展历程和摄影测量实施过程。 2. 单张航摄像片解析。 3. 双像摄影测量。 4. 像片控制测量。 5. 数字摄影测量。 6. 遥感基础知识。 7. 遥感图像处理。 8. 遥感图像分类。 9. 遥感专题图制作	1. 以理论实践一体化教学模式,以认知和实践操作能力训练为核心,以构建知识体系和能力训练体系为主线,理论采用集中讲授,启发式教学、分组讨论等教学方法;同时以实践操作训练促进理论知识的掌握。 2. 增加课程的知识性、实用性,适当拓展知识应用领域,培养学生职业道德和工匠精神,激发学生爱岗敬业的使命担当。 3. 重视课程思政教育,融入性地介绍我国在摄影测量和遥感领域的高新技术及发展现状,增强学生的民族自豪感与民族认同感。	开拓创新、爱国主义、民族自豪、严谨求实	Z11 N16

续上表

课程名称	课程目标	教学内容	教学要求	思政元素	支撑培养规格
摄影测量与遥感	(3)培养学生职业道德和工匠精神，激发学生爱岗敬业的使命担当。 (4)具有国家安全及版图意识。 (5)具有民族自豪感和民族认同感		4. 采取形成性考核方式进行课程考核与评价（项目考核30% +过程考核20% +综合测试50%）		
变形监测	1. 知识目标 (1)熟悉变形监测的主要技术要求。 (2)熟悉外业数据采集方法。 (3)熟悉内业数据处理的基本原理和方法。 (4)掌握变形监测趋势分析的基本原理和方法。 (5)掌握变形监测成果检查验收的方法。 (6)掌握变形监测的技术设计和技术总结的编写方法。 2. 能力目标 (1)能熟练运用建构物图式识读工程建筑物设计图纸。 (2)能进行变形监测控制网布设、施测，使用测量平差软件完成控制测量数据处理。 (3)熟练操作全站仪、静态GNSS，以及相关传感器完成变形监测数据采集。 (4)能综合应用数据处理软件进行变形监测数据处理、变形分析和资料绘制。 (5)具备初步的变形监测技术设计书和技术总结编写能力。 (6)具备初步的变形监测数据质量检查和验收能力。 (7)具备自主查阅专业文献资料的能力。 3. 素质目标 (1)具有良好的职业道德和职业素养。 (2)具有精益求精的工匠精神，崇德向善、诚实守信、爱岗敬业。 (3)具有能按国家测绘规范或行业规程的要求严格作业的工程质量意识和工作态度。 (4)具有较强的集体意识和团队合作精神，能够进行有效的人际沟通和协作。 (5)具有跟踪变形监测新技术应用前景和发展趋势的意识	1. 变形监测的概念及内容。 2. 变形监测网的建立。 3. 变形监测的技术和方法。 4. 变形监测数据处理。 5. 典型变形监测工程。 6. 自动化变形监测。 7. 变形监测项目技术报告编写	1. 实施理实一体化教学，采用项目任务驱动式教学方式，以学生为主体，运用小组讨论式和探究式等教学方法，激发学生的学习兴趣和积极性，提高教学效果。 2. 融入课程思政，结合校级资源库和智慧职教，做到“线上+线下”有效结合，适度实行分层实践，丰富课堂教学与实践。 3. 重视课程思政教育，融入我国在变形监测项目领域的高新技术及发展现状，增强学生的民族自豪感与民族认同感。 4. 采取形成性考核方式进行课程考核与评价（项目考核30% +过程考核20% +综合测试50%）	认真负责、精益求精、团结协作、吃苦耐劳、积极学习、不断创新	Z4 Z8 N5 N14
岗位实习1	1. 知识目标 (1)掌握测区控制网建立的方法及主要事项。 (2)掌握GNSS的静态观测数据后处理的方法。 (3)掌握大比例尺数字地形图测绘的原理、方法和项目实施流程。 (4)掌握全站仪和GNSS-RTK作业模式的操作方法及注意事项。 (5)掌握导线测量、水准测量、变形测量的方法、观测程序、记录计算、限差及注意事项。 (6)掌握地籍调查与不动产测绘的方法、步骤及图形绘制。	1. 大比例尺数字测图。 2. 控制测量。 3. 工程测量。 4. 不动产测绘。 5. 变形监测。 6. GIS和遥感数据处理。 7. 自然资源调查与监测。 8. 企业生产项目	1. 采用实践教学模式，分为岗位实训Ⅱ或校内生产实习两种形式开展，学生可结合就业方向及个人意愿选择实习方式和实习项目。 2. 结合企业生产，将地形测量、控制测量、工程测量、不动产测绘、GIS和遥感等技术融入实习任务中。	“热爱祖国、忠诚事业、艰苦奋斗、无私奉献”的测绘精神，遵守测绘地理信息行业法律法规、标准规范和企业规章制度的意识，“严谨认真、实事求是、	S2 Z5 ~ Z11 N1 ~ N17

续上表

课程名称	课程目标	教学内容	教学要求	思政元素	支撑培养规格
岗位实习1	(7)能表述应用 GIS 软件和遥感软件进行数据处理的方法和流程。 (8)能熟练表述曲线测设、纵横断面测量、土石方计算等工程测量内容的方法、观测程序、限差及注意事项。 2. 能力目标 (1)能熟练操作水准仪、全站仪、GNSS 接收机，能进行仪器的常规检校。 (2)能利用计算机进行常规的办公文稿处理，具备一定的信息化应用能力。 (3)能进行国家三四等平面控制网、高程控制网和 GNSS 控制网的布测和数据处理。 (4)能组织与实施大比例尺地形图、纵横断面图测绘。 (5)能按要求进行变形监测项目的测量与数据处理。 (6)能按要求进行矿山、地铁、城市管线等地下工程测量和数据处理，能够开展施工放样、土石方计算等工程测量项目。 (7)能按要求实施地籍调查、不动产测绘与登记等项目。 (8)能掌握 GIS 软件和遥感软件的基本功能，并进行相关的应用。 (9)能初步掌握测绘项目技术设计、技术总结等文本的编写能力。 3. 素质目标 (1)具有良好的职业道德，能自觉遵守测绘地理信息行业法律法规、标准规范和企业规章制度，形成诚信、爱岗敬业、科学、严谨的工作态度。 (2)具备较强的安全、质量、效率及环保意识，培养良好的职业素养，具有跟踪测绘新技术应用前景和发展趋势的意识		3. 在实训教学过程中，实施三全育人，推动教师、辅导员和企业教师共同培养学生职业道德和工匠精神，激发学生爱岗敬业的使命担当。 4. 采取形成性考核方式进行课程考核与评价（项目考核 30% + 过程考核 40% + 最终考核 30%）	一丝不苟、精益求精"的工匠精神，政治责任感，国家版图意识，数据安全和保密意识，集体意识和团队精神，工程质量意识，环保意识，安全生产意识，跟踪测绘新技术应用前景和发展趋势的探究意识	
岗位实习2	1. 知识目标 (1)掌握本专业必需的文化基础知识。 (2)计算机基本知识。 (3)相关的国家法律、法规知识，测绘规范与有关技术规定的知识。 (4)常用测绘仪器设备的操作知识。 (5)测图控制网、工程施工控制网和变形监测控制网的布网方法、施测方法、数据处理的知识。 (6)地形图、地籍图数据采集与成图的知识。 (7)工程施工测量的知识。 (8)变形监测的施测及数据处理的知识。 (9)测绘成果质量检查与验收技术规定的知识。	1. 大比例尺地形图测绘。 2. 国家等级控制网建立。 3. 变形测量。 4. 工程测量。 5. 地籍与房产测绘。 6. 自然资源调查与监测。 7. GIS 和遥感数据处理。 8. 测绘项目管理。	1. 以实践教学为主，采用在测绘企业参与生产项目的方式，学生同时是准员工。 2. 重视课程思政教育，教育学生更好地做人，帮助学生成长，培养学生职业道德和工匠精神，激发学生爱岗敬业的使命担当。 3. 加强过程管理和过程考核评价，严格把握岗位实训Ⅱ周记、岗位实训Ⅱ总结报告质量。	"热爱祖国、忠诚事业、艰苦奋斗、无私奉献"的测绘精神，遵守测绘地理信息行业法律法规、标准规范和企业规章制度的意识，"严谨认真、实事求是、一丝不苟、精益求精"的工匠精神，政治	S1 S2 Z1 ~ Z11 N1 ~ N17

续上表

课程名称	课程目标	教学内容	教学要求	思政元素	支撑培养规格
岗位实习2	(10)测绘工程管理的基本知识。 (11)安全生产常识。 2. 能力目标 (1)常用测绘仪器使用与维护的能力。 (2)计算机应用能力。 (3)测图控制网、施工控制网和变形控制网布设、施测及数据处理的能力。 (4)大比例尺地形图、地籍图、纵横断面图和水下地形测绘的组织与实施能力。 (5)工程施工测量的组织与实施能力。 (6)变形监测的组织与实施能力。 (7)测绘项目技术设计书、技术总结报告的编写能力。 (8)测绘成果的检查与验收能力。 (9)相关专业文献资料的检索能力。 (10)安全生产、项目管理的初步能力。 3. 素质目标 (1)具有良好的思想政治素质，践行社会主义核心价值观。 (2)具有良好的职业道德，能自觉遵守测绘地理信息法律、法规。 (3)具有国家版图意识、数据安全和保密意识。 (4)具有按规范、规程严格作业的工程质量意识和工作态度。 (5)具备勤于思考的学习习惯和严谨的工作作风。 (6)树立良好的劳动纪律观念，吃苦耐劳。 (7)具有与他人沟通、团队协作能力。 (8)培养安全、正确操作仪器的习惯。 (9)具有较强的学习能力、判断能力、分析能力和空间想象能力。 (10)培养敬业、精益、专注、创新的工匠精神	9. 企业具体生产项目	4. 在教学过程中实施三全育人，推动教师、辅导员和企业教师共同实施人才培养综合素质培养。 5. 采取形成性考核方式进行课程考核与评价（项目考核30% +过程考核50% +最终考核20%）	责任感，国家版图意识，数据安全和保密意识，集体意识和团队精神，工程质量意识，环保意识，安全生产意识，跟踪测绘新技术应用前景和发展趋势的探究意识	

七、教学进程总体安排

（一）学时分配表

课程类别	要求学分	占总要求学分比例%	课程性质	开设学分	占总开设学分比例%	开设学时	占总开设学时比例%	讲授学时	占总开设学时比例%	实践学时	占总开设学时比例%
通识教育课	65	44.83	必修	35	22.65	584	21.31	364	13.28	220	8.03
			选修	36	23.30	320	11.67	288	10.51	32	1.16
专业（技能）课	80	55.17	必修	68.5	44.34	1 493	54.47	481	17.55	1 012	36.92
			选修	15	9.71	344	12.55	124	4.52	220	8.03
合计	145	100		154.5	100	2 741	100	1257	45.86	1 484	54.14

（二）教学进程安排表

课程结构类属		课程号	课程名	课程性质	学分	课程类型	课时分配			学期周课时						管理部门
课程分类	课程类别						总学时	理论学时	实践学时	1	2	3	4	5	6	
通识教育课	1-1-2022 双高公共基础	A11901000002	习近平新时代中国特色社会主义思想概论	必修	3.0	A	48	48		3						马克思主义学院
		A11903000001	思想道德与法治	必修	3.0	B	48	40	8	3						马克思主义学院
		A11904000001	形势与政策 1	必修	0.5	B	10	8	2	1						马克思主义学院
		A12314000001	体育 1	必修	2.0	B	28	8	20	2						通识
		A13003000001	心理健康教育	必修	2.0	B	32	28	4	2						学生处
		A13005000001	军事技能训练	必修	2.0	C	112		112	56						学生处
		A11901000003	毛泽东思想和中国特色社会主义理论体系概论	必修	2.0	A	32	32			2					马克思主义学院
		A11904000002	形势与政策 2	必修	0.5	B	10	8	2		1					马克思主义学院
		A12314000002	体育 2	必修	2.0	B	28	8	20		2					通识
		A11904000003	形势与政策 3	必修	0.5	B	10	8	2			1				马克思主义学院
		A12311000001	军事理论	必修	2.0	C	36		36			3				通识
		A12312000001	体育专项 1	必修	2.0	B	28	20	8			2				通识
		A11904000004	形势与政策 4	必修	0.5	B	10	8	2				1			马克思主义学院
		A12312000002	体育专项 2	必修	2.0	B	28	20	8				2			通识
			小　计		24		460	236	224							
	1-2-2021 双高人文素养-必修	A11900000001	劳动教育		1.0	A	16	16		1						校团委
		A12302000001	大学语文	必修	2.0	A	32	32		2						通识
		A12511000001	大学英语 1		4.0	A	64	60	4	4						外语
		A12302000002	中华优秀传统文化		2.0	A	32	32			2					通识
		A12511000002	大学英语 2		4.0	A	64	60	4		4					外语
		A13000000001	劳动教育实践课		1.0	C	16		16			1				校团委
		A13305000001	职业生涯规划与就业指导		2.0	B	32	24	8			2				招生就业中心
			小　计		16		256	224	32							
	1-3-2021 双高人文素养-限选	A11900000003	中国近现代史纲要	选修	2.0	A	32	32		2						马克思主义学院
		A11900000002	马克思主义基本原理	选修	2.0	A	32	32								马克思主义学院
			小　计		4		64	64	0							

续上表

课程结构类属		课程号	课程名	课程性质	学分	课程类型	课时分配			学期周课时						管理部门
课程分类	课程类别						总学时	理论学时	实践学时	1	2	3	4	5	6	
通识教育课	1-4-2021双高科技素养-必修	A1060000000	信息技术1	必修	3.0	B	48	16	32	3						创新创业
		A1060000000	信息技术2	必修	2.0	B	32	16	16	2						创新创业
		A1230100000	高等数学	必修	4.0	A	64	64			4					通识
			小　计		9		144	96	48							
	2021课外教育活动	A130000007	思想成长方面	选修	2.0											学生处
		A13006000001	入学教育	必修												学生处
		A130060001	实践实习方面	选修	2.0											学生处
		A130060002	志愿公益方面	选修	2.0											学生处
		A130060003	社会实践方面	选修	2.0											学生处
		A130060004	创新创业方面	选修	2.0											学生处
		A130060005	文体活动方面	选修	2.0											学生处
		A130060006	工作履历方面	选修	2.0											学生处
		A13006000002	毕业教育	必修												学生处
			小　计		14		0	0	0							
	通识任选课															
			小　计		0		0	0	0							
	合　计				67		924	620	304							
专业(技能)课	专业基础课	A10301000001	测绘基础	必修	5.0	A	75	68	7	5						测绘学院
		A10301000002	工程CAD G	必修	3.0	B	48	24	24		6					测绘学院
		A10301000014	测绘基础实习	必修	2.0	C	60		60		30					测绘学院
		A10301000015	数字测图课程设计	必修	2.0	C	60		60		30					测绘学院
		A10301000067	建筑构造与识图G	必修	2.5	A	42	38	4		3					测绘学院
		A10301000016	数字测图综合实习	必修	4.0	C	120		120			30				测绘学院
		A12301000003	工程数学	选修	2.5	A	42	42				3				通识
		A10301000017	工程测量综合实习	必修	6.0	C	180		180				30			测绘学院
		A10301000076	岗位实习1	选修	7.0	C	210		210					30		测绘学院
		A10302000038	物联网概论G	必修	1.5	A	24	24						2		测绘学院
		A10301000077	岗位实习2	必修	16.0	C	480		480						30	测绘学院
			小　计		51.5		1 341	196	1 145							

续上表

课程结构类属		课程号	课程名	课程性质	学分	课程类型	课时分配			学期周课时						管理部门
课程分类	课程类别						总学时	理论学时	实践学时	1	2	3	4	5	6	
专业(技能)课	专业核心课	A10301000003	数字测图★☆	必修	2.5	B	42	29	13		6					测绘学院
		A10301000004	测量误差与数据处理★	选修	3.5	A	56	56				4				测绘学院
		A10301000023	控制测量★	必修	5.0	A	75	68	7			5				测绘学院
		A10302000036	地理信息系统技术应用★	必修	5.0	B	65	52	13			5				测绘学院
		A10301000006	工程测量★☆	必修	5.0	B	78	66	12				6			测绘学院
		A10301000007	GNSS 定位测量★☆	必修	3.0	B	48	38	10				4			测绘学院
			小 计		24		364	309	55							
	专业拓展必修课	A10301000032	地籍与房产测量	必修	3.0	B	48	40	8				4			测绘学院
		A10301000033	摄影测量与遥感	必修	3.0	B	48	34	14					4		测绘学院
			小 计		6		96	74	22							
	专业拓展限选课	A10301000034	变形监测	选修	2.0	B	36	26	10					3		测绘学院
			小 计		2.0		36	26	10							
	合 计				83.5		1 837	605	1232							

注:★为专业核心课程;☆为“1+X”证书课证融通课程;G 为专业群共享课程。

八、实施保障

(一)师资队伍

1. 专业带头人

学校生师比为 17.9,专业采用校企双带头人制。学校专业带头人具有测绘工程技术领域的副高以上职称,师德高尚、爱岗敬业,熟悉先进职业教育理念,能较好把握职业教育发展方向;教学科研能力强,能够较好地把握国内外本专业最新技术,了解行业企业对本专业人才的需求实际需要,带领团队深入开展“三教”改革,推进“三全育人”。企业专业带头人是区域内大型企业的测绘地理信息领域专家,具有工匠精神、爱国情怀,熟悉测绘领域的新技术、新工艺和新规范,具有推动校企合作、产教融合的能力。

2. 专任教师队伍结构

专业专任教师 85% 为双师素质教师,职称结构合理,其中具有高级以上职称 3 名,占 43%。教师 45 岁以下共 4 名,职称、年龄结构合理。

3. 兼职教师

企业兼职教师共 3 名,其中中级以上专业技术职称共 3 名,占总兼职教师队伍的比例为 43%,与专任教师比例基本达到 1:1。人均具有 5 年以上企业工作经历,具有良好的思想道德品质,部分在本行业具有一定的影响力,沟通表达能力强,通过专业考核和面试、试用,达到教师基本素质要求，获得教师上岗培训合格证。能承担理实一体课程教学，在生产实习、岗位实训Ⅱ和毕业设计等教学环节发挥优势；能与专任教师相互学习、合作，参与专业建设、课程建设和教学改革，发挥专兼结合教学团队的整体优势。

4. 师资队伍配置

序号	姓　名	年龄	职　称	从事专业或领域	类　型
1	杨永平	48	副教授	测绘科学与技术	专任教师
2	欧阳慧	40	讲师	测绘科学与技术	专任教师
3	陈　占	36	讲师	测绘科学与技术	专任教师
4	程　功	37	讲师	测绘科学与技术	专任教师
5	易俊华	46	教授级高工	测绘工程	专任教师
6	张伟红	45	副教授	大地测量学与测量工程	专任教师
7	杨万枢	37	讲师	测绘科学与技术	专任教师
8	赵文亮	57	教授	测绘科学与技术	兼职教师
9	张东明	50	教授	测绘科学与技术	兼职教师
10	陈国平	40	副教授	土地资源管理	兼职教师
11	解智强	50	教授	地理信息系统工程	兼职教师
12	邓昌军	38	高级工程师	地理信息系统工程	兼职教师
13	孙允聪	38	讲师	测绘科学与技术	兼职教师
14	张婷婷	34	讲师	水土保持与荒漠化防治	兼职教师

（二）教学设施

1. 校内实训室

校内实训室主要包括专业教室、校内实训室、校外实训基地、学徒实习基地、支持信息化教学方面的基本要求。本专业校内实训室共有16间实训室，3间实训中心，其中测量新技术实训室和时空大数据融合与处理中心在同一间实训室，数字测图实训室和虚拟仿真中心部分设备共享。

1）测绘项目实训室

序号	设备名称	设备数量	主要实训项目	服务课程
1	DS3 水准仪	50 台套	1. 水准认识操作。 2. 普通水准测量。 3. 四等水准测量。 4. i 角检验。 5. 高程放样。	测绘基础 工程测量 B1/B2
2	DZS3 水准仪	8 台套	1. 四等水准测量。 2. i 角检验。 3. 高程放样。	测绘基础 工程测量 B1/B2
3	J6 经纬仪	30 台套	1. 经纬仪认识操作。 2. 测回法水平角观测。 3. 竖直角观测。 4. 视距测量。 5. 竖轴垂直于水平轴的检验。 6. 视准轴垂直于横轴的检验。 7. 指标差的检验。 8. 对点器检验。	测绘基础 工程测量 B1/B2

2）地形测量实训室

序号	设备名称	设备数量	主要实训项目	服务课程
1	笔记本电脑	10 台	1. 南方 CASS 地形图成图实训。 2. EPS 三维模型画图实训。 3. 导线网平差。 4. 水准网平差。	数字测图 数字测图课程设计 地籍与房产测量
2	数字地形三维模型	1 套	1. 数字测图认识。 2. 地形图打点技巧与地物取舍学习。 3. 地形图测绘实训。 4. 地形三维模型认识。 5. 像控点布设点位模拟。	数字测图 数字测图课程设计 地籍与房产测量
3	徕卡 2 秒全站仪	10 套	1. 水平角观测、距离测量。 2. 测回法观测、全圆观测法观测。 3. 导线测量。 4. 数字测图课堂实训。 5. 施工放样。 6. 宗地测量。 7. 不动产测绘。 8. 2C 互差、对中器、管气泡的校正。	数字测图 数字测图课程设计 地籍与房产测量

3）数字测图实训室（虚拟仿真中心）

序号	设备名称	设备数量	主要实训项目	服务课程
1	计算机	61 台	上机操作课程实训项目（包括 VB 测绘程序设计、GNSS 数据处理、工程 CAD、数字测图、摄影测量与遥感技术、地图制图、地理信息系统技术应用等）。	工程 CAD 数字测图 地图制图 摄影测量与遥感 地理信息系统技术应用
2	虚拟仿真软件	6 套	1. 二等水准仿真操作。 2. 数字测图仿真操作。 3. RTK 测图仿真操作。 4. 电子水准仪、全站仪、GNSS 认识。 5. “1 + X”取证操作虚拟仿真操作训练。	数字测图 控制测量 “1 + X”测绘地理信息数据获取与处理
3	无人机模拟操作软件	1 套	1. 无人机模拟操作训练。 2. “1 + X”取证无人机操作训练。	摄影测量与遥感
4	Southmap 教育版	1 套（61 结点）	绘制地形图	数字测图、数字测图课程设计
5	虚拟仿真实训模块	4 套	虚拟仿真实训练习（智能应用自然资源普查、智能应用大坝监测、智能应用电力巡线、智能应用高精度电子地图虚拟仿真实训）。	变形监测
6	虚拟仿真全息室	1 套	虚拟仿真实训练习	控制测量、数字测图

4)测绘技能训练实训室

<table>
<tr><th>序号</th><th>设备名称</th><th>设备数量</th><th>主要实训项目</th><th>服务课程</th></tr>
<tr><td>1</td><td>DS3 水准仪</td><td>10 台套</td><td>1. 等外水准测量专项训练。
2. 四等水准测量专项训练。
3. 测绘技能校赛专项训练。</td><td>校级测绘技能竞赛
“1 + X”不动产数据采集与建库</td></tr>
<tr><td>2</td><td>J6 经纬仪</td><td>10 台套</td><td>1. 水平角测量专项训练。
2. 竖直角测量专项训练。
3. 图根导线测量专项训练。</td><td>校级测绘技能竞赛
“1 + X”不动产数据采集与建库</td></tr>
<tr><td>3</td><td>全站仪</td><td>10 台套</td><td>1. 一级导线测量专项训练。
2. 测绘技能校赛专项训练。</td><td>校级测绘技能竞赛
“1 + X”不动产数据采集与建库</td></tr>
</table>

5)工程测量实训室

<table>
<tr><th>序号</th><th>设备名称</th><th>设备数量</th><th>主要实训项目</th><th>服务课程</th></tr>
<tr><td>1</td><td>拓普康 2 秒全站仪</td><td>10 台套</td><td>1. 水平角观测、距离测量。
2. 测回法观测、全圆观测法观测。
3. 导线测量。
4. 数字测图综合实训。
5. 施工放样。
6. 宗地测量。
7. 不动产测绘。
8. 2C 互差、对中器、管气泡的校正。</td><td>控制测量
工程测量
数字测图综合实习
工程测量综合实习</td></tr>
<tr><td>2</td><td>新南方 2″全站仪</td><td>36 台套</td><td>1. 水平角观测、距离测量。
2. 测回法观测、全圆观测法观测。
3. 导线测量。
4. 数字测图综合实训。
5. 施工放样。
6. 宗地测量。
7. 不动产测绘。
8. 2C 互差、对中器、管气泡的校正。</td><td>控制测量
工程测量
数字测图综合实习
工程测量综合实习
“1 + X”测绘地理信息数据获取与处理</td></tr>
<tr><td>3</td><td>DS05 电子水准仪（DL2002）</td><td>10 台套</td><td>1. 二等水准测量读数认识。
2. 二等水准控制测量实训。
3. i 角误差检查。
4. 变形监测课堂实训。
5. 施工高程放样。
6. 高程控制网布设测量。
7. 工程测量道路的中平测量,竖曲线测设。</td><td>控制测量
工程测量
数字测图综合实习
工程测量综合实习
变形监测
专业综合实习</td></tr>
<tr><td>4</td><td>DS05 电子水准仪</td><td>10 台套</td><td>1. 二等水准测量读数认识。
2. 二等水准控制测量实训。
3. i 角误差检查。
4. 变形监测课堂实训。
5. 施工高程放样。
6. 高程控制网布设测量。
7. 工程测量道路的中平测量,竖曲线测设。</td><td>控制测量
工程测量
数字测图综合实习
工程测量综合实习
变形监测
专业综合实习
“1 + X”测绘地理信息数据获取与处理</td></tr>
</table>

6）矿山测量实训室

序号	设备名称	设备数量	主要实训项目	服务课程
1	全站仪	38 台套	1. 一级导线实验实习。 2. 数字测图实验实习。 3. 测绘技能大赛训练。	数字测图综合实习 工程测量综合实习 专业综合实习
2	激光准直仪	2 台套	1. 建筑工程测量。 2. 隧道工程测量。 3. 桥梁工程测量。 4. 工业安装测量。	工程测量

7）GNSS CORS 实训室

序号	设备名称	设备数量	主要实训项目	服务课程
1	GNSS 接收机	60 台套	1. GNSS 静态测量实验实习。 2. RTK 图根点测量实验实习。 3. RTK 数字测图实验实习。 4. RTK 工程放样实验实习。 5. 影像、地图调绘实验实习。	数字测图综合实习 GNSS 定位测量 工程测量综合实习 专业综合实习
2	单机 CORS 系统	1 台套	1. GNSS 静态测量实验实习。 2. RTK 图根点测量实验实习。 3. RTK 数字测图实验实习。 4. RTK 工程放样实验实习。 5. 影像、地图调绘实验实习。	数字测图综合实习 GNSS 定位测量 工程测量综合实习 专业综合实习 “1 + X”测绘地理信息数据获取与处理

8）GIS 工程实训室

序号	设备名称	设备数量	主要实训项目	服务课程
1	台式计算机	52 台	上机操作课程实训项目： 1. GIS 相关软件实习实训：ArcGIS 软件、MapGIS 软件，空间数据库建库等。 2. 遥感相关软件实习实训：ENVI 软件、ERDAS，遥感图像处理等。 3. 摄影测量相关软件实习实训：VIRTUOZ 软件、PIX4D，无人机数据处理软件。	地理信息系统技术应用 摄影测量与遥感
2	Southmap 教育版	1 套（52 结点）	绘制地形图	数字测图、数字测图课程设计

9）测绘三维虚拟实训室

序号	设备名称	设备数量	主要实训项目	服务课程
1	三维激光扫描仪	1 台套	1. 三维激光扫描仪认识。 2. 三维激光扫描仪操作。 3. 规则建筑物扫描。 4. 不规则建筑物扫描。	三维激光扫描技术应用 “1 + X”测绘地理信息数据获取与处理
2	台式计算机	20 台	1. 点云处理。 2. 上机操作课程实训项目（包括 VB 测绘程序设计、GNSS 数据处理、工程 CAD、数字测图、摄影测量与遥感技术、数字图像处理、地图制图、地理信息系统技术应用等）。	工程 CAD 数字测图 GNSS 定位测量 摄影测量与遥感 地理信息系统技术应用

续上表

序号	设备名称	设备数量	主要实训项目	服务课程
3	可编程计算器（fx-5800P）	300 台	1. 编程计算器认识。 2. 编程计算器基本操作。 3. 编程计算器测绘程序编写。 4. 编程计算器测绘程序工程应用。	可编程计算器测绘计算
4	笔记本电脑	10 台	1. 地形图绘制。 2. GIS 数据处理。	数字测图综合实习 GIS 综合实习
5	Southmap 教育版	1 套(60 结点)	绘制地形图	数字测图、数字测图课程设计

10）摄影测量与遥感实训室

序号	设备名称	设备数量	主要实训项目	服务课程
1	台式计算机	55 台	上机操作课程实训项目（包括 VB 测绘程序设计、GNSS 数据处理、工程 CAD、数字测图、摄影测量与遥感、数字图像处理、地图制图学、地理信息系统技术应用等）。	工程 CAD 数字测图 GNSS 定位测量 摄影测量与遥感 地理信息系统技术应用
2	Southmap 教育版	1 套(55 结点)	绘制地形图	数字测图、数字测图课程设计

11）无人机影像处理实训室

序号	设备名称	设备数量	主要实训项目	服务课程
1	计算机	31 台	上机操作课程实训项目（包括 VB 测绘程序设计、GNSS 数据处理、测绘 CAD、数字测图、摄影测量与遥感技术、数字图像处理、地图制图学、地理信息系统技术应用等）。	摄影测量与遥感
2	手轮脚盘立体眼镜	31 套	立体测图	摄影测量与遥感
3	大疆精灵 4	8 套	1. 无人机操作训练。 2. “1 + X”取证无人机操作训练。	摄影测量与遥感 “1 + X”无人机摄影测量
4	红绿立体眼镜	30 副	立体影像观察	摄影测量与遥感

12）测量仪器维修实训室

序号	设备名称	设备数量	主要实训项目	服务课程
1	仪器校正高低差测试仪	1 台	1. 视准轴不垂直于横轴检验校正。 2. 指标差检验与校正。	实训课程
2	修理工具	1 套	仪器修理	实训课程

13）变形监测实训室

序号	设备名称	设备数量	主要实训项目	服务课程
1	NA2 + FS1 光学水准仪	10 台	1. 精密水准仪认识操作。 2. 二等水准测量。 3. 沉降观测。	控制测量 工程测量 变形监测
2	DS05 光学水准仪	30 套	1. 精密水准仪认识操作。 2. 二等水准测量。 3. 沉降测量。	控制测量 工程测量 变形监测

续上表

序号	设备名称	设备数量	主要实训项目	服务课程
3	RD8100 管线探测仪	12 套	1. 管线探测仪认识。 2. 管线探测。	管线探测
4	TDJ2 经纬仪	10 套	1. J2 经纬仪认识。 2. 方向法观测水平角。	控制测量
5	DiNi03 数字水准仪	2 套	1. 数字水准仪认识操作。 2. 二等水准测量。 3. 沉降测量。	控制测量 工程测量 变形监测 “1 + X”测绘地理信息数据获取与处理
6	测量机器人 TS50	1 套	1. 测量机器人认识操作。 2. 位移观测。	控制测量 工程测量 变形监测 “1 + X”测绘地理信息数据获取与处理

14）自动化变形监测实训室

序号	设备名称	设备数量	主要实训项目	服务课程
1	建筑物自动化变形监测系统	1 台套	1. 静力水准测量。 2. 裂缝测量。 3. 应力测量。 4. 风速测量。 5. 建筑物变形监测数据处理分析系统。	变形监测
2	桥梁自动化变形监测系统	1 台套	1. 静力水准测量。 2. 裂缝测量。 3. 应力测量。 4. 风速测量。 5. 温度测量 6. 桥梁变形监测数据处理分析系统。	变形监测
3	测量机器人 TS60	1 台套	1. 水平位移监测。 2. 精密三角高程测量。 3. 倾斜监测。 4. 精密导线测量。	变形监测 “1 + X”测绘地理信息数据获取与处理
4	GNSS 接收机	20 台套	1. GNSS 静态测量。 2. 三维坐标变形监测。	“1 + X”测绘地理信息数据获取与处理

15）测量新技术实训室（时空大数据融合与处理中心）

序号	设备名称	设备数量	主要实训项目	服务课程
1	台式计算机 + 服务器	31 台	1. 数据处理。 2. 模型数据融合。	“1 + X”测绘地理信息数据获取与处理
2	AS900 激光雷达	1 套	1. 无人机激光雷达操控。 2. 激光雷达数据采集。	“1 + X”测绘地理信息数据获取与处理
3	五镜头无人机	1 套	1. 五镜头无人机操控。 2. 倾斜摄影测量数据采集。	摄影测量与遥感 “1 + X”无人机摄影测量

续上表

序号	设备名称	设备数量	主要实训项目	服务课程
4	无人机	25 套	1. 无人机维修。 2. 无人机组装。 3. 无人机操控训练。 4. "1+X"无人机操作证取证培训。	摄影测量与遥感 "1+X"无人机摄影测量

16）无人机技术应用实训室

序号	设备名称	设备数量	主要实训项目	服务课程
1	大疆精灵 4	8 套	1. 无人机操作训练。 2. "1+X"取证无人机操作训练。	摄影测量与遥感 "1+X"无人机摄影测量
2	AS900 激光雷达	1 套	1. 无人机激光雷达操控。 2. 激光雷达数据采集。	"1+X"测绘地理信息数据获取与处理
3	五镜头无人机	1 套	1. 五镜头无人机操控。 2. 倾斜摄影测量数据采集。	摄影测量与遥感 "1+X"无人机摄影测量
4	无人机	25 套	1. 无人机维修。 2. 无人机组装。 3. 无人机操控训练。 4. "1+X"无人机操作证取证培训。	摄影测量与遥感 "1+X"无人机摄影测量
5	多光谱无人机	1 套	1. 无人机操作训练。 2. 多光谱数据采集。	摄影测量与遥感 "1+X"无人机摄影测量

2. 校外实训基地

学校与昆明市测绘研究院等二十多家测绘地理信息行业企业建立紧密长期的人才培养合作关系，每年认知实习、岗位实习 1 和岗位实习 2 提供实施条件。校外实训基地具体企业及提供岗位相关信息，见表 2-2。

表 2-2　校外实训基地具体企业及提供岗位相关信息

序号	校外实训企业名称	提供工位数（个）	所在行业	实习岗位
1	中国有色金属工业昆明勘察设计研究院测绘分院	22	测绘地理信息	基础测绘、工程测量、地理国情普查、摄影测量、地理信息数据生产、数字测图
2	昆明市测绘研究院	15		
3	云南省测绘工程院	21		
4	云南省航测遥感信息院	32		
5	云南省地矿测绘院	25		
6	云南天地图信息技术股份有限公司	10		
7	广州南方测绘仪器公司	25	测绘地理信息软硬件研发与销售	工程测量、无人机航飞、数据建库、地理信息数据生产、仪器销售与维护、软硬件技术支持
8	上海华测导航技术有限公司	12		
9	广州中海达卫星导航技术有限公司	8		
10	北京苍穹数码测绘有限公司	6		
11	北京拓普康商贸有限公司	5		
12	云南新坐标测绘有限公司	10		
13	昆明云金地科技有限公司	15		
14	北京富地科创信息技术有限公司	15		
15	云南超图地理信息有限公司	10		

续上表

序号	校外实训企业名称	提供工位数(个)	所在行业	实习岗位
16	云南第二公路桥梁工程有限公司	15	基础设施建设、电力、市政工程	工程测量、地下管线探测、数据建库
17	中国能源建设集团云南省电力设计院有限公司	18		
18	云南方圆土地事务有限公司	21	测绘地理信息	摄影测量、控制测量、土地登记代理、不动产测绘、土地规划
19	云南云测科技有限公司	12		
20	云南海钜地理信息技术有限公司	20		
21	武汉航天远景科技有限公司	10		
合计		327		

(三)教学资源

选用严格按照教育部发布的《职业院校教材选用管理办法》执行的教材。本专业的教师主编或参编专业教材共八种，教学资源具体情况见表 2-3。

表 2-3　教学资源具体情况

主要选用教材名称	出版社	主编	教材属性
测绘基础	武汉大学出版社	张东明	全国测绘地理信息职业教育教学指导委员会“十二五”规划教材
GNSS 定位测量	武汉理工大学出版社	张东明	全国测绘地理信息职业教育教学指导委员会推荐用书
测绘工程 CAD	武汉大学出版社	吕翠华	全国测绘地理信息职业教育教学指导委员会“十二五”规划教材
摄影测量与遥感	测绘出版社	陈国平	国家示范性高职院校建设项目成果教材
数字测图	测绘出版社	郭昆林	国家示范性高职院校建设项目成果教材
测绘程序设计与应用	黄河水利出版社	张伟红	全国测绘地理信息职业教育教学指导委员会推荐用书
地理信息系统	中国电力出版社	马娟	全国高职高专工程测量技术专业规划教材
空间数据库技术应用	测绘出版社	马娟	“十三五”职业教育国家规划教材

本专业建有国家精品课程两门、国家精品资源共享课一门、国家教学资源库课程两门、省级精品在线开放课程四门，部分线上课程见表 2-4。

表 2-4　部分线上课程

序号	课程名称	课程类型
1	地理信息系统技术应用	国家精品资源共享课
2	控制测量	国家教学资源库课程
3	空间数据库技术应用	国家教学资源库课程
4	数字测图	省级精品在线开放课
5	空间数据库技术应用	省级精品在线开放课
6	可编程计算器测绘计算	省级精品在线开放课
7	无人机测绘	省级精品在线开放课

(四)教学方法

根据专业培养目标，结合企业实际，鼓励教师创新教学组织形式、教学手段和教学策略，灵活运用案例教学、项目教学、模块化教学、任务驱动、头脑风暴、思维导图、情境教学等教学方式，广泛运用启发式、探究式、讨论式、参与式等教学方法。科学利用实训室教学资源，实施理实一体化教学等教学模式,实现学中做、做中学,达成素质、知识和能力目标。根据课程内容特点,充分利用网络课程教学资源,推广翻转课堂,实施线上线下混合式教学等新型教学模式。

(五)学习评价

对接学分银行,创新书证融通,引入先进企业行业(企业)标准,实施学分互认。以教师、企业导师、学生为评价主体;采用由过程考核、项目考核、综合测试考核三部分组成的形成性课程考核评价方式;通过自评、互评、点评,结合云课堂,形成课前、课中、课后全过程考核。在校期间总体学习情况包括各项理论及实践课程学习成绩、岗位实训实习表现、综合素质测评、毕业设计完成质量、专业技能抽查效果、"1+X"认证情况、各级各类专业竞赛获奖情况等。确保多元主体参与,有效促进教学目标达成。

(六)质量管理

1. 学校与学院建立了专业建设和教学质量诊断与改进机制,健全了专业教学质量监控管理制度。组建专业人才培养方案制订团队,定期开展对测绘工程技术相关岗位知识、技能、素质要求进行调研与论证。完善课堂教学、教学评价、实习实训、毕业设计、资源建设等方面的质量标准建设,通过教学实施、过程监控、质量评价和持续改进,达到人才培养规格目标。

2. 建立毕业生跟踪反馈及社会评价机制,并对生源情况、在校时学业水平,毕业生就业情况,毕业后1~5年综合状况等进行分析,定期评价人才培养质量和培养目标达成情况。

3. 定期开展课程建设水平和教学质量诊断与改进,建立健全巡课、听课、评教、评学等制度,建立与企业联动的实践教学环节指导制度,定期开展公开课、示范课等教研活动,形成了任务、职责、权限明确,相互协调、相互促进的质量管理有机整体。

4. 学校制定了《学生综合素质测评实施办法》,把学生综合素质测评纳入质量考核体系,综合素质测评内容包括:品德操行测评、学业成绩测评、创新创业测评、社会实践测评等方面。

九、毕业要求

学生必须修够140分,方准予毕业。学分构成:通识教育共64分,包含必修课46学分、限选课4学分、任选课6学分及课外教育活动8学分;专业(技能)课60学分和岗位实训16学分,学生修满各类规定学分和必修课后方可毕业。

十、附录

附录一　X证书资格证书转换学分及对应课程

附录一　X证书资格证书转换学分及对应课程

序号	X证书	等级	认定学分	职业资格证书对应置换课程	备注
1	测绘地理信息数据获取与处理	高级	3.0	摄影测量与遥感	……
		中级	3.0	数字测图、GNSS定位测量	……

群内专业二：测绘地理信息技术专业人才培养方案

专 业 名 称 ：	测绘地理信息技术
专 业 代 码 ：	420303
适 用 年 级 ：	2022 级
所 属 学 院 ：	测绘学院
所 属 专 业 群 ：	测绘工程技术专业群
修(制)订时间：	2022 年 8 月

测绘地理信息技术专业人才培养方案

一、专业名称及代码

专业名称:测绘地理信息技术
专业代码:420303

二、入学要求

高中阶段教育毕业生、中等职业学校毕业生或具有同等学力者。

三、学制

三年

四、职业面向

(一)职业面向

所属专业大类(代码)	所属专业类(代码)	对应行业(代码)	主要职业类别(代码)	主要岗位类别或技术领域举例	职业资格或职业技能等级证书举例
资源环境与安全大类(42)	测绘地理信息类(4203)	测绘地理信息服务(744)	测绘和地理信息工程技术人员(2-02-02)	地理信息数据生产 地理空间数据库建设与维护 地理信息应用服务 地图编制	地图绘制员 测绘地理信息智能应用职业技能等级证书 测绘地理信息数据获取与处理职业技能等级证书 不动产数据采集与建库职业技能等级证书

(二)职业发展

岗位类型	岗位名称	岗位要求
目标岗位	地理信息数据生产员、地理空间数据库建设与维护员、地图绘制员、工程测量员、测绘装备销售员	具备地理空间数据采集、编辑与处理的能力;具备地理空间数据库建设与维护能力;具备普通地图和专题地图编制的能力;具备一定的工程测量能力

续上表

岗位类型	岗位名称	岗位要求
发展岗位	地理信息数据质检员、地理信息应用服务工程师、项目主管	具备地理信息数据质量检查与控制能力;具备地理信息空间分析和应用能力;具备一定的项目组织、协调、管理能力
迁移岗位	生产管理人员、测绘设备售后工程师、技术培训师	具备生产现场管理能力;具备测绘设备的售后服务与维保能力;具备培训员工专业技术的能力

(三)技术领域与职业能力要求

序号	技术领域	工作任务	岗位所需知识、能力和职业素质
1	地理信息数据生产	地理空间数据采集、编辑与处理	知识要求 1. 掌握地理信息系统的基本理论与方法。 2. 掌握地图制图的基本理论与方法。 3. 掌握摄影测量内业数据生产的基本知识与方法。 4. 掌握遥感影像解译的基本知识,会识读遥感影像图。 能力要求 1. 能利用 GIS 软件、摄影测量软件进行地理空间数据采集。 2. 能利用 GIS 软件、摄影测量软件进行地理空间数据编辑。 3. 能利用 GIS 软件、摄影测量软件进行地理空间数据处理。 职业素养 1. 具备严肃认真,一丝不苟的工作态度。 2. 具备积极思考和解决问题的意识。
2	地理空间数据库建设与维护	地理空间数据库的开通、建设与管理	知识要求 1. 熟悉数据库、关系数据库的基本知识。 2. 熟悉空间数据库设计的流程和方法。 3. 熟悉空间数据库建设的流程和方法。 4. 熟悉空间数据质量分析与评价方法。 5. 熟悉空间数据库更新和维护的内容和方法。 6. 掌握空间数据库项目的技术设计和技术总结的编写方法。 能力要求 1. 能熟练查阅空间数据库建设的相关技术规范和标准。 2. 能利用关系数据库软件进行关系数据库的创建和维护。 3. 能独立进行空间数据库设计,编制建设方案。 4. 能利用 GIS 软件进行空间数据库建设。 5. 具备空间数据质量分析与评价能力。 6. 能利用 GIS 软件进行空间数据库的更新和维护。 7. 具备初步的技术报告编写能力。 职业素养 1. 具有良好的学习习惯和细致、严谨的工作作风。 2. 具有良好的数据存储习惯和电子文档归档整理素养。 3. 具有良好的规范操作行为习惯。

续上表

序号	技术领域	工作任务	岗位所需知识、能力和职业素质
3	地理信息应用服务	地理信息应用技术服务	知识要求 1. 掌握 GIS 专业相关知识。 2. 掌握 RS 专业相关知识。 3. 掌握 GNSS 专业相关知识。 4. 熟练掌握一门编程语言,熟悉常用 GIS 开发平台。 能力要求 1. 会搜集和整理影像、资料和数据。 2. 能根据导航定位产品设计架构,集成、编绘、制作导航地理信息产品,提供位置监控、灾害预警、应急救援等导航与位置服务。 3. 能提供国土、交通、农林、地矿、环境、建设、城市管理等方面的地理信息应用技术服务。 4. 能基于互联网平台和标准,制作互联网地理信息产品,提供地图搜索、下载、发送和地理信息标注、引用服务。 5. 能根据地理国情监测工程设计和指标体系,对监测对象的变化情况进行比对、标注和汇总,生产地理国情监测产品。 6. 能使用测评软件,进行室内外地理信息数据产品的质量和功能测评。 7. 具有较强的软件技术文档撰写能力。 职业素养 1. 具有严谨的工作作风。 2. 具有成本意识。 3. 具有积极思考和解决问题的意识。 4. 具有细致的观察能力。
4	地图编制	普通地图和专题地图编制	知识要求 1. 熟悉普通地图编制的主要技术要求。 2. 熟悉专题地图编制的主要技术要求。 3. 熟悉《1:500　1:1 000　1:2 000 地形图图式》、《1:5 000　1:10 000 地形图图式》、《1:25 000　1:50 000　1:100 000 地形图图式》等常用地形图图式符号。 4. 掌握地图接边处理的方法。 5. 掌握地图制图项目的技术设计和技术总结的编写方法。 6. 掌握地图管理的法律法规。 能力要求 1. 能熟练查阅地图制图的相关技术标准。 2. 能理解地图投影、地图变形等概念的意义,并能运用 GIS 软件对地图进行投影变换处理,满足要求。 3. 熟悉地图制图标准、规范、规程要求,会利用 GIS 软件制作普通地图、专题地图。 4. 能运用 GIS 软件进行地图数据采集、编辑和整饰。 5. 能理解地图概括(缩编)的概念,并能运用 GIS 软件对地图进行概括处理。 6. 能理解标准地图分幅的概念及分幅方法。 7. 能进行地图分幅接边处理工作。 8. 具备初步的地图制图技术设计书和技术总结报告编写能力。 9. 具备初步的普通地图与专题地图质量检查和验收能力。 职业素养 1. 具有严谨认真、实事求是、一丝不苟、精益求精的测绘工匠精神。 2. 具有政治责任感和国家版图意识,具有数据安全和保密意识。 3. 具有安全生产和依法测绘的意识和能力。 4. 具有能按国家测绘规范或行业规程的要求严格作业的工程质量意识和工作态度。 5. 具有跟踪地图制图新技术应用前景和发展趋势的意识。

五、培养目标与培养规格

(一)培养目标

本专业培养理想信念坚定,德、智、体、美、劳全面发展,具有一定科学文化水平,良好的人文素养、职业道德、安全意识、创新意识、环保意识,具有精益求精的工匠精神和团队合作精神,较强的就业能力和可持续发展的能力,掌握地理信息数据采集、处理、应用和服务等专业知识和技术技能,面向测绘地理信息、国土资源管理、城市规划、环境保护、水利水电、建筑、交通等领域岗位群,能够从事测绘地理信息产品生产、地理空间数据库建设与维护、地理信息技术服务等工作的复合型、创新型、国际化的高素质技术技能人才。

(二)培养规格

本专业毕业生应在知识、能力、素质方面达到以下要求:

1. 知识要求

Z1:掌握思想政治理论、德育与法律基本知识、学科体系知识、英语、体育、计算机基础应用、职业发展等基础知识。

Z2:掌握人文素养、心理健康以及文明生产、环境保护、安全消防等必备的知识。

Z3:掌握专业必备中华优秀传统文化知识与自然地理知识。

Z4:掌握专业软件应用与数据处理的基本知识。

Z5:掌握高等数学必备知识。

Z6:熟悉与本专业相关的法律法规知识。

Z7:掌握常用测绘仪器设备操作与维护保养方法。

Z8:掌握地理信息数据采集、处理、分析与应用方面的知识与方法。

Z9:掌握数据库基础理论、空间数据库建设与维护等知识与方法。

Z10:掌握地图学的基础理论以及普通地图和专题地图设计、整饰、编绘方法。

Z11:熟悉航测相片判读与调绘的基本方法,掌握遥感图像处理、信息提取与分析应用等知识和方法。

Z12:掌握 GNSS 静态和动态数据采集、编辑处理与成果输出方面的知识与方法。

Z13:熟悉地形图图式,掌握大比例尺地形图数据采集、编辑与制图的知识与方法。

2. 能力要求

1)通用能力

N1:具有较强的语言、文字表达能力和沟通能力。

N2:具有利用计算机进行常规的办公文稿处理,熟练运用信息技术、收集处理信息的能力。

N3:具有终身学习、探究学习、发现问题、分析问题和解决问题的能力。

N4:具有独立思考、逻辑推理、制订工作计划等方面的能力。

N5:具有较强的执行能力,能按照规则做事。

N6:具有较好的组织协调能力和团队协作能力。

N7:具有运用知识和理论,可不断提供新思想、新理论、新方法和新发明的创新能力。

2)专业能力

N8:能够正确使用和维护水准仪、全站仪和GNSS接收机等常规测绘仪器。

N9:能够利用地理信息系统软件(GIS)进行空间数据采集、编辑、处理、分析与应用,建立地理信息数据库。

N10:具备普通地图和专题地图设计、整饰和编绘能力。

N11:能够利用航空影像和卫星影像进行地物地貌判读与调绘,选、刺并施测地面像控点,生产4D(DOM、DEM、DLG和DRG)产品,具备遥感图像分析和信息提取能力。

N12:能使用全站仪和GNSS接收机采集地形数据,利用数字测图软件绘制大比例尺地形图。

N13:能初步编写GIS项目技术设计书和技术总结报告,初步具备GIS项目成果质量检查与验收能力。

3.素质要求

S1:具有正确的世界观、人生观、价值观。坚决拥护中国共产党领导,树立中国特色社会主义共同理想,践行社会主义核心价值观,具有深厚的爱国情感、国家认同感、中华民族自豪感;崇尚宪法、遵守法律、遵规守纪;具有社会责任感和参与意识。

S2:具有良好的职业道德和职业素养。崇德向善、诚实守信、爱岗敬业,具有精益求精的工匠精神;尊重劳动、热爱劳动,具有较强的实践能力;具有质量意识、绿色环保意识、安全意识、信息素养、创新精神;具有较强的集体意识和团队合作精神,能够进行有效的人际沟通和协作,与社会、自然和谐共处;具有职业生涯规划意识。

S3:具有良好的身心素质和人文素养。具有健康的体魄和心理、健全的人格,能够掌握基本运动知识和一两项运动技能。具有感受美、表现美、鉴赏美、创造美的能力,具有一定的审美和人文素养,能够形成一两项艺术特长或爱好;掌握一定的学习方法,具有良好的生活习惯、行为习惯和自我管理能力。

六、课程设置及要求

根据专业培养目标,对接岗位能力要求,将空间数据获取与处理、空间数据库建设、空间查询与空间分析、地图制图、地理信息系统应用等内容融入专业(技能)课程,包括专业基础课、专业核心课、专业拓展课。专业基础课程包括测绘基础、数字测图等,专业核心课程包括地理信息系统技术应用、空间数据库技术应用、地图制图等,专业拓展课程包括三维激光扫描技术应用、无人机测绘技术等。专业(技能)课程描述见表2-5。

表 2-5　测绘地理信息技术专业课程描述

课程名称	课程目标	教学内容	教学要求	思政元素	支撑培养规格
测绘基础	1. 知识目标 (1)熟悉水准面、大地水准面、参考椭球、高斯投影、高斯平面直角坐标系等测绘基本概念。 (2)熟悉三、四等水准测量的主要技术要求。 (3)熟悉一、二、三级和图根导线测量的主要技术要求。 (4)掌握三、四等水准测量的设计、数据采集、数据处理及数据分析的方法。 (5)掌握一、二、三级和图根导线测量的设计、数据采集、数据处理及数据分析的方法。 (6)掌握利用误差传播定律进行中误差计算的方法。 (7)熟悉大比例尺数字地形图成图的基本原理和方法。 2. 能力目标 (1)能熟练操作全站仪、水准仪及使用函数计算器的能力。 (2)初步具备对全站仪、水准仪保养和进行常规检验的能力。 (3)具备完成单一路线水准测量任务的能力,能独立完成简易平差计算。 (4)具备完成单一路线导线测量任务的能力,能独立完成简易平差计算。 (5)具备采用三角高程测量方法测定两点间高差的能力。 (6)具备采用交会法定点测量的能力。 (7)理解测量与测量误差的关系,知道提高测量精度的途径,初步具备进行测量误差处理的能力。 (8)具备初步测绘大比例尺地形图的能力。 (9)具备识图和初步使用地形图的能力。 (10)具备对测绘的地形图进行检查、验收的能力。 (11)具备自主查阅专业文献资料的能力。 (12)熟悉大比例尺数字地形图在工程中的应用。 3. 素质目标 (1)具有良好的职业道德,能自觉遵守测绘地理信息行业法律、法规、规范和企业规章制度。 (2)具有严谨认真、实事求是、一丝不苟、精益求精的测绘工匠精神。	1. 测绘的历史发展。 2. 测绘的应用。 3. 地球在测绘中的描述。 4. 平面坐标系统。 5. 高程系统。 6. 地面点位的确定和测绘中常用的单位。 7. 角度测量原理和角度测量仪器的使用 +(实训)。 8. 水平角测量方法 +(实训)。 9. 竖直角测量方法 +(实训)。 10. 角度测量误差与预防和仪器的常规检验与校正。 11. 钢尺量距和视距测量。 12. 电磁波测距 +(实训)。 13. 直线定向。 14. 水准测量原理和水准测量的常规仪器和工具 +(实训)。 15. 水准测量高差观测和普通水准测量 +(实训)。 16. 三、四等水准测量 +(实训)。 17. 水准路线和高程计算。 18. 测量误差与预防和仪器的常规检验与校正。 19. 三角高程测量。 20. 测量误差理论概述。 21. 测量误差传播定律。 22. 测量平差值的计算。 23. 精度评定。 24. 控制测量概述。 25. 导线测量的外业工作 +(实训)。 26. 导线测量的内业计算。	1. 教学中尽量做到“精讲多练”,学生在学中练、练中学,在练中提高空间想象能力和思维能力。 2. 优化教学团队,灵活运用立体化教材,做到“线上 + 线下”有效结合,适度实行分层实践,丰富课堂教学与实践。 3. 成绩综合评定覆盖学习全过程,做到“形成性评价 + 过程性评价”相结合。 4. 在教学中强调严谨、细致、精益求精的工匠精神,培养高度的质量意识、安全意识、责任意识。 5. 采取形成性考核方式进行课程考核与评价(项目考核 30% + 过程考核 30% + 综合测试 40%)	文化自信、技术自信、美育、服务意识、爱国情怀、测绘精神、探索精神、一丝不苟、职业道德、规范意识	S2 Z6 ~ Z8 N3 ~ N6 N8

续上表

课程名称	课程目标	教学内容	教学要求	思政元素	支撑培养规格
测绘基础	(3)具有政治责任感和国家版图意识,具有数据安全和保密意识。 (4)具有集体意识和团队精神,友爱互助,文明作业。 (5)具有安全生产和依法测绘的意识和能力。 (6)具有一定的测绘科技创新意识。 (7)具有职业荣誉感,热爱测绘,乐于奉献,吃苦耐劳。 (8)具有能按国家测绘规范或行业规程的要求严格作业的工程质量意识和工作态度。 (9)具有跟踪测绘学科新技术应用前景和发展趋势的意识	27. 小三角测量和交会定点。 28. 地形图的基本知识。 29. 地形图图式。 30. 地形测图的准备工作。 31. 地形图的测绘。 32. 地形图的拼接与整饰。 33. 地形图的检查验收与质量评定。 34. 地形图的识读。 35. 地形图的基本应用。 36. 地形图在工程设计中的应用。 37. 地形图在平整土地中的应用			
数字测图	1. 知识目标 (1)熟悉大比例尺野外数字地形图测绘的主要技术要求。 (2)熟悉《1:500 1:1 000 1:2 000 地形图图式》常用地形图图式符号。 (3)熟悉外业数据采集方法。 (4)掌握大比例尺数字地形图成图的基本原理和方法。 (5)了解等高线自动追踪的基本理论,能根据高程点熟练生成等高线,并结合地貌地物编辑等高线。 (6)掌握大比例尺数字地形图在工程中的应用,掌握纵横断面绘制、填挖方量计算的基本原理和方法。 (7)掌握纸质地形图的扫描矢量化方法。 (8)掌握数字测图成果检查验收的方法。 (9)掌握数字测图项目的技术设计和技术总结的编写方法。 (10)了解无人机摄影测量技术及裸眼测图基本方法。 2. 能力目标 (1)能熟练运用地形图图式识读地形图。 (2)能熟练操作全站仪、GNSS-RTK,以及相关成图和数据处理软件。 (3)能进行图根控制网布设、图根点加密和施测,能使用测量平差软件完成控制测量数据处理。 (4)能使用全站仪和 GNSS-RTK 进行野外地形数据采集。 (5)能熟练应用数字测图软件进行地形数据处理、地形图绘制与编辑、图幅整饰和输出。	1. 数字测图岗位认知。 2. 认识数字测图。 3. 地形图识读。 4. 地形图数字化。 5. 测图前准备。 6. 图根控制测量。 7. 地形数据采集。 8. 地形图绘制。 9. 地形图质量检查与验收。 10. 数字地形图基本要素查询。 11. 纵横断面图绘制。 12. 挖填方量计算。 13. 数字测图项目技术设计。 14. 数字测图项目技术总结。 15. 倾斜摄影测量。 16. 裸眼测图	1. 在教学中,以项目为导向,构建“学做相融、全真训练”的教学模式,建立“课程与工作任务结合、课堂与技能结合、教学与情境结合、实训与岗位结合”的教学方式。 2. 依托我校省级示范性实训基地“现代测绘技术中心”的“数字测图实训室”,按数字地图生产的要求进行全真实作,以“边讲边练”方式完成基本能力与方法的训练,实现“学中做,做中学”,使学生从操作中学到知识,并用所学理论知识提升操作技能,具备数字地图生产能力。 3. 针对本课程的理论教学、实践技能教学、职业素质培养三面教学目标,课程考核主要以平时考核为主,占课程整体考核的 70%,期末考试为辅,占课程整体考核的 30%。考核采用课程理论考核、基本技能考核、核心技能考核和职业素质考核相结合的方法进行,重点强调基本技能和基本理论。考核权重的比例分配:基本技能考核 30%、核心技能考核 30%、基本理论考核 30%、职业素质考核 10%	树立版图意识、安全保密意识,培养政治责任感和使命感、强化依法测绘意识,培养契约精神、艰苦奋斗的实干精神	S2 Z6 ~ Z7 Z12 ~ Z13 N3 ~ N6 N8 N12

续上表

课程名称	课程目标	教学内容	教学要求	思政元素	支撑培养规格
数字测图	(6)能利用地形图进行土石方量计算、面积量算、信息查询、绘制纵横断面等工程应用。 (7)能进行地形图数字化。 (8)具备初步的数字测图技术设计书和技术总结编写能力。 (9)具备初步的地形图质量检查和验收能力。 (10)具备初步的裸眼测图能力。 (11)具备自主查阅专业文献资料的能力。 3. 素质目标 (1)具有良好的职业道德,能自觉遵守测绘地理信息行业法律、法规、规范和企业规章制度。 (2)具有严谨认真、实事求是、一丝不苟、精益求精的测绘工匠精神。 (3)具有政治责任感和国家版图意识,具有数据安全和保密意识。 (4)具有集体意识和团队精神,友爱互助,文明作业。 (5)具有安全生产和依法测绘的意识和能力。 (6)具有一定的测绘科技创新意识。 (7)具有职业荣誉感,热爱测绘,乐于奉献,吃苦耐劳。 (8)具有能按国家测绘规范或行业规程的要求严格作业的工程质量意识和工作态度。 (9)具有跟踪数字测图新技术应用前景和发展趋势的意识				
自然地理学	1. 知识目标 (1)理解地球基本内外部结构基本知识,掌握气候、水文、地貌、土壤和生物的特征,及其在自然地理环境中的地位和相互作用。 (2)了解地壳的矿物与岩石类型与特点;岩石和地质构造的描述与类型特征。 (3)气候的形成和变化规律。 (4)各类地表水体运动的过程与结果。 (5)风化作用类型、发生机理,风化壳以及土壤剖面的含义及其类型。 (6)风的侵蚀以及相应地貌、黄土地貌的分布及特征。 (7)生态系统以及生物多样性的概念,生物与环境间的关系。 2. 能力目标 (1)了解和熟悉自然地理学的基本知识、学会运用自然地理学知识正确理解各种自然现象的方法。	1. 自然地理学的研究对象和分科、任务。 2. 自然地理学与其他学科的关系。 3. 地球。 4. 地壳。 5. 大气圈和气候系统。 6. 海洋与陆地水。 7. 地貌。 8. 土壤圈。 9. 生物群落与生态系统。 10. 自然地理综合研究	1. 充分利用教材、微课、多媒体教室、网络教学平台为载体,结合习题练习、课上指导、课余答疑、线上辅导等教学手段。 2. 课堂上建立情境,引导学生积极参与对话练习。 3. 采取形成性考核方式进行课程考核与评价(项目考核 30% + 过程考核 20% + 综合测试 50%)	自然之美、地图之美、人文情怀、“四个自信”、家国情怀	S2 Z6 N7

续上表

课程名称	课程目标	教学内容	教学要求	思政元素	支撑培养规格
自然地理学	(2)对自然地理学的基本理论和研究方法的牢固掌握。 (3)基本的自然地理图件阅读、分析能力。 (4)了解各类地表水体运动的过程与后果,能够提出工程建设应对措施能力。 (5)熟悉运用自然地理学的知识观察自然环境的方法。 (6)基本的自然地理图件阅读、分析能力。 (7)掌握地表形态的观察方法。 (8)了解和熟悉太阳辐射、大气环流、大洋环流、水分循环、地质循环以及生态系统和地球表层系统的特征。 (9)具备初步的人地关系和地域系统协调共生及区域可持续发展概念的建立与应用。 3. 素质目标 (1)具有良好的沟通能力和团结协作的精神。 (2)具有健康的身体素质、心理素质和乐观的人生态度				
工程CAD	1. 知识目标 (1)熟悉 AutOCAD 操作界面。 (2)熟悉图层管理的操作命令。 (3)熟悉平面图形的绘制命令。 (4)熟悉平面图形的编辑命令。 (5)熟练掌握对象选择与显示控制命令。 (6)熟练掌握用多种方式编辑对象特性。 (7)熟悉图块和外部参照的创建与编辑命令。 (8)熟悉文字、表格和尺寸标注命令。 (9)熟悉图形输入、输出和打印命令。 2. 能力目标 (1)能灵活使用 AutoCAD 软件绘图命令和操作技巧,熟练准确的编辑平面图形。 (2)能熟练运用图块和形定义功能定制地图点、线符号。 (3)会进行 AutoCAD 数据向其他数据格式的转换。 (4)会使用 AutoCAD 帮助系统进行自主学习。 (5)具备利用 AutoCAD 软件解决实际问题的能力。 (6)具备自主收集、查阅专业技术资料的能力。 3. 素质目标 (1)具有良好的职业道德,能自觉遵守测绘地理信息法律、法规。	1. AutoCAD 概述。 2. 使用辅助工具。 3. 图层管理。 4. 使用帮助系统。 5. 简单对象的绘制与编辑。 6. 对象选择与显示控制。 7. 复杂对象的绘制与编辑。 8. 创建面域和图案填充。 9. 编辑对象特性。 10. 使用图块和外部参照。 11. 文字标注与表格制作。 12. 尺寸标注。 13. 地形图绘制的基本知识。 14. 定制地图点符号。 15. 定制地图线型符号。 16. 地形图绘制与编辑。 17. 图形输入、输出和打印	1. 采用讲练结合、以练为主的一体化教学方法,课程由理论教学和实训教学交替组成。 2. 利用《工程 CAD》课程资源、多媒体教室、实训室、网络教学平台等载体,线上线下混合式教学。 3. 培养学生职业道德和工匠精神,通过软件对比,鼓励学生建立学习报国的信念,激发学生爱岗敬业的使命担当。 4. 采取形成性考核方式进行课程考核与评价(项目考核 30% + 过程考核 20% + 综合测试 50%)	政治认同、家国情怀、文化素养、中国特色社会主义和中国梦教育、培养学生严谨、认真的工作态度,进一步培养学生规范的职业素养	S2 Z13 N12

续上表

课程名称	课程目标	教学内容	教学要求	思政元素	支撑培养规格
工程CAD	(2)具有国家版图意识、数据安全和保密意识。 (3)具有按规范、规程严格作业的工程质量意识和工作态度。 (4)具备勤于思考的学习习惯和严谨的工作作风。 (5)树立良好的劳动纪律观念,吃苦耐劳。 (6)具有团队协作精神。 (7)培养安全、正确操作计算机的习惯。 (8)具有较强的自学能力、空间想象能力				
控制测量	1. 知识目标 (1)掌握国家控制网、工程控制网布设的原理、方法。 (2)掌握工程控制网施测的原理,外业数据采集、记录计算的方法。 (3)理解测量平差的基本原理,掌握地面观测值归算的方法。 (4)熟悉工程控制网的技术设计的过程和要求。 (5)掌握测区踏勘、选点、埋石的要求和方法。 (6)掌握国家测量技术规范中三、四等平面控制测量和精密高程测量的要求和方法,并能熟练操作仪器获得合格的外业观测成果。 (7)掌握利用计算机软件进行控制网概算和平差计算等内业数据处理方法。 (8)掌握控制网技术设计和技术总结报告编写方法。 2. 能力目标 (1)建立满足测绘大比例尺地形图精度要求的测图控制网的能力。 (2)建立满足工程建设精度要求的施工控制网的能力。 (3)建立以监测建筑物变形为目的的专用控制网的能力。 (4)熟练操作 2 级全站仪、S1 精密水准仪、电子水准仪。 (5)能进行平面控制网、高程控制网的选点和埋石。 (6)能进行精密水平角、垂直角和边长的观测。 (7)能利用计算机平差软件对控制网观测成果进行计算处理。 (8)具备熟悉使用现行的控制测量国家规范和行业规程的能力。 (9)具备按现行的国家规范或行业规程进行四等平面控制网、(GPS 控制网)、二等高程控制网的设计、布网、观测和数据处理及技术总结的能力。 (10)具备自主查阅专业文献资料的能力。	1. 平面控制网的布设原则和方案。 2. 平面控制网的技术设计。 3. 平面控制网的精度估算。 4. 平面控制网的选点、造标、埋石。 5. 精密(2 级)测角仪器及其操作。 6. 精密水平角观测。 7. 精密的量边仪器(电磁波测距仪)及其操作。 8. 电磁波测距成果的改正计算。 9. 精密测角量边仪器(全站仪)的操作。 10. 精密导线的角度与边长观测。 11. 将地面观测的方向值归算至椭球面。 12. 将地面观测的边长归算至椭球面。 13. 将地面观测的方向值归算至高斯面。 14. 导线网归算、投影、平差计算。 15. 工程测量投影面与投影带的选择。 16. 国家高程基准。 17. 高程控制网的布设。 18. 精密水准仪与水准尺。 19. 精密水准测量的误差来源及影响。	1. 教学中尽量做到"精讲多练",学生在学中练、练中学,在练中提高分析问题和解决问题的能力。 2. 教学形式多样化,做到"线上 + 线下"有效结合,适度实行分层实践,丰富课堂教学与实践。 3. 成绩综合评定覆盖学习全过程,做到"形成性评价 + 过程性评价"相结合。 4. 在教学中强调严谨、细致、精益求精的工匠精神,培养高度的质量意识、安全意识、责任意识。 5. 注重课证融通,把"测绘地理信息数据获取与处理""1 + X"证书内容融入课堂教学,提高学生的职业岗位适应能力。 6. 采取形成性考核方式进行课程考核与评价(项目考核 30% + 过程考核 20% + 综合测试 50%)	良好的职业道德,自觉遵守测绘地理信息行业法律、法规、规范和企业规章制度;严谨认真、实事求是、一丝不苟、精益求精的测绘工匠精神;集体意识和团队精神,友爱互助,文明作业;具有安全生产和依法测绘的意识和能力	S2 Z7 Z12 N3 ~ N6 N8

续上表

课程名称	课程目标	教学内容	教学要求	思政元素	支撑培养规格
控制测量	3. 素质目标 (1)具有良好的职业道德,能自觉遵守测绘地理信息行业法律、法规、规范和企业规章制度。 (2)具有严谨认真、实事求是、一丝不苟、精益求精的测绘工匠精神。 (3)具有政治责任感和国家版图意识,具有数据安全和保密意识。 (4)具有集体意识和团队精神,友爱互助,文明作业。 (5)具有安全生产和依法测绘的意识和能力。 (6)具有一定的测绘科技创新意识。 (7)具有职业荣誉感,热爱测绘,乐于奉献,吃苦耐劳。 (8)具有能按国家测绘规范或行业规程的要求严格作业的工程质量意识和工作态度。 (9)具有跟踪数字测图新技术应用前景和发展趋势的意识	20. 精密水准测量的实施。 21. 三角高程测量。 22. 水准测量概算。 23. 高程控制网概算和平差			
GNSS定位测量	1. 知识目标 (1)熟悉 GNSS 四大定位系统的组成与功能。 (2)熟悉 GNSS 测量的坐标系统、时间系统、高程系统等知识。 (3)掌握 GNSS 接收机的分类、组成及功能。 (4)熟悉 GNSS 接收机的基本操作。 (5)掌握 GNSS 定位的基本原理。 (6)掌握 GNSS 控制测量的技术设计流程。 (7)熟悉 GNSS 测量的主要技术要求。 (8)掌握 GNSS 控制测量成果检查验收的方法。 (9)掌握 GNSS 控制测量项目的技术设计和技术总结的编写方法。 (10)熟悉常规/网络 RTK 测量系统及基本原理。 (11)了解 GNSS 测量技术在工程领域的应用前景。 2. 能力目标 (1)能熟练使用 GNSS 接收机。 (2)能对 GNSS 接收机进行简单检验。 (3)能使用 RTK 进行图根控制网的布设、加密和施测。 (4)能使用 RTK 进行野外数据采集与放样。 (5)能进行 GNSS 控制网的技术设计。 (6)能进行 GNSS 选点与标石埋设。 (7)能编制 GNSS 外业观测计划。 (8)能进行 GNSS 控制网的外业观测。 (9)能操作 GNSS 数据处理软件及进行平差处理。	1. 职业岗位分析。 2. GNSS 概述。 3. GNSS 测量的坐标系统。 4. GNSS 测量的时间系统。 5. GNSS 测量的高程系统。 6. GNSS 卫星信号。 7. GNSS 卫星运动与星历。 8. GNSS 接收机的分类。 9. GNSS 接收机的组成及功能。 10. GNSS 接收机的使用。 11. GNSS 接收机的选型与检验。 12. GNSS 测量方法。 13. GNSS 定位的基本观测量。 14. 绝对定位原理。 15. 相对定位原理。 16. GNSS 测量误差影响及对策。	1. 采用理论实践一体化教学模式,以构建知识体系和能力训练体系为主线,采用集中讲授、分组讨论等教学方法,充分运用多媒体、PPT、教学视频。 2. 采用超星平台、实践实训场地等教学手段,达到课程教学目标。 3. 重视课程思政教育,教育学生更好地做人,帮助学生成长,培养学生职业道德和工匠精神,激发学生爱岗敬业的使命担当。 4. 采取形成性考核方式进行课程考核与评价(项目考核 30% + 过程考核 20% +综合测试 50%)	培养学生民族自豪感和职业荣誉感,激发学生爱岗敬业的使命担当,培养学生的计划、组织和协调能力	S2 Z7 Z12 N3 ~ N6 N8

续上表

课程名称	课程目标	教学内容	教学要求	思政元素	支撑培养规格
GNSS定位测量	(10)能初步对GNSS网的质量做出分析。 (11)具备初步的GNSS测量技术设计书和技术总结编写能力。 (12)具备自主查阅专业文献资料的能力。 3.素质目标 (1)具有良好的职业道德,能自觉遵守测绘地理信息行业法律、法规、规范和企业规章制度。 (2)具有严谨认真、实事求是、一丝不苟、精益求精的测绘工匠精神。 (3)具有政治责任感和国家版图意识,具有数据安全和保密意识。 (4)具有集体意识和团队精神,友爱互助,文明作业。 (5)具有安全生产和依法测绘的意识和能力。 (6)具有一定的测绘科技创新意识。 (7)具有职业荣誉感,热爱测绘,乐于奉献,吃苦耐劳。 (8)具有能按国家测绘规范或行业规程的要求严格作业的工程质量意识和工作态度。 (9)具有跟踪GNSS新技术应用前景和发展趋势的意识	17. GNSS控制网测量的技术设计。 18. GNSS控制网的图形设计。 19. GNSS观测纲要设计。 20. GNSS控制网外业观测。 21. GNSS测量数据内业处理。 22. 技术总结与上交资料。 23. RTK测量的基本原理。 24. 常规RTK测量系统。 25. 网络RTK测量系统			
摄影测量与遥感	1.知识目标 (1)掌握摄影测量的概念、发展阶段及技术特点。 (2)理解摄影测量单张像片与立体像对的解析理论。 (3)掌握数字地面模型的概念和获取方法。 (4)掌握数字微分纠正方法。 (5)掌握遥感图像预处理和增强处理方法。 (6)掌握遥感图像传统分类方法。 (7)掌握遥感图像专题图制作方法。 2.能力目标 (1)具有能够按摄影测量作业流程完成数据内定向、相对定向、绝对定向的能力。 (2)具有利用航空摄影影像成果生产DEM、DOM的能力。 (3)具有遥感图像预处理作业的能力。 (4)具有遥感图像增强处理的能力。 (5)具有遥感图像传统分类方法处理的能力。 3.素质目标 (1)培养严谨的学习态度、良好的学习习惯和职业素质。 (2)具备人际沟通与团队协作能力。 (3)培养学生职业道德和工匠精神,激发学生爱岗敬业的使命担当。 (4)具有国家安全及版图意识。 (5)具有民族自豪感和民族认同感	1. 摄影测量概念、发展历程和摄影测量实施过程。 2. 单张航摄像片解析。 3. 双像摄影测量。 4. 像片控制测量。 5. 数字摄影测量。 6. 遥感基础知识。 7. 遥感图像处理。 8. 遥感图像分类。 9. 遥感专题图制作	1. 以理论实践一体化教学模式,以认知和实践操作能力训练为核心,以构建知识体系和能力训练体系为主线,理论采用集中讲授、启发式教学、分组讨论等教学方法;同时以实践操作训练促进理论知识的掌握。 2. 增加课程的知识性、实用性,适当拓展知识应用领域,培养学生职业道德和工匠精神,激发学生爱岗敬业的使命担当。 3. 重视课程思政教育,融入性地介绍我国在摄影测量和遥感领域的高新技术及发展现状,增强学生的民族自豪感与民族认同感。 4. 采取形成性考核方式进行课程考核与评价(项目考核30% +过程考核20% +综合测试50%)	具有开拓、创新、爱国主义、民族自豪、严谨求实精神。	S2 Z8 Z11 N3~N4 N11

续上表

课程名称	课程目标	教学内容	教学要求	思政元素	支撑培养规格
地图制图	1. 知识目标 (1)熟悉普通地图编制的主要技术要求。 (2)熟悉专题地图编制的主要技术要求。 (3)熟悉《1:500　1:1 000　1:2 000 地形图图式》常用地形图图式符号。 (4)熟悉《1:5 000　1:10 000 地形图图式》常用地形图图式符号。 (5)熟悉《1:25 000　1:50 000　1:100 000 地形图图式》常用地形图图式符号。 (6)掌握地图概括综合的理论与方法。 (7)掌握地图接边处理的方法。 (8)掌握地图制图项目的技术设计和技术总结的编写方法。 (9)掌握地图管理的法律法规。 2. 能力目标 (1)能够熟练运用 GIS 软件,掌握其主要功能。 (2)能熟练查阅地图制图的相关技术标准。 (3)能理解地图投影、地图变形等概念的意义,并能运用 GIS 软件对地图进行投影变换处理,满足要求。 (4)熟悉地图制图标准、规范、规程要求,会利用 GIS 软件制作专题地图、普通地图。 (5)能运用 GIS 软件进行地图数据采集、编辑和整饰。 (6)能理解地图概括(缩编)的概念,并能运用 GIS 软件对地图进行概括处理。 (7)理解地图标准、地图分幅的概念及分幅方法。 (8)能进行地图分幅接边处理工作。 (9)具备初步的地图制图技术设计书和技术总结编写能力。 (10)具备初步的普通地图与专题地图质量检查和验收能力。 (11)具备自主查阅专业文献资料的能力。 3. 素质目标 (1)具有良好的职业道德,能自觉遵守测绘地理信息行业法律、法规、规范和企业规章制度。 (2)具有严谨认真、实事求是、一丝不苟、精益求精的测绘工匠精神。 (3)具有政治责任感和国家版图意识,具有数据安全和保密意识。 (4)具有集体意识和团队精神,友爱互助,文明作业。 (5)具有安全生产和依法测绘的意识和能力。 (6)具有一定的测绘科技创新意识。 (7)具有职业荣誉感,热爱测绘,乐于奉献,吃苦耐劳。 (8)具有能按国家测绘规范或行业规程的要求严格作业的工程质量意识和工作态度。 (9)具有跟踪地图制图新技术应用前景和发展趋势的意识	1. 概论。 2. 地球的形状与大小。 3. 坐标系与高程系。 4. 地图投影。 5. 地图比例尺。 6. 地图分幅与编号。 7. 软件认识。 8. 文件创建与矢量化。 9. 地图数据投影定义与转换。 10. 图幅制作。 11. 地图符号。 12. 地图色彩。 13. 地图注记。 14. 土地利用符号库制作。 15. 普通地图的表示。 16. 专题地图的表示。 17. 土地利用现状图制作。 18. 专题挂图制作。 19. 影响地图概括的主要因素。 20. 地图概括的基本方法。 21. 地图缩编概括综合实验。 22. 地图编制方法与过程。 23. 地图设计。 24. 地图接边。 25. 地图管理法规。 26. 地图接边实验	1. 着重将理论知识应用于工程实践,教学内容的讲解应紧密结合生产实践,并通过足够的课堂练习让学生融会贯通。 2. 采用课程思政教学方法,将大学生成长成才与课程教学结合起来,在知识中融思政,以思政促理解。 3. 以学生为本,注重教与学的互动。教学中注意将重点和难点讲透,根据学生的反应及时调整教学,对于较难理解的理论性知识,从多角度反复讲解。 4. 综合运用好各种教学资源,充分调动学生学习的积极性、主动性	版图意识、法律意识、“四个自信”、总体国家安全观	S2 Z10 N3 ~ N4 N10

续上表

课程名称	课程目标	教学内容	教学要求	思政元素	支撑培养规格
空间数据库技术应用	1. 知识目标 (1)熟悉数据库、关系数据库的基本知识。 (2)熟悉空间数据库设计的流程和方法。 (3)熟悉空间数据库建设的流程和方法。 (4)熟悉空间数据质量分析与评价方法。 (5)熟悉空间数据库更新和维护的内容和方法。 (6)掌握空间数据库项目的技术设计和技术总结的编写方法。 2. 能力目标 (1)能熟练查阅空间数据库建设的相关技术规范和标准。 (2)能利用关系数据库软件进行关系数据库的创建和维护。 (3)能独立进行空间数据库设计，编制建设方案。 (4)能利用 GIS 软件进行空间数据库建设。 (5)具备空间数据质量分析与评价能力。 (6)能利用 GIS 软件进行空间数据库的更新和维护。 (7)具备初步的技术报告编写能力。 3. 素质目标 (1)具有良好的职业道德，能自觉遵守测绘地理信息行业法律、法规、规范和企业规章制度。 (2)具有严谨认真、实事求是、一丝不苟、精益求精的测绘工匠精神。 (3)具有政治责任感和国家版图意识，具有数据安全和保密意识。 (4)具有集体意识和团队精神，友爱互助，文明作业。 (5)具有安全生产和依法测绘的意识和能力。 (6)具有一定的测绘科技创新意识。 (7)具有职业荣誉感，热爱测绘，乐于奉献，吃苦耐劳。 (8)具有能按国家测绘规范或行业规程的要求严格作业的工程质量意识和工作态度。 (9)具有跟踪空间数据库技术应用前景和发展趋势的意识	1. 认识数据库。 2. 数据模型。 3. 数据库保护。 4. 认识关系数据库。 5. 关系数据库设计。 6. 关系数据库建立。 7. 关系数据库标准语言 SQL。 8. 数据定义。 9. 数据查询。 10. 数据更新。 11. 数据控制。 12. 空间数据。 13. 空间数据库。 14. 空间数据模型。 15. 空间数据管理模式。 16. 空间数据库引擎。 17. 空间数据库的发展趋势。 18. 空间数据库设计概述。 19. 需求分析。 20. 概念模型设计。 21. 逻辑模型及属性编码设计。 22. 空间数据库建设内容。 23. 空间数据库建库准备。 24. 空间数据入库。 25. 空间数据质量问题来源分析。 26. 空间数据质量控制。 27. 空间数据质量评价。 28. 空间数据库更新。 29. 空间数据库维护。 30. 技术报告编写	1. 实施理实一体化教学，遵循“教、学、做”一体化的教学模式，以学生为主体，采用老师操作演示 + 学生参与讨论式的教学方法，充分利用本课程网络课程资源库，采用多媒体教学 + 现场教学形式实施教学，提高教学效果。 2. 结合智慧职教平台的国家级教学资源库课程《空间数据库技术应用》资源，实现线上、线下混合式教学。 3. 选用立体化教材授课，课前备课注意学情分析，课中加强课堂管理和过程考核评价。 4. 将测绘精神和测绘素养融入工作任务中。 5. 探索“课证融通”，把“测绘地理信息数据采集与处理”、“测绘地理信息智能应用”等“1 + X”职业技能等级标准的相关内容融入课堂教学。 6. 重视思政教育，挖掘思政要素，将思想政治教育融入课堂教学。 7. 平时考核占课程整体考核的 70%，期末考试占课程整体考核的 30%。采用课程理论考核、基本技能考核、核心技能考核和职业素质考核相结合的方法进行，重点强调基本技能和基本理论。考核权重的比例分配：基本技能考核 30%、核心技能考核 30%，基本理论考核 30%，职业素质考核 10%	规范意识、创新意识、专业自信、精益求精	S2 Z9 N3 ~ N6 N9 N13

续上表

课程名称	课程目标	教学内容	教学要求	思政元素	支撑培养规格
地籍调查与测量	1. 知识目标 (1)能无帮助地解释土地及其特征,地籍测量的作用。 (2)能依据法律法规无帮助地解释地籍要素,外业调查要求。 (3)能进行对宗地的土地所有权和使用权的调查说明。 (4)能利用《土地调查技术规程》规定,对宗地进行分类。 (5)能在一定帮助下进行土地的等级划分。 (6)能对土地附着的不动产进行调查及分类。 (7)能对土地按权属单元—宗地进行划分编号。 (8)按《地籍测量规范》要求建立控制测量及计算。 (9)能解释地籍图与地形图的内容差异。 (10)能利用地籍图测绘方法测绘地籍图。 (11)能利用地籍图及界址点资料算宗地面积。 (12)能解释地籍图,测绘更新内容。 (13)能解释地籍土地登记工作。 (14)能利用地籍资料进行土地统计。 (15)能说明地籍档案项目。 2. 能力目标 (1)能熟悉各种测量仪器的基本构造及其使用方法。 (2)能用测量仪器进行外业测量作业,并进行内业数据的处理。 (3)能够熟练绘制地籍图、宗地图、房产图。 (4)能够进行土地权属调查、土地变更调查。 3. 素质目标 (1)具有良好的敬业精神和职业道德。 (2)具有保密意识、规范意识和质量意识。 (3)具有高度的责任心、团队意识和人际沟通能力。 (4)严格执行规范,保证成果质量,爱护仪器设备。 (5)重视安全环保,坚持文明生产	1. 地籍基本知识概述。 2. 资料、仪器准备。 3. 权属调查。 4. 土地划分与编号。 5. 土地利用现状调查。 6. 变更地籍调查。 7. 地籍控制测量。 8. 界址测量。 9. 变更地籍测量。 10. 地籍图、宗地图的绘制。 11. 房产图的绘制。 12. 土地面积测算。 13. 控制测量检查。 14. 地籍调查成果检查。 15. 地籍图检查	1. 采用项目化的教学设计,理论与实训一体化教学的方法。 2. 充分利用网络教学平台,利用课件、图片、动画、视频、仿真动画等富媒体,将课前发布任务、课中互动学习、课后练习巩固贯穿。 3. 培养学生职业道德和工匠精神,激发学生爱岗敬业的使命担当。 4. 采取形成性考核方式进行课程考核与评价。 5. 注重课证融通,把不动产数据采集与建库“1+X”证书内容融入课堂教学,提高学生的职业岗位适应能力。 6. 采取形成性考核方式进行课程考核与评价(项目考核 30% +过程考核 20% +综合测试 50%)	培养学生测绘法律意识、规范意识、数据保密意识和严谨的工作作风,良好的人际沟通和协调能力,具备独立思考和分析解决问题的能力	S2 Z7~Z8 N3~N6

续上表

课程名称	课程目标	教学内容	教学要求	思政元素	支撑培养规格
工程测量	1. 知识目标 (1)熟悉 AutoCAD 操作界面。 (2)熟悉图层管理的操作命令。 (3)熟悉平面图形的绘制命令。 (4)熟悉平面图形的编辑命令。 (5)熟练掌握对象选择与显示控制命令。 (6)熟练掌握用多种方式编辑对象特性。 (7)熟悉图块和外部参照的创建与编辑命令。 (8)熟悉文字、表格和尺寸标注命令。 (9)熟悉图形输入、输出和打印命令。 2. 能力目标 (1)能灵活使用 AutoCAD 软件绘图命令和操作技巧,熟练准确地编辑平面图形。 (2)能熟练运用图块和图形定义功能定制地图点、线符号。 (3)会进行 AutoCAD 数据向其他数据格式的转换。 (4)会使用 AutoCAD 帮助系统进行自主学习。 (5)具备利用 AutoCAD 软件解决实际问题的能力。 (6)具备自主收集、查阅专业技术资料的能力。 3. 素质目标 (1)具有良好的职业道德,能自觉遵守测绘地理信息法律、法规。 (2)具有国家版图意识、数据安全和保密意识。 (3)具有按规范、规程严格作业的工程质量意识和工作态度。 (4)具备勤于思考的学习习惯和严谨的工作作风。 (5)树立良好的劳动纪律观念,吃苦耐劳。 (6)具有团队协作精神。 (7)培养安全、正确操作计算机的习惯。 (8)具有较强的自学能力、空间想象能力	1. AutoCAD 概述。 2. 使用辅助工具。 3. 图层管理。 4. 使用帮助系统。 5. 简单对象的绘制与编辑。 6. 对象选择与显示控制。 7. 复杂对象的绘制与编辑。 8. 创建面域和图案填充。 9. 编辑对象特性。 10. 使用图块和外部参照。 11. 文字标注与表格制作。 12. 尺寸标注。 13. 地形图绘制的基本知识。 14. 定制地图点符号。 15. 定制地图线型符号。 16. 地形图绘制与编辑。 17. 图形输入、输出和打印	1. 以理论实践一体化教学模式,以认知和实践操作能力训练为核心,以构建知识体系和能力训练体系为主线,采用集中讲授,分组讨论等教学方法。 2. 增加课程的知识性、人文性,将国内优秀工程案例融入教学全过程,培养学生职业道德和工匠精神,激发学生爱岗敬业的使命担当。 3. 采取形成性考核方式进行课程考核与评价(项目考核 30% + 过程考核 20% + 综合测试 50%)	按规范、规程严格作业的工程质量意识和工作态度;勤于思考的学习习惯和严谨的工作作风	S2 Z7 N3 ~ N6 N8

续上表

课程名称	课程目标	教学内容	教学要求	思政元素	支撑培养规格
三维激光扫描技术应用	1. 知识目标 (1)掌握三维激光扫描系统的概念、基本原理、分类和特点。 (2)了解国内外主流的三维激光扫描设备。 (3)熟悉地面三维激光扫描系统的工作流程和技术方法。 (4)了解点云数据误差来源与精度影响因素、缺失成因等。 (5)掌握点云数据预处理的基本内容和方法。 (6)了解三维建模的目的和意义。 (7)了解三维激光扫描技术在行业中的具体应用。 (8)了解车载三维激光扫描系统、机载激光雷达的工作流程和技术方法。 2. 能力目标 (1)能熟练查阅相关技术规范和标准。 (2)能协同他人制定地面三维激光扫描工作方案。 (3)会利用测量仪器布设扫描测站点和标靶点。 (4)会独立操作地面三维激光扫描仪进行点云数据采集。 (5)会进行点云数据编辑和处理。 (6)会基于点云数据建立三维模型。 3. 素质目标 (1)具有良好的职业道德，能自觉遵守测绘地理信息行业法律、法规、规范和企业规章制度。 (2)具有严谨认真、实事求是、一丝不苟、精益求精的测绘工匠精神。 (3)具有政治责任感和国家版图意识，具有数据安全和保密意识。 (4)具有集体意识和团队精神，友爱互助，文明作业。 (5)具有安全生产和依法测绘的意识和能力。 (6)具有一定的测绘科技创新意识。 (7)具有职业荣誉感，热爱测绘，乐于奉献，吃苦耐劳。 (8)具有能按国家测绘规范或行业规程的要求严格作业的工程质量意识和工作态度。 (9)具有跟踪三维激光扫描技术应用前景和发展趋势的意识	1. 三维激光扫描技术基本概念。 2. 三维激光扫描系统分类。 3. 三维激光扫描系统特点。 4. 地面三维激光扫描系统构成及工作原理。 5. 地面三维激光扫描工作流程。 6. 地面三维激光扫描设备。 7. 地面三维激光扫描工作方案设计方法。 8. 制定扫描工作方案。 9. 野外点云数据采集。 10. 点云数据的误差来源及其影响。 11. 点云数据的缺失成因。 12. 点云数据预处理流程。 13. 数据配准与拼接。 14. 数据去噪。 15. 点云数据应用。 16. 三维建模的目的和意义。 17. 三维建模软件。 18. 三维建模方法。 19. 点云数据三维重建。 20. 地面三维激光扫描系统在测绘领域中的应用。 21. 地面三维激光扫描系统在文物保护领域中的应用。 22. 地面三维激光扫描系统在其他领域中的应用。 23. 车载激光测量系统。 24. 机载激光雷达测量系统	1. 实施理实一体化教学，采用启发式、讨论式进行理论教学，以操作演示等教学方法指导学生实践操作，并在实践过程中作巡回指导与纠错。 2. 采取下达任务单的方式实施教学。 3. 重视课程思政教育，教育学生更好地做人，帮助学生成长。 4. 采取形成性考核方式进行课程考核与评价（项目考核 40% +过程考核 30% +综合测试 30%）	技术自信、科技创新、职业认同、保密意识	S2 Z8 N3 ~ N6 N13

续上表

课程名称	课程目标	教学内容	教学要求	思政元素	支撑培养规格
地理国情监测技术	1. 知识目标 (1)熟悉地理国情数据获取的途径以及各数据源特征。 (2)熟悉地理国情调查实施工作内容和方法。 (3)了解地理国情调查的内容与指标。 (4)了解地理国情监测中所运用的技术。 (5)掌握地理国情监测变化信息提取方法。 (6)掌握地理国情数据内业编辑和整理方法。 (7)了解地理国情监测信息统计与分析技术。 (8)了解地理国情监测的成果表达方式。 2. 能力目标 (1)能熟练处理服务于地理国情监测的各种数据。 (2)能制作地理国情调查工作底图。 (3)能开展地理国情调查外业调查工作。 (4)能利用地理国情监测技术进行变化信息提取。 (5)能进行地理国情监测数据整理和建库。 (6)具备地理国情监测数据初步统计分析的能力。 (7)具备自主查阅专业文献资料的能力。 3. 素质目标 (1)具有良好的职业道德,能自觉遵守测绘地理信息行业法律、法规、规范和企业规章制度。 (2)具有严谨认真、实事求是、一丝不苟、精益求精的测绘工匠精神。 (3)具有政治责任感和国家版图意识,具有数据安全和保密意识。 (4)具有集体意识和团队精神,友爱互助,文明作业。 (5)具有安全生产和依法测绘的意识和能力。 (6)具有一定的测绘科技创新意识。 (7)具有职业荣誉感,热爱测绘,乐于奉献,吃苦耐劳。 (8)具有能按国家测绘规范或行业规程的要求严格作业的工程质量意识和工作态度。 (9)具有主动学习了解自然资源调查和发展趋势的意识	1. 地理国情的内涵。 2. 地理国情调查。 3. 地理国情监测。 4. 地理国情监测的发展与应用。 5. 遥感数据获取与处理。 6. 全球卫星导航数据获取与处理。 7. 数字测图数据获取与处理。 8. 无线传感器网络数据获取与处理。 9. 自动专业监测站网数据获取与处理。 10. 统计调查数据获取与处理。 11. 公众参与式 GIS 技术。 12. 地理国情调查内容与指标总体说明。 13. 地理国情调查详细内容与指标。 14. 工作底图制作。 15. 外业调查。 16. 遥感影像解译样本采集。 17. 质量检查与成果提交。 18. 信息提取技术。 19. 内外业一体化调查技术。 20. 信息统计与分析技术。 21. 遥感影像自动解译技术。 22. 信息变化检测技术。 23. 合成孔径雷达干涉测量技术。 24. 地理国情数据内业编辑与整理。 25. 地理国情数据建库。 26. 地理国情监测的成果表达。 27. 地理国情监测成果的可视化方法和技术。 28. 地理国情监测信息共享服务。 29. 地理国情监测成果的发布。 30. 土地覆盖和土地利用变化监测。 31. 环境质量和环境变化监测。 32. 区域气候变化监测。 33. 地理格局和文化景观变化监测。 34. 陆地生物多样性和生态变化监测	1. 以典型案例为载体,采用讨论式和探究式的教学方法,积极运用现代化教学设备和视频资源,提高教学效果。 2. 以学生为本,注重教与学的互动,提高学生灵活运用专业知识的能力。 3. 采取形成性考核方式进行课程考核与评价(项目考核 30% + 过程考核 20% + 综合测试 50%)	遵纪守法、保守秘密、职业规范、精益求精、工匠精神	S2 Z8 ~ Z9 Z11 N9 N13

续上表

课程名称	课程目标	教学内容	教学要求	思政元素	支撑培养规格
程序设计基础（Java语言）	1. 知识目标 （1）让学生掌握 Java 程序设计语言的基本语法，利用 JDK 来创建、编译、调试 Java 项目的方法。 （2）掌握面向对象程序设计技术，并培养良好的编程规范意识。 （3）理解和掌握 Jaua 语言的基本语法和语义。 （4）掌握 Java 应用程序的开发方法。 （5）理解 Java 多线程概念，可以利用多线程技术开发相应程序；能够站在面向对象的角度思考和设计小型应用程序。 2. 能力目标 （1）能够熟练运用 Java 语言实现程序功能。 （2）能够熟练掌握 Java 开发工具和开发环境配置。 （3）能够熟练掌握 Java 面向对象的开发方法。 （4）能够阅读 API 文档。 （5）具备分析解决问题、自主学习的能力。 3. 素质目标 （1）提出问题、分析问题并解决问题的能力。 （2）独立思考的能力。 （3）获取新知识、新技能、新方法的能力。 （4）通过各项目的实施、培养学生发现问题、解决问题的能力	1. 语法基础。 2. 面向对象编程。 3. 异常处理。 4. 泛型。 5. 集合。 6. I/O。 7. 多线程	1. 以学生为本，注重知行合一、教学长。 2. 选取 Java 开发项目，引入项目式教学提高学生分析问题和解决问题的能力。 3. 丰富课堂实践教学环节，组织学生通过虚拟仿真技术参与体验情景式教学，提升学生的理论联系实际能力。 4. 利用职教云等在线教学平台开展信息化教学，不断增强教学的实效性与针对性。 5. 采用形成性评教进行课程考核，综合测试 80%、平时成绩 20%	科技强国、规矩意识、爱国情怀、勇于奉献、敢于担当、团结协作、认真、细心、严谨、法律法规、良好的思维习惯、一丝不苟、精益求精、创新意识、逆向思维、民族自豪感、理论与实践相统一	S2 Z4 N3 ~ N4 N7
建筑信息模型（BIM）技术	1. 知识目标 （1）掌握建筑信息模型的概念、应用软件分类。 （2）掌握建筑信息模型的特点、优势和价值。 （3）掌握建筑信息模型软件的基础操作知识。 （4）熟悉建筑信息模型建模精度等级。 （5）熟悉建筑信息模型的相关标准及技术政策。 （6）熟悉项目文件管理、数据共享与转换。 2. 能力目标 （1）掌握 BIM 建模软件环境设置。 （2）熟悉建模流程。 （3）掌握实体创建方法，如墙体、柱、梁、门、窗、楼地板、屋顶与天花板、楼梯等。 （4）掌握实体编辑方法，如移动、复制、旋转、偏移、阵列、镜像、删除、创建组、草图编辑等。 （5）掌握在 BIM 模型生成平、立、剖、三维视图的方法。 （6）掌握实体属性定义与参数设置方法。 （7）掌握 BIM 模型的浏览和漫游方法。 （8）掌握明细表创建方法。 3. 素质目标 （1）提出问题、分析问题并解决问题的能力。 （2）独立思考的能力。 （3）获取新知识、新技能、新方法的能力。 （4）通过各项目的实施、培养学生发现问题、解决问题的能力	1. BIM 建模软件环境设置。 2. 创建轴线、标高。 3. 创建实体。 4. 编辑实体。 5. 生成平、立、剖、三维视图。 6. 漫游设置。 7. 创建明细表	1. 教学过程中注重知识的传授和能力、素质的培养和锻炼、价值的引领。 2. 宜组织结构化教师团队，不同分工，收集整理教学资源，制作完善教学课件、微课，合理设计教学过程，教学评价与反思。 3. 突出实践动手能力，宜采用项目式模块化、线上线下混合式教学模式。 4. 成绩综合评定覆盖学习全过程，做到“形成性评价 + 过程性评价”相结合	良好的职业道德、严谨认真、实事求是、一丝不苟、精益求精	S2 Z4 N3 ~ N4

续上表

课程名称	课程目标	教学内容	教学要求	思政元素	支撑培养规格
无人机测绘技术	1. 知识目标 掌握地形图测绘的基本原理与方法；掌握地形图图式符号国家规范与表示方法；掌握无人机航测航线规划设计原理与方法；掌握像片控制测量的方法与过程；掌握无人机航测空中三角测量数据处理方法与过程；掌握倾斜摄影测量三维建模与裸眼测图方法；掌握 4D 产品质量检查方法与国家规范。 2. 能力目标 能根据任务进行航线设计与规划，运用无人机进行低空摄影，获取测区航摄相片；能进行相片测量控制点选点与测量，正确开展相片控制测量工作；能运用软件对无人机航空摄影的影像建立三维立体模型；能运用数字摄影测量软件进行 4D 产品的生成；能进行各类地形要素的调绘与地形图补测；掌握航空摄影测量内业成图的理论、数据处理技术流程及作业步骤；会根据生产任务编制摄影测量工作的技术方案。 3. 素质目标 具有自主学习，主动查阅资料，不断积累经验的素质；具备良好的思想政治素质、安全文明生产习惯、正确的质量意识和较强的计划组织与团队协作能力；具备严肃认真，一丝不苟的工作态度；具有良好的测绘地理行业职业道德素质；具有较强的测绘规范意识	1. 无人机航线规划与设计。 2. 无人机操作与航空摄影。 3. 无人机航测空中三角测量。 4. 无人机航测数据快速处理。 5. 像片控制测量。 6. 无人机航测 4D 产品生产。 7. 倾斜摄影测量与裸眼测图	1. 教学中要尽量做到“边讲边练”，学生在学中练、练中学，在练中提高立体观察能力与数据处理能力。 2. 注重课证融通，把“无人机摄影测量”“1 + X”证书内容融入课堂教学，提高学生的职业岗位适应能力。 3. 成绩综合评定覆盖学习全过程，做到“形成性评价 + 过程性评价”相结合。 4. 在教学中强调严谨、细致、精益求精的工匠精神，培养高度的质量意识、安全意识、责任意识。 5. 采取形成性考核方式进行课程考核与评价（基本技能考核 30% + 核心技能考核 30% + 素质考核 10% + 综合测试 30%）	专业自信、科技强国、团队协作、职业规范、工匠精神	S2 Z8 N3 ~ N7 N11
GIS 项目管理	1. 知识目标 （1）掌握现行测绘法律法规及其重点。 （2）了解多测合一相关政策。 （3）掌握测绘资质管理办法。 （4）掌握基础测绘与测绘标准化方法。 （5）掌握测绘成果管理办法。 （6）掌握测绘项目合同管理与技术设计方法。 （7）掌握测绘项目组织实施与技术总结方法。 2. 能力目标 能结合具体测绘地理信息类项目，独立或协同团队进行技术设计、组织实施和技术总结。 3. 素质目标 （1）具有自主学习，主动查阅资料，不断积累经验的素质。 （2）具备良好的思想政治素质、安全文明生产习惯、正确的质量意识和较强的计划组织与团队协作能力。 （3）具备严肃认真、一丝不苟的工作态度。 （4）具有良好的测绘地理行业职业道德素质。 （5）具有较强的测绘规范意识	1. 现行测绘法律法规及其重点。 2. 多测合一相关政策。 3. 测绘资质管理办法。 4. 基础测绘与测绘标准化。 5. 测绘成果管理。 6. 测绘项目合同管理与技术设计。 7. 测绘项目组织实施与技术总结	1. 以典型案例为载体，采用讨论式和探究式的教学方法，积极运用现代化教学设备和视频资源，提高教学效果。 2. 以学生为本，注重教与学的互动，提高学生灵活运用专业知识的能力。 3. 采取形成性考核方式进行课程考核与评价（项目考核 30% + 过程考核 20% + 综合测试 50%）	质量意识、规范意识、法律意识、工匠精神	S2 Z1 N3 ~ N6 N13

续上表

课程名称	课程目标	教学内容	教学要求	思政元素	支撑培养规格
测绘基础实习	1. 知识目标 (1)能熟练表述水准测量及导线测量的外业选点要求及注意事项。 (2)能熟练表述四等水准测量的观测方法、观测程序、限差及注意事项。 (3)能熟练表述二级导线测量的观测方法、观测程序、限差及注意事项。 (4)能熟练表述水准路线数据处理的基本内容和方法。 (5)能熟练表述导线数据处理的基本内容和方法。 (6)能熟练根据实地地形和起算点的情况合理布设四等水准或二级导线的布网形式。 2. 能力目标 (1)熟练掌握 DS3 水准仪的操作,能进行 i 角检验,以及水准仪的常规维护和保养。 (2)熟练应用全站仪进行基本观测,并对全站仪进行常规的维护和保养。 (3)掌握四等水准和二级导线的外业工作程序。 (4)熟练四等水准和二级导线的外业测量。 (5)熟练四等水准测量和二级导线测量的内业数据处理。 3. 素质目标 (1)具有良好的职业道德,能自觉遵守测绘地理信息行业的法律、法规、规范和企业规章制度。 (2)具有严谨认真、实事求是、一丝不苟、精益求精的测绘工匠精神。 (3)具有政治责任感和国家版图意识,具有数据安全和保密意识。 (4)具有集体意识和团队精神,友爱互助,文明作业。 (5)具有安全生产和依法测绘的意识和能力。 (6)具有一定的测绘科技创新意识。 (7)具有职业荣誉感,热爱测绘,乐于奉献,吃苦耐劳。 (8)具有能按国家测绘规范或行业规程的要求严格作业的工程质量意识和工作态度。 (9)具有查阅"测绘规范"并严格按规范完成工程项目的意识	1. 水准仪操作使用与常规检查。 2. 全站仪操作使用与常规检查。 3. 函数计算器的使用。 4. 单一路线四等水准测量与计算。 5. 单一路线二级导线测量与计算。 6. 水准测量数据整理。 7. 导线测量数据整理。 8. 实习技术总结编写。 9. 技能达标考核	1. 实施理实一体化教学,以操作演示等教学方法指导学生实践操作,并在实践过程中作巡回指导与纠错,以下达实习任务的方式实施教学。 2. 融入课程思政教育,引入测绘标准规范,引导学生树立安全意识、规范意识、质量意识。 3. 采取形成性考核方式进行课程考核与评价(项目考核 40% + 过程考核 30% + 综合测试 30%)	职业认同感和自豪感、爱岗敬业、严谨认真、吃苦耐劳、一丝不苟、团结协作	S2 Z7 N1 ~ N6 N8 N13

续上表

课程名称	课程目标	教学内容	教学要求	思政元素	支撑培养规格
数字测图课程设计	1. 知识目标 (1)能熟练表述地形图测绘的主要技术要求。 (2)能熟练表述数字成图软件绘图菜单、屏幕菜单等各项功能。 (3)熟悉地形图图式符号。 (4)能熟练表述等高线绘制、修饰的方法。 (5)能熟练表述地形图分幅及整饰的方法。 (6)能熟练表述测图软件的工程应用主要功能。 (7)能熟练表述测图软件进行纵横断面绘制及土方量计算的方法。 2. 能力目标 (1)能进行等高线手工绘制。 (2)掌握数字成图软件的绘图方法及主要功能。 (3)掌握等高线自动追踪的基本理论,能根据高程点熟练生成等高线,并结合地貌地物修改等高线。 (4)掌握《1:500 1:1 000 1:2 000 地形图图式》GB/T 20257.2—2017 有关内容。 (5)掌握纸质地形图的扫描矢量化方法。 (6)掌握大比例尺数字地形图在工程中的应用,掌握纵横断面图绘制及填挖方量计算的方法。 3. 素质目标 (1)树立良好的劳动纪律观念。 (2)培养团结协作、爱岗敬业、吃苦耐劳的测绘精神	1. 等高线内插勾绘工作。 2. 栅格地形图进行图像配准、矢量化及图形编辑。 3. 依据野外实测点数据文件进行展点,绘制地形图。 4. 根据高程点生成并修改等高线。 5. 图幅整饰及成果输出。 6. 断面图的绘制。 7. 土石方量计算。 8. 成果质量的自查、互查	1. 实施理实一体化教学,以操作演示等教学方法指导学生实践操作,并在实践过程中作巡回指导与纠错,以下达实习任务的方式实施教学。 2. 利用《数字测图》课程资源、MOOC、数字测图实训室、地形模型室、校园实训场等载体,以及集中讲授、分组讨论、独立完成等形式开展教学,提高教学效果。 3. 融入课程思政教育,引入测绘标准规范,引导学生树立安全意识、规范意识、质量意识和数据保密意识。 4. 采取形成性考核方式进行课程考核与评价(项目考核 40% + 过程考核 30% + 综合测试 30%)	一丝不苟、严谨认真、规范生产意识、吃苦耐劳、地图之美、保密意识	S2 Z7 Z12 ~ Z13 N3 N12
3S 技术集成应用	1. 知识目标 (1)了解地球信息科学的主要理论、产生背景、发展趋势及应用领域。 (2)掌握遥感(RS)、地理信息系统(GIS)和全球导航卫星系统(GNSS)三个核心技术的概念、发展状况和趋势以及应用领域。 (3)从 3S 参数的地学特征表达与时空特征的兼容性、技术方法的互补性及应用目标的一致性等方面掌握 3S 集成的学术思想与应用实践。 2. 能力目标 能结合具体测绘地理信息类项目,初步进行 3S 技术集成应用。 3. 素质目标 (1)具有自主学习,主动查阅资料,不断积累经验的素质。 (2)具备良好的思想政治素质、安全文明生产习惯、正确的质量意识和较强的计划组织与团队协作能力。	1. 3S 技术的最新进展。 2. 技术集成的基本内涵与模式。 3. 3S 集成关键技术与学科交互。 4. 数据集成的理论依据与研究现状。 5. 电磁波与地物光谱特性。 6. 传感器与地表信息的获取。 7. 遥感图像与地表信息特征。 8. 图像处理与技术应用。 9. 地理信息的描述与表达。 10. 地理信息的组织与管理。 11. 地理信息分析与应用模型。	1. 着重将理论知识应用于工程实践,教学内容的讲解紧密结合生产实践。 2. 以典型案例为载体,采用讨论式和探究式的教学方法,积极运用现代化教学设备和视频资源,提高教学效果。 3. 以学生为本,注重教与学的互动,提高学生灵活运用专业知识的能力。 4. 采取形成性考核方式进行课程考核与评价(项目考核 30% + 过程考核 20% + 综合测试 50%)	专业自信、科技强国、质量意识、创新意识	S2 Z4 N3 ~ N4 N7

续上表

课程名称	课程目标	教学内容	教学要求	思政元素	支撑培养规格
3S 技术集成应用	(3)具备严肃认真,一丝不苟的工作态度。 (4)具有良好的测绘地理行业职业道德素质。 (5)具有较强的测绘规范意识	12. 地理信息可视化与虚拟再现。 13. 空间定位与导航。 14. GNSS 外业和内业流程。 15. 3S 参数的地学特征。 16. 时空表达与兼容性。 17. 技术方法的互补性。 18. 应用目标的一致性。 19. 技术集成的可行性。 20. 3S 集成案例分析			
GIS 应用综合实习	1. 知识目标 (1)牢固掌握基于 ArcGIS 进行不同数据源、不同坐标系统的数据采集、编辑处理和成果输出。 (2)掌握基于 ArcGIS 的矢量数据空间分析,能独立完成基于空间位置的查询分析、缓冲区分析、多边形的叠合归并分析以及相关的空间统计分析。 (3)掌握 ArcGIS 软件的空间分析建模过程;掌握并理解综合地理信息系统的各项功能解决复杂地形中的选址分析、基于某一适宜性的分析等。 2. 能力目标 通过本课程的综合实习教学,既培养学生上机操作的实践能力,让他们掌握地理信息系统软件的基本功能,同时又培养他们利用常用地理信息系统软件解决实际问题的能力和创新精神,从而达到通过软件实习巩固和拓展课堂讲授内容的目的。 3. 素质目标 (1)树立良好的劳动纪律观念。 (2)培养团结协作、爱岗敬业、吃苦耐劳的测绘精神	1. 创建数据库。 2. 影像配准矢量化。 3. 拓扑检查。 4. 提高矢量精度。 5. 图幅拼接。 6. 计算图幅面积。 7. datareviewer 质量检查。 8. 空间分析。 9. 符号系统匹配并输图	1. 以实践教学为主,采用项目式、任务式的教学方式,以学生为主体,采用老师操作演示+学生操作练习的教学方法,提高教学效果。 2. 重视课程思政教育,教育学生更好地做人,帮助学生成长,培养学生职业道德和工匠精神,激发学生爱岗敬业的使命担当。 3. 强化学生的精度意识,并将职业道德和工匠精神穿插进质量控制环节,提升学生的测绘产品质量意识。 4. 采取形成性考核方式进行课程考核与评价(项目考核 30% +过程考核 50% +最终考核 20%)	专业自信、团结协作、质量意识、严谨求实、精益求精	S2 Z8 ~ Z11 N1 ~ N7 N9 ~ N11 N13

续上表

课程名称	课程目标	教学内容	教学要求	思政元素	支撑培养规格
岗位实训Ⅰ	1. 知识目标 (1)能熟练表述测区控制网建立的方法及主要事项。 (2)能熟练表述 GNSS 的静态观测数据后处理的方法。 (3)能熟练表述大比例尺数字地形图测绘的原理、方法和项目实施流程。 (4)能熟练表述全站仪和 GNSS-RTK 作业模式的操作方法及注意事项。 (5)能熟练表述导线测量的方法、观测程序、记录计算、限差及注意事项。 (6)能熟练表述水准测量的方法、观测程序、记录计算、限差及注意事项。 (7)能熟练表述变形测量的原理、方法、观测程序、数据处理及注意事项。 (8)能熟练表述地籍调查与不动产测绘的方法、步骤及图形绘制。 (9)能表述应用 GIS 软件和遥感软件进行数据处理的方法和流程。 (10)能熟练表述曲线测设、纵横断面测量、土石方计算的等工程测量内容的方法、观测程序、限差及注意事项。 2. 能力目标 (1)能熟练操作水准仪、全站仪、GNSS 接收机,能进行仪器的常规检校。 (2)能利用计算机进行常规的办公文稿处理,具备一定的信息化应用能力。 (3)能进行国家三四等平面控制网、高程控制网和 GNSS 控制网的布测和数据处理。 (4)能组织与实施大比例尺地形图、纵横断面图测绘。 (5)能按要求进行变形监测项目的测量与数据处理。 (6)能按要求进行矿山、地铁、城市管线等地下工程测量和数据处理,能够开展施工放样、土石方计算等工程测量项目。 (7)能按要求实施地籍调查、不动产测绘与登记等项目。 (8)能掌握 GIS 软件和遥感软件的基本功能,并进行相关的应用。 (9)能初步掌握测绘项目技术设计、技术总结等文本的编写能力。 3. 素质目标 (1)具有良好的职业道德,能自觉遵守测绘地理信息行业法律法规、标准规范和企业规章制度。 (2)树立"热爱祖国、忠诚事业、艰苦奋斗、无私奉献"的测绘精神。 (3)具有严谨认真、实事求是、一丝不苟、精益求精的测绘工匠精神。 (4)具有政治责任感和国家版图意识,具有数据安全和保密意识。 (5)具有工程质量意识、规范作业意识、绿色环保意识、安全生产意识、信息素养和创新思维。 (6)具有集体意识和团队精神,友爱互助,文明作业。 (7)具有职业荣誉感,热爱测绘,乐于奉献,吃苦耐劳。 (8)具有跟踪测绘新技术应用前景和发展趋势的意识	1. 大比例尺数字测图。 2. 控制测量。 3. 工程测量。 4. 不动产测绘。 5. GIS 和遥感	1. 采用实践教学模式,采用现场情景教学模式,运用启发式和讨论式的教学方法,引导学生认识企业的生产管理过程,提高学生的参与度,提高教学效果。 2. 以大比例尺数字测图、控制测量、工程测量、不动产测绘、GIS 和遥感为岗位实训Ⅰ方向,将各方向的知识和技能点融入教学中。 3. 在实训教学过程中,实施三全育人,推动教师、辅导员和企业教师共同培养学生职业道德和工匠精神,激发学生爱岗敬业的使命担当。 4. 采取形成性考核方式进行课程考核与评价(项目考核 30% + 过程考核 50% + 最终考核 20%)	"热爱祖国、忠诚事业、艰苦奋斗、无私奉献"的测绘精神,遵守测绘地理信息行业法律法规、标准规范和企业规章制度的意识,"严谨认真、实事求是、一丝不苟、精益求精"的工匠精神,政治责任感,国家版图意识,数据安全和保密意识,集体意识和团队精神,工程质量意识,环保意识,安全生产意识,跟踪测绘新技术应用前景和发展趋势的探究意识	S2 Z6 ~ Z13 N1 ~ N13

续上表

课程名称	课程目标	教学内容	教学要求	思政元素	支撑培养规格
岗位实习Ⅱ	1. 知识目标 (1)本专业必需的文化基础知识。 (2)计算机基本知识。 (3)相关的国家法律、法规知识,测绘规范与有关技术规定的知识。 (4)常用测绘仪器设备的操作知识。 (5)测图控制网、工程施工控制网和变形监测控制网的布网方法、施测方法、数据处理的知识。 (6)地形图、地籍图数据采集与成图的知识。 (7)工程施工测量的知识。 (8)变形监测的施测及数据处理的知识。 (9)测绘成果质量检查与验收技术规定的知识。 (10)测绘工程管理的基本知识。 (11)安全生产常识。 2. 能力目标 (1)常用测绘仪器使用与维护的能力。 (2)计算机应用能力。 (3)测图控制网、施工控制网和变形控制网布设、施测及数据处理的能力。 (4)大比例尺地形图、地籍图、纵横断面图和水下地形测绘的组织与实施能力。 (5)工程施工测量的组织与实施能力。 (6)变形监测的组织与实施能力。 (7)测绘项目技术设计书、技术总结报告的编写能力。 (8)测绘成果的检查与验收能力。 (9)相关专业文献资料的检索能力。 (10)安全生产、项目管理的初步能力。 3. 素质目标 (1)具有良好的职业道德,能自觉遵守测绘地理信息法律、法规。 (2)具有国家版图意识、数据安全和保密意识。 (3)具有按规范、规程严格作业的工程质量意识和工作态度。 (4)具备勤于思考的学习习惯和严谨的工作作风。 (5)树立良好的劳动纪律观念,吃苦耐劳。 (6)具有与他人沟通、团队协作能力。 (7)培养安全、正确操作仪器的习惯。 (8)具有较强的学习能力、判断能力、分析能力和空间想象能力。 (9)培养敬业、精益、专注、创新的工匠精神	1. 地形图测绘。 2. 国家等级控制网建立。 3. 变形测量。 4. 地籍测量与房产测绘。 5. 测绘项目管理	1. 以实践教学为主,以岗位能力为向导,注重学生的主导地位,加强过程管理和过程考核评价,严格把握岗位实训Ⅱ周记、岗位实训Ⅱ总结报告质量。 2. 重视课程思政教育,教育学生更好地做人,帮助学生成长,培养学生职业道德和工匠精神,激发学生爱岗敬业的使命担当。 3. 加强过程管理和过程考核评价,严格把握岗位实训Ⅱ周记、岗位实训Ⅱ总结报告质量。 4. 在教学过程中实施三全育人,推动教师、辅导员和企业教师共同实施人才培养综合素质培养。 5. 采取形成性考核方式进行课程考核与评价(项目考核30% +过程考核50% +最终考核20%)	“热爱祖国、忠诚事业、艰苦奋斗、无私奉献”的测绘精神,遵守测绘地理信息行业法律法规、标准规范和企业规章制度的意识,“严谨认真、实事求是、一丝不苟、精益求精”的工匠精神,政治责任感,国家版图意识,数据安全和保密意识,集体意识和团队精神,工程质量意识,环保意识,安全生产意识,跟踪测绘新技术应用前景和发展趋势的探究意识	S2 Z6 ~ Z13 N1 ~ N13

七、教学进程总体安排

（一）学时分配表

课程类别	要求学分	占总要求学分比例%	课程性质	开设学分	占总开设学分比例%	开设学时	占总开设学时比例%	讲授学时	占总开设学时比例%	实践学时	占总开设学时比例%
通识教育课	65	43.92	必修	49	31.51	808	29.66	532	19.53	276	10.13
			选修	16	10.29	32	1.17	32	1.17	0	0.00
			选修	6	3.86	64	2.35	64	2.35	0	0.00
专业（技能）课	83	56.08	必修	48	30.87	1089	39.98	268	9.84	821	30.14
			选修	29.5	18.97	521	19.13	355	13.03	166	6.09
			选修	7	4.50	210	7.71	0	0.00	210	7.71
合计	148	100		155.5	100	2724	100	1251	45.93	1473	54.07

（二）教学进程安排表

课程结构类属		课程号	课程名	课程性质	学分	课程类型	课时分配			学期周课时						管理部门
课程分类	课程类别						总学时	理论学时	实践学时	1	2	3	4	5	6	
通识教育课	2-1-2022 双高公共基础课	A11903000001	思想道德与法治	必修	3.0	B	48	40	8	3						马克思主义学院
		A11904000001	形势与政策 1	必修	0.5	B	10	8	2	1						马克思主义学院
		A12314000001	体育 1	必修	2.0	B	28	8	20	2						通识
		A13005000001	军事技能训练	必修	2.0	C	112		112	56						学生处
		A11901000002	习近平新时代中国特色社会主义思想概论	必修	3.0	A	48	48			3					马克思主义学院
		A11901000003	毛泽东思想和中国特色社会主义理论体系概论	必修	2.0	A	32	32			2					马克思主义学院
		A11904000002	形势与政策 2	必修	0.5	B	10	8	2		1					马克思主义学院
		A12314000002	体育 2	必修	2.0	B	28	8	20		2					通识
		A13003000001	心理健康教育	必修	2.0	B	32	28	4		2					学生处
		A11904000003	形势与政策 3	必修	0.5	B	10	8	2			1				马克思主义学院
		A12311000001	军事理论	必修	2.0	C	36		36			3				通识
		A12312000001	体育专项 1	必修	2.0	B	28	20	8			2				通识
		A11904000004	形势与政策 4	必修	0.5	B	10	8	2				1			马克思主义学院
		A12312000002	体育专项 2	必修	2.0	B	28	20	8				2			通识
			小　计		24		460	236	224							

续上表

课程结构类属		课程号	课程名	课程性质	学分	课程类型	课时分配			学期周课时						管理部门
课程分类	课程类别						总学时	理论学时	实践学时	1	2	3	4	5	6	
通识教育课	2-2-2021 双高人文素养-必修	A12302000002	中华优秀传统文化	必修	2.0	A	32	32		2						通识
		A12511000001	大学英语 1	必修	4.0	A	64	60	4	4						外语
		A11900000001	劳动教育	必修	1.0	A	16	16			1					校团委
		A12302000001	大学语文	必修	2.0	A	32	32			2					通识
		A12511000002	大学英语 2	必修	4.0	A	64	60	4		4					外语
		A13305000001	职业生涯规划与就业指导	必修	2.0	B	32	24	8			2				招生就业中心
		A13000000001	劳动教育实践课	必修	1.0	C	16		16				1			校团委
			小　计		16		256	224	32							
	2-4-2021 双高科技素养	A12301000001	高等数学	必修	4.0	A	64	64		4						通识
		A10600000001	信息技术 1	必修	3.0	B	48	16	32		3					创新创业
		A10600000002	信息技术 2	必修	2.0	B	32	16	16		2					创新创业
			小　计		9		144	96	48							
	2021 课外教育活动	A130000007	思想成长方面	选修	2.0											学生处
		A13006000001	入学教育	必修												学生处
		A130060001	实践实习方面	选修	2.0											学生处
		A130060002	志愿公益方面	选修	2.0											学生处
		A130060003	社会实践方面	选修	2.0											学生处
		A130060004	创新创业方面	选修	2.0											学生处
		A130060005	文体活动方面	选修	2.0											学生处
		A130060006	工作履历方面	选修	2.0											学生处
		A13006000002	毕业教育	必修												学生处
			小　计		14		0	0	0							
	2-3-2021 双高人文素养-限选	A11900000002	马克思主义基本原理	选修	2.0	A	32	32			2					马克思主义学院
		A11900000003	中国近现代史纲要	选修	2.0	A	32	32								马克思主义学院
			小　计		4		64	64	0							
	通识任选课															
			小　计		0		0	0	0							
	合　计				67		924	620	304							

续上表

课程结构类属		课程号	课程名	课程性质	学分	课程类型	课时分配			学期周课时						管理部门
课程分类	课程类别						总学时	理论学时	实践学时	1	2	3	4	5	6	
专业(技能)课	专业基础课	A10302000005	测绘基础	必修	5.0	B	75	60	15	5						测绘学院
		A10302000007	数字测图★	必修	2.5	B	40	28	12		5					测绘学院
		A10302000016	自然地理学	选修	2.0	A	30	30			2					测绘学院
		A10302000025	测绘基础实习	必修	2.0	C	60		60		30					测绘学院
		A10302000026	数字测图课程设计	必修	2.0	C	60		60		30					测绘学院
		A10302000031	工程 CAD	必修	2.0	B	35	18	17		6					测绘学院
		A10302000010	控制测量★	选修	4.0	B	60	48	12			4				测绘学院
		A10302000011	GNSS 定位测量★	选修	3.5	B	56	50	6			4				测绘学院
		A10302000027	数字测图实习	选修	4.0	C	120		120			30				测绘学院
		A10302000038	物联网概论 G	必修	1.5	A	24	24				2				测绘学院
		A10302000013	摄影测量与遥感☆	选修	5.0	A	75	68	7				5			测绘学院
			小　计		33.5		635	326	309							
	专业核心课	A10302000001	地图制图★☆	必修	4.0	B	60	48	12			4				测绘学院
		A10302000004	地理信息系统技术应用★☆	必修	5.0	B	75	60	15				5			测绘学院
		A10302000012	空间数据库技术应用★☆	必修	4.0	B	60	30	30				4			测绘学院
		A10302000028	GIS 应用综合实习★☆	必修	4.0	C	120		120				30			测绘学院
		A10302000030	岗位实训Ⅱ	必修	16.0	C	480		480						30	测绘学院
		A10302000041	岗位实训 I		7.0		210		210							测绘学院
			小　计		40		1005	138	867							
	专业拓展必修课	A10302000018	工程测量	选修	4.0	B	60	54	6					5		测绘学院
		A10302000019	三维激光扫描技术应用	选修	2.0	B	36	29	7					3		测绘学院
		A10302000020	地理国情监测技术	选修	2.0	B	36	32	4					3		测绘学院
		A103020076	地籍调查与测量	选修	3.0	A	48	44	4					4		测绘学院
		A10302000039	地籍调查与测量(MOOC)		2.0	A	48	48								测绘学院
			小　计		13		228	207	21							

续上表

课程结构类属		课程号	课程名	课程性质	学分	课程类型	课时分配			学期周课时						管理部门
课程分类	课程类别						总学时	理论学时	实践学时	1	2	3	4	5	6	
专业(技能)课	专业拓展限选课	A10302000008	程序设计基础(Java 语言)G		3.0	B	48	24	24							测绘学院
		A10302000014	建筑信息模型(BIM)技术 G		3.0	B	45	23	22							测绘学院
		A10302000021	3S 技术集成应用		3.0	B	45	36	9							测绘学院
		A10302000022	无人机测绘技术		2.0	B	36	18	18							测绘学院
		A10302000023	GIS 项目管理		2.0	B	36	22	14							测绘学院
			小　计		13		210	123	87							
	合　计				99.5		2078	794	1284							

注:★为专业核心课程;☆为“1+X”证书课证融通课程;G 为专业群共享课程;

八、实施保障

(一)师资队伍

1. 专业带头人

学校生师比为 17.9,采用校企双带头人制。学校专业带头人具有测绘地理信息领域的正高级职称,师德高尚、爱岗敬业,熟悉先进职业教育理念,能较好把握职业教育发展方向;教学科研能力强,能够较好地把握国内外本专业最新技术,了解行业企业对本专业人才的需求实际需要,带领团队深入开展“三教”改革、课程思政,推进“三全育人”。企业专业带头人需是区域内大型企业的首席测绘地理信息领域专家,具有工匠精神、爱国情怀,熟悉领域内的新技术、新工艺和新规范,具有推动校企合作、产教融合的能力。

2. 专任教师队伍结构

专业专任教师 100% 为双师素质教师,职称结构合理,其中具有高级以上职称 3 名,占 30% 。教师 45 岁以下共 8 名。职称、年龄结构合理。

3. 兼职教师

企业兼职教师共 9 名,其中中级以上专业技术职称共 9 名,占总兼职教师队伍的比例为 100% ,与专任教师比例基本达到 1.1∶1。人均具有 5 年以上企业工作经历,具有良好的思想道德品质,部分在本行业具有一定的影响力,沟通表达能力强,通过专业考核和面试、试用,达到教师基本素质要求,获得教师上岗培训合格证。能承担理实一体课程教学,在生产实习、岗位实训Ⅱ和毕业设计等教学环节发挥优势;能与专任教师相互学习、合作,参与专业建设、课程建设和教学改革,发挥专兼结合教学团队的整体优势。

4. 师资队伍配置

序号	姓名	年龄	职称	从事专业或领域	类型
1	马娟	44	教授	测绘地理信息	专任教师
2	潘萍	41	讲师	测绘地理信息	专任教师
3	聂俊堂	36	讲师	测绘地理信息	专任教师
4	黎剑	35	讲师	测绘工程	专任教师
5	陈占	37	讲师	测绘工程	专任教师
6	程功	38	讲师	测绘工程	专任教师
7	张晓伦	35	讲师	摄影测量与遥感	专任教师
8	易俊华	46	正高级工程师	测绘地理信息	专任教师
9	张伟红	45	副教授	测绘工程	专任教师
10	杨万枢	38	讲师	测绘工程	专任教师
11	李鹏飞	36	高级工程师	测绘地理信息	兼职教师
12	肖提荣	41	高级工程师	测绘地理信息	兼职教师
13	何照攀	40	高级工程师	测绘工程	兼职教师
14	林根	43	高级工程师	测绘地理信息	兼职教师
15	段聪	32	工程师	测绘工程	兼职教师
16	瞿国涛	32	工程师	测绘工程	兼职教师
17	周斌	32	工程师	测绘地理信息	兼职教师
18	张进熊	25	工程师	测绘工程	兼职教师
19	周全省	24	工程师	测绘工程	兼职教师

（二）教学设施

1. 校内实训室

主要包括专业教室、校内实训室、校外实训基地、学徒实习基地、支持信息化教学方面的基本要求。本专业校内实训室共有 16 间实训室，3 间实训中心，其中测量新技术实训室和时空大数据融合与处理中心在同一间实训室，数字测图实训室和虚拟仿真中心部分设备共享。

1）测绘项目实训室

序号	设备名称	设备数量	主要实训项目	服务课程
1	DS3 水准仪	50 台套	1. 水准认识操作。 2. 普通水准测量。 3. 四等水准测量。 4. i 角检验。 5. 高程放样。	测绘基础 工程测量 B1/B2
2	DZS3 水准仪	8 台套	1. 四等水准测量。 2. i 角检验。 3. 高程放样。	测绘基础 工程测量 B1/B2
3	J6 经纬仪	30 台套	1. 经纬仪认识操作。 2. 测回法水平角观测。 3. 竖直角观测。 4. 视距测量。 5. 竖轴垂直于水平轴的检验。 6. 视准轴垂直于横轴的检验。 7. 指标差的检验。 8. 对点器检验。	测绘基础 工程测量 B1/B2

2)地形测量实训室

序号	设备名称	设备数量	主要实训项目	服务课程
1	笔记本电脑	10 台	南方 CASS 地形图成图实训、EPS 三维模型画图实训、导线网平差、水准网平差。	数字测图 数字测图课程设计 地籍与房产测量
2	数字地形三维模型	1 套	1. 数字测图认识。 2. 地形图打点技巧与地物取舍学习。 3. 地形图测绘实训。 4. 地形三维模型认识。 5. 像控点布设点位模拟。	数字测图 数字测图课程设计 地籍与房产测量
3	徕卡 2 秒全站仪	10 套	1. 水平角观测、距离测量。 2. 测回法观测、全圆观测法观测。 3. 导线测量。 4. 数字测图课堂实训。 5. 施工放样。 6. 宗地测量。 7. 不动产测绘。 8. 2C 互差、对中器、管气泡的校正。	数字测图 数字测图课程设计 地籍与房产测量

3)数字测图实训室(虚拟仿真中心)

序号	设备名称	设备数量	主要实训项目	服务课程
1	电脑	61 台	上机操作课程实训项目(包括 VB 测绘程序设计、GNSS 数据处理、工程 CAD、数字测图、摄影测量与遥感技术、地图制图、地理信息系统技术应用等)。	工程 CAD 数字测图 地图制图 摄影测量与遥感 地理信息系统技术应用
2	虚拟仿真软件	6 套	1. 二等水准仿真操作。 2. 数字测图仿真操作。 3. RTK 测图仿真操作。 4. 电子水准仪、全站仪、GNSS 认识。 5. "1 + X"取证操作虚拟仿真操作训练。	数字测图 控制测量 "1 + X"测绘地理信息数据获取与处理
3	无人机模拟操作软件	1 套	1. 无人机模拟操作训练。 2. "1 + X"取证无人机操作训练。	摄影测量与遥感
4	Southmap 教育版	1 套(61 结点)	绘制地形图	数字测图
5	虚拟仿真实训模块	4 套	虚拟仿真实训练习(智能应用自然资源普查、智能应用大坝监测、智能应用电力巡线、智能应用高精度电子地图虚拟仿真实训)	—
6	虚拟仿真全息室	1 套	虚拟仿真实训练习	—

4)测绘技能训练实训室

序号	设备名称	设备数量	主要实训项目	服务课程
1	DS3 水准仪	10 台套	1. 等外水准测量专项训练。 2. 四等水准测量专项训练。 3. 测绘技能校赛专项训练。	校级测绘技能竞赛 "1 + X"不动产数据采集与建库

续上表

序号	设备名称	设备数量	主要实训项目	服务课程
2	J6 经纬仪	10 台套	1. 水平角测量专项训练。 2. 竖直角测量专项训练。 3. 图根导线测量专项训练。	校级测绘技能竞赛 “1 + X”不动产数据采集与建库
3	全站仪	10 台套	1. 一级导线测量专项训练。 2. 测绘技能校赛专项训练。	校级测绘技能竞赛 “1 + X”不动产数据采集与建库

5）工程测量实训室

序号	设备名称	设备数量	主要实训项目	服务课程
1	拓普康 2 秒 全站仪	10 台套	1. 水平角观测、距离测量。 2. 测回法观测、全圆观测法观测。 3. 导线测量。 4. 数字测图综合实训。 5. 施工放样。 6. 宗地测量。 7. 不动产测绘。 8. 2C 互差、对中器、管气泡的校正。	控制测量 工程测量 数字测图综合实习 工程测量综合实习
2	新南方 2″全站仪	36 台套	1. 水平角观测、距离测量。 2. 测回法观测、全圆观测法观测。 3. 导线测量。 4. 数字测图综合实训。 5. 施工放样。 6. 宗地测量。 7. 不动产测绘。 8. 2C 互差、对中器、管气泡的校正。	控制测量 工程测量 数字测图综合实习 工程测量综合实习 “1 + X”测绘地理信息数据 获取与处理
3	DS05 电子 水准仪（DL2002）	10 台套	1. 二等水准测量读数认识。 2. 二等水准控制测量实训。 3. i 角误差检查。 4. 变形监测课堂实训。 5. 施工高程放样。 6. 高程控制网布设测量。 7. 工程测量道路的中平测量，竖曲线测设。	控制测量 工程测量 数字测图综合实习 工程测量综合实习 变形监测 专业综合实习
4	DS05 电子水准仪	10 台套	1. 二等水准测量读数认识。 2. 二等水准控制测量实训。 3. i 角误差检查。 4. 变形监测课堂实训。 5. 施工高程放样。 6. 高程控制网布设测量。 7. 工程测量道路的中平测量，竖曲线测设。	控制测量 工程测量 数字测图综合实习 工程测量综合实习 变形监测 专业综合实习 “1 + X”测绘地理信息数据 获取与处理

6)矿山测量实训室

序号	设备名称	设备数量	主要实训项目	服务课程
1	全站仪	38 台套	1. 一级导线实验实习。 2. 数字测图实验实习。 3. 测绘技能大赛训练。	数字测图综合实习 工程测量综合实习 专业综合实习
2	激光准直仪	2 台套	1. 建筑工程测量。 2. 隧道工程测量。 3. 桥梁工程测量。 4. 工业安装测量。	工程测量

7)GNSS CORS 实训室

序号	设备名称	设备数量	主要实训项目	服务课程
1	GNSS 接收机	60 台套	1. GNSS 静态测量实验实习。 2. RTK 图根点测量实验实习。 3. RTK 数字测图实验实习。 4. RTK 工程放样实验实习。 5. 影像、地图调绘实验实习。	数字测图综合实习 GNSS 定位测量 工程测量综合实习 专业综合实习
2	单机 CORS 系统	1 台套	1. GNSS 静态测量实验实习。 2. RTK 图根点测量实验实习。 3. RTK 数字测图实验实习。 4. RTK 工程放样实验实习。 5. 影像、地图调绘实验实习。	数字测图综合实习 GNSS 定位测量 工程测量综合实习 专业综合实习 “1+X”测绘地理信息数据获取与处理

8)GIS 工程实训室

序号	设备名称	设备数量	主要实训项目	服务课程
1	台式电脑	52 台	上机操作课程实训项目: 1. GIS 相关软件实习实训:ArcGIS 软件、MapGIS 软件,空间数据库建库等。 2. 遥感相关软件实习实训:ENVI 软件、ERDAS,遥感图像处理等。 3. 摄影测量相关软件实习实训:VIRTUOZ 软件、PIX4D,无人机数据处理软件。	地理信息系统技术应用 摄影测量与遥感
2	Southmap 教育版	1 套(52 结点)	绘制地形图	数字测图

9)测绘三维虚拟实训室

序号	设备名称	设备数量	主要实训项目	服务课程
1	三维激光扫描仪	1 台套	1. 三维激光扫描仪认识。 2. 三维激光扫描仪操作。 3. 规则建筑物扫描。 4. 不规则建筑物扫描。	三维激光扫描技术应用 “1+X”测绘地理信息数据获取与处理
2	台式电脑	20 台	1. 点云处理。 2. 上机操作课程实训项目(包括 VB 测绘程序设计、GNSS 数据处理、工程 CAD、数字测图、摄影测量与遥感技术、数字图像处理、地图制图、地理信息系统技术应用等)。	工程 CAD 数字测图 GNSS 定位测量 摄影测量与遥感 地理信息系统技术应用

续上表

序号	设备名称	设备数量	主要实训项目	服务课程
3	可编程计算器（fx-5800P）	300台	1. 编程计算器认识。 2. 编程计算器基本操作。 3. 编程计算器测绘程序编写。 4. 编程计算器测绘程序工程应用。	可编程计算器测绘计算
4	笔记本电脑	10台	1. 地形图绘制。 2. GIS数据处理。	数字测图综合实习 GIS综合实习
5	Southmap教育版	1套（60结点）	绘制地形图	数字测图

10）摄影测量与遥感实训室

序号	设备名称	设备数量	主要实训项目	服务课程
1	台式电脑	55台	上机操作课程实训项目（包括VB测绘程序设计、GNSS数据处理、工程CAD、数字测图、摄影测量与遥感、数字图像处理、地图制图学、地理信息系统技术应用等）。	工程CAD 数字测图 GNSS定位测量 摄影测量与遥感 地理信息系统技术应用

11）无人机影像处理实训室

序号	设备名称	设备数量	主要实训项目	服务课程
1	电脑	31台	上机操作课程实训项目（包括VB测绘程序设计、GNSS数据处理、测绘CAD、数字测图、摄影测量与遥感技术、数字图像处理、地图制图学、地理信息系统技术应用等）。	摄影测量与遥感
2	手轮脚盘 立体眼镜	31套	立体测图	摄影测量与遥感
3	红绿立体眼镜	30副	立体影像观察	摄影测量与遥感

12）测量仪器维修实训室

序号	设备名称	设备数量	主要实训项目	服务课程
1	仪器校正高低差测试仪	1台	1. 视准轴不垂直于横轴检验校正。 2. 指标差检验与校正。	实训课程
2	修理工具	1套	仪器修理	实训课程

13）变形监测实训室

序号	设备名称	设备数量	主要实训项目	服务课程
1	NA2+FS1 光学水准仪	10台	1. 精密水准仪认识操作。 2. 二等水准测量。 3. 沉降观测。	控制测量 工程测量 变形监测
2	DS05 光学水准仪	30套	1. 精密水准仪认识操作。 2. 二等水准测量。 3. 沉降测量。	控制测量 工程测量 变形监测
3	RD8100 管线探测仪	12套	1. 管线探测仪认识。 2. 管线探测。	管线探测

续上表

序号	设备名称	设备数量	主要实训项目	服务课程
4	TDJ2 经纬仪	10 套	1. J2 经纬仪认识。 2. 方向法观测水平角。	控制测量
5	DiNi03 数字水准仪	2 套	1. 数字水准仪认识操作。 2. 二等水准测量。 3. 沉降测量。	控制测量 工程测量 变形监测 "1 + X"测绘地理信息数据获取与处理
6	测量机器人 TS50	1 套	1. 测量机器人认识操作。 2. 位移观测。	控制测量 工程测量 变形监测 "1 + X"测绘地理信息数据获取与处理

14)自动化变形监测中心

序号	设备名称	设备数量	主要实训项目	服务课程
1	建筑物自动化变形监测系统	1 台套	1. 静力水准测量。 2. 裂缝测量。 3. 应力测量。 4. 风速测量。 5. 建筑物变形监测数据处理分析系统。	变形监测
2	桥梁自动化变形监测系统	1 台套	1. 静力水准测量。 2. 裂缝测量。 3. 应力测量。 4. 风速测量。 5. 温度测量 6. 桥梁变形监测数据处理分析系统。	变形监测
3	测量机器人 TS60	1 台套	1. 水平位移监测。 2. 精密三角高程测量。 3. 倾斜监测。 4. 精密导线测量。	变形监测 "1 + X"测绘地理信息数据获取与处理
4	GNSS 接收机	20 台套	1. GNSS 静态测量。 2. 三维坐标变形监测。	"1 + X"测绘地理信息数据获取与处理

15)时空大数据融合与处理中心(测量测量新技术实训室)

序号	设备名称	设备数量	主要实训项目	服务课程
1	台式电脑 + 服务器	31 台	1. 数据处理。 2. 模型数据融合。	"1 + X"测绘地理信息数据获取与处理

16)无人机技术应用实训室

序号	设备名称	设备数量	主要实训项目	服务课程
1	大疆精灵 4	8 套	1. 无人机操作训练。 2. "1 + X"取证无人机操作训练。	摄影测量与遥感 "1 + X"无人机摄影测量
2	AS900 激光雷达	1 套	1. 无人机激光雷达操控。 2. 激光雷达数据采集。	"1 + X"测绘地理信息数据获取与处理

续上表

序号	设备名称	设备数量	主要实训项目	服务课程
3	五镜头无人机	1 套	1. 五镜头无人机操控。 2. 倾斜摄影测量数据采集。	摄影测量与遥感 “1 + X”无人机摄影测量
4	无人机	25 套	1. 无人机维修。 2. 无人机组装。 3. 无人机操控训练。 4. “1 + X”无人机操作证取证培训。	摄影测量与遥感 “1 + X”无人机摄影测量
5	多光谱无人机	1 套	1. 无人机操作训练。 2. 多光谱数据采集。	摄影测量与遥感 “1 + X”无人机摄影测量

2. 校外实训基地

测绘地理信息技术专业与昆明市测绘研究院等 28 家行业内知名企业建立紧密长期的人才培养合作关系，每年为测绘地理信息技术专业提供约 337 个实习岗位，为认知实习、岗位实训Ⅰ和岗位实训Ⅱ提供实施条件。具体企业及提供岗位相关信息见表 2-6。

表 2-6　企业及提供岗位相关信息

序号	校外实训企业名称	提供工位数(个)	所在行业	实习岗位
1	中国有色金属工业昆明勘察设计研究院测绘院	12	测绘地理信息	工程测量、地理国情普查、摄影测量
2	昆明市测绘研究院	38	测绘地理信息	地理信息数据生产、数字测图、摄影测量
3	云南省测绘工程院	15	测绘地理信息	数字测图、工程测量、控制测量、地理国情普查
4	昆明云金地科技有限公司	16	测绘地理信息	数字测图、工程测量、地籍测量、地理信息数据生产
5	北京苍穹数码测绘有限公司	4	测绘地理信息	地理信息数据生产
6	昆明市城市管线探测办公室	5	测绘地理信息	地理信息数据生产、数字测图、工程测量
7	昆明海若信息技术有限公司	4	测绘地理信息	地理信息数据生产、遥感影像处理
8	南方测绘昆明分公司	20	测绘地理信息	地理信息数据生产、土地确权调查
9	云南省遥感中心	8	测绘地理信息	地理信息数据生产、数字测图、地理国情普查、遥感影像处理
10	上海华测导航技术有限公司	1	测绘地理信息	数字测图、工程测量、控制测量、摄影测量
11	云南超图地理信息有限公司	2	测绘地理信息	数字测图、地籍测量、地理信息数据生产
12	云南省地矿测绘院	14	测绘地理信息	数字测图、工程测量、控制测量、摄影测量

续上表

序号	校外实训企业名称	提供工位数(个)	所在行业	实习岗位
13	武汉航天远景科技有限公司	2	测绘地理信息	摄影测量、地理国情普查
14	广州中海达卫星导航技术有限公司	2	测绘地理信息	三维激光扫描、三维建模
15	中国能源建设集团云南省电力设计院有限公司	5	电力	数字测图、工程测量、控制测量、地理信息数据生产
16	昆明指北针测绘有限公司	11	测绘地理信息	数字测图、工程测量、控制测量、地理信息数据生产
17	云南方圆土地事务有限公司	16	土地管理	土地登记代理、地籍测量、土地规划、房产测量
18	云南云测科技有限公司	15	测绘地理信息	数字测图、工程测量、控制测量、地理信息数据生产
19	昆明市城市建设地下空间规划管理办公室	10	规划	工程测量、地下管线探测、数据建库
20	云南新坐标测绘有限公司	20	测绘地理信息	工程测量、无人机操控、无人机航飞、相片控制、外业调绘
21	云南通用飞机制造股份有限公司	60	飞机制造	无人机操控、无人机航飞、相片控制、外业调绘、数字测图
22	北京富地科创信息技术有限公司	20	测绘地理信息	数字测图、工程测量、无人机航飞、数据建库
23	武汉讯图科技有限公司	10	测绘地理信息	测绘地理信息数据采集、无人机技术应用
24	云南海钜地理信息技术有限公司	10	测绘地理信息	数据建库、无人机航飞、仪器销售
25	云南省有色地质局 312 队	5	地质	地理信息数据生产
26	云南航测科技有限公司	6	测绘地理信息	地理信息数据生产、无人机技术应用
27	云南寰牧无人机科技有限公司	2	测绘地理信息	无人机技术应用
28	云南合信工程检测咨询有限公司	4	工程检测	测绘服务
合计		337		

(三)教学资源

教材选用严格按照教育部发布的《职业院校教材选用管理办法》执行。主编或参编专业教材共八种,教学资源具体情况见表 2-7。

表 2-7　教学资源具体情况

主要选用教材名称	出版社	主编	教材属性
测绘基础	武汉大学出版社	张东明	全国测绘地理信息职业教育教学指导委员会“十二五”规划教材
GNSS 定位测量	武汉理工大学出版社	张东明	全国测绘地理信息职业教育教学指导委员会推荐用书
测绘工程 CAD	武汉大学出版社	吕翠华	全国测绘地理信息职业教育教学指导委员会“十二五”规划教材

续上表

主要选用教材名称	出版社	主编	教材属性
摄影测量与遥感	测绘出版社	陈国平	国家示范性高职院校建设项目成果教材
数字测图	测绘出版社	郭昆林	国家示范性高职院校建设项目成果教材
测绘程序设计与应用	黄河水利出版社	张伟红	全国测绘地理信息职业教育教学指导委员会推荐用书
地理信息系统	中国电力出版社	马娟	全国高职高专工程测量技术专业规划教材
空间数据库技术应用	测绘出版社	马娟	"十三五"职业教育国家规划教材

建有国家精品资源共享课三门、省级在线精品课程四门,具体见表 2-8。

表 2-8　部门课程

序号	课程名称	课程类型
1	地理信息系统技术应用	国家精品资源共享课
2	控制测量	国家教学资源库课程
3	空间数据库技术应用	国家教学资源库课程
4	数字测图	省级在线精品课程
5	空间数据库技术应用	省级在线精品课程
6	可编程计算器测绘计算	省级在线精品课程
7	无人机测绘	省级在线精品课程

(四)教学方法

根据专业培养目标,结合企业实际,鼓励教师创新教学组织形式、教学手段和教学策略,灵活运用案例教学、项目教学、模块化教学、任务驱动、头脑风暴、思维导图、情境教学等教学方式,广泛运用启发式、探究式、讨论式、参与式等教学方法。科学利用实训室教学资源,实施理实一体化教学等教学模式,实现学中做、做中学,达成素质、知识和能力目标。根据课程内容特点,充分利用网络课程教学资源,推广翻转课堂,实施线上线下混合式教学等新型教学模式。

(五)学习评价

对接学分银行,创新书证融通,引入先进行业企业标准,实施学分互认。以教师、企业导师、学生为评价主体;采用由过程考核、项目考核、综合测试考核三部分组成的形成性课程考核评价方式;通过自评、互评、点评,结合云课堂,形成课前、课中、课后全过程考核。在校期间总体学习情况包括各项理论及实践课程学习成绩、岗位实训 I 实习表现、综合素质测评、毕业设计完成质量、专业技能抽查效果、"1+X"认证情况、各级各类专业竞赛获奖情况等。确保多元主体参与,有效促进教学目标达成。

(六)质量管理

(1)学校与学院建立了专业建设和教学质量诊断与改进机制,健全了专业教学质量监控管理制度。组建专业人才培养方案制订团队,定期开展对测绘地理信息技术相关岗位知识、技能、素质要求进行调研与论证。完善课堂教学、教学评价、实习实训、毕业设计、资源建设等方面的质量标准建设,通过教学实施、过程监控、质量评价和持续改进,达到人才培养规格目标。

(2)建立毕业生跟踪反馈及社会评价机制,并对生源情况、在校时学业水平、毕业生就业情况、毕业后1~5年综合状况等进行分析,定期评价人才培养质量和培养目标达成情况。

(3)定期开展课程建设水平和教学质量诊断与改进,建立健全巡课、听课、评教、评学等制度,建立与企业联动的实践教学环节指导制度,定期开展公开课、示范课等教研活动,形成了任务、职责、权限明确,相互协调、相互促进的质量管理有机整体。

(4)学校制订了《学生综合素质测评实施办法》,把学生综合素质测评纳入质量考核体系,综合素质测评内容包括:品德操行测评、学业成绩测评、创新创业测评、社会实践测评等方面。

九、毕业要求

学生在学制内修满各类规定学分,达到140分,综合素质测评成绩为及格及以上(总分100分,及格为60分),方准予毕业。

十、附录

附录一、X证书资格证书转换学分及对应课程

附录一　X证书资格证书转换学分及对应课程

序号	X证书	等级	认定学分	职业资格证书对应置换课程	备注
1	测绘地理信息智能应用	中级	4	地理信息系统技术应用	

群内专业三：建筑工程技术专业人才培养方案

专 业 名 称 ：	建筑工程技术
专 业 代 码 ：	440301
适 用 年 级 ：	2022 级
所 属 学 院 ：	建筑工程学院
所 属 专 业 群 ：	测绘技术专业群
修(制)订时间：	2022 年 8 月

建筑工程技术专业人才培养方案

一、专业名称及代码

专业名称：建筑工程技术

专业代码：440301

二、入学要求

高中阶段教育毕业生、中等职业学校毕业生或具有同等学力者

三、学制

三年

四、职业面向

(一)职业面向

所属专业大类(代码)	所属专业类(代码)	对应行业(代码)	主要职业类别(代码)	主要岗位类别(或技术领域)	职业资格(职业技能等级)证书举例
土木建筑大类(44)	土建施工类(4403)	土木工程建筑业(48) 房屋建筑业(47)	建筑工程技术人员(2-02-18) 建筑信息模型技术人员(4-04-05-04)	施工员 质量员 安全员 资料员 材料员	施工员证书 质量员证书 安全员证书 资料员证书 材料员证书

(二)职业发展

岗位类型	岗位名称	岗位要求
目标岗位	施工员	专业技能 (1)能够参与编制施工组织设计和专项施工方案。 (2)能够识读施工图和其他工程设计、施工等文件。 (3)能够编写技术交底文件，并实施技术交底。 (4)能够正确使用测量仪器，进行施工测量。 (5)能够正确划分施工区段，合理确定施工顺序。 (6)能够进行资源平衡计算，参与编制施工进度计划及资源需求计划，控制调整计划。 (7)能够进行工程量计算及初步的工程计价。

续上表

岗位类型	岗位名称	岗位要求
目标岗位	施工员	(8)能够确定施工质量控制点,参与编制质量控制文件、实施质量交底。 (9)能够确定施工安全防范重点,参与编制职业健康安全与环境技术文件、实施安全和环境交底。 (10)能够识别、分析、处理施工质量缺陷和危险源。 (11)能够参与施工质量、职业健康安全与环境问题的调查分析。 (12)能够记录施工情况,编制相关工程技术资料。 (13)能够利用专业软件对工程信息资料进行处理。 专业知识 (1)熟悉国家工程建设相关法律法规。 (2)熟悉工程材料的基本知识。 (3)掌握施工图识读、绘制的基本知识。 (4)熟悉工程施工工艺和方法。 (5)熟悉工程项目管理的基本知识。 (6)熟悉相关专业的力学知识。 (7)熟悉建筑构造、建筑结构和建筑设备的基本知识。 (8)熟悉工程预算的基本知识。 (9)掌握计算机和相关资料信息管理软件的应用知识。 (10)熟悉施工测量的基本知识。 (11)熟悉与本岗位相关的标准和管理规定。 (12)掌握施工组织设计及专项施工方案的内容和编制方法。 (13)掌握施工进度计划的编制方法。 (14)熟悉环境与职业健康安全管理的基本知识。 (15)熟悉工程质量管理的基本知识。 (16)熟悉工程成本管理的基本知识。 (17)了解常用施工机械机具的性能
发展岗位	质量员	专业技能 (1)能够参与编制施工项目质量计划。 (2)能够评价材料、设备质量。 (3)能够判断施工试验结果。 (4)能够识读施工图。 (5)能够确定施工质量控制点。 (6)能够参与编写质量控制措施等质量控制文件,实施质量交底。 (7)能够进行工程质量检查、验收、评定。 (8)能够识别质量缺陷,并进行分析和处理。 (9)能够参与调查、分析质量事故,提出处理意见。 (10)能够编制、收集、整理质量资料。 专业知识 (1)熟悉国家工程建设相关法律法规。 (2)熟悉工程材料的基本知识。 (3)掌握施工图识读、绘制的基本知识。 (4)熟悉工程施工工艺和方法。 (5)熟悉工程项目管理的基本知识。 (6)熟悉相关专业力学知识。 (7)熟悉建筑构造、建筑结构和建筑设备的基本知识。 (8)熟悉施工测量的基本知识。 (9)掌握抽样统计分析的基本知识。 (10)熟悉与本岗位相关的标准和管理规定。 (11)掌握工程质量管理的基本知识。 (12)掌握施工质量计划的内容和编制方法。 (13)熟悉工程质量控制的方法。 (14)了解施工试验的内容、方法和判定标准。 (15)掌握工程质量问题的分析、预防及处理方法

续上表

岗位类型	岗位名称	岗位要求
迁移岗位 1	安全员	专业技能 (1)能够参与编制项目安全生产管理计划。 (2)能够参与编制安全事故应急救援预案。 (3)能够参与对施工机械、临时用电、消防设施进行安全检查,对防护用品与劳保用品进行符合性审查。 (4)能够组织实施项目作业人员的安全教育培训。 (5)能够参与编制安全专项施工方案。 (6)能够参与编制安全技术交底文件,实施安全技术交底。 (7)能够识别施工现场危险源,并对安全隐患和违章作业提出处置建议。 (8)能够参与项目文明工地、绿色施工管理。 (9)能够参与安全事故的救援处理、调查分析。 (10)能够编制、收集、整理施工安全资料。 专业知识 (1)熟悉国家工程建设相关法律法规。 (2)熟悉工程材料的基本知识。 (3)熟悉施工图识读的基本知识。 (4)了解工程施工工艺和方法。 (5)熟悉工程项目管理的基本知识。 (6)了解建筑力学的基本知识。 (7)熟悉建筑构造、建筑结构和建筑设备的基本知识。 (8)掌握环境与职业健康管理的基本知识。 (9)熟悉与本岗位相关的标准和管理规定。 (10)掌握施工现场安全管理知识。 (11)熟悉施工项目安全生产管理计划的内容和编制方法。 (12)熟悉安全专项施工方案的内容和编制方法。 (13)掌握施工现场安全事故的防范知识。 (14)掌握安全事故救援处理知识
迁移岗位 2	资料员	专业技能 (1)能够参与编制施工资料管理计划。 (2)能够建立施工资料台账。 (3)能够进行施工资料交底。 (4)能够收集、审查、整理施工资料。 (5)能够检索、处理、存储、传递、追溯、应用施工资料。 (6)能够安全保管施工资料。 (7)能够对施工资料立卷、归衔、验收、移交。 (8)能够参与建立施工资料计算机辅助管理平台。 (9)能够应用专业软件进行施工资料的处理。 专业知识 (1)熟悉国家工程建设相关法律法规。 (2)了解工程材料的基本知识。 (3)熟悉施工图绘制、识读的基本知识。 (4)了解工程施工工艺和方法。 (5)熟悉工程项目管理的基本知识。 (6)了解建筑构造、建筑设备及工程预算的基本知识。 (7)掌握计算机和相关资料管理软件的应用知识。 (8)掌握文秘、公文写作基本知识。 (9)熟悉与本岗位相关的标准和管理规定。 (10)熟悉工程竣工验收备案管理知识。 (11)掌握城建档案管理、施工资料管理及建筑业统计的基础知识。 (12)掌握资料安全管理知识

续上表

岗位类型	岗位名称	岗位要求
迁移 岗位 3	材料员	专业技能 (1)能够参与编制材料、设备配置管理计划。 (2)能够分析建筑材料市场信息,并进行材料、设备的计划与采购。 (3)能够对进场材料、设备进行符合性判断。 (4)能够组织保管、发放施工材料、设备。 (5)能够对危险物品进行安全管理。 (6)能够参与对施工余料、废弃物进行处置或再利用。 (7)能够建立材料、设备的统计台账。 (8)能够参与材料、设备的成本核算。 (9)能够编制、收集、整理施工材料、设备资料。 专业知识 (1)熟悉国家工程建设相关法律法规。 (2)掌握工程材料的基本知识。 (3)了解施工图识读的基本知识。 (4)了解工程施工工艺和方法。 (5)熟悉工程项目管理的基本知识。 (6)了解建筑力学的基本知识。 (7)熟悉工程预算的基本知识 (8)掌握物资管理的基本知识。 (9)熟悉抽样统计分析的基本知识。 (10)熟悉与本岗位相关的标准和管理规定。 (11)熟悉建筑材料市场调查分析的内容和方法。 (12)熟悉工程招投标和合同管理的基本知识。 (13)掌握建筑材料验收、存储、供应的基本知识。 (14)掌握建筑材料成本核算的内容和方法

(三)技术领域与职业能力要求

序号	技术领域	工作任务	岗位所需知识、能力和职业素质
1	建筑工程 施工技术	施工组织策划 施工技术管理 施工进度成本控制 质量安全环境管理 施工信息资料管理	知识要求 1. 建筑识图与构造。 2. 平法识图与钢筋算量。 3. 施工技术。 4. BIM 施工组织与管理。 5. 建筑工程计量与计价。 能力要求 1. 能熟练识读土建专业施工图,准确领会图纸的技术信息,能绘制土建工程竣工图和施工洽商图纸,能识读设备专业的主要施工图。 2. 能应用测量仪器熟练地进行施工测量与建筑变形观测。 3. 能对施工中的结构问题做出基本判断和定性分析,能处理一般的结构构造问题。 职业素养 1. 有质量意识、环保意识、安全意识、信息素养、工匠精神和创新思维。 2. 勇于奋斗、乐观向上,具有自我管理能力、职业生涯规划的意识,有较强的集体意识和团队合作精神。 3. 具有一定的审美和人文素养,能够形成一两项艺术特长或爱好。

续上表

序号	技术领域	工作任务	岗位所需知识、能力和职业素质
2	建筑工程质量管理技术	质量计划准备 材料质量控制 工序质量控制 质量问题处置 质量资料管理	知识要求 1. 建筑识图与构造。 2. 平法识图与钢筋算量。 3. 施工技术。 4. BIM 施工组织与管理。 能力要求 1. 能对常用建筑材料进行选择、进场验收、保管与应用,能进行建筑材料的常规检测。 2. 能按照建筑工程进度、质量、安全、造价、环保和职业健康的要求科学组织施工和有效指导施工作业,并处理施工中的一般技术问题。 3. 具有探究学习、终身学习、分析问题和解决问题的能力。 职业素养 1. 有质量意识、环保意识、安全意识、信息素养、工匠精神和创新思维。 2. 勇于奋斗、乐观向上,具有自我管理能力、职业生涯规划的意识,有较强的集体意识和团队合作精神。 3. 具有一定的审美和人文素养,能够形成一两项艺术特长或爱好。
3	建筑工程安全管理技术	项目安全策划 资源环境安全检查 作业安全管理 安全事故处理 安全资料管理	知识要求 1. 建筑识图与构造。 2. 平法识图与钢筋算量。 3. 施工技术。 4. BIM 施工组织与管理。 能力要求 1. 能按照建筑工程进度、质量、安全、造价、环保和职业健康的要求科学组织施工和有效指导施工作业,并处理施工中的一般技术问题。 2. 能对建筑工程进行施工质量和施工安全检查与监控。 3. 能正确实施并处理施工中的建筑构造问题。 职业素养 1. 有质量意识、环保意识、安全意识、信息素养、工匠精神和创新思维。 2. 勇于奋斗、乐观向上,具有自我管理能力、职业生涯规划的意识,有较强的集体意识和团队合作精神。 3. 具有一定的审美和人文素养,能够形成一两项艺术特长或爱好。
4	建筑工程资料管理技术	资料计划管理 资料收集整理 资料使用保管 资料归档移交 资料信息系统管理	知识要求 1. 建筑识图与构造。 2. 施工技术。 3. 建筑工程技术资料管理。 能力要求 1. 能根据建筑工程实际收集、整理、编制、保管和移交工程技术资料。 2. 能熟练识读土建专业施工图,准确领会图纸的技术信息,能绘制土建工程竣工图和施工洽商图纸,能识读设备专业的主要施工图。 3. 能编制建筑工程量清单报价,能参与施工成本控制及竣工结算,能参与工程招投标。 职业素养 1. 有质量意识、环保意识、安全意识、信息素养、工匠精神和创新思维。 2. 勇于奋斗、乐观向上,具有自我管理能力、职业生涯规划的意识,有较强的集体意识和团队合作精神。 3. 具有一定的审美和人文素养,能够形成一两项艺术特长或爱好。

续上表

序号	技术领域	工作任务	岗位所需知识、能力和职业素质
5	建筑信息模型技术	负责项目中建筑、结构等专业 BIM 模型的搭建、复核、维护管理工作 通过室内外渲染、虚拟漫游、建筑动画、虚拟施工周期等，进行建筑信息模型可视化设计 施工管理及后期运维	知识要求 1. 建筑识图与构造。 2. 平法识图与钢筋算量。 3. BIM 施工组织与管理。 4. 建筑信息模型 BIM 技术。 能力要求 1. 能应用 BIM 等信息化技术、计算机及相关软件完成岗位工作。 2. 能进行 1 ~2 个土建主要工种的基本操作。 3. 能根据建筑工程实际收集、整理、编制、保管和移交工程技术资料。 职业素养 1. 有质量意识、环保意识、安全意识、信息素养、工匠精神和创新思维。 2. 勇于奋斗、乐观向上，具有自我管理能力、职业生涯规划的意识，有较强的集体意识和团队合作精神。 3. 具有一定的审美和人文素养，能够形成一两项艺术特长或爱好。

五、培养目标与培养规格

（一）培养目标

本专业培养理想信念坚定，德、智、体、美、劳全面发展，具有一定科学文化水平，良好的人文素养、职业道德和创新意识，具有精益求精的工匠精神和团队合作精神，较强的就业能力和可持续发展的能力，掌握扎实的科学文化基础和建筑工程施工技术等专业知识和技术技能，面向土木工程建筑业、房屋建筑业等领域职业群，能够从事建建筑工程施工与管理等方面工作的复合型、创新型、国际化的高素质技术技能人才。

（二）培养规格

本专业毕业生应在知识、能力、素质方面达到以下要求：

1. 知识要求

Z1：掌握必备的思想政治理论、德育与法律基本知识、英语、体育、计算机应用、职业发展等人文基础知识。

Z2：熟悉与本专业相关的法律法规以及劳动保护、环境监测与治理、安全生产等知识。

Z3：熟悉工程材料的基本知识。

Z4：掌握施工图识读、绘制的基本知识。

Z5：熟悉工程施工工艺和方法。

Z6：熟悉工程项目管理的基本知识。

Z7：熟悉相关专业的力学知识。

Z8：熟悉建筑构造、建筑结构和建筑设备的基本知识。

Z9：熟悉工程预算的基本知识。

Z10：掌握计算机和相关资料信息管理软件的应用知识。

Z11:熟悉施工测量的基本知识。

Z12:熟悉与本岗位相关的标准和管理规定。

Z13:掌握施工组织设计及专项施工方案的内容和编制方法。

Z14:掌握施工进度计划的编制方法。

Z15:熟悉工程质量管理的基本知识。

Z16:熟悉工程成本管理的基本知识。

Z17:了解常用施工机械机具的性能。

2. 能力要求

1)通用能力

N1:具有较强的语言表达与文字表达能力。

N2:具有较强的人际沟通能力。

N3:具有终身学习、熟练运用计算机信息技术、收集处理信息的能力。

N4:具有独立思考、逻辑推理、制订工作计划等方面的能力。

N5:具有发现问题、分析问题和解决问题的能力。

N6:具有运用知识和理论,可不断提供新思想、新理论、新方法和新发明的创新能力。

N7:具有较好的组织协调与执行能力。

N8:具有探究学习、终身学习、分析问题和解决问题的能力。

N9:具备较强的应用英语交流能力。

2)专业能力

N10:具有识读建筑工程施工图、绘制土建工程竣工图的能力。

N11:具有建筑材料进场验收、保管与应用的能力。

N12:具有施工测量放线和技术复核的能力。

N13:具有一般建筑工程施工计算、判断和分析施工中的一般结构问题、处理施工中一般技术问题的能力。

N14:具有编制分部分项工程施工技术文件,并组织指导施工的能力。

N15:具有一般建筑工程施工进度、质量、安全、技术资料、施工成本管理的能力。

N16:具有运用数字技术解决一般建筑工程施工技术与管理问题的能力。

N17:掌握房屋建筑领域相关法律法规,具有安全至上、质量第一、绿色环保意识。

3. 素质要求

S1:具有正确的世界观、人生观、价值观。坚定拥护中国共产党领导,在习近平新时代中国特色社会主义思想指引下,践行社会主义核心价值观,具有深厚的爱国情感和中华民族自豪感。崇尚宪法、遵守法律、崇德向善、诚实守信、尊重生命、热爱劳动,履行道德准则和行为规范,具有社会责任感和参与意识。

S2:具有良好的职业道德和职业素养。崇德向善、诚实守信、爱岗敬业,具有精益求精的工匠精神;尊重劳动、热爱劳动,具有较强的实践能力;具有质量意识、绿色环保意识、安全意识、信息素养、创新精神;具有较强的集体意识和团队合作精神,能够进行有效的人际沟通和协作,与社会、自然和谐共处；具有职业生涯规划意识。

S3：具有良好的身心素质和人文素养。具有健康的体魄和心理、健全的人格，能够掌握基本运动知识和一两项运动技能。具有感受美、表现美、鉴赏美、创造美的能力，具有一定的审美和人文素养，能够形成一两项艺术特长或爱好；掌握一定的学习方法，具有良好的生活习惯、行为习惯和自我管理能力。

六、课程设置及要求

根据专业培养目标，对接岗位能力要求，将思政内容融入专业（技能）课程。包括专业基础课、专业核心课、专业拓展课、专业实践课四种。专业基础课程包括建筑材料与检测、建筑力学、建筑施工图绘制、建筑 CAD、建筑识图与构造、建筑信息模型技术；专业核心课程包括工程测量、混凝土结构平法识图、BIM 施工组织与管理、建筑结构、建筑施工、建筑工程计量与计价；专业拓展课程包括招投标与合同管理、建筑工程技术资料管理、建设项目经济分析与评价、钢结构工程施工；专业实践课程包括建筑结构实训、建筑工程计量与计价实训、建筑识图实训、岗位实训。专业（技能）课程见表 2-9。

表 2-9　建筑工程技术专业课程描述

课程名称	课程目标	教学内容	教学要求	支撑培养规格
建筑识图与构造	1. 知识目标 （1）学习和贯彻制图国家标准及其他有关规定。 （2）能正确地使用绘图工具和仪器绘图，培养较强的绘图技能。 （3）学习用正投影法图示空间物体的基本理论和方法，以及绘制轴测图的基本方法。 2. 能力目标 （1）培养空间想象能力和空间分析问题的能力。 （2）培养绘制和阅读工程图样的基本能力。 3. 素质目标 培养认真负责的工作态度、严谨细致的工作作风和创新意识	1. 建筑制图的基本知识、投影的基本原理。 2. 熟悉建筑工程图绘制的规范、规定和规则。 3. 熟练识读建筑施工图，准确地掌握设计意图。 4. 建筑分类、等级与组成。 5. 建筑构造效能和工作原理。 6. 基础构造、墙体构造、楼板构造、门窗构造、屋顶构造、楼梯及其他垂直交通设施构造、基本装饰构造，装配式建筑构造。 7. 建筑节能构造。 8. 单层工业厂房构造	针对该课的特点，教学分课堂讲授及习题辅导两部分。课堂讲授运用多媒体教室采用电子教案及模型动画进行，习题辅导课为实践教学即习题集作业和大型绘图作业。 考核按平时成绩 30%、考试成绩 70% 评定	S2 Z4 Z7 N5 N8 N10
混凝土结构平法识图	1. 知识目标 （1）学习和贯彻制图国家标准及其他有关规定。 （2）掌握常用结构材料及构造要求。 2. 能力目标 培养绘制和阅读工程构造图样的基本能力。 3. 素质目标 培养认真负责的工作态度、严谨细致的工作作风和创新意识	1. 常用建筑结构体系与概念。 2. 常用结构材料。 3. 构造要求。 4. 梁、板、柱、墙、基础、楼梯平法制图规则与构造详图	针对该课的特点，教学分课堂讲授及习题辅导两部分。课堂讲授运用多媒体教室采用电子教案及模型动画进行，习题辅导课为实践教学即习题集作业和大型绘图作业。 考核按平时成绩 30%、考试成绩 70% 评定	S2 Z4 Z7 N8 N10

续上表

课程名称	课程目标	教学内容	教学要求	支撑培养规格
建筑施工技术	1. 知识目标 能正确区分浅基础与深基础的种类,培养较强的施工技能。学习土力学与地基基础的基本理论和方法,以及各种基础施工的基本方法。 2. 能力目标 培养绘制和阅读基础图样的基本能力。 3. 素质目标 培养认真负责的工作态度、严谨细致的工作作风和创新意识	1. 浅基础施工:含独立基础、条形基础、筏形基础等。 2. 深基础施工:含预制桩、灌注桩、地下连续墙等。 3. 基坑支护、基坑降水。 4. 砌体工程施工:砌体结构施工、二次结构施工。 5. 混凝土结构工程施工:钢筋工程、模板工程、混凝土工程。 6. 节能保温工程施工。 7. 防水工程施工。 8. 装饰装修工程。 9. 脚手架工程施工	针对该课的特点,教学分课堂讲授及习题辅导两部分。课堂讲授运用多媒体教室采用电子教案及模型动画进行,习题辅导课为实践教学即习题集作业和大型绘图作业。考核按平时成绩 30% 、考试成绩 70% 评定	S2 Z4 Z7 N8 N10 N11 N12
建筑施工组织与管理	1. 知识目标 学习和贯彻制图国家标准及其他有关规定。能正确编制施工进度计划。 2. 能力目标 培养编制进度计划的能力。 3. 素质目标 培养认真负责的工作态度、严谨细致的工作作风和创新意识	1. 施工方案的编制原理与基本原则。 2. 施工进度计划的编制与应用。 3. 施工现场的规划布置与现场平面图绘制。 4. BIM 技术在施工管理中的综合应用	针对该课的特点,教学分课堂讲授及习题辅导两部分。课堂讲授运用多媒体教室采用电子教案及模型动画进行,习题辅导课为实践教学即习题集作业和大型绘图作业。考核按平时成绩 30% 、考试成绩 70% 评定	S2 Z4 Z7 N8 N11 N15
建筑工程计量与计价	1. 知识目标 能正确地运用定额和清单计价准则。 2. 能力目标 培养空间想象能力和空间分析问题的能力。培养绘制和阅读工程图样的基本能力。 3. 素质目标 培养认真负责的工作态度、严谨细致的工作作风和创新意识	1. 定额的概念、种类与应用。 2. 工程量与建筑面积计算规则及方法,建筑及装饰工程的工程量计算,工程量清单计价的方法和程序。 3. 定额计价的方法和程序,投标报价的基本概念,投标报价的编制。 4. 工程量 BIM 应用。 5. 装配式建筑计量与计价	针对该课的特点,教学分课堂讲授及习题辅导两部分。课堂讲授运用多媒体教室采用电子教案及模型动画进行,习题辅导课为实践教学即习题集作业和大型绘图作业。考核按平时成绩 30% 、考试成绩 70% 评定	S2 Z4 Z7 N8 N14
工程测量	1. 知识目标 能掌握测量技术专业的基本知识、基本理论、基本方法和基本技能。 2. 能力目标 培养各种工程测量仪器应用能力;工程控制网的设计与实施的能力;地形图在工程中的应用能力;基于工业与民用建筑工程的施工测量能力;基于公路等线状工程的勘测与施工测量的能力。 3. 素质目标 培养认真负责的工作态度、严谨细致的工作作风和创新意识	1. 水准测量。 2. 角度测量。 3. 距离测量。 4. 测量误差基本理论。 5. 小区域控制测量。 6. 全球导航卫星系统(GNSS)应用。 7. 大比例尺地形图测绘及应用。 8. 施工测量的基本工作。 9. 建筑施工测量。 10. 道路工程测量	针对该课的特点,教学分课堂讲授及习题辅导两部分。课堂讲授运用多媒体教室采用电子教案及模型动画进行,习题辅导课为实践教学即习题集作业和大型绘图作业。考核按平时成绩 30% 、考试成绩 70% 评定	S2 Z4 Z11 N12 N14
建筑结构	1. 知识目标 掌握钢筋混凝土材料的基本概念、力学性能、混凝土结构的设计方法、受弯构件正截面的强度计算和构造要求、受弯构件斜截面的强度计算和构造要求、钢筋混凝土受压构件设计、梁板结构设计、预应力混凝土构件设	1. 钢筋混凝土材料的力学性能。 2. 混凝土结构的设计方法。 3. 受弯构件正截面的强度计算和构造要求。 4. 受弯构件斜截面的强度计算和构造要求。	针对该课的特点,教学分课堂讲授及习题辅导两部分。课堂讲授运用多媒体教室采用电子教案及模型动画进行,习题辅导课为实践教学即习题集作业和大型绘图作业。	S2 Z4 Z8 Z11 N12 N13 N14

续上表

课程名称	课程目标	教学内容	教学要求	支撑培养规格
建筑结构	计计算、混凝土多层结构房屋设计、砌体结构房屋设计。 2. 能力目标 (1)具备一般工业与民用建筑钢筋混凝土结构和砌体结构设计的能力。 (2)钢筋混凝土结构材料的选用能力。 (3)混凝土结构受弯构件的设计能力。 (4)混凝土结构受压构件的设计能力。 (5)梁板结构综合设计能力。 (6)预应力混凝土构件设计计算能力。 3. 素质目标 培养认真负责的工作态度、严谨细致的工作作风和创新意识	5. 钢筋混凝土受压构件设计。 6. 梁板结构设计。 7. 预应力混凝土构造认识及设计。 8. 钢筋混凝土多层框架结构房屋设计。 9. 砌体结构房屋设计	考核按平时成绩30%、考试成绩70%评定	
建筑材料与检测	1. 知识目标 (1)掌握熟悉建筑材料的分类及技术标准。 (2)材料的物理性质及力学性质、石膏、石灰等气硬性胶凝材料的硬化机理、性质及使用要点,熟悉其主要用途。 (3)熟悉硅酸盐水泥的矿物组成,了解其硬化机理。 (4)熟练掌握硅酸盐水泥等几种通用水泥的性能特点和相应的应用等。 (5)了解特性水泥和专业水泥的主要性能及使用特点。 (6)了解混凝土技术的新进展及其发展趋势、普通混凝土组成材料的特点。 (7)掌握各种组成材料各项性质的要求及对混凝土性能的影响。 (8)掌握混凝土的力学性质、和易性、变形性和耐久性及其影响因素。 (9)掌握混凝土的配合比设计方法。 (10)掌握砌筑砂浆的性质、组成、检测方法及其配比设计方法。 (11)掌握钢材的力学性能、测定方法及影响因素。 (12)掌握建筑钢材的分类及用途。 (13)掌握常用砌块、板材和瓦材的特性及应用。 (14)掌握防水材料的主要技术性能及其影响因素、选用方法,明确防水材料的种类。 (15)熟悉合成高分子材料的分类和性能特点。 (16)掌握绝热材料和吸声、隔声材料的主要类型及性能特点。 (17)掌握各类装饰材料的性能、使用特点和选用原则。 (18)熟悉常用建筑材料的检查依据、方法、步骤及试验结果处理方法。 (19)掌握各类材料检测的规范和标准。 2. 能力目标 (1)能结合工程环境及要求合理地选择、使用和管理施工现场的各种建筑材料。 (2)会根据工程标准规范要求进行水泥、普通混凝土、砌筑砂浆、砌墙砖、建筑钢材等各项材料试验检测并评定结果,存放及保管。 (3)具有分析判别的能力,并能提出改善方案。 (4)具备进场材料的验收和抽样复检能力。 (5)能根据国家标准确定混凝土及砌筑砂浆的配合比,准确阅读常用建筑材料的质量检验报告。 3. 素质目标 培养认真负责的工作态度、严谨细致的工作作风和创新意识	1. 建筑材料的基本性质。 2. 气硬性胶凝材料相关知识。 3. 水泥相关知识。 4. 混凝土相关知识。 5. 建筑砂浆。 6. 墙体材料。 7. 建筑钢材。 8. 建筑防水材料。 9. 其他建筑材料	针对该课的特点,教学分课堂讲授及习题辅导两部分。课堂讲授运用多媒体教室采用电子教案及模型动画进行,习题辅导课为实践教学即习题集作业和大型绘图作业。 考核按平时成绩30%、考试成绩70%评定	S2 Z4 Z8 Z11 N12 N13 N14

续上表

课程名称	课程目标	教学内容	教学要求	支撑培养规格
建筑信息模型技术	1. 知识目标 (1)了解“1+X”建筑信息模型(BIM)职业技能等级申报条件、考核办法、职业技能要求、职业技能等级-初级-BIM建模要求。 (2)掌握工程制图和识图基础知识。 (3)熟悉建筑工程构筑物的构造、材料等相关知识。 (4)掌握阅读建筑工程图样的方法。 (5)了解BIM相关基础知识。 (6)熟悉BIM建模软件及建模环境。 (7)掌握各专业BIM建模方法。 (8)掌握BIM模型属性定义与编辑。 (9)掌握BIM模型成果输出。 2. 能力目标 (1)能领会职业技能等级证书制度精神，合理选用信息技术、数字资源。 (2)能正确、合理的绘制各种几何图形以及建筑类图形。 (3)具备应用国家相关法律法规、行业标准知识的能力。 (4)具有按照国家标准进行正确BIM建模的能力。 (5)具备BIM模型出图及对图纸进行编辑、整理、打印的技能。 (6)具备对BIM模型收集信息、处理信息的能力。 3. 素质目标 培养认真负责的工作态度、严谨细致的工作作风和创新意识	1. BIM基础知识。 2. BIM建模准备。 3. BIM建模。 4. BIM成果输出。 5. 参数化族。 6. 概念体量	针对该课的特点，教学分课堂讲授及习题辅导两部分。课堂讲授运用多媒体教室采用电子教案及模型动画进行，习题辅导课为实践教学即习题集作业和大型绘图作业。 考核按平时成绩30%、考试成绩70%评定	S2 Z3 Z4 Z8 Z11 N12 N13 N14
建筑CAD	1. 知识目标 掌握AutoCAD的绘图和编辑命令、绘图环境设置、图块使用、属性设置、尺寸和文字标注的应用、三维绘图简介、设计中心使用、图形的输出等。 2. 能力目标 (1)熟练掌握流行版本AutoCAD的二维绘图的各种命令。 (2)掌握AutoCAD常用的各种编辑命令。 (3)掌握AutoCAD的各种辅助命令。 (4)掌握AutoCAD的高级命令。掌握AutoCAD的图形输出技巧。 (5)掌握建筑平面图、立面图、剖面图的计算机绘制。 (6)掌握门窗表、构造大样的计算机绘制。 (7)掌握钢筋混凝土结构平面图的绘制。 (8)掌握钢筋混凝土梁施工图绘制。 (9)掌握条形基础结构布置图的绘制。 (10)掌握基础详图的绘制。 3. 素质目标 培养认真负责的工作态度、严谨细致的工作作风和创新意识	1. 建筑平面图CAD绘制。 2. 建筑立面图CAD绘制。 3. 建筑剖面图、门窗表、构造大样的CAD绘制。 4. 钢筋混凝土结构平面图的CAD绘制。 5. 钢筋混凝土梁施工图的CAD绘制。 6. 条形基础结构布置图的CAD绘制。 7. 基础详图的CAD绘制	针对该课的特点，教学分课堂讲授及习题辅导两部分。课堂讲授运用多媒体教室采用电子教案及模型动画进行，习题辅导课为实践教学即习题集作业和大型绘图作业。 考核按平时成绩30%、考试成绩70%评定	S2 Z3 Z4 Z8 Z11 N12 N13 N14
招投标与合同管理	1. 知识目标 (1)掌握工程招投标的概念。 (2)熟悉工程招投标活动的基本原则和基本程序。 (3)掌握工程招投标文件的编制以及评标采用的方法。 (4)熟悉工程建设领域内施工、勘察设计、委托监理等合同(示范文本)的主要内容。 (5)掌握合同订立的条件、原则和内容。 (6)熟悉工程索赔的程序。 (7)掌握工期索赔和费用索赔的计算方法。 (8)熟悉合同谈判的技巧和FIDIC土木工程施工合同条件。 2. 能力目标 (1)掌握工程项目招投标工作、合同管理及工程索	1. 建设工程招标范围、方式、程序；招标文件的内容组成及编制。 2. 建设工程投标程序、策略，投标文件内容编制方法及步骤。 3. 了解合同的相关法律基本知识；熟悉建设工程合同概念、分类及双方的权利与义务；掌握建设工程施工合同示范文本的组成。	针对该课的特点，教学分课堂讲授及习题辅导两部分。课堂讲授运用多媒体教室采用电子教案及模型动画进行，习题辅导课为实践教学即习题集作业和大型绘图作业。	S2 Z3 Z4 Z8 Z11 N12 N13 N14

续上表

课程名称	课程目标	教学内容	教学要求	支撑培养规格
招投标与合同管理	赔工作的基本程序。 (2)熟悉招标文件、投标文件、合同文本、索赔文件的内容、方法、步骤、技巧。 3. 素质目标 培养认真负责的工作态度、严谨细致的工作作风和创新意识	4. 建设工程合同管理;掌握索赔文件的编制。 5. 国际建设工程承包合同。 6. 云南省工程招投标办法解读	考核按平时成绩 30%、考试成绩 70% 评定	
钢结构工程施工	1. 知识目标 (1)掌握钢材的力学性能、种类、规格及选用。 (2)掌握连接(焊接、螺栓连接)的构造和计算方法。 2. 能力目标 (1)掌握钢结构施工详图的内容、节点要求及绘制方法。 (2)熟练应用 CAD 技术绘制钢结构施工详图。 3. 素质目标 培养认真负责的工作态度、严谨细致的工作作风和创新意识	1. 钢结构的应用与发展、组成、特点及基本设计原理。 2. 材料、焊接、普通螺栓连接、高强度连接。 3. 钢结构施工详图设计。 4. 钢结构制作。 5. 钢结构安装设备、安装施工组织设计、主体结构安装、围护结构。 6. 钢结构施工验收。 7. 钢结构施工安全	针对该课的特点,教学分课堂讲授及习题辅导两部分。课堂讲授运用多媒体教室采用电子教案及模型动画进行,习题辅导课为实践教学即习题集作业和大型绘图作业。 考核按平时成绩 30%、考试成绩 70% 评定	S2 Z3 Z4 Z8 Z11 N12 N13 N14
建筑工程技术资料管理	1. 知识目标 掌握工程建设资料管理中质量验收的划分与验收、资料的编制、归档整理与竣工备案、计算机辅助资料管理的内容。 2. 能力目标 能运用工程建设资料管理的原理结合云南省建设资料管理的标准进行资料的编制和归档整理。 3. 素质目标 培养认真负责的工作态度、严谨细致的工作作风和创新意识	1. 监理资料。 2. 建筑工程施工资料管理	针对该课的特点,教学分课堂讲授及习题辅导两部分。课堂讲授运用多媒体教室采用电子教案及模型动画进行,习题辅导课为实践教学即习题集作业和大型绘图作业。 考核按平时成绩 30%、考试成绩 70% 评定	S2 Z3 Z4 Z8 Z11 N12 N13 N14
建设项目经济分析与评价	1. 知识目标 掌握资金的时间价值理论、工程项目经济性评价方法的内容。 2. 能力目标 能初步核算与监督企业的财务状况与盈利能力,估算建设工程项目投资。 3. 素质目标 培养认真负责的工作态度、严谨细致的工作作风和创新意识	1. 财务会计及与财务评价。 2. 建设工程估价。 3. 宏观经济政策与项目融资	针对该课的特点,教学分课堂讲授及习题辅导两部分。课堂讲授运用多媒体教室采用电子教案及模型动画进行,习题辅导课为实践教学即习题集作业和大型绘图作业。 考核按平时成绩 30%、考试成绩 70% 评定	S2 Z3 Z4 Z8 Z11 N12 N13 N14

七、教学进程总体安排

(一)学时分配

课程类别	要求学分	占总要求学分比例	课程性质	开设学分	占总开设学分比例%	开设学时	占总开设学时比例%	讲授学时	占总开设学时比例%	实践学时	占总开设学时比例%
通识教育课	65	48.15	必修	49	30.63	808	30.18	556	20.77	252	9.41
			选修	18	10.00	32	1.20	32	1.20	0	0.00
					3.75	64	2.39	64	2.39	0	0.00
专业(技能)课	70	51.85	必修	81.5	48.75	1563	58.39	547	20.43	1016	37.95
			选修	4	6.88	210	7.84	59	2.20	152	5.68
合计	135	100		152.5	100	2677	100	1258	46.99	1420	53.04

(二)课程学期进程

学期	周次																				备注
	1	2	3	4	5	6	7	8	9	10	11	12	13	14	15	16	17	18	19	20	实训课程说明
1		※	—	—	—	—	—	—	—	—	—	—	—	—	—	—	—	#	◎	Ⅱ	入学教育、课外活动学分、建筑工程图绘制实训、建筑材料检测与工程质检实训
2	—	—	—	—	—	—	—	—	—	—	—	—	—	—	—	—	—	—	○	Ⅱ	军事训练、课外活动学分、认知实习、识图构造课设、工程CAD、物联网概论
3	—	—	—	—	—	—	—	—	—	—	—	—	—	—	—	#	Ⅱ	Ⅱ	Ⅱ	○	课外活动学分、施工图识读综合实训、工程测量实习、建筑CAD实训
4	—	—	—	—	—	—	—	—	—	—	#	Ⅱ	Ⅱ	Ⅱ	Ⅱ	⊙	⊙	⊙	⊙	⊙	课外活动学分、建筑结构课设、建筑工程计量与计价实训
5	—	—	—	—	—	—	—	—	—	—	#	●	●	●	●	●	●	●	●	●	课外活动学分、跟岗实习
6	●	●	●	●	●	●	●	●	●	●	●	●	●	●	●	●	※				毕业教育、课外活动学分、顶岗实习

说明:—理论课 #考试 Ⅱ课程设计 ⊙金工实习 ○市内实习 ●市外实习 ◎专题实验 ※课外教育活动

(三)教学进程安排表

课程结构类属		课程号	课程名	课程性质	学分	课程类型	课时分配			学期周课时						管理部门
课程分类	课程类别						总学时	理论学时	实践学时	1	2	3	4	5	6	
通识教育课	2-1-2022 双高公共基础的	A11903000001	思想道德与法治	必修	3.0	B	48	40	8	3						马克思主义学院
		A11904000001	形势与政策1	必修	0.5	B	10	8	2	1						马克思主义学院
		A12314000001	体育1	必修	2.0	B	28	8	20	2						通识
		A13005000001	军事技能训练	必修	2.0	C	112		112	56						学生处
		A11901000002	习近平新时代中国特色社会主义思想概论	必修	3.0	A	48	48			3					马克思主义学院
		A11901000003	毛泽东思想和中国特色社会主义理论体系概论	必修	2.0	A	32	32			2					马克思主义学院
		A11904000002	形势与政策2	必修	0.5	B	10	8	2		1					马克思主义学院
		A12314000002	体育2	必修	2.0	B	28	8	20		2					通识
		A13003000001	心理健康教育	必修	2.0	B	32	28	4		2					学生处
		A11904000003	形势与政策3	必修	0.5	B	10	8	2			1				马克思主义学院
		A12311000001	军事理论	必修	2.0	C	36		36			3				通识
		A12312000001	体育专项1	必修	2.0	B	28	20	8			2				通识
		A11904000004	形势与政策4	必修	0.5	B	10	8	2				1			马克思主义学院
		A12312000002	体育专项2	必修	2.0	B	28	20	8				2			通识
			小计		24		460	236	224							

续上表

课程结构类属		课程号	课程名	课程性质	学分	课程类型	课时分配			学期周课时						管理部门
课程分类	课程类别						总学时	理论学时	实践学时	1	2	3	4	5	6	
通识教育课	2-2-2021 双高人文素养-必修	A12302000002	中华优秀传统文化	必修	2.0	A	32	32		2						通识
		A12511000001	大学英语 1	必修	4.0	A	64	60	4	4						外语
		A11900000001	劳动教育	必修	1.0	A	16	16			1					校团委
		A12302000001	大学语文	必修	2.0	A	32	32			2					通识
		A12511000002	大学英语 2	必修	4.0	A	64	60	4		4					外语
		A13305000001	职业生涯规划与就业指导	必修	2.0	B	32	24	8			2				招生就业中心
		A13000000001	劳动教育实践课	必修	1.0	C	16		16				1			校团委
			小　计		16		256	224	32							
	2-4-2021 双高科技素养	A12301000001	高等数学	必修	4.0	A	64	64		4						通识
		A10600000001	信息技术 1	必修	3.0	B	48	16	32		3					创新创业
		A10600000002	信息技术 2	必修	2.0	B	32	16	16		2					创新创业
			小　计		9		144	96	48							
	2021 课外教育活动	A130000007	思想成长方面	选修	2.0											学生处
		A13006000001	入学教育	必修												学生处
		A130060001	实践实习方面	选修	2.0											学生处
		A130060002	志愿公益方面	选修	2.0											学生处
		A130060003	社会实践方面	选修	2.0											学生处
		A130060004	创新创业方面	选修	2.0											学生处
		A130060005	文体活动方面	选修	2.0											学生处
		A130060006	工作履历方面	选修	2.0											学生处
		A13006000002	毕业教育	必修												学生处
			小　计		14		0	0	0							
	2-3-2021 双高人文素养-限选	A11900000002	马克思主义基本原理	选修	2.0	A	32	32			2					马克思主义学院
		A11900000003	中国近现代史纲要	选修	2.0	A	32	32								马克思主义学院
			小　计		4		64	64	0							
	通识任选课															
			小　计		0		0	0	0							
	合　计				67		924	620	304							

续上表

课程结构类属		课程号	课程名	课程性质	学分	课程类型	课时分配			学期周课时						管理部门
课程分类	课程类别						总学时	理论学时	实践学时	1	2	3	4	5	6	
专业(技能)课	专业基础课	A11502000032	建筑施工图绘制	必修	3.0	B	45	36	9	3						建筑工程学院
		A11502000033	建筑材料与检测	必修	3.0	B	45	36	9	3						建筑工程学院
		A11502000034	建筑力学Ⅰ	必修	3.0	B	45	36	9	3						创新创业
		A11502000038	建筑CAD☆	选修	3.0	B	45	36	9	3						建筑工程学院
		A11501000001	建筑施工图识图实训☆	必修	3.0	C	90		90		30					建筑工程学院
		A11502000035	建筑力学Ⅱ	必修	4.0	B	60	48	12		4					创新创业
		A11502000036	建筑识图与构造1☆G	必修	3.0	B	45	36	9		3					建筑工程学院
		A11502000052	专业认知实习	必修	1.0	C	30		30		30					建筑工程学院
		A11501000002	结构施工图识图实训	必修	3.0	C	90		90			30				建筑工程学院
		A11502000067	建筑信息模型技术	选修	4.0	B	60	30	30				4			建筑工程学院
			小　计		30		555	258	297							
	专业拓展必修课	A10303000031	工程测量实习	必修	1.0	C	30		30			30				建筑工程学院
		A11502000059	岗位实训Ⅱ	必修	16.0	C	480		480						30	建筑工程学院
			小　计		17		510	0	510							
	专业核心课	A10303000028	工程测量B1★G	必修	3.0	B	45	25	20			3				建筑工程学院
		A115010025	建筑施工1★	必修	4.0	B	60	42	18			4				建筑工程学院
		A115010107	建筑结构Ⅰ★	必修	4.0	B	52	42	10			5				建筑工程学院
		A11502000037	混凝土结构平法识图★☆	必修	3.0	B	45	36	9			3				建筑工程学院
		A115010026	建筑施工2★	必修	2.0	B	28	20	8				4			建筑工程学院
		A115010125	建筑结构Ⅱ★	必修	2.0	B	32	26	6				4			建筑工程学院
		A11502000042	建筑工程计量与计价★	必修	4.0	B	60	48	12				4			建筑工程学院
		A11502000043	BIM施工组织与项目管理★	必修	4.0	B	60	48	12					4		建筑工程学院
			小　计		26		382	287	95							

续上表

课程结构类属		课程号	课程名	课程性质	学分	课程类型	课时分配			学期周课时						管理部门
课程分类	课程类别						总学时	理论学时	实践学时	1	2	3	4	5	6	
专业(技能)课	专业拓展限选课	A115010076	建筑工程技术资料管理	必修	2.0	B	30	20	10				2			建筑工程学院
		A11502000055	计量与计价实训	选修	2.0	C	60		60				30			建筑工程学院
		A11502000056	建筑结构实训	选修	2.0	C	60		60				30			建筑工程学院
		A115010012	招投标与合同管理★	必修	2.0	B	30	20	10					2		建筑工程学院
		A115010110	建设项目经济分析与管理	必修	2.0	B	30	21	9					2		建筑工程学院
		A115010133	钢结构工程施工	必修	2.0	B	30	20	10					4		建筑工程学院
		A11502000058	岗位实训Ⅰ	必修	4.0	C	120		120					30		建筑工程学院
			小　计		16		360	81	279							
	合　计				89		1807	626	1181							
共计					156	0	2731	1246	1485							

注:★为专业核心课程;☆为“1+X”证书课证融通课程;G为专业群共享课程;< >不生成开课计划;/不计入周课时合计;x不计入要求学分;#考试。

八、实施保障

(一)师资队伍

1. 专业领军人才

杜绍堂教授(二级)是云南省“万人计划”教学名师,教学与学术水平高,具有较强的引领作用;裴利剑副教授是建筑工程技术专业领军人才培育对象、胡瑛副教授为建筑工程技术专业带头人。

2. 专任教师队伍结构

教研室有专任教师12人,其中具有高级职称的3名,占25%。教师45岁以下共8名。教师全部为双师型教师。职称、年龄结构合理。

3. 兼职教师

企业兼职教师共12名,其中中级以上专业技术职称共12名,占总兼职教师队伍的比例为10%与专任教师比例基本达到1:1。人均具有10年以上企业工作经历。

4. 师资队伍配置

序号	姓名	年龄	性别	学历	学位	专业技术职务	类别	职业资格	高校教龄	企业经历年限	主要讲授课程及承担的主要工作
1	杜绍堂	56	男	本科	学士	教授	双师教师		36	3	混凝土结构设计、钢结构设计
2	裴利剑	44	男	本科	硕士	副教授	双师教师	注册一级结构工程师	22	2	平法识图与钢筋算量、建筑工程计量与计价、建筑施工技术
3	赵逸群	41	男	研究生	博士	高级工程师	双师教师		4	11	建筑材料、建材检测实训
4	张　锋	45	男	研究生	在读博士	副教授	双师教师	建筑施工管理员	19	3	工程项目管理、BIM 施工组织与管理
5	钱闪光	47	男	研究生	在读博士	副教授	双师教师	注册监理工程师	23	3	土力学与地基基础、工程地质
6	施继余	42	男	研究生	硕士	讲师	双师教师	一级注册建造师;注册物业管理师	14	7	建筑识图与构造、建筑工程计量与计价、BIM 施工组织与管理、平法识图与钢筋算量
7	毛海涛	45	男	研究生	学士	副教授	双师教师	注册一级结构工程师	23	2	混凝土结构设计、砌体结构设计
8	杨　翔	58	男	本科	学士	副教授	双师教师	注册一级结构工程师、二级建筑师	20	18	建筑制图、房屋建筑学、建筑施工技术
9	李少军	55	男	研究生	硕士	讲师	双师教师		22	11	混凝土结构设计、建筑 CAD
10	李忠泽	53	男	本科	学士	讲师	双师教师	建筑施工管理员	33	1	建筑施工技术
11	姚永仲	47	男	本科	硕士	高级工程师	双师教师	注册监理工程师、一级注册建造师	25	3	土力学与地基基础、建筑 CAD
12	张　泉	46	女	研究生	学士	讲师	双师教师	注册造价工程师、注册监理工程师、注册咨询工程师	25	2	建筑工程计量与计价
13	胡　瑛	42	女	本科	硕士	副教授	双师教师	建筑施工管理员	20	2	BIM 施工组织与管理、BIM 应用技术、建筑经济
14	雷雄丽	42	女	本科	硕士	讲师			18	1	建筑法规、建筑招投标与合同管理、建筑工程资料管理
15	代　秀	41	女	本科	学士	讲师	双师教师		17	1	建筑制图、建筑 CAD、平法识图与钢筋算量
16	李鹤松	40	女	本科	学士	讲师		一级注册建造师	17	1	建筑工程制图、房屋建筑学
17	赵　霞	39	女	本科	硕士	讲师	双师教师		15	1	混凝土结构设计
18	邹超英	35	女	研究生	硕士	讲师	双师教师	二级建造师	7	3	土力学与地基基础、建筑材料
19	刘超群	33	男	研究生	硕士	助教			4	5	钢结构设计

说明:现有教师 19 人,教授 1 人、副教授(高级工程师)8 人、讲师 9 人、助教 1 人,博士 1 人、在读博士 2 人,占 15.8%、研究生(或硕士)14 人,占 73.7%,双师型教师 16 人,占 84.2%。

（二）教学设施

1. 校内实训室

主要包括专业教室、校内实训室、校外实训基地、学徒实习基地、支持信息化教学方面的基本要求。校内实训室，见表 2-10。

表 2-10　校内实训室

序号	实训室名称	主要设备（或软件）要求	主要实训项目	服务课程	工位配置（个）	实训室地点	建筑面积	管理教师
1	建筑施工实训室	扣件式钢管脚手架、碗扣式脚手架、门式脚手架、木模板、小钢模	扣件式脚手架安拆实训	建筑施工技术	15	建工负二楼 01	206	李忠泽
2	钢筋钢结构工程实训室	钢筋调直切断机、钢筋弯曲机、手工电弧焊机、闪光对焊机、钢筋切断机、钢筋绑扎钩等	梁钢筋绑扎安装实训	平法识图与钢筋算量	15	建工楼 103	180	裴利剑
3	建筑工程检测实训室	混凝土回弹仪、楼板厚度测定仪、保护层厚度测定仪、激光扫平仪	混凝土无损强度检测 楼板厚度测定 混凝土保护层厚度测定等		30	建工楼 105	42	邹超英
4	砂、石检测实训室	砂石、混凝土试验设备	砂石试验（密度、筛分、强度、含泥量、氯离子、碱集料反应等） 混凝土试验（拌合物、抗压强度、抗折强度、耐久性等）	建筑材料与检测	30	建工负 2 楼 02	35	邹超英
5	BIM 软件实训室	广联达土建算量软件、BIM5D 软件、斑马梦龙网络进度计划软件	建筑工程计量计价实训 安装工程计量计价实训 BIM5D 工程管理实训 网络进度计划实训	建筑工程计量与计价 安装工程计量与计价 BIM 施工组织与管理	60	建工 306	113	洪洁
6	建筑软件实训室	维启建筑施工工艺仿真实训平台、3Dmax、草图大师	建筑施工工艺实训 3Dmax、草图大师软件实训	建筑施工技术 3Dmax、草图大师	80	实训楼 310	167	姚永仲
7	工程造价软件实训室	建筑 CAD、广联达土建算量软件	建筑 CAD 实训	建筑 CAD	60	实训楼 311	210	姚永仲
8	建筑工程管理实训室	BIM5D 软件、斑马梦龙网络进度计划软件	BIM5D 工程管理实训 网络进度计划实训	BIM 施工组织与管理	60	实训楼 313	140	姚永仲
9	BIM 技术应用中心	中望 CAD 软件、中望建筑工程识图能力实训评价软件、revit 软件	BIM 建模实训 建筑 CAD 实训 建筑施工图识读实训 结构施工图识读实训 设备施工图识读实训	建筑识图与构造 平法识图与钢筋算量 建筑 CAD	60	实训楼 314	约 110	姚永仲

续上表

序号	实训室名称	主要设备(或软件)要求	主要实训项目	服务课程	工位配置(个)	实训室地点	建筑面积	管理教师
10	建筑设计实训室	图板、绘图桌椅	建筑制图实训		60	建工楼403	136	龙彬
11	消防系统实训室	消防自动报警系统实验装置			30	建工201~202	120	李静
12	给排水系统实训室	给排水及其监控系统实训装置	建筑给水设计、制作、检测,建筑排水设计、制作、检测	建筑设备识图 建筑给排水	30	建工203	181	李静
13	建筑安装实训室	浩辰建筑安装软件	建筑电气系统设计、制作、调试、检测	建筑设备识图 建筑电气	30	科技楼220~226	350	张敏
14	建筑照明与供配电实训室	供配电及其监控系统实训装置、照明及其监控系统实训装置	建筑照明、监控、三表抄表系统设计、制作、调试、检测	建筑设备识图 建筑照明	30	建工201	120	张敏
15	路基路面工程检测实训室	路基路面试验设备	沥青物理性能及混合料检测	路基与路面工程	15	矿业105、106、107	约180	刘云东
16	土工实训室	直剪试验仪、密实度测定仪	土力学基础实训(密度、比重、塑液限、剪切、压缩、无侧限抗压、颗粒分析、击实、压实度、抗渗)	土力学与地基基础	15	科技楼106、214、216	约50	谭慧
17	桥梁模型室	桥梁模型	桥梁施工工艺等	路基与路面工程	60	科技楼205	60+30	谭慧
18	建设工程质量检测中心	水泥、砂石、混凝土、钢筋、钢材等试验设备	建筑材料试验	建筑材料与检测	60	校本部	75	裴利剑
19	装饰模型实训室	装饰模型	装饰材料展示、装饰构造实训	建筑识图与构造 建筑装饰施工	60	科技楼201	40	陈春华

2. 校外实训基地

专业与建投建材公司建立紧密长期的人才培养合作关系,每年为学生岗位实习提供实施条件。校外实训基地见表2-11。

表2-11　校外实训基地

序号	校外实训企业名称	提供工位数(个)	所在行业	实习岗位
1	云南建投建材科技有限公司	10	建筑	建筑施工员
2	云南省第五建筑工程公司	10	建筑	建筑施工员
3	云南省工程建设总承包公司	10	建筑	建筑施工员
4	昆明市第三建筑工程有限责任公司	10	建筑	建筑施工员
5	云南建工集团	10	建筑	建筑施工员

续上表

序号	校外实训企业名称	提供工位数(个)	所在行业	实习岗位
6	昆明二建建设(集团)有限公司	10	建筑	建筑施工员
7	云南建工第五建设有限公司(安装公司)	10	建筑	建筑施工员
8	云南省第三建筑工程公司	10	建筑	建筑施工员
9	云南建工第六建筑工程有限公司	10	建筑	建筑施工员
10	云南双翔建设检测技术有限公司	10	建筑	建筑施工员
11	云南镕诚集团	10	建筑	建筑施工员
12	昆明巨恒混凝土有限公司	10	建筑	建筑材料员
13	云南云海工程公司	10	建筑	建筑施工员
14	昆明捷程桩工有限责任公司	10	建筑	建筑施工员
15	昆明星耀集团实业有限公司	10	建筑	建筑施工员
16	云南杰联市政工程有限公司	10	建筑	建筑施工员
17	云南官房企业集团股份有限公司	10	建筑	建筑施工员
18	云南盘江建筑安装工程有限公司	10	建筑	建筑施工员
19	云南建投第二建设有限公司	10	建筑	建筑施工员
20	云南正道集团(云南立信工程造价咨询有限公司)	10	建筑	建筑造价员
21	中天建设集团有限公司云南分公司	10	建筑	建筑施工员
22	云南建投第九建设有限公司	10	建筑	建筑施工员
合计		220		

(三)教学资源

1. 教材与图书

(1)优先使用近三年出版或修订版教材≥90%；首先选普通高等教育国家级、部级规划教材，国家级、省部级优秀教材。

(2)选用校内教师主编、参编的国家级、省级规划教材和优秀教材。

(3)截止到 2020 年 8 月，学校图书馆总馆藏资源 238 万册(件)，其中纸质图书 95 万册，电子资源 143 万册(件)，其中建筑工程专业生均专业图书 203 册(纸质 153 册、电子 50 册)，每年平均新购置专业图书 12 册(纸质 9 册、电子 3 册)，专业杂志 499 种(纸质 51 种、电子 448 种)。已建成智慧图书馆，每年均购进专业纸质和电子图书，满足本科教育要求。

2. 网络与网络课程

学校建筑工程已建成国家教学资源库课程一门、省级精品课程一门、省级精品视频课程一门，校级精品课程六门，按双高建设计划还将建成专业教学资源库，具备了网络教学资源。

学校建有校园网，计算机房、多媒体教室，全校办公室、教室、宿舍全部联网，可利用多媒体教室和校园网进行网络教学和网络学习。

3. 多媒体教室与教学

我校全部教室为100%多媒体教室,专业理论教学100%采用多媒体进行教学。

(四)教学方法

1. 强化实践能力,项目式模块化教学

强调以学生为主体,以教师为主导,将复杂知识技能体系分解为易于理解吸收的知识点、技能点,组织实践性强的教学模块,探索项目式模块化教学方式。以项目方式组织实施教学过程,让人才培养过程在实践中自然完成。探索形成"师带徒、老带新"教学模式。探索不同年级学生之间的学习,以及多专业教师共同开展项目式教学的实践。

2. 实施虚拟仿真,理实一体化教学改革

充分应用VR、AR等现代信息化手段,引入行业企业技术标准,遵循学生为主、教师引导的宗旨,采用虚实结合、理实一体化的教学方法,开展仿真、沉浸式教学,提高学生学习的专注度、兴趣值和积极性。

3. 实施信息化教学改革,建设在线开放课程

以职教云、MOOC、学习通等网络平台为依托,建设在线开放课程,改革传统课堂教学模式,将课前、课中、课后有效衔接,培养学生的参与意识和思维能力,以及熟练应用现代先进信息技术工具学习的能力。

(五)学习评价

对接学分银行,创新书证融通,引入先进企业行业(企业)标准,实施学分互认。以教师、企业导师、学生为评价主体;采用由过程考核、项目考核、综合测试考核三部分组成的形成性课程考核评价方式;通过自评、互评、点评,结合云课堂,形成课前、课中、课后全过程考核。在校期间总体学习情况包括各项理论及实践课程学习成绩、跟岗(顶岗)实习表现、综合素质测评、毕业设计完成质量、专业技能抽查效果、"1+X"认证情况、各级各类专业竞赛获奖情况等。确保多元主体参与,有效促进教学目标达成。

(六)质量管理

(1)学校与学院建立了专业建设和教学质量诊断与改进机制,健全了专业教学质量监控管理制度。组建专业人才培养方案制订团队,定期开展对数有色冶金技术相关岗位知识、技能、素质要求进行调研与论证。完善课堂教学、教学评价、实习实训、毕业设计、资源建设等方面的质量标准建设,通过教学实施、过程监控、质量评价和持续改进,达到人才培养规格目标。

(2)建立毕业生跟踪反馈及社会评价机制,并对生源情况、在校时学业水平,毕业生就业情况,毕业后1~5年综合状况等进行分析,定期评价人才培养质量和培养目标达成情况。

(3)定期开展课程建设水平和教学质量诊断与改进,建立健全巡课、听课、评教、评学等制度,建立与企业联动的实践教学环节指导制度,定期开展公开课、示范课等教研活动,形成了任务、职责、权限明确,相互协调、相互促进的质量管理有机整体。

(4)学校制定了《学生综合素质测评实施办法》,把学生综合素质测评纳入质量考核体系,综合素质测评内容包括:品德操行测评、学业成绩测评、创新创业测评、社会实践测评等方面。

九、毕业要求

学生在规定年限内，修满140学分，其中必修课116学分，选修课24学分。达到专业培养目标和培养规格要求，综合素质测评成绩为及格及以上（总分100分，及格为60分）。

十、附录

附录一、X证书资格证书转换学分及对应课程

附录一　X证书资格证书转换学分及对应课程

序号	X证书	等级	认定学分	职业资格证书对应置换课程	备注
1	建筑信息模型（BIM）职业技能等级证书	1	3	建筑信息模型（BIM）技术	
2	建筑工程识图职业技能等级证书	1	3	建筑构造与识图	
3	装配式建筑构件制作与安装职业技能等级证书	1	3	法识图与钢筋算量	
		2	3	法识图与钢筋算量、施工技术	

群内专业四：建筑材料工程技术专业人才培养方案

专业名称：	建筑材料工程技术
专业代码：	430701
适用年级：	2022 级学生
所属学院：	建筑工程学院
所属专业群：	测绘专业群
修(制)订时间：	2022 年 8 月

建筑材料工程技术专业人才培养方案

一、专业名称及代码

专业名称:建筑材料工程技术专业

专业代码:430701

二、入学要求

高中阶段教育毕业生、中等职业学校毕业生或具有同等学力者

三、学制

三年

四、职业面向

(一)职业面向

所属专业大类(代码)	所属专业类(代码)	对应行业(代码)	主要职业类别(代码)	主要岗位类别或技术领域举例	职业资格或职业技能等级证书举例
能源动力与材料大类(43)	建筑材料类(4307)	非金属矿物制品业(31)	建材工程技术人员(2-02-19)	水泥生产中控操作岗位 水泥生产设备巡检岗位 水泥质量控制岗位 水泥物理性能检验 商品混凝土生产与质量控制岗位	“1 + X”装配式建筑构件制作与安装职业技能等级证书 水泥生产工 混凝土工

(二)职业发展

岗位类型	岗位名称	岗位要求
目标岗位	水泥中央控制操作工、水泥生产设备巡检工、水泥质量控制工、建材理化性能检验工、混凝土生产控制工、混凝土实验员	具备水泥中央控制操作能力;具备水泥、混凝土生产设备的操作和维护能力;具备水泥、混凝土性能检测能力;具备水泥、混凝土生产过程控制能力;具备水泥、混凝土原材料性能控制能力
发展岗位	水泥生产工艺控制、水泥生产设备维修、水泥和混凝土试验室管理、混凝土生产调度、混凝土质量控制、混凝土施工检测	具备水泥配料和工艺管理、混凝土配合比设计和调整能力;具备水泥、混凝土质量控制能力;具备水泥生产设备维修能力;混凝土工程质量检测和控制能力

续上表

岗位类型	岗位名称	岗位要求
迁移岗位	水泥和混凝土生产管理、装配式混凝土构件生产控制、建筑材料销售、混凝土外加剂生产控制、建筑材料生产原材料采购,建筑施工、工程测量、建筑工程检测	具备建筑材料生产现场管理能力;具备建筑材料销售能力;具备建筑材料生产原材料的采购能力,具备建筑施工、识图、工程测量、工程检测能力

(三)技术领域与职业能力要求

序号	技术领域	工作任务	岗位所需知识、能力和职业素质
1	水泥生产中控操作	生料制备	知识要求 1. 掌握水泥生料制备系统工艺流程、主要设备的相关知识。 2. 掌握生料制备系统控制参数、开停车操作步骤、常见故障分析。 能力要求 1. 能叙述水泥生料制备系统的物料流向和气体流向及重点控制参数,说明设备的作用。 2. 能进行生料制备系统开停车的操作、正常运行控制、常见故障处理。 职业素养 1. 具备严肃认真,一丝不苟的工作态度; 2. 具备积极思考、发现问题和解决问题的意识。
		煤粉制备	知识要求 1. 掌握煤粉制备系统工艺流程、相关设备的知识。 2. 掌握系统的安全设施的知识,熟悉煤粉制备系统的重点控制参数的知识。 3. 掌握煤粉制备系统开停车操作步骤、常见故障分析。 4. 掌握煤粉制备系统安全生产知识。 能力要求 1. 能叙述煤粉制备系统的物料流向和气体流向及重点控制参数,说明设备的作用。 2. 能进行煤粉制备系统开停车的操作、正常运行控制、常见故障处理。 职业素养 1. 具备安全文明生产和精益生产的意识。 2. 具备成本节约意识。 3. 具备爱岗敬业、吃苦耐劳的工作作风。
		熟料煅烧	知识要求 1. 掌握熟料煅烧系统工艺流程、主要设备和参数等知识。 2. 掌握新型干法窑系统中控操作一般原则、窑系统正常开车、点火升温、投料,系统正常操作、正常停车和事故停车等知识。 能力要求 1. 能准确描述熟料煅烧系统的物料流向、气体流向、煤粉流向,设备布置,主要设备组成、主要参数。 2. 能进行熟料煅烧系统开停车操作、正常运行控制、常见故障处理。 职业素养 1. 具备良好的质量意识。 2. 具备认真、严谨的学习和工作态度。 3. 具备高产低能耗的意识。 4. 具备积极思考、发现问题和解决问题的意识。 5. 具备团队协作意识。

续上表

序号	技术领域	工作任务	岗位所需知识、能力和职业素质
1	水泥生产中控操作	水泥制成	知识要求 1. 掌握水泥制成系统工艺流程、主要设备的相关知识。 2. 掌握水泥制成系统控制参数、开停车操作步骤、常见故障分析。 能力要求 1. 能叙述水泥制成系统的物料流向和气体流向及重点控制参数，说明设备的作用。 2. 能进行水泥制成系统开停车的操作、正常运行控制、常见故障处理。 职业素养 1. 具备良好沟通能力、组织协调能力。 2. 具备良好的工作责任心。 3. 具备积极思考、发现问题和解决问题的意识。
2	水泥生产设备巡检	生产准备	知识要求 1. 了解新型干法水泥生产的基本知识、水泥生产巡检工职业概况、润滑的基本原理及分类。 2. 熟悉新型干法水泥生产流程、水泥生产巡检工的职责和水泥设备采用的润滑方式。 能力要求 1. 能基本绘制新型干法水泥生产各工段巡检路线。 2. 能在水泥生产企业从事水泥设备润滑管理工作。 职业素养 1. 具备良好沟通能力、组织协调能力。 2. 具备良好的工作责任心。 3. 具备积极思考、发现问题和解决问题的意识。
		水泥机械设备常用动力与控制装置	知识要求 1. 了解水泥机械设备常用动力与控制装置的结构、工作原理、类型等。 2. 掌握水泥机械设备常用动力与控制装置的检查维护内容和常见故障分析与排除方法。 能力要求 1. 能在水泥生产企业进行交、直流电动机检查与维护及故障排除工作。 2. 能在水泥生产企业进行水泥设备用减速器的检查与维护及故障排除工作。 3. 能在水泥生产企业进行液压传动系统的检查维护及故障排除工作。 4. 能在水泥生产企业进行风机、空气压缩机检查维护及故障排除工作。 职业素养 1. 具备良好沟通能力、组织协调能力。 2. 具备良好的工作责任心。 3. 具备积极思考、发现问题和解决问题的意识。
		生料制备工段设备巡检	知识要求 1. 熟练表述生料制备工段设备工作原理与基本结构。 2. 正确表述生料制备工段设备开、停机检查维护内容。 3. 熟练表述生料制备工段设备运行中的巡检点、巡检内容及常见故障原因分析与排除方法。 能力要求 1. 能在水泥生产企业生料制备工段进行破碎机、球磨机、立式磨等主机设备的巡检工作。 2. 能在水泥生产企业生料制备工段进行选粉机、收尘、输送等辅机设备的巡检工作。 3. 能在水泥生产企业生料制备工段进行石灰石预均化设备的巡检工作。 4. 能在水泥生产企业生料制备工段进行原料配料站主要设备的巡检工作。 5. 能在水泥生产企业生料制备工段进行生料均化库的巡检工作。 职业素养 1. 具备良好沟通能力、组织协调能力。 2. 具备良好的工作责任心。 3. 具备积极思考、发现问题和解决问题的意识。

续上表

序号	技术领域	工作任务	岗位所需知识、能力和职业素质
2	水泥生产设备巡检	熟料煅烧工段设备巡检	知识要求 1. 熟练表述熟料煅烧工段设备工作原理与基本结构。 2. 正确表述生熟料煅烧工段设备开、停机检查维护内容。 3. 熟练表述熟料煅烧工段设备运行中的巡检点、巡检内容及常见故障原因分析与排除方法。 能力要求 1. 能在水泥生产企业进行悬浮预热器和分解炉的巡检工作。 2. 能在水泥生产企业进行回转窑的巡检工作。 3. 能在水泥生产企业进行篦式冷却机的巡检工作。 4. 能在水泥生产企业完成废气处理装置的巡检工作。 职业素养 1. 具备良好沟通能力、组织协调能力。 2. 具备良好的工作责任心。 3. 具备积极思考、发现问题和解决问题的意识。
		水泥制成工段设备巡检	知识要求 1. 熟练表述水泥制成工段设备工作原理与基本结构。 2. 正确表述水泥制成工段设备开、停机检查维护内容。 3. 熟练表述水泥制成工段设备运行中的巡检点、巡检内容及常见故障原因分析与排除方法。 能力要求 1. 能在水泥生产企业水泥制成工段进行辊压机、球磨机、立式磨等主机设备的巡检工作。 2. 能在水泥生产企业进行选粉机、收尘、输送等辅机设备的巡检工作。 职业素养 1. 具备良好沟通能力、组织协调能力。 2. 具备良好的工作责任心。 3. 具备积极思考、发现问题和解决问题的意识。
3	水泥质量控制	质量控制	知识要求 1. 熟悉水泥质量控制的国家标准;掌握原燃材料、半成品和成品的品质控制项目和控制指标;掌握原料及产品各取样点的分布和水泥生产工艺间的关系。 2. 掌握固体物料平均试样最低质量的确定方法;平均试样制备方法以及制备试样的注意事项;掌握试样保管方法。 能力要求 1. 能够对水泥生产所用原燃材料进行判断、评价、选择和使用。 2. 能够对水泥生产中的半成品、成品进行判断和评价。 3. 能够完成水泥生产中各个质量控制点的取样和制样。 职业素养 1. 具有社会责任感和社会参与意识。 2. 具有质量意识、安全意识、工匠精神、创新思维。 3. 具有较强的集体意识和团队合作精神。
		化学分析	知识要求 1. 掌握试剂配制、标定贮存的方法。 2. 掌握各项分析检验的原理、化学反应和分析检验结果的计算方法。 3. 掌握分析检验所需仪器的结构、操作方法和维护知识。 能力要求 1. 能够对水泥生产过程中的原燃材料、半成品及成品进行成分的化学分析及仪器分析。 2. 能对分析仪器进行基本的维护保养。 3. 能够配制常用试剂,标定标准溶液的浓度。 职业素养 1. 具有质量意识、安全意识、工匠精神、创新思维。 2. 具有较强的集体意识和团队合作精神。

续上表

序号	技术领域	工作任务	岗位所需知识、能力和职业素质
3	水泥质量控制	水泥物理性能检验	知识要求 1. 掌握国标对水泥物理性能检验要求及内容。 2. 掌握水泥物理性能检验方法。 3. 掌握试验条件及主要仪器参数。 能力要求 1. 熟练掌握水泥物理性能检验方法。 2. 能正确计算和处理试验结果。 3. 能分析和处理试验中出现的问题。 4. 能对试验仪器设备进行维护保养。 职业素养 1. 具有实事求是、认真细致的工作态度。 2. 具有相互之间沟通及协助能力。 3. 具有不怕脏、不怕苦的工匠精神。 4. 具有积极思考、发现问题和解决问题的意识。 5. 具有安全操作、环保意识。
4	商品混凝土生产与质量控制	混凝土原材料检测	知识要求 1. 掌握水泥的基本性能、水泥的水化硬化过程、水泥的选择。 2. 掌握粗细骨料的基本性能。 3. 了解常见掺合料的种类和基本性能。 4. 掌握常见外加剂的种类、性能和对混凝土性能的影响。 能力要求 1. 能够根据混凝土等级要求选用合适的水泥。 2. 能够根据砂、石筛分结果判断砂石颗粒级配。 3. 能够掌握常见掺合料对混凝土性能的影响。 4. 能够掌握不同外加剂对混凝土的影响。 5. 能够根据混凝土性能要求选用合适的外加剂。 职业素养 1. 具有求真务实、认真细致、刻苦钻研，不怕困难的工作态度。 2. 具有自主学习、善于思考的学习态度。 3. 具有积极思考问题、发现问题和解决问题的意识。 4. 具有环保意识和工匠精神，严谨的科研态度和诚实守信的职业操守。
		混凝土性能检测	知识要求 1. 掌握混凝土和易性、可泵性的基本概念、影响和易性的因素。 2. 掌握混凝土变形性能，收缩和徐变的性能及其影响因素。 3. 掌握混凝土抗压强度、抗拉强度、抗折强度和握裹强度的基本概念，影响混凝土力学性能的因素。 4. 掌握混凝土碳化、抗冻性、抗渗性、化学腐蚀性、碱骨料反应、钢筋锈蚀等耐久性能的基本知识。 能力要求 1. 掌握混凝土和易性的检测方法。 2. 能够分析混凝土和易性，掌握混凝土和易性调整方法。 3. 熟悉混凝土力学性能的检测方法。 4. 能够分析混凝土耐久性影响因素，熟悉提高混凝土耐久性措施。 职业素养 1. 具有爱岗敬业、吃苦耐劳的职业道德。 2. 具有较强的团队协作精神。 3. 具有职业责任感和工匠精神，质量意识。

续上表

序号	技术领域	工作任务	岗位所需知识、能力和职业素质
4	商品混凝土生产与质量控制	混凝土质量控制	知识要求 1. 掌握混凝土配合比设计计算过程和调整方案。 2. 掌握混凝土生产工艺和主要设备。 3. 了解混凝土原材料、生产和运输过程中的质量控制。 能力要求 1. 能够进行混凝土配合比设计。 2. 能够叙述混凝土生产过程。 3. 熟悉混凝土质量控制要点。 职业素养 1. 具有爱岗敬业、吃苦耐劳的职业道德。 2. 具有严谨认真的态度、一丝不苟的作风和质量意识。 3. 具有职业责任感和工匠精神，质量意识。
		混凝土施工与养护	知识要求 1. 掌握混凝土浇筑基本要求，泵送混凝土浇筑、现浇混凝土框架结构浇筑基本知识。 2. 掌握振捣作用、振捣设备和振捣过程。 3. 掌握混凝土养护的方式条件和要求。 4. 了解大体积混凝土、冬季施工混凝土、高温施工混凝土、雨季施工混凝土施工和养护的注意事项。 能力要求 1. 能够熟悉混凝土基础、柱、梁、板浇筑次序。 2. 能够根据混凝土工艺选择适宜的振捣方式。 3. 能够熟悉混凝土常用养护方式和养护的条件。 4. 能够熟悉混凝土高温条件、冬季、雨季施工和养护的特殊性。 职业素养 1. 具有勇于学习新技术的决心和自学意识。 2. 具有职业责任感和工匠精神。

五、培养目标与培养规格

（一）培养目标

本专业培养理想信念坚定，德、智、体、美、劳全面发展，具有一定的科学文化水平，良好的人文素养、职业道德和创新意识、环保意识，精益求精的工匠精神和团队合作精神，较强的就业能力和可持续发展的能力；掌握扎实的科学文化基础和水泥生产工艺、水泥工艺设备结构和操作控制、混凝土原材料检测、混凝土性能检测与质量控制、装配式混凝土构件生产等专业知识和技术技能，面向建材生产技术管理、生产巡检、中控操作、质量检验与控制、原材料采购、建材产品营销及售后服务等领域岗位群，能够从事水泥中控操作、水泥设备巡检、水泥质量控制、水泥物理性能检验、混凝土质量控制、混凝土实验、混凝土搅拌站操作、混凝土材料控制、装配式混凝土构件生产检测与质量控制、原材料采购、建筑材料销售等方面工作的复合型、创新型、国际化的高素质技术技能人才。

（二）培养规格

本专业毕业生应在知识、能力、素质方面达到以下要求：

1. 知识要求

Z1：掌握必备的思想政治理论、德育与法律基本知识、英语、体育、计算机应用、职业发展等人文基础知识。

Z2：熟悉与本专业相关的法律法规以及劳动保护、环境监测与治理、安全生产等知识。

Z3：掌握专业必备中华优秀传统文化知识与自然地理知识。

Z4：掌握计算机应用与数据处理的基本知识。

Z5：掌握高等数学和工程数学必备知识。

Z6：掌握建材机械、建筑工程识图等通用专业基础知识。

Z7：掌握建筑材料性能、建材化学分析、硅酸盐热工等方面的专业基础知识。

Z8：掌握建筑材料生产过程原燃材料、半成品及成品的化学分析、仪器分析、物理检验原理与方法；熟悉建筑材料生产、使用过程质量管理、标准规程等知识。

Z9：掌握建筑材料的性能及应用方法，掌握建筑材料生产的工艺过程、设备结构、工作原理及中控操作规范等基本知识。

Z10：了解建筑材料生产、检测的新工艺、新技术、新装备。

2. 能力要求

1）通用能力

N1：具有较强的语言表达与文字表达能力。

N2：具有较强的人际沟通能力。

N3：具有终身学习、熟练运用计算机信息技术、收集处理信息的能力。

N4：具有独立思考、逻辑推理、制定工作计划等方面的能力。

N5：具有发现问题、分析问题和解决问题的能力。

N6：具有运用知识和理论，可不断提供新思想、新理论、新方法和新发明的创新能力。

N7：具有较好的组织协调与执行能力。

N8：具有探究学习、终身学习、分析问题和解决问题的能力。

N9：具备较强的应用英语交流能力。

2）专业能力

N10：具有能够对建筑材料及原燃材料进行判断、评价、选择和使用的能力。

N11：具有能够对建筑材料生产过程中的原燃材料、半成品及成品进行成分的化学分析及仪器分析，能对半成品及成品的物理性能进行检测，能对材料进行工程检测，并能对分析及检测仪器进行基本的维护保养的能力。

N12：具有能够进行建筑材料生产过程的中控操作、设备巡检和设备维护保养，并能够对生产过程中出现的问题进行分析和处理的能力。

N13：具有能够对建筑材料生产企业生产工艺和配料方案进行必要的优化设计的能力。

3. 素质要求

S1：具有正确的世界观、人生观、价值观。坚决拥护中国共产党领导，树立中国特色社会主义共同理想，践行社会主义核心价值观，具有深厚的爱国情感、国家认同感、中华民族自豪感；崇尚宪法、遵守法律、遵规守纪；具有社会责任感和参与意识。

S2：具有良好的职业道德和职业素养。崇德向善、诚实守信、爱岗敬业，具有精益求精的工匠精神；尊重劳动、热爱劳动，具有较强的实践能力；具有质量意识、绿色环保意识、安全意识、信息素养、创新精神;具有较强的集体意识和团队合作精神,能够进行有效的人际沟通和协作,与社会、自然和谐共处;具有职业生涯规划意识。

S3:具有良好的身心素质和人文素养。具有健康的体魄和心理、健全的人格,能够掌握基本运动知识和一两项运动技能。具有感受美、表现美、鉴赏美、创造美的能力,具有一定的审美和人文素养,能够形成一两项艺术特长或爱好;掌握一定的学习方法,具有良好的生活习惯、行为习惯和自我管理能力。

六、课程设置及要求

根据专业培养目标,对接岗位能力要求,将建筑材料工程技术专业"1 + X"装配式混凝土构件生产、水泥生产工、混凝土工等职业技能证书考核标准内容融入专业(技能)课程。包括专业基础课程、专业核心课程、专业拓展课程。专业基础课程包括物联网概论、建筑识图与构造、分析化学、建材机械基础、建筑材料、硅酸盐热工基础、水泥生产工艺等。专业核心课程包括水泥质量控制、生料制备与水泥制成操作、熟料煅烧操作、商品混凝土、水泥物理性能检验、新型干法水泥设备巡检等。专业拓展课程包括混凝土土性能检测、装配式建筑混凝土预制构件生产、计算机辅助设计(CAD)、水泥中央控制综合实习、云南建投建材科技公司生产实习等。专业(技能)课程见表2-12。

表2-12　建筑材料工程技术专业课程描述

课程名称	课程目标	主要内容	教学要求	思政元素	支撑培养规格
物联网概论	1. 知识目标 (1)掌握物联网技术的定义和基本原理及应用。 (2)了解物联网技术的发展,理解物联网的关键技术和方法。其中包括:物联网基本概念,物联网体系结构;物联网应用系统;物联网安全技术;物联网关键技术:射频技术、传感器及检测技术、无线传感器网络、无线通信技术、云计算技术等。 2. 能力目标 作为物联网应用技术专业的专业基础课,要求学生了解当今信息化社会发展的基础上,掌握物联网技术的发展和应用,了解物联网的关键技术,为以后学习物联网应用技术打下基础。 3. 素质目标 (1)提出问题、分析问题并解决问题的能力。 (2)独立思考的能力。 (3)获取新知识、新技能、新方法的能力。 (4)通过各项目的实施、培养学生发现问题、解决问题的能力	主要内容 1. 物联网概述。 2. 感知技术。 3. 通信技术。 4. 应用技术。 5. 物联网应用。 6. 物联网安全。 7. 综合应用实例	教学要求 1. 以学生为本,注重知行合一、教学相长。 2. 选取物联网应用场景,引入项目式教学提高学生分析问题和解决问题的能力。 3. 丰富课堂实践教学环节,组织学生通过虚拟仿真技术参与体验情景式教学,提升学生的理论联系实际能力。 4. 利用职教云等在线教学平台开展信息化教学,不断增强教学的实效性与针对性。 5. 采用形成性评教进行课程考核,项目考核30%、平时成绩20%、综合测试50%	本门课程通过多元化的教学过程,将物联网应用于实际生活,工业生产相结合,培养学生强烈的爱国情怀和科技兴国的创新精神,通过分组任务培养学生的团队精神	S2 Z4 N3

续上表

课程名称	课程目标	主要内容	教学要求	思政元素	支撑培养规格
建筑识图与构造	1. 知识目标 (1)学习和贯彻制图国家标准及其他有关规定。 (2)能正确地使用绘图工具和仪器绘图，培养较强的绘图技能。 (3)学习用正投影法图示空间物体的基本理论和方法，以及绘制轴测图的基本方法。 2. 能力目标 (1)培养空间想象能力和空间分析问题的能力。 (2)培养绘制和阅读工程图样的基本能力。 3. 素质目标 培养认真负责的工作态度、严谨细致的工作作风和创新意识	主要内容： 1. 建筑制图的基本知识、投影的基本原理。 2. 熟悉建筑工程图绘制的规范、规定和规则。 3. 熟练识读建筑施工图，准确地掌握设计意图。 4. 建筑分类、等级与组成。 5. 建筑构造效能和工作原理。 6. 基础构造、墙体构造、楼板构造、门窗构造、屋顶构造、楼梯及其他垂直交通设施构造、基本装饰构造，装配式建筑构造。 7. 建筑节能构造。 8. 单层工业厂房构造	针对该课的特点，教学分课堂讲授及习题辅导两部分。课堂讲授运用多媒体教室采用电子教案及模型动画进行，习题辅导课为实践教学即习题集作业和大型绘图作业。 考核按平时成绩 30%、考试成绩 70% 评定	通过采用多媒体和项目化教学法等教学手段，经过教师课上认真细致讲解绘制各类图形的方法步骤，学生独立或分组完成相应的绘图、识图训练，课后完成图册中相关练习环节，融入了工匠精神、科学精神、团队精神等思政元素，培养学生具有正确的世界观、人生观、价值观，具有良好的职业道德和职业素养，具有扎实的专业素质和科学素养	S2 Z6 N5
分析化学	1. 知识目标 化学分析基本知识，滴定分析基本知识，酸碱滴定，配位滴定，氧化还原滴定。 2. 能力目标 (1)掌握化学分析基本理论知识。 (2)具备实验的基本技能及对实验现象进行分析的能力。 (3)具备实验数据的处理能力，能够运用所学理论独立完成样品成分的定量分析。 3. 素质目标 培养学生实事求是的科学态度、认真细致的工作习惯，提高学生的分析能力、安全意识及责任心	1. 化学分析概述。 2. 滴定分析概述。 3. 酸碱滴定。 4. 配位滴定。 5. 氧化还原滴定	1. 以生活实例为载体帮助学生准确理解化学分析基本概念，掌握误差分类、来源及减免方式，掌握实验数据的记录与处理。 2. 以滴定分析全过程为例，介绍滴定分析基本概念，使学生掌握溶液的各种表示方法，具备对滴定分析结果进行计算的能力。 3. 掌握酸碱平衡的基本理论，能够计算不同酸碱溶液的 pH 值，能够独立完成一元酸碱的滴定过程进行分析及指示剂的选择。 4. 掌握配位滴定的基本理论，能够计算配合物的条件稳定常数，能够独立完成滴定过程中发生的各副反应，判断其对主反应的影响，掌握单一离子测定的条件，能够通过滴定条件的选择完成不同金属离子的准确滴定。 5. 会判断氧化还原物质的氧化性强弱，掌握氧化还原滴定基本原理，掌握碘量法、重铬酸钾法、高锰酸钾法的原理及应用	通过对分析化学理论基础的学习，培养学生尊重数据，诚实守信。通过分析化学学习和实训操作培养学生的质量意识、严谨的工作作风、和科学创新思维	S2 Z7 N11

续上表

课程名称	课程目标	主要内容	教学要求	思政元素	支撑培养规格
分析化学专题实验	1. 知识目标 滴定分析基本操作，混合碱组成分析及各组分含量测定，高锰酸钾溶液的标定，过氧化氢含量的测定，复方氢氧化铝片中镁铝含量的测定。 2. 能力目标 (1)具备实验的基本技能及对实验现象进行分析的能力。 (2)具备实验数据的处理能力，能够运用所学理论独立完成样品成分的定量分析。 3. 素质目标 培养学生实事求是的科学态度、认真细致的工作习惯，提高学生的分析操作能力、安全意识及责任心	1. 滴定分析基本操作。 2. 混合碱组成分析及各组分含量测定。 3. 高锰酸钾溶液的标定。 4. 过氧化氢含量的测定 5. 复方氢氧化铝片中镁铝含量的测定	1. 通过滴定分析基本操作练习，提升学生操作规范性，为后续样品成分定量分析打下基础。 2. 强化酸碱滴定理论知识的运用，通过滴定操作分析混合碱组成，并通过计算得出混合碱各组分的具体含量，提升学生对酸碱滴定理论的应用能力。 3. 进一步理解标准溶液、基准物质的概念，通过滴定操作掌握溶液的标定方法，为过氧化氢含量测定做准备。 4. 强化氧化还原滴定理论知识，掌握高锰酸钾法测定过氧化氢原理及方法，能够对实验数据进行分析和处理。 5. 强化配位滴定理论知识，掌握复方氢氧化铝片中镁铝含量的测定原理及方法，能够对实验数据进行分析和处理	通过分析化学学习和实训操作培养学生的质量意识、严谨的工作作风、不怕吃苦的艰苦作风和科学创新思维	S2 Z7 N11
建材机械基础	1. 知识目标 (1)工程材料性能及其热处理方法。 (2)构件的力学分析及强度计算方法。 (3)构件间的配合关系。 (4)机构工作原理。 (5)常用零部件。 (6)机电一体化技术。 2. 能力目标 (1)能根据机械设备的性能要求挑选合适的材料。 (2)能对材料性能加以改进。 (3)能计算设计简单零部件。 (4)能装配、更换零部件。 (5)能根据使用要求设计合理的运动机构。 (6)能熟练使用通用零部件。 (7)能按实际使用要求进行装配。 (8)能合理选择使用机电一体化设备。 3. 素质目标 培养学生具有踏实肯干的工作态度，认真细致的工作作风，精益求精、一丝不苟的工匠精神，具备综合思考实际问题的能力，富于创新性思维	1. 工程材料及热处理。 2. 构件的外力和平衡计算。 3. 构件的内力和强度计算。 4. 极限配合基础。 5. 平面机构运动。 6. 平面连杆机构。 7. 凸轮机构和齿轮机构。 8. 螺纹联接和键联接。 9. 轴系零件。 10. 机电一体化	1. 坚持以学生为中心，充分发挥教师引导作用，注重知识结构与能力适应。 2. 坚持以任务为导向进行教学，每一章划分为若干学习任务，确立任务目标，学习结束后要及时检查分析该任务的完成情况。 3. 教学中要充分利用多媒体手段，课堂上应设置若干提问环节，注意活跃教学气氛。 4. 充分利用校内现有实训条件(粉体实训室、材料拉伸实训室)进行教学，注重理实一体化。 5. 课程学时 44，学时分配：工程材料及热处理 6 学时，构件的外力和平衡计算 4 学时，构件的内力和强度计算 4 学时，极限配合基础 6 学时，平面机构运动 4 学时，平面连杆机构 4 学时，凸轮机构和齿轮机构 4 学时，螺纹联接和键联接 4 学时，轴系零件 4 学时，机电一体化 4 学时。 6. 本课程采用形成性成绩进行评定考核，平时成绩 40%，考试成绩 60%	1. 培养学生爱国主义情怀。 2. 激发学生创新拼搏动力。 3. 激发学生自力更生艰苦奋斗精神。 4. 培养学生精益求精、追求卓越的精神	S2 Z6 N12

续上表

课程名称	课程目标	主要内容	教学要求	思政元素	支撑培养规格
建筑材料	1. 知识目标 (1)掌握建筑材料的基本性能及其影响因素。 (2)掌握气硬性胶凝材料、水泥、混凝土、砌筑砂浆、墙体及屋面材料、建筑钢材、木材的技术性能、特性及应用。 (3)了解防水材料、建筑塑料、绝热材料、吸声材料及建筑装饰材料的选用。 2. 能力目标 (1)具有对建筑工程材料识别与选购的能力。 (2)具有建筑工程材料量的计算与保管能力。 (3)具有对材料的各指标进行检测及识读检测报告的能力。 (4)具有能推广和使用新型建筑材料,节能、节材的能力。 3. 素质目标 (1)具有不断追求、开拓创新的探索精神。 (2)具有团队合作、与人沟通的团队意识。 (3)具有严谨务实、独立思考的处事能力	1. 建筑材料的基本性质。 2. 建筑石材。 3. 气硬性胶凝材料。 4. 水泥。 5. 混凝土。 6. 砂浆。 7. 沥青及沥青混合料。 8. 建筑钢材。 9. 合成高分子材料。 10. 建筑功能材料	1.《建筑材料》是建筑材料工程技术专业的专业基础课程,采用云课堂授课,充分利用信息技术,展示最新建筑材料,引入课程思政,挖掘课程背后的思政元素,学习材料学前辈们科学严谨的治学品格。 2. 采用任务教学和分组讨论法,让学生了解典型工程所用建筑材料。 3. 讲课过程中要理论联系实际,运用对比的方法,通过比较各种材料的组成结构来掌握它们的性质和使用要求,并从中找出它们的共性和特性	通过新型建筑材料、优秀建筑工程、建材行业名人故事的引入,培养学生的家国情怀、民族自豪感、创新意识、环保意识、大国工匠精神、质量意识和职业素养	S2 Z7 N10
硅酸盐热工基础	1. 知识目标 掌握热工的基本概念、基本理论和基本方法,并能够理论联系实际地解决热工问题,为以后专业课地学习打下良好基础。 2. 能力目标 (1)能够进行传热量的计算。使其掌握工业窑炉常用燃料的性质和特点。 (2)掌握流体力学和传热学的基本原理。 (3)能够理解工业窑炉的简单计算原理。 3. 素质目标 为行业学生培养勤于思考、善于钻研具有良好团队精神和协作能力	1. 静力学基本方程及应用;动力学基本方程;稳定流动及管道阻力。 2. 燃料的种类、组成、性质及其特点;固体燃料的燃烧及燃烧计算。 3. 热量传递的基本概念;传热基本方式;传导、对流换热、辐射换热基本原理和计算;综合换热计算及换热器设计。 4. 湿空气的基本性质;干燥过程的物料平衡和热平衡;物料的干燥过程	1. 采用集中讲授和随堂实验相结合的方法进行教学,运用多媒体、PPT、随堂试验等方法增强学生的认知能力和学习兴趣。 2. 通过多次随堂试验充分调动学生的动手能力,增强学生的感官认识,提升学生的理论联系实际能力;通过随堂实验中的分组配合和合作,增强学生的团队合作精神和协作能力。 3. 采用综合性评教进行课程考核,平时成绩 20%、随堂试验及课堂提问或测试 30%、综合测试 50%	通过该课程体系的学习,培养学生探索未知、追求真理的责任感和使命感,形成科学的思维方式和脚踏实地、认真仔细的做事风格	S2 Z7 N10

续上表

课程名称	课程目标	主要内容	教学要求	思政元素	支撑培养规格
水泥生产工艺	1. 知识目标 (1)掌握硅酸盐水泥国家标准和质量要求、通用水泥的生产方法,硅酸盐水泥熟料、原料及预均化,配料及生料粉磨,熟料的煅烧,水泥的制成,水泥生产质量控制与管理的基本知识。 (2)掌握水泥的水化和硬化、水泥性能、其他各品种水泥生产、节能与环保、水泥的应用等知识。 2. 能力目标 (1)具有水泥生产配料计算的能力。 (2)具有分析生产过程中影响水泥质量因素的能力、对水泥质量进行调整和控制的能力。 (3)具有分析影响水泥生产能耗因素和提出解决措施的能力。 3. 素质目标 (1)具有良好的敬业精神和职业道德。 (2)具有一定的计划、组织和协调能力。 (3)具有团队意识和一定的人际沟通能力	1. 基本知识。 2. 通用水泥生产概述。 3. 硅酸盐水泥熟料。 4. 硅酸盐水泥的原料及预均化。 5. 硅酸盐水泥配料及生料制备。 6. 硅酸盐水泥熟料的煅烧。 7. 硅酸盐水泥的制成。 8. 水泥生产质量管理与控制。 9. 硅酸盐水泥的水化和硬化。 10. 硅酸盐水泥的性能。 11. 其他通用水泥。 12. 特种水泥。 13. 水泥生产的节能与环保。 14. 水泥的应用	1. 采用信息化多媒体教学,展示水泥资源,采用启发式教学引发学生思考。 2. 采用案例教学与讨论相结合方式,师生互动,并充分利用网络资源,分析水泥原料的选择、生料配合比、生料制备工艺、熟料煅烧工艺及水泥的制成如何影响水泥熟料的品质。 3. 分组讨论水泥水化及硬化过程如何影响水泥的使用性能。 4. 云课堂测验配合课后习题,进一步掌握学生学习情况	通过该课程体系的学习培养学生爱国精神、民族自豪感和四个自信,增强学生先进的环保理念,提高学生不断求新求变的创新思维	S2 Z9 Z10 N10 N13
认识实习	1. 知识目标 了解建筑材料生产企业的生产工艺流程。 2. 能力目标 能描述建材生产企业的岗位设置及基本技术要求。 3. 素质目标 培养学生的安全、质量、环保意识	1. 了解企业概况;学习建材企业生产安全知识并且自觉遵守企业制订的安全生产规章制度。 2. 了解建材生产工艺流程及主要设备的基本知识,生产现场认知主要设备构造及其技术参数。 3. 了解水泥生产过程中的质量控制项目、控制指标及控制范围;生产现场认知化验室工作任务、仪器设备种类及其使用状况	1. 加强过程管理和过程考核评价,严格把握认识实习报告质量。 2. 重视安全教育、培养学生的质量意识和环保意识。 3. 在教学过程中实施三全育人,推动教师、企业教师共同实施人才培养综合素质培养。 4. 采取形成性考核方式进行课程考核与评价(过程考核 50% +项目考核 50%)	通过该课程培养学生爱国精神、民族自豪感和四个自信,求真务实的做事风格,安全、绿色、环保、节能的思想意识,严谨的质量意识	S2 Z9 N7
生产实习	1. 知识目标 (1)了解建筑材料生产实习企业的生产技术概况、企业组织、企业管理的一般情况。 (2)认识主要工作岗位的工作内容和职责。 2. 能力目标 能正确描述生产实习企业主要设备的规格型号,中控操作、质量检验与控制的参数控制范围及正常操作方法。 3. 素质目标 形成诚爱岗敬业、科学、严谨的工作态度和较强的安全、质量、效率及环保意识	1. 了解企业概况,安全生产知识以及厂纪厂规。 2. 生产实习企业水泥生产工艺特点及主要设备的配置 3. 生产实习企业中控、质控、分析、物检岗位实习	1. 加强过程管理和过程考核评价,严格把握生产实习报告质量。 2. 重视安全教育、培养学生职业道德和工匠精神,激发学生爱岗敬业的使命担当。 3. 在教学过程中实施三全育人,推动教师、企业教师共同实施人才培养综合素质培养; 4. 采取形成性考核方式进行课程考核与评价(过程考核 50% +项目考核 50%)	通过本门课程的学习培养学生强烈的爱国情怀,精益求精的工匠精神,爱岗敬业、认真负责、安全生产的工作态度,先进的环保理念,新求变的创新思维	S2 Z9 N12

续上表

课程名称	课程目标	主要内容	教学要求	思政元素	支撑培养规格
顶岗实习	1. 知识目标 (1)了解顶岗实习企业的生产技术概况、企业组织、企业管理的一般情况。 (2)掌握专业工作岗位的主要工作内容和职责。 2. 能力目标 能完成建筑材料生产技术管理、生产巡检、中控操作、质量检验与控制、营销及售后的相关工作。 3. 素质目标 形成诚信、爱岗敬业、科学、严谨的工作态度和较强的安全、质量、效率及环保意识,形成良好的职业素养,为就业奠定良好的基础	1. 建筑材料生产、巡检、质控、中控、营销及售后训练。 2. 建筑材料生产技术管理、生产巡检、中控操作、质量检验与控制、营销及售后等方面的经验和方法等技能的学习。 3. 利用所学的知识与技能解决实际工作中遇到的问题	1. 以实践教学为主,以岗位能力为向导,注重学生的主导地位,加强过程管理和过程考核评价,严格把握顶岗实习周记、顶岗实习总结报告质量。 2. 重视课程思政教育,教育学生更好地做人,帮助学生成长,培养学生职业道德和工匠精神,激发学生爱岗敬业的使命担当。 3. 在教学过程中实施三全育人,推动教师、辅导员和企业教师共同实施人才培养综合素质培养。 4. 采取形成性考核方式进行课程考核与评价(项目考核 30% +过程考核 50% +最终考核 20%)	通过本门课程培养学生强烈的爱国情怀,精益求精的工匠精神,爱岗敬业、认真负责、安全生产的工作态度,新求变的创新思维	S2 Z9 N13
水泥质量控制	1. 知识目标 (1)熟悉水泥质量控制的国家标准。 (2)掌握原燃材料、半成品和成品的品质控制项目和控制指标。 (3)掌握试剂配制、标定贮存的方法。 (4)掌握各项分析检验的原理、化学反应和分析检验结果的计算方法。 (5)掌握分析检验所需仪器的结构、操作方法和维护知识。 2. 能力目标 (1)能够对水泥生产过程中的原燃材料、半成品及成品进行成分的化学分析及仪器分析。 (2)能够对水泥生产所用原燃材料进行判断、评价、选择和使用。 (3)能够对水泥生产中的半成品、成品进行判断和评价。 3. 素质目标 (1)培养学生具有爱岗敬业、吃苦耐劳的工作作风。 (2)具有质量意识、安全意识、工匠精神。 (3)培养学生分析问题解决问题的能力。 (4)具有较强的集体意识和团队合作精神。 (5)具有社会责任感和社会参与意识	1. 化学分析样品的采集、制备与保管。 2. 标准溶液的配制与标定。 3. 原燃材料、半成品和成品主要成分分析。 4. 分析仪器设备的操作与维护。 5. 水泥企业质量管理规程和水泥化学分析方法国家标准	1. 实施理实一体化教学,通过项目教学,以职业活动为导向,围绕工作任务开展教学活动,运用启发式、讨论式、探究式等多种教学方法,提高教学效果。 2. 强化技能训练,将水泥质量控制岗和水泥化学分析岗的典型工作任务作为实训任务,提升学生实际动手操作的能力。 3. 实训过程中强调质量意识、安全意识,要求学生在操作过程中态度认真,严谨,规范,注意爱护仪器设备。保持实验室环境清洁有序,培养学生职业道德和工匠精神。 4. 采取形成性考核方式进行课程考核与评价(项目考核 40% +过程考核 20% +综合测试 40%)	通过水泥质量控制相关标准的学习培养学生遵法守纪、诚实守信,通过水泥质量控制知识学习和实训操作培养学生的质量意识、环保意识、安全意识、工匠精神和创新思维	S2 Z8 N5 N13

续上表

课程名称	课程目标	主要内容	教学要求	思政元素	支撑培养规格
水泥质量控制实习	1. 知识目标 (1)掌握试样的制备与保管方法。 (2)掌握原燃材料、半成品和成品的品质控制项目和控制指标。 (3)掌握各项分析检验的原理、化学反应和分析检验结果的计算方法。 2. 能力目标 (1)能够对水泥生产过程中的原燃材料、半成品及成品进行成分的化学分析及仪器分析。 (2)能够对水泥生产所用原燃材料、半成品、成品进行判断和评价。 3. 素质目标 (1)培养学生严格、认真和实事求是的科学态度。 (2)提高观察、分析和解决问题的能力。 (3)形成较强的安全、质量和环保意识	1. EDTA 标准滴定溶液的标定。 2. $CuSO_4$ 溶液浓度的标定。 3. 制备水泥熟料试液。 4. CaO、MgO、Fe_2O_3、Al_2O_3的测定	1. 将 GB/T 176—2017 水泥化学分析方法贯穿教学全过程。 2. 重点培养学生的操作技能,强化实践锻炼,充分运用实训室设备资源,提高学生的操作技能。 3. 重视课程思政教育,培养学生职业道德和工匠精神。 4. 采取形成性考核方式进行课程考核与评价(过程考核 50% +项目考核 50%)	通过水泥原燃材料、半成品和成品化学成分分析实训培养学生的质量意识、环保意识、安全意识、工匠精神和创新思维	S2 Z8 N11
生料制备与水泥制成操作	1. 知识目标 掌握生料制备与水泥制成操作相关的设备结构、工艺流程、操作方法和设备常见故障的排除方法。 2. 能力目标 培养建筑材料工程技术专业所涵盖的在生料制备与水泥制成岗位所需的职业能力,能够完成生料制备水泥制成岗位的操作。 3. 素质目标 培养学生具有严谨认真的工作作风,科学求实的态度,具有良好的职业道德	1. 原料破碎与预均化粉碎的概念、物料破碎系统及操作,物料预均化及操作。 2. 生料制备系统。生料制备主机设备:球磨机、立式磨、辊压机。生料制备系统操作。 3. 水泥制成系统。水泥制成主机设备:球磨机、立式磨、辊压机。水泥制成系统操作。 4. 生料制备与水泥制成辅机设备:分级设备、收尘设备、运输设备、喂料计量设备。 5. 水泥装运系统,包装机	1. 以教材、新型干法水泥生产虚拟仿真实训室和建材粉体工程实训室为载体,采取多媒体和实训相结合,启发式、任务式教学,采用分组讨论法、案例教学法等多种教学方法,通过教师讲解、示范,引导学生学习相关知识,训练学生能够熟练掌握。实现教师为主导,学生为主体的教学要求。 2. 为了便于组织教学,对各学习情境进一步分析细化,设置若干个学习单元,每个学习单元是一个相对完整的工作任务,由任务带出知识,多个任务组成完整的工段知识	增强学生家国情怀、制度自信、道路自信、理论自信、文化自信和民族自豪感。培养学生安全、绿色、环保、节能的思想意识,深刻体会"绿水青山就是金山银山"的现实内涵	S2 Z9 N6 N12
熟料煅烧操作	1. 知识目标 掌握水泥熟料烧成过程的物理化学反应和影响因素、熟料煅烧工艺、设备和操作控制。 2. 能力目标 进行新型干法窑煅烧的理论基础学习,使学生掌握新型干法窑煅烧过程的主要设备、煅烧原理、煅烧工艺,具备工艺改进的思路和简单煅烧故障排查的能力。	1. 熟知熟料生成过程的物理化学反应原理和影响因素,了解熟料煅烧技术的发展历程。 2. 熟悉悬浮预热器的结构及特性,重点掌握旋风预热器的换热原理。	1. 采用集中讲授的方法进行教学,运用多媒体、PPT、视频、分组讨论等方法增强学生的认知能力。 2. 通过观摩微缩模型,绘制工艺流程图等手段,充分调动学生的动手能力,增强学生的感官认识,提升学生的理论联系实际能力。	通过本门课程中先进设备的输出培养学生的爱国情怀和民族自豪感,通过学生的参数调整培养学生的辩证思维的素质。通过设备的不断改进,更加节能环保意识和社会责任感	S2 Z9 N6 N12

续上表

课程名称	课程目标	主要内容	教学要求	思政元素	支撑培养规格
熟料煅烧操作	3. 素质目标 从中国水泥行业现状出发，为行业培养具有良好职业道德，懂水泥煅烧机理和工艺的高级应用型工艺人员	3. 掌握几种主要类型的分解炉结构及性能特点，熟悉分解炉内的燃烧、传热、气体运动以及预分解窑系统的热工和工艺特性。 4. 了解煤粉燃烧器的发展历程，熟悉多通道煤粉燃烧器的结构及性能特点，认识多通道煤粉燃烧器方位调节的基本方法。 5. 了解回转窑的工作原理，掌握回转窑内气流和物料的运动规律、燃料在回转窑内的燃烧、回转窑内气料间的传热及回转窑的热经济分析；熟知回转窑的主要组成部分及各部分的作用。 6. 了解篦式冷却机的发展历程，熟悉第三代、第四代篦式冷却机的结构与性能特点。 7. 熟悉新型干法窑的结构及特性，结合测量值（温度、f-CaO、立升重等）和实际观察，估计煅烧状况，能够掌握一些基本窑况的处理方法。 8. 熟悉水泥窑用耐火材料的品种和主要性能，掌握新型干法窑的工艺特性及对耐火材料的要求，合理选用耐火材料。 9. 了解我国水泥工业能耗和资源的利用情况，明白水泥熟料煅烧对环境的影响，清楚水泥熟料煅烧节能与环保的措施	3. 采用综合性评教进行课程考核，平时成绩 20%、随堂试验及课堂提问或测试 30%、综合测试 50%		

续上表

课程名称	课程目标	主要内容	教学要求	思政元素	支撑培养规格
商品混凝土	1. 知识目标 (1)掌握混凝土原材料性能、混凝土性能。 (2)掌握混凝土配合比设计、生产过程及设备、混凝土质量控制。 (3)掌握混凝土浇筑、振捣、养护过程。 (4)掌握混凝土常见质量问题。 (5)了解混凝土绿色生产和安全生产。 2. 能力目标 (1)具有选择混凝土原材料的能力。 (2)具有配制混凝土拌合物、设计和调整混凝土配合比的能力。 (3)具有解决混凝土搅拌、浇注、养护等生产、使用过程中出现的常见问题的能力。 (4)具有分析混凝土的基本性能，判断混凝土质量的能力。 3. 素质目标 培养学生的家国情怀和国家荣誉感，环保意识、职业责任感、诚实守信，工匠精神和职业素养	1. 混凝土基本知识。 2. 通用混凝土的原材料。 3. 通用混凝土的性能。 4. 混凝土生产与质量控制。 5. 通用混凝土施工。 6. 通用混凝土的养护。 7. 通用混凝土常见质量问题及其防治。 8. 通用混凝土绿色生产和安全生产	1. 采用信息化多媒体教学，展示混凝土资源，采用启发式教学，用混凝土典型建筑、西部开发等启发学生思考。 2. 用教师引导、学生自学相结合，分析混凝土原材料基本性质、采用案例教学与讨论相结合方式，师生互动，分析混凝土原材料对混凝土性能的影响、采用信息化多媒体教学，充分利用网络资源，分析混凝土原材料的选择、分析混凝土拌合物基本性能、变形性能、力学性能、耐久性能。 3. 采用讨论法和案例教学法，分析混凝土工程事故案例。课堂讲解普通混凝土的配合比计算方法，任务教学让学生设计混凝土配合比。 4. 采用讨论法和信息化多媒体教学学习混凝土生产过程。 5. 了解普通混凝土的质量检验与控制，讨论法 + 学生自学，配合课后习题，云课堂测验，掌握知识点案例教学分析混凝土质量问题的处理措施	通过混凝土发展历程、典型工程建设、混凝土行业专家故事的引入，培养学生的家国情怀和大局意识，培养学生的环保意识和工匠精神、严谨认真的科研态度和诚实守信的职业操守	S2 Z7 Z10 N11 N13
水泥物理性能检验	1. 知识目标 (1)掌握国标对水泥物理性能检验内容。 (2)掌握基本理论知识。 (3)掌握水泥物理性能检验方法及主要仪器参数。 2. 能力目标 (1)学会试验仪器的使用，具备水泥物理检验规范操作技能。 (2)具备对试验结果计算和处理能力。 (3)学会运用物理检验理论知识解决试验中出现问题和分析能力。 3. 素质目标 (1)具有良好的职业道德。 (2)具有不怕脏不怕累的精神，具有善于思考，好学上进的精神。 (3)具有良好的团队精神和协作能力	1. 水泥密度检验。 2. 水泥细度-筛析法检验。 3、水泥比表面积检验（勃氏法）。 4. 水泥标准稠度用水量、凝结时间、安定性检验。 5. 水泥胶砂强度检验	1. 根据教学大纲要求，教学采用集中讲授，分组做试验及讨论教学方法，把“教-做-学”放在实训室，充分利用实训室以构建知识体系和能力训练体系为主线，运用多媒体、PPT、教学视频。 2. 采用课堂讲授及讨论、演示试验，利用实践实训场地等教学手段，达到课程教学目的。 3. 教学中注重以身作则，教书育人；培养学生职业道德和工匠精神，激发学生爱岗敬业的责任精神。 4. 考核方式：平时分 10%，试验报告 30%；综合测试 60%	以视频、案例为导向，了解检验原理的历史及运用；培养学生理论与实践结合的能力；培养学生严谨的工作态度；培养团队相互协作的能力	S2 Z8 N11

续上表

课程名称	课程目标	主要内容	教学要求	思政元素	支撑培养规格
水泥物理性能检验实习	1. 知识目标 进一步加深水泥物理检验认识，强化检验过程操作规范和熟练。 2. 能力目标 熟练掌握国标规定的水泥物理性能检验方法，学会处理试验中出现的问题。 3. 素质目标 (1)加强学生的责任心和相互之间沟通能力，以及团队协作精神。 (2)加强学生对试验过程的观察和分析解决问题的能力，以及安全操作、吃苦耐劳意识，培养学生良好的职业道德	1. 水泥比表面积检验(勃氏法)。 2. 水泥标准稠度用水量、凝结时间、安定性检验。 3. 水泥胶砂强度检验。 4. 水泥胶砂流动度检验	1. 根据教学大纲及课程标准及学生基础，全面把握好课程深度与广度、教学内容的重点与难点。 2. 重点培养学生的操作技能，强化实践锻炼，分组做试验、讨论、参与式、探究式等多种教学方法，充分运用实训室设备资源，提高学生的操作技能。 3. 拓展学生审美、创新思路，利用试验费水泥浆制作水泥工艺品。 4. 重视教书育人，以水泥材料检测规范性和严谨为切入点，培养学生形成良好的工作作风和对检测工作认真负责的工作态度。 5. 考核方式：平时分 20%；水泥工艺作品 10%，试验报告 30%，操作 40%	课程通过分组实验培养学生的团队精神，通过一丝不苟的实验过程培养学生认真严谨、精益求精的工匠精神	S2 Z8 N11
新型干法水泥设备巡检	1. 知识目标 (1)能根据新型干法水泥生产主机设备、辅助设备的专业巡检技术规范，完成新型干法水泥生产巡检工岗位操作。 (2)掌握新型干法水泥生产设备的工作原理、结构和常见故障的分析及处理能力。 (3)应具备硅酸盐水泥工艺、机械、电气、仪表等专业的基本知识，掌握电工、电焊、钳工、起重、仪表等基本技能，做到“一专多能”。 2. 能力目标 (1)具有按照新型干法水泥生产巡检路线定时检查设备的温度、振动响声、电流等参数，判断水泥生产设备的运行状况能力。 (2)具有对新型干法水泥生产主机设备及重要辅机设备进行维护、保养能力。 (3)具有在新型干法水泥生产线上发现隐患与处理隐患的基本能力。 3. 素质目标 (1)具有良好的敬业精神和职业道德。 (2)具有一定的计划、组织和协调能力。 (3)具有团队意识和一定的人际沟通能力	1. 了解新型干法水泥生产的基本知识、水泥生产巡检工职业概况、润滑的基本原理及分类，熟悉新型干法水泥生产流程、水泥生产巡检工的职责和水泥设备采用的润滑方式，掌握各工段设备巡检路线及润滑油的更换时机。 2. 了解水泥机械设备常用动力与控制装置的结构、工作原理、类型等；掌握水泥机械设备常用动力与控制装置的检查维护内容和常见故障分析与排除方法。 3. 进行生料制备工段设备的巡检工作，准确判断设备运行状况，及时处理常见故障，反馈设备存在问题，认真填写巡检记录。 4. 完成熟料煅烧工段设备的巡检工作，准确判断设备运行状况，及时处理常见故障，反馈设备存在问题，认真填写巡检记录。 5. 制定水泥制成工段设备的巡检点、巡检路线，并依据标准规程完成水泥制成设备的巡检工作，准确判断设备运行状况，及时处理或反馈设备存在问题，认真填写巡检记录	在教学过程中，充分利用现代信息技术，借助网络平台、多媒体等手段实施教学过程，辅以以下教学方法： 1. 案例教学法，教师利用到新型干法水泥生产企业实践锻炼的机会以及阅读专业技术杂志等途径，收集典型水泥设备故障案例，加以整理，带入课堂，引导学生分析故障产生的原因，如何处理和排除该故障。 2. “边讲边练、讲练结合”法，教师在授课时，先讲授原理内容，并在无机非金属材料工程实训中心指导学生操作，边讲边练、讲练结合并就具体的故障现象进行分析与讨论。 3. 提出问题、分组讨论、启发引导。对于进行设备巡检工作任务的方案讨论，教师首先将问题提出，让学生分组讨论，将讨论结果派代表讲出，大家针对各组的结果进行比较分析，找出各自的差异及不足，学生、教师间互相学习、互相启发。 4. 本课程的考核形式是过程性考核，由平时考核成绩(占总成绩 40%)、期末考核成绩(占总成绩 60%)两大部分组成。具体如下： 平时考核成绩 40% = 平时成绩 20% + 考勤 20%； 期末考核成绩 60%； 总成绩 100% = 平时考核成绩 40% + 期末考核成绩 60%	培养学生的工作责任心，增强质量意识和安全意识，让学生从内心深处建立职业的敬畏感，增强学生的专业使命感、社会责任感和爱岗敬业的价值观；将创新思维渗透到教学中，鼓励学生运用现有知识，结合工艺实际，培养独立学习能力和创新能力，始终秉持为水泥工业发展贡献力量的工匠精神	S2 Z9 N12

续上表

课程名称	课程目标	主要内容	教学要求	思政元素	支撑培养规格
混凝土性能检测	1. 知识目标 掌握砂石颗粒级配、砂石和混凝土表观密度、砂石含水率的、砂石含泥量、粗骨料针片状颗粒含量、粗骨料压碎指标、混凝土和易性、混凝土力学性能的检测步骤和结果评定。 2. 能力目标 能够按标准规定的方法检测砂石颗粒级配、砂石和混凝土表观密度、砂石含水率、砂石含泥量、粗骨料针片状颗粒含量、粗骨料压碎指标、混凝土和易性、混凝土力学性能、混凝土耐久性等。 3. 素质目标 (1)培养学生的家国情怀、国家荣誉感和民族自豪感。 (2)具备环保意识、职业责任感、诚实守信、社会主义职业精神,工作责任心、工匠精神和职业素养,刻苦钻研,不怕困难的精神	1. 混凝土砂石颗粒级配。 2. 砂石表观密度检测。 3. 砂石水分检测。 4. 砂石含泥量检测。 5. 混凝土和易性检测。 6. 混凝土强度检测。 7. 混凝土耐久性检测等	1.《混凝土性能检测》是一门以培养学生技能为主的操作课程,采用云课堂,发布试验操作课件和其他学习资料,学生通过自学,完成试验预习报告。 2. 学生分组完成试验操作,教师现场指导,学生现场完成试验数据分析和试验报告,教师现场指导,报告完成后上传到云课堂。 3. 课程评价以过程评价为主,主要考查学生的动手能力和对实验数据进行处理,分析试验结果的能力。辅以期末考试	通过砂石骨料发展过程、优秀混凝土工程、混凝土性能检测操作过程,培养学生的家国情怀,精益求精、攻坚克难的工匠精神,尊重数据、严谨认真的试验作风和团队意识	S2 Z8 N11
混凝土专题实验	1. 知识目标 砂石料及混凝土性能检测,混凝土配合比设计和调整。 2. 能力目标 (1)能够检测砂石料和混凝土性能。 (2)能够设计混凝土配合比并根据混凝土性能对配合比进行调整。 3. 素质目标 培养学生的职业责任感、工匠精神。	1. 混凝土砂石料性能检测。 2. 混凝土性能检测。 3. 混凝土配合比设计	通过混凝土专题实验,熟悉混凝土原材料和性能检测步骤,知道混凝土配合比设计步骤,能够根据混凝土和易性和强度指标调整混凝土配合比,在试验过程中培养学生的职业素养和工匠精神	通过本门专题实验课,增强了学生的动手操作能力,培养了学生精益求精,尊重数据,认真严谨,不断创新的工匠精神和团队协作精神	S2 Z8 N5
装配式建筑混凝土预制构件生产	1. 知识目标 装配式混凝土构件生产基本知识,预制混凝土构件原料计算,模具准备与安装,钢筋及预埋件施工,混凝土制作与浇筑,构件蒸养与起板入库。 2. 能力目标 (1)具备混凝土预制构件生产系列图纸识读能力。 (2)掌握混凝土预制构件原料计算方法。 (3)能够独立完成混凝土预制构件生产虚拟仿真操作。	1. 装配式混凝土构件生产概述。 2. 混凝土预制构件原料计算。 3. 模具准备与安装。 4. 钢筋及预埋件施工。 5. 混凝土制作与浇筑。 6. 构件蒸养与起板入库	1. 了解装配式及装配式混凝土构件相关概念及国家标准,了解装配式混凝土预制构件生产工艺。 2. 具备常用装配式混凝土构件生产系列图纸的识读能力,掌握混凝土预制构件钢筋、混凝土原材料及预埋件用量计算方法。 3. 以混凝土预制构件的实际生产过程为依据,以装配式建筑虚拟仿真软件为载体,使学生具备磨具准备与安装的能力。 4. 通过装配式建筑虚拟仿真软件的操作练习,使学生具备钢筋及预埋件施工的能力。	通过本门课程的学习培养学生社会责任感和爱岗敬业的价值观;培养独立学习能力和创新思维,精益求精的工匠精神	S2 Z9 N5 N12

续上表

课程名称	课程目标	主要内容	教学要求	思政元素	支撑培养规格
装配式建筑混凝土预制构件生产	3. 素质目标 培养学生认真细致的工作习惯、严谨负责的工作态度、团结协作的团队精神		5. 通过装配式建筑虚拟仿真软件的操作练习，使学生具备混凝土制作与浇筑的能力。 6. 通过装配式建筑虚拟仿真软件的操作练习，使学生熟悉构件蒸养及起板入库的生产流程，并以此为基础介绍预制混凝土构件质量验收相关知识，提升学生责任心，培养学生严谨负责的工作态度		
装配式混凝土综合实训	1. 知识目标 装配式混凝土构件生产基本知识，混凝土预制构件原料计算，模具准备与安装，钢筋及预埋件施工，混凝土制作与浇筑，构件蒸养与起板入库。 2. 能力目标 (1)具备混凝土预制构件生产系列图纸识读能力。 (2)掌握混凝土预制构件原料计算方法。 (3)能够独立完成混凝土预制构件生产虚拟仿真操作。 3. 素质目标 培养学生认真细致的工作习惯、严谨负责的工作态度、团结协作的团队精神	1. 混凝土预制构件原料计算。 2. 磨具准备与安装。 3. 钢筋及预埋件施工。 4. 混凝土制作与浇筑。 5. 构件蒸养与起板入库	1. 通过装配式混凝土构件生产系列图纸的识读，计算出混凝土预制构件钢筋、混凝土原材料及预埋件用量并在装配式建筑虚拟仿真软件上完成领料操作。 2. 能够结合混凝土预制构件系列图纸，完成混凝土预制构件模具选择及安装的虚拟仿真操作。 3. 能够结合混凝土预制构件系列图纸，完成混凝土预制构件钢筋及预埋件施工的虚拟仿真操作。 4. 能够结合混凝土预制构件系列图纸，完成混凝土制作与浇筑的虚拟仿真操作。 5. 能够结合混凝土预制构件生产实际流程，完成混凝土预制构件蒸养及起板入库的虚拟仿真操作	通过本门课程实训培养学生精益求精的工匠精神、严谨负责的工作态度、独立思考的创新思维和团结协作的团队精神	S2 Z9 N5 N12
计算机辅助设计(CAD)	1. 知识目标 (1)掌握 CAD 操作界面、操作工具、坐标系统。绘图基本命令，掌握对象选择及编辑命令，掌握文本命令，文本样式设置、图层、线型、线型比例的设置及修改。面域，布尔运算，图案填充、视图与视口。图形空间与模型空间。查询命令。 (2)掌握标注样式及设置方法，块的定义及使用特点。 2. 能力目标 (1)熟练运用基本绘图命令绘二维图形。	1. 图形的绘制与编辑：学习点、直线、圆、三角形、矩形等图形的绘制。图形的阵列、偏移；点坐标的输入；线段的定数等分；二维图形编辑(移动、延伸、镜像、修剪、复制、旋转)；图案填充；调整线宽。 2. 属性与块的应用：学习创建图层，设置线型、线宽、颜色。创建块、插入块。精确绘图，显示线宽。平面精确绘图与尺寸标注：设	1. CAD 制图课程的教学要贴近实际应用，要充分体现能“实用、会用、够用”的原则，通过学习本课程，掌握计算机绘图技巧，能够熟练绘制机械图、建筑图，掌握三维零件图的绘制。在实际工程中能够熟练使用 CAD 制图软件进行设计、交流。 2. 本课程按两个部分完成，先完成机械制图部分的教学，然后完成建筑制图部分的教学，课程总学时为 44，学时分配如下： 图形的绘制与编辑 4 学时 属性与块的应用 4 学时	1. 注重培养学生具备工匠精神，对自己的工作负责，更要尊重他人的劳动。 2. 激发学生的爱国主义情怀。 3. 注重职业道德教育，诚信、责任、保密，遵守职业道德规范。 4. 培养团队合作精神，提高综合素质和团队协作能力	S2 Z6 N3

续上表

课程名称	课程目标	主要内容	教学要求	思政元素	支撑培养规格
计算机辅助设计(CAD)	(2)熟练运用编辑命令对二维图形进行修改。 (3)掌握文本样式设置及修改 (4)掌握图形中插入文本的方法 (5)掌握设置图层、线型、颜色。 (6)会用布尔运算创建复杂平面图形。 (7)熟练运用填充命令。 (8)熟练掌握视图与视口显示图形状态。 (9)熟练设置机械制图的尺寸样式,并进行尺寸标注;设置建筑制图是尺寸标注样式,并进行尺寸标注。 (10)掌握图块的制作、插入及输出。 3. 素质目标 有较高的职业素质、职业道德,认真负责的工作态度,严谨细致的工作作风,团结协作,不计较、能吃苦、不掉队	置绘图环境(图限、栅格、图层),设置标注样式,绘制机械零件图,对图形进行尺寸标注。绘制建筑图,建筑图尺寸标注。 3. 三维绘图与尺寸标注机械图绘制:设置三维图形绘图环境, 4. 绘制机械类三维零件图形,进行尺寸标注。绘制建筑类三维图。 5. 机械图绘制:设置绘图环境,绘制零件剖视图,局部视图,标注尺寸。创建多视口并调整视图。绘制零部件装配图。 6. 建筑图绘制:设置建筑类图形绘图环境,绘制图形,标注尺寸。 7. 绘制家具图:绘制多视口家具。 8. 绘制建筑施工图:设置绘图环境,绘制建筑施工图,按施工图要求插入文本、标注尺寸	平面精确绘图与尺寸标注8学时 三维绘图与尺寸标注机械图绘制4学时 机械图绘制8学时 建筑图绘制6学时 绘制家具图4学时 绘制建筑施工图8学时 考试4学时 3. CAD制图要着重技能的获得,通过大量的上机练习,使得学生熟练使用各种绘图命令、修改编辑命令、标注命令的运用,掌握平面图形、三维图形的画法。 4. CAD制图分为图形绘制与编辑、属性与块的应用、平面精确绘图与尺寸标注等单项教学任务情景,任务完成后进行考核。 5. 学习按形成性成绩考核,平时成绩40%,考试成绩60%。考试分两次,第一次考机械类制图,第二次考建筑类制图,各占考试成绩的50%		
水泥中央控制综合实习	1. 知识目标 (1)掌握中央控制室操作系统的主机设备、工艺流程知识。 (2)掌握中央控制室操作系统主要控制参数的变化规律。 (3)能对异常情况和故障做出正确的分析和处理。 2. 能力目标 (1)掌握各系统冷态开机、正常停机、故障停机。 (2)能根据系统参数变化做出正确的分析和处理。 3. 素质目标 (1)具有良好的职业道德素养。 (2)树立质量意识、安全意识和环境保护意识。 (3)具有团队合作精神,具有一定的计划、组织和协调能力。	1. 生料立磨系统操作。 2. 生料中卸磨系统操作。 3. 生料辊压机系统操作。 4. 煤粉制备系统操作。 5. 熟料煅烧系统操作。 6. 水泥制成系统操作	1. 把握好课程深度与广度、教学内容的重点与难点。 2. 引导学生自主学习,积极思考、发现问题和解决问题。 3. 重视课程思政教育,融入课程思政。强化学生环保意识,培养学生求真务实、诚实守信的职业操守和工匠精神	通过本门课程的学习增强学生的质量意识和安全意识,增强学生的专业使命感、社会责任感和爱岗敬业的价值观;培养独立思考解决问题能力和创新思维	S2 Z9 N5 N12

七、教学进程总体安排

（一）学时分配表

课程类别	要求学分	占总要求学分比例	课程性质	开设学分	占总开设学分比例	开设学时	占总开设学时比例	讲授学时	占总开设学时比例	实践学时	占总开设学时比例
通识教育课	65	46.10	必修	49	31.61	808	29.97	532	19.73	276	10.24
			选修	16	10.32	32	1.19	32	1.19	0	0.00
				6	3.87	64	2.37	64	2.37	0	0.00
专业(技能)课	76	53.90	必修	54	34.84	1259	46.70	254	9.42	1005	37.28
			选修	30	19.35	533	19.77	214	7.94	319	11.83
合计	141	100		155	100	2696	100	1096	40.65	1600	59.35

（二）教学进程安排表

课程结构类属		课程号	课程名	课程性质	学分	课程类型	课时分配			学期周课时						管理部门
课程类别	课程类别						总学时	理论学时	实践学时	1	2	3	4	5	6	
通识教育课	2-1-2022 双高公共基础的	A11903000001	思想道德与法治	必修	3.0	B	48	40	8	3						马克思主义学院
		A11904000001	形势与政策 1	必修	0.5	B	10	8	2	1						马克思主义学院
		A12314000001	体育 1	必修	2.0	B	28	8	20	2						通识
		A13005000001	军事技能训练	必修	2.0	C	112		112	56						学生处
		A11901000002	习近平新时代中国特色社会主义思想概论	必修	3.0	A	48	48			3					马克思主义学院
		A11901000003	毛泽东思想和中国特色社会主义理论体系概论	必修	2.0	A	32	32			2					马克思主义学院
		A11904000002	形势与政策 2	必修	0.5	B	10	8	2		1					马克思主义学院
		A12314000002	体育 2	必修	2.0	B	28	8	20		2					通识
		A13003000001	心理健康教育	必修	2.0	B	32	28	4		2					学生处
		A11904000003	形势与政策 3	必修	0.5	B	10	8	2			1				马克思主义学院
		A12311000001	军事理论	必修	2.0	C	36		36			3				通识
		A14312000001	体育专项 1	必修	2.0	B	28	8	20			2				体育学院
		A11904000004	形势与政策 4	必修	0.5	B	10	8	2				1			马克思主义学院
		A14312000002	体育专项 2	必修	2.0	B	28	8	20				2			体育学院
			小　计		24		460	212	248							

续上表

课程结构类属		课程号	课程名	课程性质	学分	课程类型	课时分配			学期周课时						管理部门
课程类别	课程类别						总学时	理论学时	实践学时	1	2	3	4	5	6	
通识教育课	2-2-2021 双高人文素养-必修	A12302000002	中华优秀传统文化	必修	2.0	A	32	32		2						通识
		A12511000001	大学英语 1	必修	4.0	A	64	60	4	4						外语
		A11900000001	劳动教育	必修	1.0	A	16	16			1					校团委
		A12302000001	大学语文	必修	2.0	A	32	32			2					通识
		A12511000002	大学英语 2	必修	4.0	A	64	60	4		4					外语
		A13305000001	职业生涯规划与就业指导	必修	2.0	B	32	24	8			2				招生就业中心
		A13000000001	劳动教育实践课	必修	1.0	C	16		16				1			校团委
			小　计		16		256	224	32							
	2-4-2021 双高科技素养	A12301000001	高等数学	必修	4.0	A	64	64		4						通识
		A10600000001	信息技术 1	必修	3.0	B	48	16	32		3					创新创业
		A10600000002	信息技术 2	必修	2.0	B	32	16	16		2					创新创业
			小　计		9		144	96	48							
	2021 课外教育活动	A130000007	思想成长方面	选修	2.0											学生处
		A13006000001	入学教育	必修												学生处
		A130060001	实践实习方面	选修	2.0											学生处
		A130060002	志愿公益方面	选修	2.0											学生处
		A130060003	社会实践方面	选修	2.0											学生处
		A130060004	创新创业方面	选修	2.0											学生处
		A130060005	文体活动方面	选修	2.0											学生处
		A130060006	工作履历方面	选修	2.0											学生处
		A13006000002	毕业教育	必修												学生处
			小　计		14		0	0	0							
	2-3-2021 双高人文素养-限选	A11900000002	马克思主义基本原理	选修	2.0	A	32	32			2					马克思主义学院
		A11900000003	中国近现代史纲要	选修	2.0	A	32	32								马克思主义学院
			小　计		4		64	64	0							
	通识任选课															
			小　计		0		0	0	0							
	合　计				67		924	596	328							

续上表

课程结构类属		课程号	课程名	课程性质	学分	课程类型	课时分配			学期周课时						管理部门
课程类别	课程类别						总学时	理论学时	实践学时	1	2	3	4	5	6	
专业(技能)课	专业基础课	A11514000007	建筑材料	选修	3.0	B	45	32	13	3						建筑工程学院
		A11514000008	建材机械基础	选修	2.0	B	30	20	10	2						建筑工程学院
		A11514000009	分析化学	选修	4.0	B	60	42	18		4					建筑工程学院
		A11514000017	认识实习	选修	2.0	C	60		60		30					建筑工程学院
		A11514000027	分析化学专题实验	选修	2.0	C	60		60		30					建筑工程学院
		A11514000001	水泥生产工艺	必修	3.0	B	45	36	9			3				建筑工程学院
		A11514000010	硅酸盐热工基础	选修	2.0	B	30	20	10			2				建筑工程学院
		A11502000068	建筑构造与识图 G	选修	2.5	A	42	38	4				3			建筑工程学院
		A11514000011	计算机辅助设计(CAD)	选修	3.0	B	44	14	30					4		建筑工程学院
		A11514000041	岗位实习Ⅰ	必修	8.0	C	240		240					30		建筑工程学院
		A11514000038	岗位实习Ⅱ	必修	16.0	C	480		480						30	建筑工程学院
			小　计		49.5		1136	232	934							
	专业拓展限选课	A11514000039	材料性能检测	选修	2.0	C	60		60			30				建筑工程学院
		A11514000040	建材化学分析	必修	2.0	C	60		60			30				建筑工程学院
		A11514000042	建材智能生产中控操作虚拟仿真	必修	4.0	C	120		120				30			建筑工程学院
		A11514000013	混凝土性能检测	选修	2.5	B	40	6	34					4		建筑工程学院
		A11514000014	装配式建筑混凝土预制构件生产	选修	3.0	B	44	22	22					4		建筑工程学院
			小　计		13.5		324	28	296							

续上表

课程结构类属		课程号	课程名	课程性质	学分	课程类型	课时分配			学期周课时						管理部门
课程类别	课程类别						总学时	理论学时	实践学时	1	2	3	4	5	6	
专业(技能)课	专业核心课	A11514000002	水泥物理性能检验★	必修	3.0	B	45	14	31			3				建筑工程学院
		A11514000003	水泥质量控制★	必修	3.0	B	45	20	25			3				建筑工程学院
		A11514000004	熟料煅烧操作★	必修	4.0	B	60	50	10				4			建筑工程学院
		A11514000005	生料制备与水泥制成操作★	必修	4.0	B	60	50	10				4			建筑工程学院
		A11514000015	商品混凝土★	必修	4.0	B	60	54	6				4			建筑工程学院
		A11514000012	新型干法水泥设备巡检★	必修	3.0	B	44	30	14					4		建筑工程学院
			小　计		21		314	218	96							
	专业拓展必修课															
			小　计		0		0	0	0							
	合　计				84		17744	478	1326							

注：★为专业核心课程；☆为“1＋X”证书课证融通课程；G为专业群共享课程；

八、实施保障

（一）师资队伍

1. 专业带头人

专业采用校企双带头人制。本专业带头人由具有副高职称及以上专业教师担任，能够较好地把握国内外行业、专业发展，能广泛联系行业企业，了解行业企业和用人单位对建筑材料工程技术专业人才的需求实际，教学设计、专业研究能力强，组织开展教科研工作能力强，在本区域或本领域具有一定的专业影响力。

2. 专任教师队伍结构

专业专任教师具有高校教师资格和本专业领域有关证书；有理想信念、有道德、有扎实学识、有仁爱之心；具有建筑材料工程技术相关专业本科及以上学历；具有扎实的建筑材料工程技术相关理论功底和实践能力；具有较强信息化教学能力，能够开展课程教学改革和科学研究。现有专任教师15人，全部为双师素质教师，师生比为1∶24.9，其中具有高级以上职称8名，占60%。教师45岁以下共5名。职称、年龄结构合理。

3. 兼职教师

企业兼职教师共 15 名，其中中级以上专业技术职称共 5 名，占总兼职教师队伍的比例为 33.3%，与专任教师比例基本达到 1∶1。人均具有 5 年以上企业工作经历，具有丰富的企业实际工作和管理经验，技术能力强。

4. 师资队伍配置

序号	姓名	年龄	职称	从事专业或领域	类型
1	韩长菊	50	副教授	建筑材料工程技术	专任教师
2	杨晓杰	45	副教授	建筑材料工程技术	专任教师
3	赵逸群	42	高级工程师	建筑材料工程技术	专任教师
4	张育才	56	教授	建筑材料工程技术	专任教师
5	唐越	56	副教授	建筑材料工程技术	专任教师
6	黄岚	54	高级实验室	建筑材料工程技术	专任教师
7	刘雪娥	33	讲师	建筑材料工程技术	专任教师
8	陈燕红	35	助教	建筑材料工程技术	专任教师
9	李卫	40	助理实验室	建筑材料工程技术	专任教师
10	雷云	31	工程师	建筑材料工程技术	专任教师
11	丁丹	57	高级工程师	建筑材料工程技术	专任教师
12	李艳	35	助教	建筑材料工程技术	专任教师
13	李国芳	35	研究实习员	建筑材料工程技术	专任教师
14	周惠群	58	教授	建筑材料工程技术	专任教师
15	和春梅	56	教授	建筑材料工程技术	专任教师
16	陈宁申	56	高级工程师	水泥性能检验	兼职教师
17	李倩	38	初级技术员	水泥物理性能检验	兼职教师
18	沈永麟	55	正高级工程师	建筑材料物理性能检测	兼职教师
19	李顺海	32	工程师	材料化学	兼职教师
20	盛昆	40	高级工程师	无机非金属材料	兼职教师
21	姚忠培	34	助理工程师	无机非金属材料	兼职教师
22	聂达	31	工程师	无机非金属材料	兼职教师
23	褚庭庭	32	助理工程师	无机非金属材料	兼职教师
24	浦恩芳	36	工程师	无机非金属材料	兼职教师
25	兰德坤	34	助理工程师	无机非金属材料	兼职教师
26	李永庆	46	高级工程师	建筑材料工程技术	兼职教师
27	许加达	37	工程师	无机非金属材料	兼职教师
28	曹良贵	34	工程师	建筑材料工程技术	兼职教师
29	李杰	39	工程师	水泥生产工艺	兼职教师
30	刘宗飞	34	助理工程师	建筑材料工程技术	兼职教师

（二）教学设施

1. 校内实训室

主要包括专业教室、校内实训室、校外实训基地、学徒实习基地、支持信息化教学方面的基本要求。本专业校内实训室共有五间实训室，分别承担建筑材料物理性能检测、建筑材料化学分析、建筑材料岩相检验、水泥生产虚拟仿真等任务，主要实训设备见表2-13。

表2-13 主要实训设备

序号	设备名称	设备数量	主要实训项目	服务课程
1	混凝土压力试验机、混凝土搅拌机、混凝土抗渗仪、冻融试验箱、碱骨料试验箱、碳化试验箱、砼弹性模量测定仪、混凝土振实台、砂浆分层度仪、测定塌落度设备、混凝土回弹仪、鼓风干燥箱、混凝土抗折夹具、砼贯入阻力仪、顶击式振筛机、电子天平、砂浆凝结时间测定仪、台称、三联模具、石子标准筛、砼含气量测定仪、磅秤、砼收缩膨胀仪、维勃稠度仪、水分快速测定仪、砼弹性模量测定仪、砂浆搅拌机等。	40	混凝土砂石料筛分、混凝土制备、混凝土和易性检测、混凝土力学性能检测、混凝土收缩性能检测、混凝土抗冻性、抗渗性、抗碳化、碱骨料检测、砂浆性能检测。	商品混凝土、混凝土性能检测
2	水泥净浆搅拌机、水泥胶砂搅拌机、雷氏沸煮箱、比表面积仪、雷氏夹、雷氏测定仪、水筛及架、电动压力机、负压筛析仪、水泥试件养护箱、水泥胶砂流动度测定仪、负压筛析仪、电热恒温干燥箱、水泥标准稠度凝结时间测定仪、微机控制电液式水泥压力实验机、电动抗折试验机、振实台等。	50	水泥细度、比表面积检测、水泥胶砂强度检测、水泥流动度、凝结时间、安定性测定等。	水泥物理性能检测
3	反光显微镜、金相显微镜、偏光显微镜、万抛机、上光机、切割机、抛光机、双盘台式四速金相磨片机、计算机等。	35	水泥熟料微观结构检测。	水泥生产工艺
4	电子天平、分析天平、白金坩埚、银坩埚、高温炉、电热干燥箱、分光光度计、滴定管等。	20	水泥原料、生料、熟料化学成分分析。	水泥质量控制、分析化学
5	计算机、水泥生产虚拟仿真软件、装配式混凝土仿真软件。	50	水泥中控仿真操作、装配式混凝土构件生产仿真操作。	中央控制室操作实训、装配式混凝土预制构件生产
6	新型干法水泥生产线模型、水泥粉磨生产设备、颚式破碎机、皮带输送机、立式磨、旋风收尘器、布袋收尘器、斗式提升机等。	2	水泥生产工艺流程、粉磨设备、输送设备、收尘设备、分级设备结构认知。	生料制备与水泥制成、熟料煅烧操作、水泥生产工艺
7	天平、压差计、黏度计、热电偶、干燥箱、流量计、皮托管、手持式红外线测温仪、量热计、高温电炉、红外快速煤质分析仪。	45	流体黏度测定、工业测温认识、煤的工业分析等。	硅酸盐热工基础
8	偏振型X射线荧光光谱仪、磨样机、程序自动压样机。	3	生料、熟料、水泥元素分析。	水泥生产工艺

2. 校外实训基地

专业与云南建材集团、华新水泥、中建西部建设等公司建立紧密长期的人才培养合作关系，每年为建筑材料工程技术专业学生实习提供实施条件。校外实训基地见表2-14。

表 2-14　校外实训基地

序号	校外实训企业名称	提供工位数(个)	所在行业	实习岗位
1	云南昆钢嘉华水泥建材有限公司	20	建筑材料工程	水泥中控操作、水泥设备巡检、水泥物理性能检测、水泥质量控制、混凝土检测、混凝土材料员、混凝土调度员
2	华新水泥富民有限公司	20		
3	华新水泥东骏有限公司	20		
4	中建西部建设	20		
5	建投绿色混凝土有限公司	10		
6	云南翔鹏建筑工程有限公司	10		
合计				

(三)教学资源

教材选用严格按照教育部发布的《职业院校教材选用管理办法》执行。教师主编或参编专业教材共五种,见表 2-15。

表 2-15　教师主编或参编专业教材相关信息

序号	教材名称	教师主编参编情况	出版社和出版时间
1	通用混凝土生产	韩长菊主编,刘雪娥副主编	中国建材工业出版社,2022 年 1 月
2	生料制备与水泥制成	韩长菊、杨晓杰主编,赵逸群、刘雪娥副主编	中国建材工业出版社,2021 年 2 月
3	水泥生产工艺	周惠群主编,韩长菊副主编	武汉理工大学出版社,2020 年 8 月
4	水泥煅烧技术及设备	周惠群、张育才主编	武汉理工大学出版社,2015 年 5 月
5	水泥生产设备巡检	和春梅、杨晓杰主编	武汉理工大学出版社,2018 年 4 月

(四)教学方法

根据专业培养目标,结合企业实际,鼓励教师创新教学组织形式、教学手段和教学策略,灵活运用案例教学、项目教学、模块化教学、任务驱动、头脑风暴、思维导图、情境教学等教学方式,广泛运用启发式、探究式、讨论式、参与式等教学方法。科学利用实训室教学资源,实施理实一体化教学等教学模式,实现学中做、做中学,达成素质、知识和能力目标。根据课程内容特点,充分利用网络课程教学资源,推广翻转课堂,实施线上线下混合式教学等新型教学模式。

(五)学习评价

对接学分银行,创新书证融通,引入先进企业行业(企业)标准,实施学分互认。以教师、企业导师、学生为评价主体;采用由过程考核、项目考核、综合测试考核三部分组成的形成性课程考核评价方式;通过自评、互评、点评,结合云课堂,形成课前、课中、课后全过程考核。在校期间总体学习情况包括各项理论及实践课程学习成绩、跟岗(顶岗)实习表现、综合素质测评、毕业设计完成质量、专业技能抽查效果、“1 + X”认证情况、各级各类专业竞赛获奖情况等。确保多元主体参与,有效促进教学目标达成。

(六)质量管理

(1)学校与学院建立了专业建设和教学质量诊断与改进机制,健全了专业教学质量监控管理制度。组建专业人才培养方案制订团队,定期开展建筑材料工程技术相关岗位知识、技能、素质要求进行调研与论证。完善课堂教学、教学评价、实习实训、毕业设计、资源建设等方面的质量标准建设,通过教学实施、过程监控、质量评价和持续改进,达到人才培养规格目标。

(2)建立毕业生跟踪反馈及社会评价机制,并对生源情况、在校时学业水平,毕业生就业情况,毕业后1~5年综合状况等进行分析,定期评价人才培养质量和培养目标达成情况。

(3)定期开展课程建设水平和教学质量诊断与改进,建立健全巡课、听课、评教、评学等制度,建立与企业联动的实践教学环节指导制度,定期开展公开课、示范课等教研活动,形成了任务、职责、权限明确,相互协调、相互促进的质量管理有机整体。

(4)学校制定了《学生综合素质测评实施办法》,把学生综合素质测评纳入质量考核体系,综合素质测评内容包括:品德操行测评、学业成绩测评、创新创业测评、社会实践测评等方面。

九、毕业要求

学生在规定年限内,修满140学分,其中,必修课116学分,选修课24学分。达到专业培养目标和培养规格要求,综合素质测评成绩为及格及以上(总分100分,及格为60分)。

十、附录

附录一、X证书资格证书转换学分及对应课程

附录一　X证书资格证书转换学分及对应课程

<table>
<tr><th>序号</th><th>X证书</th><th>等级</th><th>认定学分</th><th>职业资格证书对应置换课程</th><th>备注</th></tr>
<tr><td rowspan="3">1</td><td rowspan="3">“1+X”装配式混凝土构件生产</td><td>高级</td><td>7</td><td>装配式混凝土预制构件生产、装配式混凝土综合实训</td><td>取得高级证,两门课免修</td></tr>
<tr><td>中级</td><td>5</td><td>装配式混凝土预制构件生产、装配式混凝土综合实训</td><td>取得中级证,两门课可以任选一门免修</td></tr>
<tr><td>初级</td><td>4</td><td>装配式混凝土综合实训</td><td>取得初级证可以免修综合实训课程</td></tr>
</table>

群内专业五：物联网应用技术专业人才培养方案

专 业 名 称 ：	物联网应用技术
专 业 代 码 ：	510102
适 用 年 级 ：	2022 级
所 属 学 院 ：	计算机信息学院
所 属 专 业 群 ：	测绘工程技术专业群
修(制)订时间：	2022 年 8 月

物联网应用技术专业人才培养方案

一、专业名称及代码

专业名称:物联网应用技术
专业代码:510102

二、入学要求

高中阶段教育毕业生、中等职业学校毕业生或具有同等学力者

三、学制

三年

四、职业面向

(一)职业面向

所属专业大类(代码)	所属专业类(代码)	对应行业(代码)	主要职业类别(代码)	主要岗位类别或技术领域举例	职业资格或职业技能等级证书举例
电子信息大类(51)	电子信息类(5101)	软件和信息技术服务业(65) 计算机、通信和其他电子设备制造业(39)	物联网工程技术人员(2-02-10-10) 物联网安装调试员(6-25-04-09) 信息通信网络运行管理人员(4-04-04) 软件和信息技术服务人员(4-04-05) 智能硬件装调员(6-25-04-10)	物联网系统设备安装与调试 物联网系统运行管理与维护 嵌入式系统开发 物联网系统应用软件开发 物联网项目的规划和管理 物联网市场营销类	传感网应用开发“1+X”职业资格证 华为认证物联网工师

（二）职业发展

岗位类型	岗位名称	岗位要求
目标岗位	物联网产品销售工程师 物联网终端运维工程师 物联网平台运维工程师 硬件产品测试工程师 嵌入式系统测试工程师 嵌入式硬件工程师 嵌入式软件工程师 物联网应用系统开发工程师	能够有效收集市场信息，有较强的市场分析和判断能力，敏锐地把握客户需求及市场方向，协助公司制定相关市场策略，具备设备的售后服务与维保能力。 负责终端相关故障、疑难问题排查处理，编制汇总故障、问题并反馈。 掌握模拟电路、数字电路等知识，设计原理电路并使用 Multisim 软件仿真验证电路功能，绘制 PCB 板图。 熟悉产品功能测试、有电工安装动手能力，熟练使用产品测试仪器仪表。 具有物联网产品的软件开发和调试经验，有单片机、ARM 等基础知识。 Java 基础扎实，熟练掌握常用数据结构和设计模式，熟悉并发、异步程序、数据库编程，了解 JVM 调优、类加载。 掌握 Android 开发技术，包括网络通信、多线程、UI 等。 熟悉 Java、Python 开发语言与开源 Web 框架，至少掌握一种 Web 后端库的使用，如 Django，Flak 等。 了解传感器基本原理，掌握主流传感器应用方案，掌握 TCP、UDP、HTTP、FTP、DNS、MQTT、CoAP 等协议及无线通信组网技术，并具有相关技术的综合组网知识。 熟悉 Redis、Tomcat，可以熟练使用 MySQL 语言。 熟悉 Windows、Linux 操作系统，掌握网络交换技术，服务器配置
发展岗位	物联网行业解决方案工程师 物联网系统集成工程师	熟悉产品生命周期全过程，精通软件开发过程规范。 深入掌握产品业务，制定测试分析、测试方案，全局把控嵌入式智能设备质量。 熟悉物联网终端硬件产品及其业务、功能与服务，具有物联网产品的软件开发和调试经验，有弱电集成工作经验。 对物联网安全、芯片、传输等技术有较深了解，对物联网技术发展有前瞻性研究，对物联网解决方案提供商有较深了解
迁移岗位	物联网项目管理经理 物联网市场客户经理 物联网市场营销经理	具备生产现场管理与物联网产品策划运营能力。 了解物联网常见应用场景及其场景解决方案。 熟悉智慧项目相关专业知识，如智慧能源、安防、建筑、安全、水务等，能够具有一个以上相关行业的项目具体设计规划能力。 能够快速理解客户需求及技术背景并传递给技术人员，能判断项目可行性，可以在开发部门配合下编写提案并向客户说明。 熟悉物联网终端硬件产品及其业务、功能与服务。 对物联网安全、芯片、传输等技术有较深了解，对物联网技术发展有前瞻性研究

（三）技术领域与职业能力要求

序号	技术领域	工作任务	岗位所需知识、能力和职业素质
1	物联网产品、技术开发	硬件产品测试工程师	知识要求 1. 熟悉测试基本理论。 2. 掌握嵌入式系统下编程与调试。 3. 了解流行的处理器架构 ARM/MIPS 等。 4. 掌握电子电路的知识。 能力要求 1. 熟悉测试基本理论，熟悉功能测试和性能测试方法，熟悉测试流程和质量保证体系。 2. 熟悉产品功能测试、动手能力强，熟练使用产品测试仪器仪表。 3. 熟悉物联网产品应用，熟悉单片机等软硬件设计。 4. 负责评估新产品研发的可制造性、可装配性、可测试性及可维护性，并提出优化改进建议。 5. 主导测试过程，负责制定产品测试方案、测试策略，组织完成新产品验证阶段的试制、功能性能测试等，验证产品是否满足转产要求。 6. 负责设置、规范和管理测试环境，编写测试设备及测试环境的操作手册。 职业素养 1. 具有精益求精的工匠精神，崇德向善、诚实守信、爱岗敬业。 2. 具有良好的职业道德和职业素养。 3. 具备独立制订工作计划、独立分析问题、解决问题的能力。

续上表

序号	技术领域	工作任务	岗位所需知识、能力和职业素质
1	物联网产品、技术开发	嵌入式硬件工程师	知识要求 1. 熟练掌握嵌入式 C 等相关编程技术。 2. 熟悉 ARM Cortex-M 架构,精通嵌入式 C 语言编程(Windows 下 Keil 或 IAR),有良好的编程习惯和编程思想。 3. 熟悉 CAN、MODBUS RTU、TCP/IP 等相关协议及标准。 4. 熟悉嵌入式 Linux、HuaWei LiteOS 等操作系统。 5. 精通模拟电路、数字电路、单片机电路的设计、硬件电路调试。 6. 精通硬件电路设计、绘制、调试。 能力要求 1. 具备扎实的硬件技术基础,熟练掌握电路设计方法(原理图、PCB 及仿真)、熟悉产品开发流程和产品生产加工/测试过程。 2. 有较好的模拟电路、数字电路、C 语言基础,能熟练使用嵌入式 C 语言编程及常用单片机软件开发工具,熟练使用 EDA 相关软件,了解电子产品生产工艺。 3. 熟悉 USB、UART、SPI、IIC、AD 等常用接口编程,熟悉小信号放大模拟电路,信号调理电路,及 A/D 转换等相关电路。 4. 负责 PCB 厂商的生产技术沟通与审核。 5. 负责硬件调试,协助软件工程师进行功能调试,以及问题的记录与分析。 职业素养 1. 具备具有工程质量的意识。 2. 具备成本节约意识。 3. 具备爱岗敬业、吃苦耐劳的工作作风。
		嵌入式软件工程师	知识要求 1. 熟练掌握嵌入式 C 等相关编程技术。 2. 熟悉相关的编译和调试技术。 3. 熟悉 ARM Cortex-M 架构,精通嵌入式 C 语言编程(Windows 下 Keil 或 IAR),有良好的编程习惯和编程思想。 4. 熟悉 USB、UART、SPI、IIC、A/D 等常用接口编程。 5. 熟悉 CAN、MODBUS RTU、TCP/IP、MQTT、CoAP 等相关协议及标准。 能力要求 1. 精通嵌入式 C 语言,熟练掌握相关编程技术,熟悉相关的编译和调试技术。 2. 有一定的硬件知识基础,能看懂电路原理图,根据硬件手册完成相关驱动开发。 3. 熟悉单片机、ARM 等嵌入式平台,能独立完成嵌入式软件的设计开发。 4. 熟悉嵌入式 Linux 内核配置,熟练掌握 Linux 下应用程序的开发及相关技巧。 职业素养 1. 具备良好的质量意识。 2. 具备认真、严谨的学习和工作态度。 3. 具有良好的编码风格及测试习惯。
		物联网应用开发工程师	知识要求 1. 熟练掌握 Java、Python 等一种以上编程语言。 2. 熟练掌握 MongoDB、MySQL、Oracle 等主流数据库技术。 3. 熟练掌握 HTML5、CSS 等前端技术。 4. 熟悉 Spring、Django 等框架。 5. 熟悉 TCP、UDP、HTTP、FTP、DNS、MQTT、CoAP、Modbus 等协议。 能力要求 1. 熟悉 TCP、UDP、HTTP、FTP、DNS、MQTT、CoAP、Modbus 等协议,完成相关协议的代码编写。 2. 精通计算机网络及相关通信产品;熟悉工业网关软硬件技术。 3. 利用 Java、MySQL、HTML、CSS 等技术,能够独立开发软件功能模块。 4. 熟悉物联网硬件、网关、云端平台的软件系统架构,熟悉设备端、云端 API 和 SDK 的设计,对工业互联网、智能互联网等应用场景和市场有一定的理解。 职业素养 1. 具备良好沟通能力、组织协调能力。 2. 具备良好的工作责任心。 3. 具有良好的编码风格及测试习惯。

续上表

序号	技术领域	工作任务	岗位所需知识、能力和职业素质
1	物联网产品、技术开发	嵌入式系统测试工程师	知识要求 1. 熟悉测试基本理论。 2. 掌握嵌入式系统下编程与调试。 3. 了解流行的处理器架构 ARM/MIPS 等。 能力要求 1. 熟悉嵌入式 Linux 或其他嵌入式操作系统下的开发和调试。 2. 具有良好汇编语言和 C 语言的编程能力，掌握 gcc/make 等相关开发工具；能掌握 KeilC 等嵌入式软件设计调试工具。 3. 了解流行的处理器架构 ARM/MIPS 等，熟悉嵌入式系统的体系结构，熟悉嵌入式操作系统下的应用程序编写。 4. 熟悉测试基本理论，熟悉功能测试和性能测试方法，熟悉测试流程和质量保证体系。 职业素养 1. 具有精益求精的工匠精神，崇德向善、诚实守信、爱岗敬业。 2. 具有良好的职业道德和职业素养。 3. 具备独立制订工作计划、独立分析问题、解决问题的能力。
2	物联网系统运维	物联网终端运维工程师	知识要求 1. 熟悉 TCP、UDP、HTTP、FTP、DNS、MQTT、CoAP 等协议。 2. 熟悉 Windows、Linux 操作系统，掌握网络交换技术，服务器配置。 3. 掌握物联网网络通信协议。 4. 掌握电子电路的知识。 5. 同客户有良好的沟通能力和电工安装动手能力。 6. 掌握终端产品故障诊断和处理能力。 能力要求 1. 熟悉 NB-IoT、LoRa、WIFI、蓝牙、ZigBee 等协议栈及组网联调。 2. 熟悉嵌入式 Linux、HuaWei LiteOS 等操作系统。 3. 配合用户完成设备接入物联网平台。 4. 负责项目中各系统软硬件的安装调试，保证施工质量。 5. 按照公司规定及要求，完成现场工程资料的整理及提交工作。 6. 负责公司软件和硬件产品安装部署、客户培训和日常技术支持。 7. 具有终端产品故障诊断和处理能力。 职业素养 1. 具有严谨的工作作风。 2. 具有细致的观察能力。
		物联网平台运维工程师	知识要求 1. 熟悉 Windows、Linux 操作系统，掌握网络交换技术，服务器配置。 2. 熟悉 Redis、Tomcat，可以熟练使用 MySQL 语言。 3. 熟悉 Java、Python 开发语言与开源 Web 框架，至少掌握一种 Web 后端库的使用，如 Django、Flak 等。 能力要求 1. 负责开展软件项目现场配置调试工作。 2. 协助系统工程师进行软件后台的相关配置工作。 3. 管理物联网运营平台，配合用户完成设备接入平台。 4. 负责售后运维过程中现场问题的处理。 职业素养 1. 具有严谨的工作作风。 2. 具有细致的观察能力。

续上表

序号	技术领域	工作任务	岗位所需知识、能力和职业素质
3	物联网系统集成与项目实施	物联网项目管理经理	知识要求 1. 具备与本专业相关的法律法规以及文明生产、环境保护、安全消防等必备的知识。 2. 具备专业知识和业务知识。 3. 掌握软件开发过程规范。 4. 具备项目管理能力。 能力要求 1. 熟练使用 PowerPoint、Excel、Project、Visio 等工具。 2. 熟悉产品生命周期全过程,精通软件开发过程规范。 3. 保证项目的开发流程符合公司管理规范,准确进行任务评估,及时预见任务风险,保证项目按时按质完成。 4. 搜集并整理相关行业的动态,包括新产品和新技术,对新产品和新技术进行适当评估,帮助公司进行决策。 5. 擅于项目管理等沟通协调工作,具有良好的组织策划以及判断分析能力。 6. 熟悉智慧项目相关专业知识,如智慧能源、安防、建筑、安全、水务等,能够具有一个以上相关行业的项目具体设计规划能力。 7. 熟悉相关法规,具备一定谈判技巧。 8. 能够快速理解客户需求及技术背景并传递给技术人员,能判断项目可行性,可以在开发部门配合下编写提案并向客户说明。 职业素养 1. 具备成本与风险控制能力。 2. 具备独立制订工作计划、独立分析问题、解决问题的能力。 3. 具备良好管理能力、组织协调、执行能力。
		物联网系统集成工程师	知识要求 1. 熟悉信息系统体系架构和物联网、云、大数据和人工智能等相关产品技术。 2. 熟悉型号产品研发流程,具有较强的组织、计划、语言表达和写作水平。 3. 熟悉使用各类开发设计软件。 能力要求 1. 熟悉 TCP、UDP、HTTP、FTP、DNS、MQTT、CoAP,MQTT、Modbus 等协议。 2. 掌握 NB-IoT、LoRa、WIFI、ZigBee 等协议栈及组网联调。 3. 精通 Java、Python 等一种以上编程语言。 4. 精通 MongoDB、MySQL、Oracle 等主流数据库技术。 5. 精通 Django、Flak、Spring 等主流框架技术。 6. 同客户有良好的沟通能力和弱电系统集成经验。 7. 精通物联网硬件、网关、云端平台的软件系统架构,精通设备端、云端 API 和 SDK 的设计,对工业互联网、智能互联网等应用场景和市场有较深的理解。 职业素养 1. 具备独立制订工作计划、独立分析问题、解决问题的能力。 2. 良好的沟通技巧和团队合作能力,性格开朗,善于沟通,有较强抗压能力;观察能力。

续上表

序号	技术领域	工作任务	岗位所需知识、能力和职业素质
4	物联网市场营销类	物联网市场营销经理	知识要求 1. 熟悉物联网产品、智能硬件产品策划运营。 2. 熟悉智能化、物联网行业。 3. 熟悉物联网终端硬件产品及其业务。 4. 熟悉相关法规。 能力要求 1. 熟悉物联网产品、智能硬件产品策划运营。 2. 工作细致，具备良好的文档书写能力，分析问题逻辑条理清晰，具备线下活动策划与组织的能力。 3. 熟悉物联网相关技术，了解业内主流物联网平台特性与优劣势。 4. 能够有效收集市场信息，有较强的市场分析和判断能力，敏锐地把握客户需求及市场方向，协助公司制定相关市场策略。 5. 熟悉相关法规，具备一定谈判技巧。 6. 开发指定的行业的新客户和经销商，组织经销商的产品培训。 职业素养 1. 具有求真务实、认真细致的工作态度。 2. 具有自主学习，善于思考学习态度。 3. 擅于沟通协调工作，具有良好的组织策划以及判断分析能力。
		物联网产品销售工程师	知识要求 1. 熟悉物联网产品、智能硬件产品。 2. 熟悉智能化、物联网行业。 3. 根据业务场景编写技术方案。 4. 熟悉相关法规。 能力要求 1. 针对行业及客户制定销售策略，结合客户需求为客户量身定做合适的解决方案。 2. 执行公司销售政策，收集客户、市场相关信息，拓展客户资源。 3. 基本的英语听说读写能力和熟练使用 PowerPoint、Excel、Project、Visio 等工具。 4. 能够快速理解客户需求及技术背景并传递给技术人员，能判断项目可行性，可以在开发部门配合下编写提案并向客户说明。 5. 与售后服务团队合作，为顾客提供良好的售后服务，以提高客户满意度。 职业素养 1. 具备严肃认真，一丝不苟的工作态度。 2. 积极思考和解决问题的意识。 3. 善于与他人进行交流和沟通。
		物联网市场客户经理	知识要求 1. 熟悉物联网基础知识。 2. 熟悉智能化、物联网行业。 3. 熟悉物联网终端硬件产品及其业务。 4. 熟悉相关法规。 能力要求 1. 了解物联网常见应用场景及其场景解决方案。 2. 熟悉物联网终端硬件产品及其业务、功能与服务。 3. 向客户阐述物联网产品的功能和特点。 4. 物联网产品营销，技术咨询解答，产品推广、业务接洽。 5. 了解业内主流物联网平台特性与优劣势。 6. 熟悉相关法规，具备一定谈判技巧。 职业素养 1. 具有爱岗敬业、吃苦耐劳的职业道德。 2. 具有较强的团队协作精神。 3. 善于与他人进行交流和沟通。

续上表

序号	技术领域	工作任务	岗位所需知识、能力和职业素质
5	物联网技术服务、技术支持	物联网售后工程师	知识要求 1. 熟悉物联网终端硬件产品及其业务。 2. 熟悉物联网产品与技术解决方案。 能力要求 1. 熟悉物联网产品与技术及物联网解决方案。 2. 熟悉物联网产品交付实施部署流程,能够定位产品使用过程中出现的问题并解决。 职业素养 1. 具有爱岗敬业、吃苦耐劳的职业道德。 2. 具有较强的团队协作精神。 3. 善于与他人进行交流和沟通。
		物联网行业解决方案工程师	知识要求 1. 熟悉物联网基础知识。 2. 熟悉物联网终端硬件产品及其业务。 3. 熟悉物联网产品与技术解决方案。 4. 根据业务场景编写技术方案。 能力要求 1. 对物联网技术和物联网业务有很好的理解,了解业内主流物联网平台特性与优劣势。 2. 对物联网安全、芯片、传输等技术有较深了解,对物联网技术发展有前瞻性研究。 3. 对物联网解决方案提供商有较深了解,具备面向至少一个以上相关行业的物联网解决方案设计能力。 4. 具备高水平的解决方案编制、交流撰写能力和良好的客户沟通技巧。 5. 出色的大客户沟通能力和解决方案宣讲技能;需要具备卓越的技术方案交流宣讲能力和理解能力,具备对大客户进行技术性解决方案开发和销售能力。 6. 熟悉物联网硬件、网关、云端平台的软件系统架构,熟悉设备端、云端 API 和 SDK 的设计,对工业互联网、智能互联网等应用场景和市场有一定的理解。 职业素养 1. 具有自主学习,善于思考学习态度。 2. 具有较强的团队协作精神。 3. 善于与他人进行交流和沟通。 4. 熟悉物联网相关技术。

五、培养目标与培养规格

(一)培养目标

本专业培养理想信念坚定,德、智、体、美、劳全面发展,具有一定科学文化水平,良好的人文素养、职业道德、安全意识、创新意识、环保意识,具有精益求精的工匠精神和团队合作精神,较强的就业能力和可持续发展的能力,掌握扎实的科学文化基础和专业岗位相适应的通信网络、RFID 产品安装与调试、传感器安装与调试、嵌入式系统和计算机技术等专业知识与技术技能。具备工程布线、软件产品安装及维护升级、系统联调、硬件维护及故障排除、实施方案设计以及管理等专业知识和技术技能,面向软件和信息技术服务业,计算机、通信和其他电子设备制造业等行业的信息与通信工程技术人员、信息通信网络运行管理人员、软件与信息技术服务人员等职业群,能够从事软件和信息技术服务业,计算机、通信和其他电子设备制造业等工作的复合型、创新型、国际化的高素质技术技能人才。

（二）培养规格

本专业毕业生应在知识、能力、素质方面达到以下要求：

1. 知识要求

Z1：掌握思想政治理论、德育与法律基本知识、学科体系知识、英语、体育、计算机应用、职业发展等基础知识。

Z2：掌握人文素养、心理健康以及文明生产、环境保护、安全消防等必备的知识。

Z3：掌握专业必备中华优秀传统文化知识与自然地理知识。

Z4：掌握计算机应用与数据处理的基本知识。

Z5：掌握高等数学和工程数学必备知识。

Z6：了解物联网相关国家标准和国际标准。

Z7：掌握传感器、自动识别技术、感知节点等感知设备的原理和应用方法。

Z8：掌握 CAD 绘图、综合布线系统设计、施工、测试验收等技能。

Z9：掌握基本物联网节点、网关、网络协议栈、无线有线网络技术原理、自组织组网措施、无线有线网络拓扑、网络安全技术基础理论和关键技术。

Z10：掌握电工、电子技术基础知识。

Z11：掌握单片机、嵌入式技术相关知识。

Z12：掌握物联网应用软件开发技术和方法。

Z13：掌握数据库相关知识。

Z14：掌握物联网系统应用设计，掌握物联网系统接口集成，掌握典型的物联网行业应用设计思路及系统实现，从事物联网应用系统开发。

Z15：掌握物联网系统设备工作原理和设备选型方法。

Z16：掌握物联网 IOT 运营平台应用与基础管理知识。

Z17：了解新一代信息技术和自然资源管理深度融合。

2. 能力要求

1）通用能力

N1：具有较强语言、文字表达能力和沟通能力。

N2：具有终身学习、探究学习、发现问题、分析问题和解决问题的能力。

N3：具有独立思考、逻辑推理、制定工作计划等方面的能力。

N4：具有较强的执行能力，能按照规则做事。

N5：具有较好的组织协调能力和团队协作能力。

N6：具有运用知识和理论，可不断提供新思想、新理论、新方法和新发明的创新能力。

2）专业能力

N7：具有本专业必需的信息技术应用和维护能力，能够熟练使用网络管理软件及网络编程工具。

N8：具有运用计算思维描述问题的能力，能阅读并正确理解需求分析报告和项目建设方案的能力。

N9:具有物联网相关设备性能测试、检修能力。

N10:具有物联网硬件设备的安装能力。

N11:具有物联网网络规划、调试和维护能力。

N12:具有安装、调试和维护物联网系统软硬件操作系统的能力。

N13:具备物联网应用系统界面设计、应用程序设计和数据库设计的基本能力。

N14:具备物联网 IOT 运营平台应用与管理的基本能力。

N15:具备物联网应用系统规划的基本能力和工程施工管理能力。

N16:具备物联网 IOT 平台信息安全应用的基本能力。

N17:了解地理信息技术与物联网、云计算等新技术融合的应用前景和发展趋势。

3. 素质要求

S1:具有正确的世界观、人生观、价值观。坚决拥护中国共产党领导,树立中国特色社会主义共同理想,践行社会主义核心价值观,具有深厚的爱国情感、国家认同感、中华民族自豪感;崇尚宪法、遵守法律、遵规守纪;具有社会责任感和参与意识。

S2:具有良好的职业道德和职业素养。崇德向善、诚实守信、爱岗敬业,具有精益求精的工匠精神;尊重劳动、热爱劳动,具有较强的实践能力;具有质量意识、绿色环保意识、安全意识、信息素养、创新精神;具有较强的集体意识和团队合作精神,能够进行有效的人际沟通和协作,与社会、自然和谐共处;具有职业生涯规划意识。

S3:具有良好的身心素质和人文素养。具有健康的体魄和心理、健全的人格,能够掌握基本运动知识和一两项运动技能。具有感受美、表现美、鉴赏美、创造美的能力,具有一定的审美和人文素养,能够形成一两项艺术特长或爱好;掌握一定的学习方法,具有良好的生活习惯、行为习惯和自我管理能力。

六、课程设置及要求

根据专业培养目标,对接岗位能力要求,将新技术、新工艺、新规范和“1 + X”传感网应用开发技能等级证书内容融入专业(技能)课程。包括专业基础课、专业核心课、专业拓展课。专业基础课程包括物联网概论、C 语言程序设计、工程图识别与绘制、程序设计基础、电路与电子技术基础等。专业核心课程包括 Android 程序设计、传感器技术与应用、传感器技术与应用、RFID 技术与应用、嵌入式技术与应用、物联网综合应用技术等。专业拓展课程包括数据库技术与应用、地理信息系统技术应用等。

实践性教学环节主要包括实验、实训、实习、毕业设计、社会实践等。实训可在校内实验实训室、校外实训基地等开展完成;社会实践、实习、岗位实训Ⅱ由学校组织可在电子信息类企业开展完成。主要包括认识实习、岗位实训等,实训实习既是实践性教学,也是专业课教学的重要内容,应注重理论与实践一体化教学。应严格执行《职业学校学生实习管理规定》要求。专业(技能)课程描述见表 2-16。

表 2-16　物联网技术专业课程描述

课程名称	课程目标	教学内容	教学要求	思政元素	支撑培养规格
物联网概论	1. 知识目标 (1)掌握物联网技术的定义和基本原理及应用。 (2)了解物联网技术的发展,理解物联网的关键技术和方法。其中包括物联网基本概念、物联网体系结构、物联网应用系统、物联网安全技术、射频技术、传感器及检测技术、无线传感器网络、无线通信技术、云计算技术等。 2. 能力目标 作为物联网应用技术专业的专业基础课,要求学生了解当今信息化社会发展的基础上,掌握物联网技术的发展和应用,了解物联网的关键技术,为以后学习物联网应用技术打下基础。 3. 素质目标 (1)提出问题、分析问题并解决问题的能力。 (2)独立思考的能力。 (3)获取新知识、新技能、新方法的能力。 (4)通过各项目的实施、培养学生发现问题、解决问题的能力	1. 物联网概述。 2. 感知技术。 3. 通信技术。 4. 应用技术。 5. 物联网应用。 6. 物联网安全。 7. 综合应用实例	1. 以学生为本,注重知行合一、教学相长。 2. 选取物联网应用场景,引入项目式教学提高学生分析问题和解决问题的能力。 3. 丰富课堂实践教学环节,组织学生通过虚拟仿真技术参与体验情景式教学,提升学生的理论联系实际能力。 4. 利用职教云等在线教学平台开展信息化教学,不断增强教学的实效性与针对性。 5. 采用形成性评教进行课程考核,项目考核 30%、平时成绩 20%、综合测试 50%	1. 增强学生的科技自信、民族自信。 2. 厚植学生爱国主义情怀,拥有强烈的使命感和荣誉感	S3 Z6
C 语言程序设计	1. 知识目标 (1)了解 C 的基本数据类型。 (2)了解运算符和表达式构成。 (3)掌握模块化程序设计的方法基本要求。 (4)掌握流程控制的概念和控制方式。 (5)掌握分支结构、循环结构、数组、函数。 (6)掌握指针、结构及文件的使用。 2. 能力目标 (1)具备编写一般程序的能力。 (2)具备阅读分析程序的能力。 (3)具备调试程序的能力。 (4)具备编写较为简单的管理系统的能力。 3. 素质目标 (1)提出问题、分析问题并解决问题的能力。 (2)独立思考的能力。 (3)获取新知识、新技能、新方法的能力。 (4)通过各项目的实施、培养学生发现问题、解决问题的能力。 (5)通过以小组合作作品作为评比标准,培养学生团体合作能力与集体主义精神	1. 语法基础。 2. 顺序结构、分支结构、循环结构。 3. 数组。 4. 函数。 5. 指针。 6. 自定义数据类型。 7. 文件操作	1. 以学生为本,注重知行合一、教学相长。 2. 选取 C 语言开发项目,引入项目式教学提高学生分析问题和解决问题的能力。 3. 丰富课堂实践教学环节,组织学生通过虚拟仿真技术参与体验情景式教学,提升学生的理论联系实际能力。 4. 利用职教云等在线教学平台开展信息化教学,不断增强教学的实效性与针对性。 5. 采用形成性评教进行课程考核,项目考核 30%、平时成绩 20%、综合测试 50%	1. 激发学生努力钻研,愿为科技强国出力,拥有爱国情怀。 2. 培养严谨的科学态度和团队协作能力	Z12 N8

续上表

课程名称	课程目标	教学内容	教学要求	思政元素	支撑培养规格
计算机组装与维护	1. 知识目标 (1)了解内容有计算机硬件设备的外观、性能指标、最新技术、选购策略。 (2)掌握组装计算机的步骤;系统设置和操作系统的安装。 (3)掌握系统的优化和计算机的日常维护。 (4)熟练分析计算机常见故障及诊断方法等。 2. 能力目标 (1)能识别计算机硬件设备。 (2)能熟练组装计算机。 (3)能熟练安装操作系统和补丁。 (4)能熟练安装板卡驱动程序。 (5)能熟练配置与设置网络连接。 (6)能熟练安装应用软件和补丁。 (7)能熟练安装和使用防病毒软件。 3. 素质目标 (1)具备较高的政治思想素质,具有爱国主义、集体主义思想。 (2)具有良好的职业道德和素养。 (3)遵纪守法,爱岗敬业,有事业心和责任感。 (4)善于与人交流合作,讲诚信,有良好的团队协作精神	1. 认识主板各接口、插槽。 2. 了解硬盘、内存、中央处理器、显卡、显示器、电源接口等硬件的性能参数、接口、类型;并能在规定的20分钟内完成一台电脑主机从完整拆下到完整组装回去的任务。 3. 能根据顾客的购买要求独立写出一份合理的电脑配机单。掌握CMOS的基本设置方法。 4. 掌握Windows XP系统的安装过程和系统的更新。 5. 掌握硬件的驱动程序的安装。最后能分组完成一台电脑的Windows XP系统的安装与更新。 6. 了解计算机硬件的基本故障现象,针对电脑出现的故障现象能作出正确诊断(如内存、硬盘、电源、CPU、键盘等故障引起的电脑黑屏或引导报错),并能着手排除故障,掌握病毒侵害引起的电脑故障现象,熟悉杀毒软件的正确使用	1. 以学生为本,注重知行合一、教学相长。 2. 选取物联网应用场景,引入项目式教学提高学生分析问题和解决问题的能力。 3. 丰富课堂实践教学环节,组织学生通过虚拟仿真技术参与体验情景式教学,提升学生的理论联系实际能力。 4. 利用职教云等在线教学平台开展信息化教学,不断增强教学的实效性与针对性。 5. 采用形成性评教进行课程考核,项目考核30%、平时成绩20%、综合测试50%	1. 激发学生努力钻研,愿为科技强国出力,拥有爱国情怀。 2. 培养严谨的科学态度和团队协作能力	Z4 N12

续上表

课程名称	课程目标	教学内容	教学要求	思政元素	支撑培养规格
无线通信技术与应用	1. 知识目标 (1)借助“学院物联网实验室平台”，掌握展示、操作、测试、硬件制作、软件调试等环节。 (2)让同学对常用短距离无线通信技术有实际感受和直接经验，解决理论学习与实际应用脱节的矛盾，利于同学掌握前沿通信技术、激发学习兴趣、理解理论知识、提高实践能力以及增强就业竞争力。 2. 能力目标 (1)精通物联网技术原理，熟悉物联网相关技术趋势。 (2)了解物联网传感器基本原理，掌握主流传感器应用方案，了解 RFID、ZigBee、Wi-Fi、WIA-PA、蓝牙 4.0、NB-IoT、UWB 等传感器及无线通信组网技术，并具有相关技术的综合组网知识。 (3)熟悉无线传播理论和无线通信原理，以及 LTE/NB-IoT 等制式的关键技术，熟悉无线网络规划设计流程和项目管理。 3. 素质目标 (1)具有良好的职业道德、规范操作意识。 (2)具备良好的团队合作精神。 (3)具备良好的组织协调能力。 (4)具有求真务实的工作作风。 (5)具有开拓创新的学习精神。 (6)具有良好的语言文字表达能力	1. 物联网与无线通信的关系。 2. 代表性的短距离无线通信技术-蓝牙技术基本原理。 3. ZigBee 技术。 4. 无线局域网 WLAN 技术。 5. IrDA 红外传输技术。 6. NFC 技术。 7. 超宽带技术——UWB。 8. 局域网接入实验	1. 以学生为本，注重知行合一、教学相长。 2. 选取物联网应用场景，引入项目式教学提高学生分析问题和解决问题的能力。 3. 丰富课堂实践教学环节，组织学生通过虚拟仿真技术参与体验情景式教学，提升学生的理论联系实际能力。 4. 利用职教云等在线教学平台开展信息化教学，不断增强教学的实效性与针对性。 5. 采用形成性评教进行课程考核，项目考核 30%、平时成绩 20%、综合测试 50%	1. 厚植爱校，爱专业的情怀。 2. 增强学生对本专业的信心	Z9 N7
工程图识别与绘制	1. 知识目标 (1)掌握 CAD 绘制、标注、打印等工具在室内设计表现图方面的应用。 (2)掌握墙线、图例、详图、标注等方面。 (3)掌握空间布局图和施工图的学习和练习。 2. 能力目标 (1)掌握有关建筑施工图的国家制图标准。 (2)掌握建筑工程图的图示方法、图示内容和识读方法，并能熟练识读施工图纸，准确掌握设计意图。 3. 素质目标 (1)具有良好的职业道德、规范操作意识。 (2)具有求真务实的工作作风。 (3)具有开拓创新的学习精神。 (4)具有良好的语言文字表达能力	1. CAD 命令的熟悉。 2. 建筑平面图实例。 3. 建筑立面图实例。 4. 建筑剖面图实例	1. 以学生为本，注重知行合一、教学相长。 2. 以建筑应用为背景，引入项目式教学提高学生分析问题和解决问题的能力。 3. 丰富课堂实践教学环节，组织学生通过虚拟仿真技术参与体验情景式教学，提升学生的理论联系实际能力。 4. 利用职教云等在线教学平台开展信息化教学，不断增强教学的实效性与针对性。 5. 采用形成性评教进行课程考核，项目考核 30%、平时成绩 20%、综合测试 50%	1. 培养勤于实践，勇于创新意识，增强科技自信，民族自信。 2. 厚植学生爱国主义情怀，拥有强烈的使命感和荣誉感	Z8 N8

续上表

课程名称	课程目标	教学内容	教学要求	思政元素	支撑培养规格
计算机网络组建与维护	1. 知识目标 (1)选取物联网应用场景,引入项目式教学提高学生分析问题和解决问题的能力。 (2)丰富课堂实践教学环节,组织学生通过虚拟仿真技术参与体验情景式教学,提升学生的理论联系实际能力。 2. 能力目标 (1)具有学习新技能与知识迁移的能力。 (2)具有调查研究与组织协调能力。 (3)具备进行企事业单位网络管理和PC维护能力。 (4)具备独立完成中小企业网络设计和搭建能力。 (5)具备企业网站的调试、维护、管理的能力。 (6)具备网络设备的配置与调试能力。 (7)具有计算机网络技术领域的技术提升与推广的能力。 3. 素质目标 (1)具有良好的职业道德、规范操作意识。 (2)具备良好的团队合作精神。 (3)具备良好的组织协调能力。 (4)具有求真务实的工作作风	1. 了解网络操作系统的概念。 2. 了解常见的网络操作系统。 3. 掌握 Windows Server2008 的安装和基本设置。 4. 掌握简单的文件共享。 5. 熟悉网络服务器的分类和特点。 6. 理解客户/服务器模型及原理。 7. 知道 DNS 和 DHCP 的基本功能及原理。 8. 掌握常用服务器(DNS、DHCP、Web 和 FTP)的安装与配置	1. 以学生为本,注重知行合一、教学相长。 2. 选取物联网应用场景,引入项目式教学提高学生分析问题和解决问题的能力。 3. 丰富课堂实践教学环节,组织学生通过虚拟仿真技术参与体验情景式教学,提升学生的理论联系实际能力。 4. 利用职教云等在线教学平台开展信息化教学,不断增强教学的实效性与针对性。 5. 采用形成性评教进行课程考核,项目考核 30%、平时成绩 20%、综合测试 50%	1. 培养勤于实践,勇于创新意识,增强科技自信,民族自信。 2. 厚植学生爱国主义情怀,拥有强烈的使命感和荣誉感	Z9 N11
综合布线	1. 知识目标 (1)了解计算机网络互联设备与常用的传输介质。 (2)掌握综合布线系统结构与系统设计。 (3)掌握综合布线工程施工实用技术。 (4)掌握网络测试原理与应用,培养实际动手能力,提高分析及解决网络布线过程中遇到的各种问题的能力。 2. 能力目标 (1)具有中小型网络综合布线工程方案设计的能力。 (2)具有中小型网络综合布线工程施工技术的能力。 (3)具有中小型网络综合布线工程管理的能力(包括:项目管理、工程监理)。 3. 素质目标 (1)具备较高的政治思想素质,具有爱国主义、集体主义思想。 (2)具有良好的职业道德和素养。 遵纪守法,爱岗敬业,有事业心和责任感。 (3)具有良好的心理素质,能够适应科技进步、社会发展和职业岗位变化,不断进取	1. 网络综合布线系统的基本概念、综合布线子系统之间的关系及其设计指标。 2. 同时系统介绍水平、干线子系统的拓扑结构和布线方案,设备间、配线间的设置原则。 3. 建筑群布线方案,管理线缆及配线架标记方法,设备间、配线间的供配电和电气保护措施,以及综合布线拓扑结构的应用系统可靠性设计;其次讨论了敷设线缆的方法和安装连接件工艺。 4. 常用线缆及相关连接件的种类、传输特性及性能指标。最后介绍电缆测试仪、光缆测试仪的性能和操作方法及其测试综合布线的步骤	1. 以学生为本,注重知行合一、教学相长。 2. 选取物联网应用场景,引入项目式教学提高学生分析问题和解决问题的能力。 3. 丰富课堂实践教学环节,组织学生通过虚拟仿真技术参与体验情景式教学,提升学生的理论联系实际能力。 4. 利用职教云等在线教学平台开展信息化教学,不断增强教学的实效性与针对性。 5. 采用形成性评教进行课程考核,项目考核 30%、平时成绩 20%、综合测试 50%	磨炼意志,在教学中培育工匠精神、锤炼技术技能	Z8 N11

续上表

课程名称	课程目标	教学内容	教学要求	思政元素	支撑培养规格
程序设计基础	1. 知识目标 (1)让学生掌握 Java 程序设计语言的基本语法，利用 JDK 来创建、编译、调试 Java 项目的方法。 (2)掌握面向对象程序设计技术，并培养良好的编程规范意识。 (3)理解和掌握 Java 语言的基本语法和语义。 (4)掌握 Java 应用程序的开发方法。 (5)理解 Java 多线程概念，可以利用多线程技术开发相应程序；能够站在面向对象的角度思考和设计小型应用程序。 2. 能力目标 (1)能够熟练运用 Java 语言实现程序功能。 (2)能够熟练掌握 Java 开发工具和开发环境配置。 (3)能够熟练掌握 Java 面向对象的开发方法。 (4)能够阅读 API 文档。 (5)具备分析解决问题、自主学习的能力。 3. 素质目标 (1)独立思考的能力。 (2)获取新知识、新技能、新方法的能力。 (3)通过各项目的实施、培养学生发现问题、解决问题的能力	(1)掌握 Java 平台开发环境的搭建与配置。 (2)熟练掌握 Java 语言的基本语法和基本规则。 (3)熟练掌握程序设计中使用的一般算法。 (4)掌握面向对象程序设计的编程思想。 (5)学会运用面向对象编程特点，使用流程控制语句、数组及方法编写简单的类。 (6)掌握程序开发的基本流程、基本方法和技巧	1. 以学生为本，注重知行合一、教学相长。 2. 选取 Java 开发项目，引入项目式教学提高学生分析问题和解决问题的能力。 3. 丰富课堂实践教学环节，组织学生通过虚拟仿真技术参与体验情景式教学，提升学生的理论联系实际能力。 4. 利用职教云等在线教学平台开展信息化教学，不断增强教学的实效性与针对性。 5. 采用形成性评教进行课程考核，项目考核 30%、平时成绩 20%、综合测试 50%	剖析当前软件行业热点事件，进行爱国精神教育，培养学生科技报国的家国情怀	Z12 N13
Android 程序设计	1. 知识目标 (1)掌握 Android 的安装与配置、各种布局以用于手机界面的布局、用户数据的存储、外设的调用、界面数据的更新。 (2)媒体的动画实现等内容，让学生能够完成手机应用程序的开发，从而实现物联网云平台的设计。 2. 能力目标 (1)能够熟练搭建 Android 开发环境。 (2)能够实现 Android Activity 开发。 (3)能够使用 Android UI 控件开发。 (4)能实现 Android 网络开发。 (5)能掌握 Android 数据存储技术。 (6)能掌握 Android 多线程处理技术。 (7)能实现 Android 多媒体处理。 (8)能实现 Android Service。 3. 素质目标 (1)具备良好的团队合作精神。 (2)具备良好的组织协调能力。 (3)具有求真务实的工作作风。 (4)具有开拓创新的学习精神。 (5)具有良好的语言文字表达能力	1. 具备 App 项目架构设计、框架搭建。 2. 掌握网络请求、JSON 解析、MVP 架构模式。 3. 要求能进行复杂的 UI 布局；实现扫一扫添加设备；实现设备列表，实现设备详情；设备的控制。 4. 整个 Android 项目的适配与发布	1. 以学生为本，注重知行合一、教学相长。 2. 选取 Android 开发项目，引入项目式教学提高学生分析问题和解决问题的能力。 3. 丰富课堂实践教学环节，组织学生通过虚拟仿真技术参与体验情景式教学，提升学生的理论联系实际能力。 4. 利用职教云等在线教学平台开展信息化教学，不断增强教学的实效性与针对性。 5. 采用形成性评教进行课程考核，项目考核 30%、平时成绩 20%、综合测试 50%	1. 以软件定义未来世界和疫情中程序员担当为主题，进行职业认同感和使命担当教育，培养学生职业自豪感和社会责任感。 2. 程序员工匠精神体现	Z13 N13

续上表

课程名称	课程目标	教学内容	教学要求	思政元素	支撑培养规格
传感器技术与应用	1. 知识目标 要求学生掌握检测技术基本知识、温度传感器应用、压力传感器应用、人体红外传感器应用、光传感器应用、气敏与湿敏传感器应用知识及相关的能力。 2. 能力目标 (1)能熟练使用 CC2530 的基本组。 (2)能实现开关量、模拟量、逻辑量三种传感器的信号采集功能。 (3)能正确安装与使用 IAR、SmartRF Flash Programmer、Z-Stack 等软件。 3. 素质目标 (1)具备良好的团队合作精神。 (2)具备良好的组织协调能力。 (3)具有求真务实的工作作风。 (4)具有开拓创新的学习精神。 (5)具有良好的语言文字表达能力	1. 掌握传感器的工作原理。 2. 掌握物联网系统应用设计。 3. 熟悉 I2C、SPI、CAN 总线，精通 UART 通信；有扎实的数电、模电基础，掌握信号处理技术，掌握物联网系统接口集成。 4. 掌握典型的物联网行业应用设计思路及系统实现，从事物联网应用系统开发和云平台开发	1. 以学生为本，注重知行合一、教学相长。 2. 选取智慧城市等项目，引入项目式教学提高学生分析问题和解决问题的能力。 3. 丰富课堂实践教学环节，组织学生通过虚拟仿真技术参与体验情景式教学，提升学生的理论联系实际能力。 4. 利用职教云等在线教学平台开展信息化教学，不断增强教学的实效性与针对性。 5. 采用形成性评教进行课程考核，项目考核 30%、平时成绩 20%、综合测试 50%	1. 以复兴号动车组上数千个传感器为切入点介绍中国高铁的发展。 2. 加强学生的爱岗敬业的职业精神、精益求精的品质精神、协作共进的团队精神、追求卓越的创新精神	Z7 Z10 Z15 N9
无线网技术与应用	1. 知识目标 (1)掌握无线通信的系统组成、无线信道特性、调制和编码、接入和网络技术、无线系统和标准。 (2)掌握有关无线通信网络的基本概念、基本理论以及基本的分析设计方法，包括无线信道、协议特征、信号编码技术、扩频技术和差错控制。 (3)较好掌握有关各种无线网络的基本结构，无线局域网的组成和工作原理。 (4)了解无线通信系统的关键技术和实现方法，包括蜂窝网络 IEEE802.11、802.15.4 标准。 (5)进一步了解无线网络通信技术的应用和发展前景。 2. 能力目标 (1)实现基于 BasicRF 的无线采集与网络组建功能。 (2)能实现 WIFI 无线通信功能。 (3)能熟练实现 ZigBee 无线网络的点对点通信、串口通信、串口透传、绑定等。 (4)能正确安装与使用 IAR、SmartRF Flash Programmer、Z-Stack 等软件。 (5)能获取网络拓扑结构、ZigBee 无线网络的传感器数据采集与远程监控。 3. 素质目标 (1)具备良好的团队合作精神。 (2)具备良好的组织协调能力。 (3)具有求真务实的工作作风。 (4)具有开拓创新的学习精神。 (5)具有良好的语言文字表达能力	1. ZigBee 技术及应用。 2. 蓝牙技术、无线局域网。 3. ZigBee 无线网络的点对点通信、串口通信、串口透传、绑定等。 4. 无线网络的传感器数据采集与远程监控	1. 以学生为本，注重知行合一、教学相长。 2. 选取智慧城市无线组网等项目，引入项目式教学提高学生分析问题和解决问题的能力。 3. 丰富课堂实践教学环节，组织学生通过虚拟仿真技术参与体验情景式教学，提升学生的理论联系实际能力。 4. 利用职教云等在线教学平台开展信息化教学，不断增强教学的实效性与针对性。 5. 采用形成性评教进行课程考核，项目考核 30%、平时成绩 20%、综合测试 50%	1. 讲授环境与污染源的自动检测技术时，着重讲授大气污染和水污染检测方法，根据大气和水污染现状，融入“绿水青山就是金山银山”的发展理念，引导学生同环境违法行为作斗争，鼓励学生做绿水青山的守护者。 2. 加强学生爱岗敬业的职业精神、精益求精的品质精神、协作共进的团队精神、追求卓越的创新精神	Z7 Z9 Z16 N14

续上表

课程名称	课程目标	教学内容	教学要求	思政元素	支撑培养规格
RFID技术与应用	1. 知识目标 (1)了解 RFID 应用系统的体系结构。 (2)了解 RFID 电子标签和读写器的特征。 (3)熟悉 RFID 技术的应用领域。 (4)熟悉 RFID 的相关标准。 (5)熟悉 RFID 应用系统的软硬件开发平台。 2. 能力目标 (1)会进行 RFID 系统的需求分析。 (2)能识别和选用各类常用电子标签及读写器。 (3)会设计开发 RFID 应用系统。 (4)会对 RFID 应用系统进行安装、调试和维护。 3. 素质目标 (1)具备良好的团队合作精神。 (2)具备良好的组织协调能力。 (3)具有求真务实的工作作风。 (4)具有开拓创新的学习精神。 (5)具有良好的语言文字表达能力	1. 掌握 RFID 的组成、使用的频率、电磁波的工作特点、天线、射频前端电路、编码与调制、数据的完整性和安全性。 2. 掌握电子标签和读写器的体系结构、中间件和标准体系等内容。 3. 掌握物联网 RFID 技术的具体应用。同时也给出了 RFID 系统中的安全和隐私、防碰撞、定位以及数据挖掘、应用中的实施、测试和故障分析等技术的原理	1. 以学生为本,注重知行合一、教学相长。 2. 选取智慧城市非接触式感应等项目,引入项目式教学提高学生分析问题和解决问题的能力。 3. 丰富课堂实践教学环节,组织学生通过虚拟仿真技术参与体验情景式教学,提升学生的理论联系实际能力。 4. 利用职教云等在线教学平台开展信息化教学,不断增强教学的实效性与针对性。 5. 采用形成性评教进行课程考核,项目考核 30%、平时成绩 20%、综合测试 50%	1. 通过“工匠精神”的事例,通过工匠精神的树立来调动学生学习的积极性,激发学生对专业知识的渴求,培养学生的创新精神和创新意识。 2. 引导学生优化电路,选择低功耗的电路元器件,加强学生节能和环保意识的培养	Z7 Z11 N10
嵌入式技术与应用	1. 知识目标 (1)掌握嵌入式技术基础知识。 (2)能熟练地安装 Keil、STM32 CUBE-MX 等开发工具。 (3)能熟练地运用 C 和汇编语言编写应用程序等。 (4)能基于嵌入式开发平台初步做一个综合性的项目。 2. 能力目标 (1)熟悉目前嵌入式行业的发展状况及未来发展趋势。 (2)能对嵌入式产品进行装调与维护。 (3)能进行功能相对简单的嵌入式产品开发。 (4)熟悉目前常见的嵌入式产品的软硬件结构。 3. 素质目标 (1)具备良好的团队合作精神。 (2)具备良好的组织协调能力。 (3)具有求真务实的工作作风。 (4)具有开拓创新的学习精神	1. 理解嵌入式系统的基本概念。 2. 掌握嵌入式软件开发流程。 3. 熟练掌握 C 语言的编程,掌握 gcc/make 等相关开发工具;能掌握 ADS、KeilC 等嵌入式软件设计调试工具。 4. 了解流行的处理器架构 ARM/MIPS 等,熟悉嵌入式系统的体系结构,熟悉嵌入式操作系统下的应用程序编写,熟练使用 1 种以上脚本开发	1. 以学生为本,注重知行合一、教学相长。 2. 引入项目式教学提高学生分析问题和解决问题的能力。 3. 丰富课堂实践教学环节,组织学生通过虚拟仿真技术参与体验情景式教学,提升学生的理论联系实际能力。 4. 利用职教云等在线教学平台开展信息化教学,不断增强教学的实效性与针对性。 5. 采用形成性评教进行课程考核,项目考核 30%、平时成绩 20%、综合测试 50%	1. 引入计算机信息安全法、网络安全法等,让学生了解到嵌入式系统的合法合规使用,培养学生的法制意识和社会责任感。 2. 引导学生关注社会热点问题,如智能家居、人工智能、自动驾驶等,让学生了解到嵌入式系统技术的应用前景和社会意义,培养学生的社会责任感和创新意识	Z10 Z11 N7

续上表

课程名称	课程目标	教学内容	教学要求	思政元素	支撑培养规格
物联网综合应用技术	1. 知识目标 (1)熟悉物联网的体系结构、掌握物联网专业知识体系结构。 (2)掌握物联网系统应用设计，掌握物联网系统接口集成，掌握典型的物联网行业应用设计思路及系统实现，从事物联网应用系统开发和云平台开发。 2. 能力目标 (1)利用嵌入式技术和有线/无线通信技术读写总线数据。 (2)运用所学技术、工具对专业相关领域的数据信息进行收集、分析、处理和展示。 3. 素质目标 (1)具有良好的职业道德、规范操作意识。 (2)具备良好的团队合作精神。 (3)具备良好的组织协调能力。 (4)具有求真务实的工作作风。 养成良好的学习习惯，具有终身学习意识、自主学习能力和自我发展潜能，能够通过不断学习，实现知识和能力的纵深拓展和横向迁移，适应社会和个人可持续发展	1. RS-485 总线通信应用。 2. CAN 总线通信应用。 3. 基于 BasicRF 的无线通信应用。 4. Wi-Fi 数据通信应用。 5. NB-IoT 联网通信应用。 6. LoRa 通信应用开发。 7. 掌握物联网设备端通过网关接入物联网云平台的方法，在云端实现对设备侧的监控。 8. 通过 Java、Python、Android 等程序语言，利用云端 API 和 SDK，完成智慧农业、智慧园区等应用场景，实现感知层的数据与 UI 界面的交互，实现远端数据采集、传输、处理、和智能控制等	1. 以学生为本，注重知行合一、教学相长。 2. 选取智慧城胡思无线组网等项目，引入项目式教学提高学生分析问题和解决问题的能力。 3. 丰富课堂实践教学环节，组织学生通过虚拟仿真技术参与体验情景式教学，提升学生的理论联系实际能力。 4. 利用职教云等在线教学平台开展信息化教学，不断增强教学的实效性与针对性。 5. 采用形成性评教进行课程考核，项目考核 30%、平时成绩 20%、综合测试 50%	1. 培养探究意识、问题意识与批判性思维、民族自豪感与社会责任感、人类命运共同体意识。 2. 在物联网工程技术和知识的学习以及工程项目的设计中具有追求突破、追求革新的创新精神，具备一定的持续学习能力。 3. 能够基于工程相关背景知识进行合理分析，评价专业工程实践和复杂工程问题解决方案对社会、健康、安全、法律以及文化的影响，并理解应承担的责任	Z14 N15 N16
数据库技术与应用	1. 知识目标 (1)理解数据库、数据库系统、数据库的体系结构及分类等基本概念。 (2)熟悉数据库基本管理方法，表的操作、数据完整性以及表的索引和视图、数据库查询和管理、数据库备份与恢复等。 (3)认识和了解 SQL 语言的组成和功能。了解数据库应用项目开发过程。 2. 能力目标 (1)具有对关系模型进行规范化能力。 (2)具有创建数据库和数据库表的能力。 (3)具有对数据库表进行添加、修改和删除数据的能力。 (4)具有对数据进行查询、统计汇总的能力。 (5)具有对数据库进行完整性维护的能力。 (6)具有根据系统需求分析绘制 E-R 图，并将 E-R 图转换为关系模型的能力。 3. 素质目标 (1)具备良好的团队合作精神。 (2)具备良好的组织协调能力。 (3)具有求真务实的工作作风。 (4)具有开拓创新的学习精神	1. 数据库的安装与配置。 2. 数据库的分析与设计。 3. 数据库的创建、管理与数据的增删查改操作。 4. 数据库的高级操作，包括存储过程、函数、事务、触发器、游标等。 5. 数据库的任务调度与安全机制	1. 以学生为本，注重知行合一、教学相长。 2. 选取智慧城胡思无线组网等项目，引入项目式教学提高学生分析问题和解决问题的能力。 3. 丰富课堂实践教学环节，组织学生通过虚拟仿真技术参与体验情景式教学，提升学生的理论联系实际能力。 4. 利用职教云等在线教学平台开展信息化教学，不断增强教学的实效性与针对性。 5. 采用形成性评教进行课程考核，项目考核 30%、平时成绩 20%、综合测试 50%	1. 培养学生的团队协作意识，增强团队凝聚力。 2. 增强学生爱岗敬业的精神，遵守职业道德，发扬工匠精神，公正办事，提升社会责任感。 3. 树立积极乐观的人生观与价值观，提升自身素质	Z13 Z13 N13

七、教学进程总体安排

（一）学时分配表

课程类别	要求学分	占总要求学分比例	课程性质	开设学分	占总开设学分比例	开设学时	占总开设学时比例	讲授学时	占总开设学时比例	实践学时	占总开设学时比例
通识教育课	62	43.36	必修	46	30.87	760	28.15	552	20.44	208	7.70
			选修	16	10.74	32	1.19	32	1.19	0	0.00
				6	4.03	64	2.37	64	2.37	0	0.00
专业（技能）课	81	56.64	必修	71	47.65	1544	57.19	332	12.30	1212	44.89
			选修	10	6.71	300	11.11	0	0.00	300	11.11
合计	143	100		149	100	2700	100	980	36.30	1720	63.70

（二）教学进程安排表

课程结构类属：课程类别	课程结构类属：课程类别	课程号	课程名	课程性质	学分	课程类型	课时分配：总学时	课时分配：理论学时	课时分配：实践学时	学期周课时：1	2	3	4	5	6	管理部门
通识教育课	2-1-2022双高公共基础的	A11903000001	思想道德与法治	必修	3.0	B	48	40	8	3						马克思主义学院
		A11904000001	形势与政策 1	必修	0.5	B	10	8	2	1						马克思主义学院
		A12314000001	体育 1	必修	2.0	B	28	8	20	2						通识
		A13005000001	军事技能训练	必修	2.0	C	112		112	56						学生处
		A11901000002	习近平新时代中国特色社会主义思想概论	必修	3.0	A	48	48			3					马克思主义学院
		A11901000003	毛泽东思想和中国特色社会主义理论体系概论	必修	2.0	A	32	32			2					马克思主义学院
		A11904000002	形势与政策 2	必修	0.5	B	10	8	2		1					马克思主义学院
		A12314000002	体育 2	必修	2.0	B	28	8	20		2					通识
		A13003000001	心理健康教程	必修	2.0	B	32	28	4		2					学生处
		A11904000003	形势与政策 3	必修	0.5	B	10	8	2			1				马克思主义学院
		A12311000001	军事理论	必修	2.0	C	36		36			3				通识
		A12312000001	体育专项 1	必修	2.0	B	28	20	8			2				通识
		A11904000004	形势与政策 4	必修	0.5	B	10	8	2				1			马克思主义学院
		A12312000002	体育专项 2	必修	2.0	B	28	20	8				2			通识
			小　计		24		460	236	224							

续上表

课程结构类属		课程号	课程名	课程性质	学分	课程类型	课时分配			学期周课时						管理部门
课程类别	课程类别						总学时	理论学时	实践学时	1	2	3	4	5	6	
通识教育课	2-2-2021 双高人文素养-必修	A12302000002	中华优秀传统文化	必修	2.0	A	32	32		2						通识
		A12511000001	大学英语 1	必修	4.0	A	64	60	4	4						外语
		A11900000001	劳动教育	必修	1.0	A	16	16			1					校团委
		A12302000001	大学语文	必修	2.0	A	32	32			2					通识
		A12511000002	大学英语 2	必修	4.0	A	64	60	4		4					外语
		A13305000001	职业生涯规划与就业指导	必修	2.0	B	32	24	8			2				招生就业中心
		A13000000001	劳动教育实践课	必修	1.0	C	16		16				1			校团委
			小　计		16		256	224	32							
	2021 计算机科技素养	A10600000003	创新创业基础	必修	2.0	B	32	28	4	2						创新创业
		A12301000001	高等数学	必修	4.0	A	64	64			4					通识
			小　计		6		96	92	4							
	2021 课外教育活动	A130000007	思想成长方面	选修	2.0											学生处
		A13006000001	入学教育	必修												学生处
		A130060001	实践实习方面	选修	2.0											学生处
		A130060002	志愿公益方面	选修	2.0											学生处
		A130060003	社会实践方面	选修	2.0											学生处
		A130060004	创新创业方面	选修	2.0											学生处
		A130060005	文体活动方面	选修	2.0											学生处
		A130060006	工作履历方面	选修	2.0											学生处
		A13006000002	毕业教育	必修												学生处
			小　计		14		0	0	0							
	2-3-2021 双高人文素养-限选	A11900000002	马克思主义基本原理	选修	2.0	A	32	32			2					马克思主义学院
		A11900000003	中国近现代史纲要	选修	2.0	A	32	32								马克思主义学院
			小　计		4		64	64	0							
	通识任选课															
			小　计		0		0	0	0							
	合　计				64		876	616	260							

续上表

课程结构类属		课程号	课程名	课程性质	学分	课程类型	课时分配			学期周课时						管理部门
课程类别	课程类别						总学时	理论学时	实践学时	1	2	3	4	5	6	
专业(技能)课	专业基础课	A11104000040	计算机组装与维护	必修	2.0	B	30	15	15	2						计算机信息学院
		A11104000044	C 语言程序设计	必修	4.0	B	60	30	30	4						计算机信息学院
		A11104000045	物联网概论	必修	3.0	B	44	22	22	4						计算机信息学院
		A11104000005	无线通信技术与应用★	必修	2.0	B	32	16	16		2					计算机信息学院
		A11104000006	工程图识别与绘制★	必修	2.0	B	32	16	16		2					计算机信息学院
		A11104000007	程序设计基础(Java 语言)★	必修	3.0	B	48	24	24		4					计算机信息学院
		A11104000008	程序设计基础课程设计★	必修	2.0	C	60		60		30					计算机信息学院
		A11104000010	计算机网络组建及维护★	必修	2.0	B	32	16	16			2				计算机信息学院
		A11104000013	Android 程序设计实训★	必修	2.0	C	60		60			30				计算机信息学院
		A11104000014	计算机网络组建及维护实训★	必修	1.0	C	30		30			30				计算机信息学院
		A11104000015	网络综合布线实训★	必修	1.0	C	30		30			30				计算机信息学院
		A11104000041	综合布线系统	必修	2.0	B	30	15	15			2				计算机信息学院
		A11104000042	电路与电子技术基础	必修	2.0	B	28	14	14			2				计算机信息学院
		A11104000020	传感器技术与应用实训★☆	必修	1.0	C	30		30				30			计算机信息学院
		A11104000021	传感网技术与应用实训★☆	必修	1.0	C	30		30				30			计算机信息学院
		A11104000022	RFID 技术与应用实训★☆	必修	1.0	C	30		30				30			计算机信息学院
		A11104000023	物联网应用技术专业认识实习★	必修	1.0	C	30		30				30			计算机信息学院
		A11104000027	生产实习★	必修	2.0	C	60		60					30		计算机信息学院
		A11104000032	物联网综合应用技术实训☆	必修	2.0	C	60		60					30		计算机信息学院
		A11101000054	岗位实训Ⅱ★	必修	16.0	C	480		480						30	计算机信息学院
			小　计		52		1236	168	1068							

续上表

课程结构类属		课程号	课程名	课程性质	学分	课程类型	课时分配			学期周课时						管理部门
课程类别	课程类别						总学时	理论学时	实践学时	1	2	3	4	5	6	
专业（技能）课	专业拓展必修课	A11104000026	地理信息系统技术应用 G	必修	2.0	B	32	26	6			4				计算机信息学院
			小　计		2		32	26	6							
	专业核心课	A11104000012	Android 程序设计★	必修	3.0	B	48	24	24			4				计算机信息学院
		A11104000016	传感器技术与应用★☆	必修	2.0	B	32	16	16				4			计算机信息学院
		A11104000017	传感网技术与应用★☆	必修	2.0	B	32	16	16				4			计算机信息学院
		A11104000018	RFID 技术与应用★☆	必修	3.0	B	48	24	24				4			计算机信息学院
		A11104000019	嵌入式技术及应用★☆	必修	3.0	B	44	22	22				4			计算机信息学院
		A11104000024	物联网综合应用技术★☆	必修	2.0	B	36	18	18					6		计算机信息学院
			小　计		15		240	120	120							
	专业拓展限选课	A11104000025	数据库技术与应用★	必修	2.0	B	36	18	18					6		计算机信息学院
		A11104000028	专业综合实习★	选修	10.0	C	300		300					30		计算机信息学院
		A11101000002	人工智能导论	选修	2.0	A	30	30								计算机信息学院
		A11101000004	Python 程序设计	选修	4.0	B	64	32	32							计算机信息学院
		A11101000018	大数据与数据可视化技术	选修	4.0	B	64	32	32							计算机信息学院
		A11101000043	大数据技术综合应用	选修	4.0	B	64	32	32							计算机信息学院
			小　计		26		558	144	414							
	合　计				95		2066	458	1608							

注：★为专业核心课程；☆为“1＋X”证书课证融通课程；G 为专业群共享课程；

八、实施保障

(一)师资队伍

1. 专业带头人

学校的专业带头人具有行业领域的中高级职称,师德高尚、爱岗敬业,熟悉先进职业教育理念,能较好把握职业教育发展方向;教学科研能力强,能够较好地把握国内外本专业最新技术,了解行业企业对本专业人才的需求实际需要,带领团队深入开展“三教”改革,推进“三全育人”。企业专业带头人需是区域内大型企业的首席物联网领域专家,具有工匠精神、爱国情怀,熟悉数控加工领域的新技术、新工艺和新规范,具有推动校企合作、产教融合的能力。

2. 专任教师队伍结构

专任教师100%为双师素质教师。专任教师师德师风高尚,做到以德立身、以德立学、以德立教,并在职称、年龄结构上形成了较合理的梯队,且电子信息领域专业根底扎实、实践能力强,能熟练使用项目式教学、案例教学、情境教学、模块化教学等教学方法,并广泛运用启发式、探究式、讨论式、参与式等教学方法。

3. 兼职教师

企业兼职教师九人,均具有工程师及以上专业技术职称,具有良好的思想道德品质,具备3年以上企业现场生产管理实践经验,部分在本行业具有一定的影响力,沟通表达能力强,通过专业考核和面试、试用,达到教师基本素质要求。能承担理实一体课程教学,在生产实习、岗位实训Ⅱ和毕业设计等教学环节发挥优势;能与专任教师相互学习、合作,参与专业建设、课程建设和教学改革,发挥专兼结合教学团队的整体优势。

4. 专业师资队伍配置

序号	姓名	性别	年龄	职称	最后学历毕业学校、专业、学位	专兼职	拟任课程
1	林雨	男	37	讲师	昆明理工大学,电路与系统,硕士	专业教师	电路与电子技术基础、传感器技术与应用、传感网技术与应用、嵌入式技术及应用、物联网综合应用技术等课程
2	王萩兰	女	54	教授	云南大学,通信与信息系统,工学硕士	专任教师	物联网概论、无线通信技术及应用等课程
3	余雯	女	43	讲师	云南大学,计算机科学与技术,工程硕士	专任教师	RFID技术与应用、RFID技术与应用实训、综合布线、C语言程序设计等课程
4	罗玉梅	女	40	讲师	云南大学,计算机科学与技术,工程硕士	兼职	计算机组装与维护、工程制图等课程
5	潘宏斌	男	42	副教授	云南大学,计算机科学与技术,工程硕士	兼职	程序设计基础等课程
6	赵坤灿	男	41	副教授	武汉工程大学,计算机科学与技术,学士	兼职	程序设计基础、计算机网络基础、Android程序设计等课程

续上表

序号	姓名	性别	年龄	职称	最后学历毕业学校、专业、学位	专兼职	拟任课程
7	司兴登	男	37	讲师	昆明理工大学，检测技术与自动化装置，硕士	兼职	物联网概论等课程
8	吴晟	男	65	教授	云南大学，数学，学士	校外兼职	专业综合实习等
9	周宏志	男	35	高级工程师	昆明理工大学，电子通信，硕士	校外兼职	程序设计基础课程设计、计算机网络组建及维护实训、Android 程序设计实训等课程
10	黄浩	男	35	工程师	东北林业大学，社会工作，学士	校外兼职	岗位实训等
11	陈海洋	男	37	工程师	郑州大学，工商管理，学士	校外兼职	传感器与技术实训、传感网与技术实训、岗位实训等
12	白辛宫	男	35	高级工程师	河南科技学院，计算机科学与技术，学士	校外兼职	程序设计基础课程设计、计算机网络组建及维护实训、Android 程序设计实训等课程
13	邵建龙	男	58	教授	浙江大学，自动化，硕士	校外兼职	传感器与技术实训、传感网与技术实训、岗位实训等
14	冯江	男	53	工程师	湛江海洋大学，制冷工艺，学士	校外兼职	计算机网络组建及维护实训、传感网与技术实训、综合布线实训等
15	俞正凡	男	29	工程师	西南科技大学，信息管理与服务，学士	校外兼职	传感器与技术实训、传感网与技术实训、岗位实训等
16	张益恭	男	33	讲师	中国科学院大学，天体测量与天体力学，博士	校外兼职	程序设计基础课程设计、计算机网络组建及维护实训、Android 程序设计实训等课程

（二）教学设施

1. 校内实训室

主要包括专业教室、校内实训室、校外实训基地、学徒实习基地、支持信息化教学方面的基本要求。本专业校内实训室共有 5 间实训室，1 个“1 + X”传感网应用开发考核站点。

（1）3 间实训室：包括传感与接入技术实训室、射频识别技术实训室、干燥单元实训室、反应釜单元实训室、传热单元实训室、精馏单元实训室、过滤单元实训室、液体输送单元实训室。实训室相关设备的名称、数量、相关项目及服务课程，见表 2-17。

表 2-17　实训室相关设备的名称、数量、相关项目及服务课程

序号	设备名称	设备数量	主要实训项目	服务课程
1	无线传感终端	30	1. ZigBee 无线网络实训。 2. WiFi 无线网络实训。 3. 蓝牙无线网络实训。	传感器技术与应用、传感网技术与应用等课程

续上表

序号	设备名称	设备数量	主要实训项目	服务课程
2	RFID 实训设备	30	1. 读写器性能测试。 2. 标签性能测试。 3. 校园一卡通综合实训。 4. 校园门禁管理实训。 5. 校园安全智能管理实训。 6. RFID 校园门禁考勤实训。	电路与电子技术基础、RFID 技术与应用等课程
3	嵌入式开发设备	33	1. 软件程序的编写。 2. 串口、键盘、LED、LCD、看门狗、音频、SD/CF 卡、摄像头驱动、无线上网、GPS 等。	电路与电子技术基础、传感器技术与应用、嵌入式技术及应用等课程

(2)2 间计算机仿真实训室：包括物联网综合应用实训室、智慧城市虚拟仿真实训室。

序号	设备名称	设备数量	主要实训项目	服务课程
1	物联网工程应用实训系统	4	1. 智慧园区。 2. 智慧商超。	程序设计基础、Android 程序设计等课程
2	NEWLab 教学实验套件	33	1. RS-485 总线通信应用。 2. CAN 总线通信应用。 3. 基于 BasicRF 的无线通信应用。 4. WiFi 数据通信。 5. NB-IoT 联网通信。 6. LoRa 通信应用开发。 7. 物联网 IoT 运营平台应用与管理	电路与电子技术基础、传感器技术与应用、传感网技术与应用、嵌入式技术及应用、物联网综合应用技术等课程

(3)"1 + X"传感网应用开发考核站点。

序号	设备名称	设备数量	主要实训项目	服务课程
1	传感网应用开发实操平台	33 套	"1 + X"传感网应用开发考证	"1 + X"传感网应用开发考证、传感器技术与应用、传感网技术与应用、嵌入式技术及应用、物联网综合应用技术等课程

2. 校外实训基地

物联网应用技术专业与昆明能讯、新大陆时代教育等四家行业的信息技术企业建立紧密长期的人才培养合作关系，每年为数控技术专业提供约 70 个实习岗位，为认知实习、岗位实训Ⅰ和岗位实训Ⅱ提供实施条件。校外实训基地的具体企业及提供岗位相关信息见表 2-18。

表 2-18　校外实训基地的相关信息

序号	校外实训企业名称	提供工位数(个)	所在行业	实习岗位
1	昆明能讯科技有限责任公司	20	信息技术	认识实习、岗位实训等
2	昆明洲创科技有限公司	10		
3	云南唯康通信技术有限公司	10		
4	新大陆时代教育科技有限公司	30		

(三)教学资源

教材、图书、数字化教学资源。

教材选用严格按照教育部发布的《职业院校教材选用管理办法》执行。建有精品在线开放课程7门,校园无线网全覆盖,确保线上线下混合式教学有效开展。

(四)教学方法

根据专业培养目标,结合企业实际,鼓励教师创新教学组织形式、教学手段和教学策略,灵活运用案例教学、项目教学、模块化教学、任务驱动、头脑风暴、思维导图、情境教学等教学方式,广泛运用启发式、探究式、讨论式、参与式等教学方法。科学利用实训室教学资源,实施理实一体化教学等教学模式,实现学中做、做中学,达成素质、知识和能力目标。根据课程内容特点,充分利用网络课程教学资源,推广翻转课堂,实施线上线下混合式教学等新型教学模式。

(五)学习评价

对接学分银行,创新书证融通,引入先进企业行业(企业)标准,实施学分互认。以教师、企业导师、学生为评价主体;采用由过程考核、项目考核、综合测试考核三部分组成的形成性课程考核评价方式;通过自评、互评、点评,结合云课堂,形成课前、课中、课后全过程考核。在校期间总体学习情况包括各项理论及实践课程学习成绩、岗位实训实习表现、综合素质测评、毕业设计完成质量、专业技能抽查效果、"1+X"认证情况、各级各类专业竞赛获奖情况等。确保多元主体参与,有效促进教学目标达成。

(六)质量管理

(1)学校与学院建立了专业建设和教学质量诊断与改进机制,健全了专业教学质量监控管理制度。组建专业人才培养方案制订团队,定期开展对数有色冶金技术相关岗位知识、技能、素质要求进行调研与论证。完善课堂教学、教学评价、实习实训、毕业设计、资源建设等方面的质量标准建设,通过教学实施、过程监控、质量评价和持续改进,达到人才培养规格目标。

(2)建立毕业生跟踪反馈及社会评价机制,并对生源情况、在校时学业水平,毕业生就业情况,毕业后1~5年综合状况等进行分析,定期评价人才培养质量和培养目标达成情况。

(3)定期开展课程建设水平和教学质量诊断与改进,建立健全巡课、听课、评教、评学等制度,建立与企业联动的实践教学环节指导制度,定期开展公开课、示范课等教研活动,形成了任务、职责、权限明确,相互协调、相互促进的质量管理有机整体。

(4)学校制定了《学生综合素质测评实施办法》,把学生综合素质测评纳入质量考核体系,综合素质测评内容包括:品德操行测评、学业成绩测评、创新创业测评、社会实践测评等方面。

九、毕业要求

学生在规定年限内,修满140学分,其中,必修课116学分,选修课24学分。达到专业培养目标和培养规格要求,综合素质测评成绩为及格及以上(总分100分,及格为60分)。

十、附录

附录一、X证书资格证书转换学分及对应课程

附录一　X证书资格证书转换学分及对应课程

序号	X证书	等级	认定学分	职业资格证书对应置换课程	备注
1	传感网应用开发	高级	5	1. 传感器技术与应用。 2. 传感网技术与应用。 3. 嵌入式技术及应用。 4. 物联网综合应用技术。	1. 选择嵌入式技术及应用课程转换学分。 2. 选择传感器技术与应用、传感网技术与应用、物联网综合应用技术一门课程转换学分。
		中级	4	1. 传感器技术与应用。 2. 传感网技术与应用。 3. 物联网综合应用技术。	任选择二门课程转换学分
		初级	2	传感器技术与应用。	任选择一门课程转换学分

第 3 篇

校企合作调研报告

校企合作是高职教育发展的重要内容，随着高职教育内涵式发展的推进，中国特色高水平高职院校建设明确把提升校企合作水平作为重要任务之一，校企合作进入新阶段。基于双高建设，高职院校要在遵循教育规律与市场规律的基础上，深化校企合作体制机制改革，在课程教学、专业群建设、人才培养目标等方面积极探索校企协同育人模式创新，提升高职院校服务产业转型升级的能力，推动高职院校和行业企业形成校企合作命运共同体。

本章节结合昆明冶金高等专科学校测绘工程技术双高专业群建设实际，详细分析了：计算机信息学院现代通信专业、计算机信息学院物联网技术专业、南方测绘产业学院、测绘学院地理信息技术专业、建筑工程学院建筑装饰工程技术专业、建筑工程学院道桥专业，校企合作办学过程中，在课程建设、产教融合、技能大赛、学生就业、社会化服务等方面所采取的具体做法以及取得的成绩。

案例一　计算机信息学院现代通信专业校企合作调研报告

计算机信息学院　容会

2023 年 3 月 15 日

2015 年，学校与中兴通讯签署合作框架协议，校企合作开办通信技术专业，现将通信技术专业校企合作案例调研情况汇报如下：

一、开展校企合作案例调研基本情况

（一）校企合作，产教融合的案例基本情况

现代通信技术专业以昆明冶金高等专科学校计算机信息学院为基础，根据《国务院关于加快发展现代职业教育的决定》的文件精神提出的“引导支持社会力量兴办职业教育”的要求，云南省教育厅批准同意从 2015 年起试点开办《通信技术》校企合作专业。通信技术专业自 2015 年 9 月实现第一届招生，到今年已经完成八届招生，在校学生超过 720 人。截至 2022 年 7 月，已有接近 1300 名通信技术专业毕业生走出校门，为通信行业建设和发展贡献力量。

（二）校企合作，产教融合主要做法

成立校企共建、共管的中兴 NC 学院，由中兴新思教育（后改为北京华晟经世信息技术股份有限公司）提供教学实训设备、按行业需求设计最新课程体系及教材、派驻企业工程师驻校教学、双方联合组建师资团队、搭建学生就业平台，提供学生就业企业资源，推荐学生就业，学校提供教学场地及学生管理人员，配备两名专业课讲师，共同参与人才培养。

（三）校企合作，产教融合取得的成效

自 2015 年校企双方合作以来，已历经 8 年。在学校各级领导的关怀支持下，校企合作现代通信技术专业建设取得了丰硕成果：

1. 招生规模始终保持高位稳定

在学校、学院和招生就业处的大力支持下，从 2015 年合作第一届招生 169 人，到 2022 年始终保持 4 个班、220 人以上规模，并且每年单招、统招报考现代通信技术专业学生人数呈逐年上升趋势。

2. 专业建设取得显著成效

2018 年，作为学校“基于三业联动的产教融合专业建设管理模式研究及实践”其中一项案例申报国家教学成果二等奖。

2019 年，首次参加全国职业院校技能大赛“4G 全网建设”赛项，获国家级三等奖。

2019 年，成功申报全国第三批、云南省第二批现代学徒制试点专业，并在 2021 年验收。

2022 年，作为“1 + X”证书“5G 运维”（初、中、高级）试点，实践课证融通，200 人次报考，180 余人通过认证考试，通过率 91% 。

2022 年，承办“5G 全网建设及运维”省赛，获省一等奖和二等奖；历年来参与各类行业赛，多次获得国赛、省赛一等奖。

从 2019 年至今，校企联合编写并出版《信息技术》等四本教材，并在校内规模使用。

现代通信技术专业毕业生遍布云南省内几乎所有行业内企业，包括电信运营商、中兴通讯、工程外包商等，就业率和专业对口率稳居前列。

3. 师资队伍支撑有力

由学校和合作企业共同组建的现代通信专业教研室总共 10 人，其中校方 2 人，企业方 8 人，平均年龄 35 岁左右，校方老师均为讲师职称，在入职学校前，都有行业工作经验，且每年参加由企业方提供的寒暑期专业技术培训；企业方驻校老师都有丰富的通信工程实践经验；双方老师融合度较高，团结互助、取长补短，是一支理论和实践较为全面的“双师型”教学队伍。

4. 探索国际交流

2020 年，成为教育部中外人文交流中心“人文交流经世项目”首批入选院校，2021 年，现代通信技术专业与泰国坦亚武里皇家理工大学共建海外“经世学堂”。

5 办学条件日趋完善

校企双方自 2015 年开始，不断建设和完善现代通信技术专业实训条件，分别在 2016 年、2017 年和 2022 年，建成并投入使用十四个教学实训平台，涵盖 2G、3G、4G、5G，传输、交换、数据通信、三网融合等门类，实训条件在西南地区高职高专中属一流水平。

二、开展校企合作案例调研情况分析

（一）在办学机制体制方面

成立校企共建、共管的中兴 NC 学院，由学校投资实训室装修及配套，企业方投入实训设备的合作模式，分三期建设完成。目前云南省内高职院校最先进的通信实训平台，涵盖三大运营商（中国移动、中国联通、中国电信），全部前沿技术要求的数据通信网络实训平台、PTN 分组光传输实训平台、PTN 分组光传输仿真实训平台、程控交换技术仿真实训平台、三网融合接入实训平台、三网融合软交换实训平台、三网融合视频会议实训平台、GSM 网络系统配置与维护实训平台、3G 网络系统配置与维护实训平台、4G LTE 移动通信技术仿真实训平台、4G 网规网优实训平台、通信电源实训平台、工程安装实训平台，校企合作共建实训平台；2022 年，企业方再次投资建设 5G 移动运维实训平台，极大完善了学校教学实训环境，同时为“1 + X”5G 运维认证的课证融通打下基础。

学校根据双方协议规定，对招生指标进行倾斜，从 2015 年第一届招生到 2022 年的八届招生，生源数量和质量实现稳中有升，招生数和报到率均在学校前列，录取分数线每年都远超专科录取分数线，大部分学生均在三本线以上。

企业方按合作协议要求，从 2017 年初，设置就业经理岗位，专项负责通信技术专业学生的就业推荐工作,通过半年多的努力,已经建成涵盖网优、设计、工程、维护等500多岗位、40多家用人单位在内得通信技术专业就业资源池,连续4年通信技术专业就业率97%以上,就业对口率82%以上。

(二)在人才培养方面

校企合作通信技术专业启动以来,学校及计算机信息学院先后多次到深圳中兴通讯股份有限公司、中兴精诚技术有限公司昆明办事处、云南电信公司等多家企业进行调研,摸清企业人才需求和学校教育教学需求。学院充分利用校企间的紧密合作关系,在实践过程中与合作企业在课程开发、实训基地建设、专业技术师资互通共享、生产性实训及教学管理、学生顶岗实习和就业等方面建立了"双向介入、互补互利、共建共进"的长效机制。企业以合作伙伴的身份,参与到专业的课程开发、教学计划制定、课程教学与实训实习管理等教学全过程中来,使教学过程与生产及工作过程相结合,实现学院实训与企业经营一体化,工程技术人员与教师一体化,使学生从入校到毕业都能全程置身于真实的职场环境中学习训练。

将前述经验归纳总结,逐步形成了切实可行的,易于实践的人才培养新模式,即在专业教育教学中,融合企业培训内容,融合企业培训师资,融合企业实训设备,分享企业实习实践平台。该模式有效借助企业之力,实现学校与市场的顺利衔接,充分体现了职业教育"实践为本、创新为魂"的理念。

(三)在专业课程体系建设方面

学校与北京华晟一道,参照相关的通信职业资格标准,对通信技术专业的课程体系进行了重新建构,并围绕课程内容的适应性、培养途径的过程性、教学情境的职业性、教学方法的行动性、教学评价的整体性和质量监控的实效性进行全面深化改革,形成了全新地注重职业素质、突出就业竞争能力和职业发展能力培养的专业课程体系,让学生在校学习期间能够获得职业资格认证,课程体系的共建也促进了校企双方教师合作开发通信技术专业基础和专业课新课程标准。

参照省级精品课程建设指标体系标准,以职业能力培养为重点,结合通信行业公司的真实工作任务及工作过程,整合教学内容,设计学习性工作任务,建设充分体现职业教育职业性、实践性、开放性要求的优质专业核心课程。核心课程建设强调教学过程与工作过程一致的设计理念,针对岗位职业行动能力设计教学内容,按照"做中学"的学习规律,创设工作情境的教学条件,实施行动导向的教学方法,拓展通信技术和网络教学的课程资源,建设成效显著。

(四)在师资培养方面

利用校企融合平台,创新了教师培养、使用和激励机制。依托北京华晟,通过企业暑期短训、送培等途径,优化专业带头人和骨干教师结构。目前,通信技术专业师资由企业讲师、学校讲师混编组成,其中企业讲师7人、学校讲师3人。企业讲师全部来自中兴通讯、华为技术、中国铁塔、UT斯达康,具有多年的工程经验及丰富的教学经验。从校企合作启动开始,学校分别于2015年、2016年、2017年、2018年、2019年、2021年暑期,先后派遣讲师到合作企业方进行进修培训,每期培训时长均在3~4周。为突出校企合作优势,企业方配备职业素质讲师,负责学生职业素质培养,让学生在技术学习的同时提高综合素质。

(五)在社会服务能力方面

为了锻炼学生岗位技能,让学生提早接触和熟悉通信行业岗位需求,提高学生职业水平能力,同时助力双高建设，提升区域、行业知名度，通信技术专业与安宁移动、安宁铁通开展积极合作，学校和学院提供政策支持，利用移动和铁通提供的工程资源，共同为学生提供岗位锻炼和社会服务机会。但在2021和2022年，没有开展相关工作。

三、开展校企合作案例调研经验总结

通过本次校企合作调研，总结出以下校企合作经验：

（一）突出行业需求，创新人才培养模式

通信技术专业校企合作人才培养模式实现了四个突破：一是师生教学实现真实工作岗位与教学的零距离突破；二是强化了教师的职业素质和实践动手能力的培养，实现了教师培养的新突破；三是实现了教、学、做、用与生产实际的“无缝对接”，突破了传统模式教与学的有缝接合；四是以生产实践为载体构建课程体系得到突破，真正实现了校企合作共同培养人才。该模式有利于提升学院内涵，有利于打破传统的人才培养观念，有利于学生职业素质和就业竞争力培养，一定程度上解决了束缚校企有效结合，培养高素质应用型人才的瓶颈问题。

（二）企业对学生质量严格监督

用企业标准对在校生培养质量严格把控，社会用人单位通过调查即将实习的学生的思想政治表现、职业道德、文化素养等评价较高，对业务素质、职业技能评价较好。

（三）优质就业服务地方

学校地处欠发达的西南边陲，学生大多家庭条件差，他们的就业往往承载了一个家庭对美好生活的期望，学校的深度校企合作为学生们的日常学习明确了奋斗目标，增强了动手能力，提高了就业竞争力。

（四）提高了职业教育的知名度

校企合作以来，扩大了学校社会影响力及知名度。吸引了多家兄弟院校和企业前来参观调研，共同探讨校企深入合作模式，其中高校如昆明理工大学、云南交通职业技术学院、德宏教育学院等十余家，企业如中兴精诚技术有限公司、南京顺盛网络技术有限公司等十余家。

但应反思以下不足：

（一）引领作用发挥不足

人才培养模式创新不足、驱动力不够，引入企业方准职业人培养的职业素质课程以及实际工程案例作为实训素材外，教学模式还保留着较为传统的模式，区域内影响力提升不显著。

（二）社会服务体现不足

团队科技创新能力不高，培训等社会服务活动驱动力不足，对服务地方经济和技术发展贡献不够。

四、结合案例在实际工作中的推广应用

学校投入场地和相关配套、企业方投入核心专业课驻校讲师以及实训平台的合作模式可在校

企合作中进行推广,增强职业教育适应性:

(1)学校可在小成本投入的情况下,以极快速度办起一个热门工科专业。

(2)企业方驻校讲师的加入,有利于双师型讲师团队的建设和发展。

(3)企业方自有的课程资源,使学生在校学习的技能更贴近与行业的人才和技能需求。

(4)企业方可以带入更多的行业资源、就业资源,有利于横向课题和项目建设,满足学校社服科研需求。

案例二　计算机信息学院物联网技术专业校企合作调研报告

计算机信息学院　潘宏斌

2023 年 3 月 20 日

根据《中华人民共和国职业教育法》《国务院关于印发国家职业教育改革实施方案的通知》《国务院办公厅关于深化产教融合的若干意见》《国家产教融合建设试点实施方案》《专精特新产业学院建设指南》《产业学院建设指南》《关于推动现代职业教育高质量发展的意见》等文件精神,明确高校要深化产教融合,发挥企业主体作用,全面推行校企协同育人,促进教育链、人才链与产业链、创新链有机衔接,构建产教融合协同育人长效机制,有效缓解结构性就业矛盾,促进产业升级。

随着校企合作、产教融合的深入发展,产教融合的内涵与外延以及承载的历史使命在持续演进并被赋予新的内容,初期的产教融合是职业教育领域的校企合作协同育人,解决职业教育人才培养滞后于产业发展的问题;现阶段的产教融合是区域产业集群与高校专业集群深度融合,专业和产业深度融合,高校和当地产业及规模以上企业深度融合,通过上述的深度融合,在培养符合产业需要的人才的同时,高校更主动和积极地参与服务地方经济和产业发展。现将昆明冶金高等专科学与北京新大陆科技有限公司(以下简称"新大陆")校企合作案例调研情况汇报如下:

一、开展校企合作案例调研基本情况

(一)校企合作,产教融合的案例基本情况

计算机信息学院物联网应用技术专业为国家"双高计划"建设项目"测绘工程专业群"组成专业之一。专业设置时间为 2013 年 4 月;本专业每年双班招生,现在在校人数 308 人。

专业人才培养目标为物联网应用技术专业立足云南省,面向 ICT 企业,兼顾政府及事业单位。具备通信网络、RFID 产品安装与调试、传感器安装与调试、嵌入式系统和计算机技术方面的基本知识。具备工程布线、软件产品安装及维护升级、系统联调、硬件维护及故障排除、实施方案设计以及管理等技能。能够进行物联网工程项目的运行维护及监控、系统集成及服务、设备安装及应用、技术支持、物联网系统的设计开发等工作。具备较强的就业和职业迁移能力、在生产一线工作的高技能应用型人才。

2020 年 10 月,物联网应用技术专业跟新大陆签署校企合作协议,主要合作方向是师资培养、云南省职业院校技能大赛,全国职业院校技能大赛的培训、合作建立"1 + X"传感网实训室及考培中心,从而为下一步社会培训及服务打下基础。

(二)校企合作,产教融合主要做法

为校企合作的物联网企业提供咨询服务,在物联网应用开发、系统实施、技术支持等方面提供全方位支持和帮助。连续五年承办云南省职业院校技能大赛-物联网技术应用赛项的竞赛组织工作。

（三）校企合作，产教融合取得的成效

2020 年 10 月申报了校级双师型教学基地；2020 年 2 月初步建成专业课在线教学资源库；2020 年 4 月获云南省技能大赛一等奖两项；2020 年 7 月获云南省创新创业大赛金奖一项、银奖二项；2020 年 7 月获云南省计算机设计大赛二等奖一项。2020 年 7 月成功申报《物联网概论》思政课校级课题。2020 年 12 月开始"1＋X"《传感网应用开发》证书考核的师资培训。2020 年 10 月申报了"校级技能大师工作室"。2020 年 10 月与新大陆签署校企合作协议。2020 年申报软件著作权四项。2021 年云南省职业院校技能大赛一等奖两项，2022 年获得全国职业院校技能大赛物联网技术应用大赛三等奖一项。

二、开展校企合作案例调研情况分析

（一）在办学机制体制方面

（1）贯彻落实科学发展观，以培养物联网新一代信息技术服务数字经济产业高技术技能型人才为目标，遵循"供给创造需求、需求产生合作、合作带来共赢、共赢促进发展"的校企合作机制，校企双方建立长期、紧密的合作关系。

（2）确立双方在人才培养、社会培训、科技创新等工作中发挥各自优势，建立合作关系。

（3）适应市场发展需要，大力发展现代化高等职业教育，探索新型校企合作办学模式，实施以"零距离、高质量"就业为目标的职业能力培养教学模式，为产业企业培养高素质的应用型人才，双方同意建立校企合作关系，在人才培养、专业建设、课程建设、师资建设、学生实训及就业、竞赛辅导、社会培训、技术服务等方面建立紧密的合作。

（二）在人才培养方面

1．"岗课赛证创"综合育人理念

校企双方共同围绕当地物联网产业人才需求及岗位能力分析，引入新大陆"岗课赛证创"综合育人理念，面向物联网嵌入式开发、物联网系统集成、售后技术工程师、物联网应用开发等岗位需求，把真实情境的岗位典型工作任务融入课程，把富有趣味的技能竞赛融入案例和情境训练，把具有含金量的职业证书融入学习成果评价，实现相互间的有效衔接和有机融合，强化职业教育类型特色，增强职业教育适应性，提高职业教育技术含量，培养学生综合职业能力，扎紧产教融合校企合作纽带，促进教育链、人才链与产业链、创新链有效衔接。"岗课赛证创"育人理念，1＋X＋Y 人才培养模式，如图 3-1、图 3-2 所示。

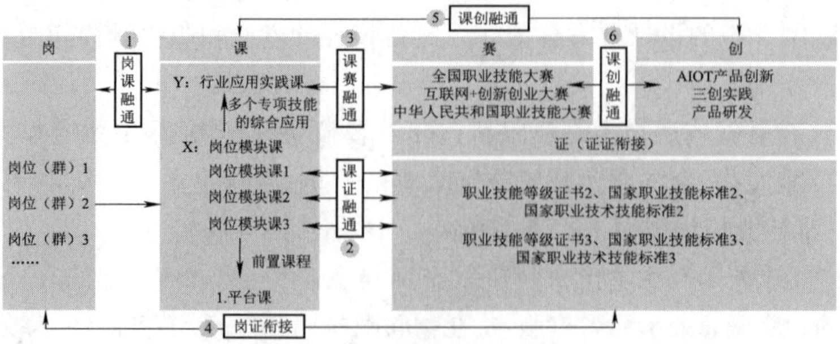

图 3-1　"岗课赛证创"育人理念

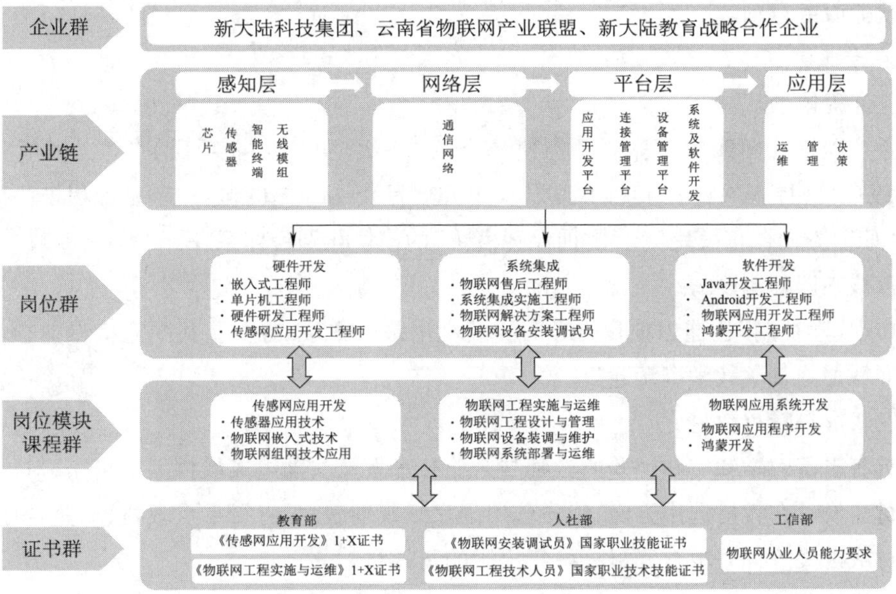

图 3-2　1 + X + Y 育人框架

专业组群逻辑对应物联网产业链中的整体感知、可靠传输和智能处理等环节，最后通过应用层打通多种技术的融合应用，根据职业技术学院特点及当地经济特色，立项调研当地省市在合作专业相关的行业企业对人才的需求，联合云南省物联网产业联盟，共同完成云南省物联网《专业人才调研报告》，充分考虑中高本贯通，共同制定专业的人才培养方案，丰富和完善教学计划、课程标准、教学大纲，并定期组织召开研讨会，对教学质量进行评估检查，对人才培养方案进行优化调整，最终实现高质量的人才培养体系。

2. 学生及教师竞赛辅导

针对学生技能竞赛、互联网 + 创新创业大赛等赛事，开展赛事说明，组织区域内拉练赛，辅导学生队伍；针对教师竞赛，推荐院校教师参加新大陆杯教师技能大赛，大赛从参赛要求到评分标准均对接全国教师教学能力大赛，以“老带新”的方式，往届获奖选手作为指导教师带多只参赛队伍，帮助院校教师提高教学能力的同时，孵化出参加国赛的参赛作品，起到预备赛作用，针对院校教师参加教学能力比赛，新大陆还将对接大赛指导专家，提供比赛技巧指导等内容，提升获奖概率。

3. 现代学徒制授课服务

为进一步深化产教融合、校企合作，完善校企合作育人机制，新大陆将引进企业专家，每年提供 1 ~ 2 周的专业讲座，内容涵盖物联网前沿技术讲座、技能提升培训、职业素养等内容，校企共同主导人才培养，设立规范化的企业课程标准、考核方案，将专业设置与产业需求对接，课程内容与职业标准对接，教学过程与生产过程对接，毕业证书与职业资格证书对接，职业教育与终身学习对接，提高人才培养质量和针对性。

4. 高质量就业服务

依托新大陆合作企业、云南省物联网产业联盟等优势，新大陆联合 1000 + 数字技术领域行业龙头企业、国企、央企、中小微企业开展就业动员大会、实习生优才选拔、直播带岗、企业专岗定制等一系列就业服务行动。

(三)在专业课程体系建设方面

1. 优化课程体系

引入企业项目式实践教学体系。构建一个以“一级项目(专业项目)”、“二级项目(专项项目)”、“三级项目(课程项目)”和“四级项目(单元项目)”为导向的包含“基础课程模块”、“专业课程模块”、“职业方向课程模块”和“实训课程模块”的模块化课程体系。

2. 完善核心课程建设

基于“现代学徒制”构建以项目为导向的模块化课程体系,与企业共同完善专业核心课程,优化教学标准和加强基础教学资源建设。

3. 开发新形态特色教材

组织具有丰富教学和实践经验的教师与企业技术人员共同组成教材编写班子,对优质特色课程进行教材建设。在教材选用方面,优先选用国家级规划教材、省级重点教材、校企合作开发使用的校本教材或讲义等优秀教材和最近两年出版的新教材。

4. 建设优质课程

对课程深化建设,建设优质核心课程。建设内容包括优化的课程标准、课程教案、录制教学视频等教学资源。

5. 建设在线开放课程

在原有共享资源课程建设的基础上继续与物联网企业合作,继续优化完善已有的共享资源课程,并开展网络教学试点工作。

6. 教材及资源建设

校企根据职业教育项目式、活页式、工作手册式等新形态教材及在线课程资源开发需求,对接行业前沿和主流技术,吸收行业发展的新知识、新技术、新工艺、新方法,利用新大陆“教材设计三维模型”、“教学资源项目积件模型”,从行业企业职业岗位的活动过程出发,梳理、拆分企页项目案例,衔接物联网安装调试员、物联网工程技术人员、“1 + X”职业技能等级标准,联合开发物联网专业课的教材及线上线下融合式的丰富教学资源,并根据行业创新链条的动态发展及实际教学实践不断优化。“1 + X + Y”课程体系示意图如图3-3所示。

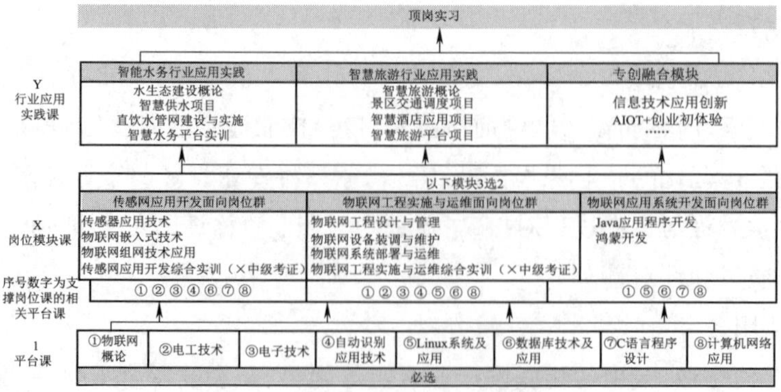

图3-3　“1 + X + Y”课程体系示意图

(四)在师资培养方面

以教育部办公厅《“双师型”教师认定工作的通知》中的具体要求为评价标准,校企双方形成“传帮带、互融共通”的教师队伍,开展校企导师联合授课、联合指导,创新教师激励制度,在开展常规教学之外,新大陆提供师资研讨会、“1 + X”技能培训、数字技术工程师培训、职业技能提升培训等教师培训项目,帮助院校师资在不同层次提升技能水平,发挥新大陆作为全国职业教育教师企业实践基地的作用,为院校师资提供测试工程师、项目经理、软件开发、嵌入式开发等岗位,以岗位培训或项目合作等方式,接收院校师资在企业顶岗 3 ~6 个月,持续性提升双师型教师水平。

(五)在社会服务能力方面

新大陆充分发挥作为“传感网应用开发”“物联网工程实施与运维”“人工智能设备开发”“大数据工程化处理与应用”等“1 + X”职业技能等级证书的评价组织,国家职业技术技能标准“物联网工程技术人员”、“大数据工程技术人员”起草单位、“物联网安装调试员”、“人工智能训练师”的题库参与建设单位等优势与实力,并充分利用新大陆全国职业教师顶岗实践基地、国家职业教师培训基地等资质,联合昆明冶金高等专科学校的各项资质和实力,开展对外师资培训。同时,不断对接区域企业,共同梳理企业用人需求,引入企业真实项目案例,针对岗位要求开发职业培训资源包,以“育训结合、长短结合、内外结合”的要求,面向毕业生、企业员工等人开展相关职业技能提升培训。新大陆可支撑开展的社会培训内容见表 3-1。

表 3-1　社会培训项目清单

序号	培训类别	培训简介
1	对外师资培训	含国培、省培、骨干教师培训、专业建设培训等
2	行业应用综合实践	针对在岗新职工开展行业应用实践培训
3	“1 + X”职业技能鉴定	针对物联网等专业在校生,开展新一代信息技术职业技能水平培训与认证
4	职业技能提升培训	针对毕业生及企业在岗职工开展职业技能培训,如物联网安装调试员、电子商务师、网络与信息安全管理员、信息通信网络机务员、信息通信网络线务员等

注意,利润按照校企 1∶1 分配(扣除师资及运营等成本)

三、开展校企合作案例调研经验总结

通过本次校企合作案例调研,深入了解了新大陆的内涵,更清楚现在市场行业对人才培养的需求,清楚企业能对学校学生的培养,做一些什么样的支撑。

1. 创新校企协同育人机制

通过运营,明确校企双方职责、分工,推进校企紧密合作、协同育人。探索人才培养成本分担机制,统筹利用好校内实训场所、公共实训中心和企业实习岗位等教学资源,形成企业与职业院校形成企业与职业院校混合所有,协同育人的长效机制。

2. 改革人才培养模式

校企共同设计人才培养方案,推进学校与企业在人才培养、专业建设、课程建设、顶岗实习、实习就业、实训基地建设、订单式培养、产品开发、技术咨询、项目申报等方面的全面合作，创新办学模式，探索产学一体化的校企合作平台。

3. 提高学生就业水平

引进产业优质资源，促进学校人才培养方案与培养方式的改革，全面提升学生专业技能、职业素养、就业适应能力和职业发展能力，增强学生就业综合竞争力。提高学生就业水平和专业对口率。

4. 建设校企混编师资队伍

完善创新型师资队伍建设，建立健全混合型师的选拔、培养、考核、激励制度，形成校企共体同管机制。建立灵活的人才流动机制，校企双方共同制订双向挂职锻炼、横向联合技术研发的激励制度和考核奖惩制度。

5. 建立多方参与的考核评价机制

创新考核评价制度，制订以育人为目标的实习实训考核评价标准，将学生自我评价、教师评价、企业评价、社会评价相结合，积极构建第三方评价机制，由行业、企业和对学生进行技能达标考核。建立定期检查、反馈等形式的教学质量监控机制。

四、结合案例在实际工作中的推广应用

（一）可以跟企业进行相关合作

1. 双师共育，打造创新型教学团队

深化产教融合，将行业专家、企业工程师、成功的创业者、创业毕业生聘为兼职教师、实习实践指导教师、创新项目指导教师，充实创新创业教育师资队伍。以生产性实训基地为基础，福建省高校物联网应用工程中心为依托，打造一支专职为主、兼职为辅的“三创”师资队伍。

2. 创新项目实践、创新团队孵化、创新项目扶持

由校企双方导师入驻，共建共管。成立物联网创新创业基地。以物联网科普、物联网产品开发、参与学院科研工作、培育物联网方面技能大赛以及发掘物联网创业人才作为基地活动目标。不同专业的学生可进行团队学习、研究、合作。工作室主要目标是通过真实的产品研发，锻炼学生研究能力和创新能力，主动寻找问题和解决问题方法，培养学生团队合作能力。

3. 创新现代学徒制办学模式

现代学徒制人才培养要求工学结合，在企业技术员指导下进行岗位实训，完成学习任务。由于物联网技术到企业频繁进行岗位实训，会影响企业的正常工作。因此，在校内建设专业生产性实训基地，每学期安排学生在生产性实训基地进行岗位实训，在企业师傅的指导下完成的岗位实训任务。这种校内外相结合进行的岗位实训，拓展了现代学徒制人才培养的时空限制，获得较好的效果。

4. 教学成果

由企业派驻企业工程师、项目经理及企业导师，参与了专业核心课的教学、教学实践、专周实训、校内实训及企业实训的开展，企业工程师教学体现校企合作专业特色的，项目全部来自企业，

有行业工作经历，充分发挥这一优势，同时通过教学研讨、教学培训、教学观摩，帮助企业工程师提高教学水平。并协助开展“1 + X”物联网系统应用技术等证书的相关培训。

5. 竞赛合作，赛事资源转化

通过竞赛，检验了我院学生在物联网组建、物联网产品配置与应用、物联网应用系统开发等方面的关键技能和职业素养，以及对质量、效率、成本和规范的意识。

通过竞赛，落实“十四五”规划中关于推动物联网全面发展、推进物联网应用和智能化改造的相关要求，促进产教融合、校企合作，增强专业建设及课程教学的针对性，推动师资队伍建设和人才培养质量提升。

（二）校企合作存在问题

1. 深化产教融合方面

企业服务中，在技术深度、服务深度、服务质量等方面，均需完善和提升，进一步推动校企合作体制，打造内涵式校企合作建设。

2. 物联网生产性实训基地运营方面

未发挥区域物联网产业优势，缺乏区域产业项目的引入，将专业与产业结合，服务于区域经济的发展，解决校域人才输送最后一公里问题。

3. 校企合作运营方面

缺乏健全的校企合作治理结构，未形成完善的市场运行，建立健全合作办学管理与运行工作制度，促进校企之间更加紧密地合作。

案例三　南方测绘产业学院校企合作调研报告

测绘学院　马娟

2023年3月23日

为学习其他院校在校企合作、产教融合方面好的做法和经验助力我校高质量人才培养工作，2023年3月22日，在余宇楠副校长带领下，我校一行6人到中山职业技术学院调研。中山职业技术学院，是经教育部备案、广东省人民政府批准成立的一所公办全日制专科高等学校，为国家优质专科高等职业院校、广东省示范性高职院校、广东省一流高职院校建设单位。现将中山职业技术学院校企合作案例调研情况汇报如下：

一、校企合作，产教融合的案例基本情况

中山职业技术学院将产教融合、校企合作的理念贯穿到办学的各个环节。学校由马克思主义学院和素质教育中心等两个公共课学院以及五个专业学院、五个产业学院组成。2012年，学校开始建立产业学院，由地方政府出资提供场地、设备投入等，提供产业学院建设平台。学校实施“百企入校”计划，目前进驻学校的企业、行业科研机构超过90家。

二、校企合作，产教融合主要做法

在产业学院框架下，由学校根据情况，选择与专业密切对接的企业，引企入校。企业承担学校部分课程授课工作，校企合作共建技术研发机构、创新中心、实训基地等平台，产与教深度融合、校与企命运与共。

三、校企合作，产教融合取得的成效

目前，校企共建育人平台397个。校企合作办学成果《依托专业镇创办产业学院，构建校企合作育人长效机制》获国家教学成果二等奖。

四、开展校企合作案例调研情况分析

（一）在办学机制体制方面

中山职业技术学院实施“专业对接产业”的办学模式，专业建设紧贴中山产业结构，按照“专

业集群、资源集成、管理集约的总思路，建成了与中山先进制造业、现代服务业、战略性新兴产业和传统优势产业等精准对接的九大专业群。九大专业群的35个专业基本涵盖中山全部产业形态。把产教融合和校企合作的理念贯穿办学的各个环节，产教深度融合，校企命运与共。学校依托南区电梯学院等大产业学院，建设专业链、人才链、产业链创新链、价值链“五链”融通的教育服务体系。

（二）在人才培养方面

中山职业技术学院依托大产业学院，实施现代学徒制、订单班等人才培养。采用2+1、1+1+1等人才培养模式，完成学校、企业、岗位实训等课程学习。

打通人才成长通道，建立“中高本一体化”现代职教体系与六家本科、七家中职合作办学，为地方经济和社会发展培养高层次应用型人才。

（三）在专业课程体系建设方面

校企共同制定人才培养方案。课程体系与岗位紧密对接，课程标准、教学设计、考核评价、教材等均由校企共同讨论、确定岗位课程严格与生产过程对接。

（四）在师资培养方面

与企业共建“双师型”教师培养培训基地、企业实践锻炼基地，定期选派教师到企业实践锻炼，提升教师的技术技能。选派教师参加教学能力、信息化教学、专业建设、课程开发、教材开发等培训，提升教师的教育教学能力。

（五）在社会服务能力方面

中山职业技术学院充分发挥高校人才和技术优势，促进高新技术企业孵化、创新人才培养，科技成果转化和产教融合，助力当地经济社会发展。校领导访企拓岗促就业，实地走访企业近百家，为毕业生推荐工作岗位，确保毕业生高质量就业。积极推进终身教育体系构建，成为中山继续教育、技能培训、技术推广文化传播的中心。学校主动服务中山社会管理创新，为当地社会建设提供人才资源、理论指导和实践支撑。

学校现有国家级、省级、市级、校级等多个协同创新中心研究院、工程技术研究中心、产教融合创新平台、检测中心、技能鉴定站、科技服务基地等。开发了多个各具特色的继续教育培训项目，2021年培训量超4万人。目前学校是省级“粤菜师傅”培训基地、省级中职师资培训基地、中山市退役军人培训基地深圳航空有限责任公司安全员培训基地。

五、开展校企合作案例调研经验总结

通过本次校企合作案例调研，了解了发达地区职业院校在校企合作、产教融合方面的思路和做法，为下一步学校、学院结合云南省域、滇中城市群的产业布局，专业或专业群如何紧密对接产业，建设产业学院，探索校企共同实施人才培养、构建课程体系、开发课程、开发教材、建设师资队伍、建设实训基地、开展社会服务等，培养高质量的毕业生打开了思路。

我校办学历史悠久，现阶段，学校面临申办职业本科与上台阶的关键时期，这离不开省级行政主管部门和当地政府的支持。此次调研，也了解到广东省教育厅和中山市政府、当地镇政府对中山职业技术学院在政策、资金、场地等方面的办学支持。下一步，我校要在办学理念、办学思路、办学特色、办学层次等方面有突破，除了前面所述要与区域产业紧密对接、调整学校二级学院组织结构、组建产业学院、校企深度合作等以外，还要尽快寻求省级行政主管部门和当地政府的支持，推动政府部门出台相关支持政策和指导性文件，使政府深度参与和指导职业院校办学切实推进政校行企的协同作用，切实推动职业教育和学校的高质量发展。

六、结合案例在实际工作中的推广应用

南方测绘产业学院于 2021 年 12 月成立，以培养新时期下测绘地理信息人才为目标，遵循"需求产生合作、供给创造需求合作带来共赢、共赢促进发展"的原则，双方建立紧密、长效的校企合作机制，开展教学、培训、生产、实习、就业等校企合作。结合中山职业技术学院在建设产业学院、开展现代学徒制人才培养方面的具体做法，测绘学院后续将取长补短，结合学院实际情况，尽快推进南方测绘产业学院开展实质性工作，具体计划如下：

（一）组建专业合作建设委员会

共同组建专业合作建设委员会，定期召开联席会议，研究南方测绘产业学院运行保障机制，解决合作办学中遇到的问题。制定联合培养方案，指导和监督教学实施，指导和监督实训、实习基地建设，对测绘地理信息类专业人才培养质量进行评估，为改善师资队伍结构提供决策依据。

（二）校企联合进行人才培养

南方测绘组织公司经验丰富或行业有影响力的技术人员参与专业建设，向我校提供行业发展动态及相关资讯，为专业建设出谋划策；在具体推进过程中，南方测绘需支持我校教学改革，参加人才培养方案、教学计划的制定及专业课程的业务问题探讨提供最新技术动态和人才需求动向等资料或数据；协助我校制订及修订测绘地理信息类专业培养目标、教学计划、课程设置等。

（三）实施现代学徒制人才培养

校企双方共同制订测绘地理信息现代学徒制人才培养方案和教学标准，开发岗位工作手册、活页式教材、课程教学资源等共同实施现代学徒制人才培养。

（四）共建生产性实训基地，开展实习实训

利用南方测绘优质的设备、技术等资源，校企双方共建测绘地理信息生产性实训基地。在学校建立项目部，项目部具有生产和教学双重功能。

（五）共建产教融合平台

包括测绘虚拟仿真实训中心、"1 + X"职业技能等级证书考核评价中心、"双师型"教师培养培训基地等。共同推进教育部虚拟仿真实训基地建设项目，服务虚拟仿真教学，面向社会开展技术培训。承担云南省测绘地理信息数据获取与处理、测绘地理信息智能应用、"1 + X"职业技能等级证书考核、评价和运维管理，推进"1 + X"证书制度改革。校企共建"双师型"教师培养培训基地，定期选派学校专业教师到基地参与生产实践和新技术培训。根据学校需求，南方测绘提供部分专业课的师资，来校作为兼职教师承担相应教学任务：学校定期组织企方兼职教师开展教学能力培训，提升兼职教师的教育教学能力。

案例四　测绘学院地理信息技术专业校企合作调研报告

测绘学院　葛俊洁

2023 年 3 月 20 日

党的二十大报告中提到“办好人民满意的教育”。“统筹职业教育、高等教育、继续教育协同创新,推进职普融通、产教融合、科教融汇,优化职业教育类型定位。”进一步明确了职业教育的重要地位和产教融合这一职业教育办学模式的重要作用。为贯彻落实党的二十大精神,提升职业教育人才培养质量,为全面建成社会主义现代化强国、实现第二个百年奋斗目标,以中国式现代化全面推进中华民族伟大复兴提供源源不断的高素质技能人才支持,对我校与南方测绘集团共建的南方测绘产业学院情况进行了调研,现将调研情况汇报如下:

一、开展校企合作案例调研基本情况

(一)基本情况

为充分发挥高等职业技术教育为社会、行业和企业服务的功能,按照“资源共享,优势互补,责任同担,利益共享”的原则,加快打造具有国内领先水平的现代职业教育体系,培养更多具有良好专业知识、实际操作技能和职业态度的高素质技术技能人才,促进高等职业院校深化教育改革、提升教育培训质量,促进企业建立现代化的职工培训体系、加快产业升级,探索共建主体多元、办学开放、人才终身服务和诚信监督的新型公共人力资源服务体系,开展多层次、多形式的合作,建立稳定的校企合作关系,昆明冶金高等专科学校与南方测绘集团于 2016 年成立了南方学院。随着设立“南方奖学金”、开办“南方特色班”、合作举办迎新晚会,南方测绘集团与学校的校企合作越来越紧密,并于 2021 年升级成立南方测绘产业学院。通过校企共建产教融合基地、虚拟仿真基地、技能认证中心、双师培养基地、协同创新中心和科普教育基地实施协同育人,打造创新团队,打造实践育人品牌,服务产业升级。

南方测绘集团是一家集研发、制造、销售和技术服务为一体的测绘地理信息产业集团,拥有遍布全国的三十家省级分公司、百余家地市级分公司、九家海外销售机构,一直以来致力于发展教育事业,多次在全国、省级、校级学生测绘技能大赛和教师讲课竞赛中给予专项经费、仪器设备、软件和人才支持。

(二)主要做法

(1)以培养新时期下测绘地理信息人才为目标,遵循“需求产生合作、供给创造需求、合作带来共赢、共赢促进发展”的原则,校企双方在协商一致的基础上,建立紧密、长效的校企合作机制。

(2)确立校企双方在测绘地理信息专业建设中发挥各自优势,本着资源共享、优势互补,建立多层次合作关系,共同推进我校教育教学、科研、社会服务项目建设工作。

(3)校企双方根据行业需求和自身特点,为培养适应市场所需的测绘地理信息专业人才,优化课程体系,组建专业师资队伍,改进教学方法以及人才培养模式,培养学生专业技能水平和解决实际问题能力,实现真正意义上的技术与成果转化。

(4)通过"四共"建设,锤炼"双能"教师,以教师引领学生,实现"做中教,做中学",校企人员合作开展项目开发、产品研制,实现装备开发与产业化、装备应用与市场化。

(三)取得成效

在校企协同组织的架构下,通过"一基地、三中心"的建设,将企业引入校内,创新运行机制,发挥企业科研人员和平台先进设备优势,引导教师参与技术创新、技术交流和技术转化,推动平台科研性、生产性工作开展。通过科研,教师带领学生接触先进设备,培养学生科研意识和创新意识。教师参与科研,以科研带动教学,以教学促进科研,形成教学科研有机结合。完成实训课程体系改革、技术成果转化、科研论文发表,研发成果与产品技术不断提升。校企共建测绘地理信息生产性实训基地获教育部创新发展行动计划认定命名,虚拟仿真实训基地入选国家虚拟仿真示范性实训基地培育项目。

二、开展校企合作案例调研情况分析

(一)在办学机制体制方面

创新合作机制,建立产教融合基地协同组织。学院依托行业测绘企业,设置南方测绘产业学院理事会,形成章程,明确职责。完善人才培养以及生产效益的保障制度,明确分配管理制度,形成共同建设、共同培养、共同管理、共同生产的互利共赢模式。产教融合基地实行理事会负责制,负责基地的目标定位、发展规划、人事安排、人才培养、管理制度制定等重大事项决策。测绘学院为理事长单位,常务副理事长单位后期由理事会成员单位选举产生。根据实训体系产—学—研—创—用规划需要,分别成立实训基地协同筹建领导小组、筹建工作组,以"一基地、三中心、多方向"的总体思路,规划建立健产业学院实训环境,以及各项配套软硬件系统。

(二)在人才培养方面

总结现有南方学院建设经验的基础上,以地理信息技术专业为试点,进行应用型人才培养。在智慧测绘地理信息产教融合实训基地建成后,以此为核心,以"师带徒"培养形式为主线,以课程设计为载体,以双师团队为关键,实施校企双主体育人模式,结合高职毕业生教育规律和岗位需求,共同制定培养方案、课程标准,开发新型课程体系,坚持以工作和学习的企业本位教育制度,打造高学历高素质技术技能型人才培养高地。

(三)在专业课程体系建设方面

依托"虚拟仿真+虚实一体化+智能采集+5G高速传输+云存储+大数据"等技术,共同开发智慧空间信息,挖掘复合型人才培养实训课程体系,将智能采集技术、三维可视化技术等核心技术融入教学项目;汇集生产实际中的工艺性、技术性、管理性和经营性难题及案例,实施案例式教学;同时编制活页式实训教材,打造新型人才培养模式。

(四)在师资培养方面

围绕新时代国家和区域产业转型升级对高素质技术技能人才培养和师资队伍建设的要求,依托教育部授权的"职业教育教师实践基地",加大"三教改革"力度,对接测绘地理信息专业建设需求,从三个方面建设"双师双能"型教师孵化基地:一是校企共建教师工作站,打造双能型教师;二是校企互聘互兼,打造跨界教师资源库;三是生产性任务驱动,打造创新型教学团队。努力打造一支师德师风高尚、"教授+高工+名师"为主的高水平双师双能型教师队伍。

(五)在社会服务能力方面

利用产教融合基地,打造协同组织,建成自然资源数据工程中心,开展社会化技能培训,发挥育人作用。努力汇聚一批产业特色鲜明、产业关联度较大、技术水平较高、创新能力较强的高新技术企业,促进测绘地理信息新技术转化,服务地方经济。建设测绘科学与技术科普教育基地,开展科技类、测绘地理信息公共安全类的科普性活动,履行服务院校、奉献社会的责任。打造示范性共享型实验实训基地,积极承办技能竞赛,促进专业及教学发展。打造一个专业的创业孵化平台,校企双方集聚创新资源,提升创业活力,进一步激发大学生团队的社会创造力。

三、开展校企合作案例调研经验总结

南方测绘产业学院的建设,进一步发挥了校企协同优势,实现了产教融合深化,为产教融合运行模式和机制的研究提供了成功案例。通过实现"打造协同组织,建成产教融合示范型基地;创新人才培养模式,打造双主体育人特色基地;强化交流互动,打造'双师双能'教师孵化基地;依托高新技术,打造技术服务型基地;强化校企共建,建成资源共享型基地;坚持多元发展,建成多功能开放型基地"等目标,助推测绘地理信息专业群紧密对接产业发展、技术研发与成果转化的高水平创新服务平台建设,促进测绘地理信息行业高质量发展。

四、结合案例在实际工作中的推广应用

依托校企共同搭建、共同研究、共同开发、共同生产,以虚拟仿真数字技术服务于测绘地理信息新技术推广与转化,服务于测绘"1+X"证书培训考核、服务于高学历高素质技术技能型人才培养为研究方向,建设具有本校特色的实训基地、竞赛基地,建设测绘科学与技术科普教育基地,创新人才培养模式,同时实现项目开发与产品生产。

案例五　建筑工程学院建筑装饰工程技术专业校企合作调研报告

建筑工程学院　陈春华、武光丽

2023年3月20日

为深入学习贯彻党的二十大精神，以党的二十大精神为指引，落实好学校第六次党代会所确定的发展任务，切实抓好学校“双高计划”和职业本科申办等各项工作。按照学校关于深入学习贯彻党的二十大精神奋力开启学校高质量发展新征程“大学习 大培训 大讨论”党员领导干部集中培训(第一期)的相关要求，现将装饰工程技术专业与企业合作案例调研情况汇报如下：

一、开展校企合作案例调研基本情况

(一)校企合作，产教融合的案例基本情况

2022年4月，建筑装饰工程技术专业获批云南省职业教育现代学徒制人才培养项目，主要合作企业是昆明居立方装饰设计工程有限公司。双方合作的开展是在多年实训基地、岗位实习、认识实习等基础上深入进行的。

该公司是云南本土实力雄厚的一站式整体家居服务商。1998年进入家装行业以来，不断创新发展，以最具性价比的高品质装修产品赢得大众一致好评，现已成为云南昆明整体家装标杆企业，云南建筑装饰协会副领事企业，云南装饰协会副会长企业，云南装饰协会信得过企业，云南装饰协会品牌企业。

(二)校企合作，产教融合主要做法

自2022年8月以来，主要依托毕业设计、校外实训基地、岗位实训开展产教融合。

毕业设计除校内教师主带之外，安排了三名已入学校外聘教师库的企业教师，主带二十名学生，开展为期两个月的毕业设计。企业教师涉及昆明居立方装饰工程有限公司、昆明大家艺术空间设计有限公司，学生驻地到企业，跟随师傅从企业的实际案例中学习，并完成毕业设计。

岗位实训由昆明居立方装饰工程有限公司据工作需求，自行安排学生实训岗位及主管学生负责人。学生驻地到企业，在完成毕业设计的同时，兼顾完成岗位学习，即学生在居立方，有两位企业师傅对其进行管理，一位是毕业设计主带技术老师，一位是岗位管理负责教师。

(三)校企合作，产教融合取得的成效

通过岗位实践锻炼、企业技术老师的辅导，2022年秋季学期，20名学生顺利完成毕业设计，考核均为良好或优秀；2名同学顺利与客户签单，完成15万+的销售额。

二、开展校企合作案例调研情况分析

（一）在办学机制体制方面

企业希望减少繁复的程序、手续问题，如三方协议等各类表格的填写。原因是，企业靠利润生存，与学校合作培养学生，学生真正能为企业所用，挑起大梁，还是需要很长时间，短短的几个月，作用甚微，企业的投入很大一部分是拿不到回报的，故不愿意烦琐的手续、程序耽误企业发展进度；同时，企业花了几个月时间培养学生，最后学生没有留下为企业服务，企业进入被动局面的情况时有发生。故校企合作机制要为创造双赢局面搭建平台和出台相关政策办法。

（二）在人才培养方面

学生都希望能到企业环境中进行实践锻炼，但一家中型企业也不会投入过多精力配合学校，安排很多岗位给学生实训。原因是，如果放到一家企业的学生过多，尤其是扎堆在一个部门工作，学生间会相互影响，没有把自己当作员工看待，难容于企业实际岗位，难达到企业标准要求，甚至扎堆现象还会影响企业正常生产；如果分散到各类型岗位上，企业不敢让学生承担有可能为其带来经济损失的工作，各岗位上的企业师傅工作忙碌，也没有更多时间来指导、培养学生。

（三）在专业课程体系建设方面

除了专业课程外，实际工作岗位要求学生具有更多关于行业、产业、产业链前端、中端、后端的认识。但校内教书育人的环境，让大部分学生仅满足于课本知识的学习，缺少主动投身市场与行业的行动。校方、专业建设要为学生和企业搭建平台，让学生在进入企业实战前，要对行业有充分合理、客观的认识，端正实训实践要达到的目的，主动适应市场经济的变革，摆正自己在企业的位置，分析企业与市场行情的关系，积极学习变革，为企业创造利润，为自己创造机会。

（四）在师资培养方面

透过毕业设计、岗位实训等项目，看到企业入库的专业技术教师，总体上符合教学要求，具有一定的专业素质和带徒能力，能按教学要求、教学标准，有序组织学生并完成教学任务。但企业派属的负责管理学生实习岗位、实习工作的个别师傅，只以完成工作任务、盈利为目的，缺少对学生的培养、引导及关爱，会给学生带来一些负面影响，甚至打击自信。这部分师傅，要配合学校完成对学生的指导培养，首先要企业愿意兼顾盈利的同时，做好企业文化、员工长期规划发展和员工归属等额外赋值的隐性项目，育人才会有成效。

（五）在社会服务能力方面

教研室也曾尝试性地向企业提过，校方可为企业开展一些专项培训，以此提高企业管理人员的综合素质，企业培养员工的育人策略等，但企业迫于市场的生存规则，未表示出兴趣。

三、开展校企合作案例调研经验总结

职业教育的校企合作，不能只有学校这一个学习地点，除了学校之外，还有企业这个不可替代的学习地点，以及其他社会机构。这意味着职业教育是一种跨界的教育，“产教融合、校企合作、工学结合、知行合一”,就是职业教育特点的集中体现。单就“校企合作”而言,企业要赢利,学校要育人,要把赢利企业的功利性和育人学校的公益性有机整合在一起。

强调“工学结合”,要思考的是,工作有工作的规律,学习有学习的规律,然而人一生中在学校的学习时间远少于工作的时间,所以不能只教学生如何在学校里学习,还必须教会学生如何在工作中学习、如何基于工作过程学习、如何活到老学到老。

如何在工作中学习,校内教学上,三教改革势在必行;校外实训中,结合企业生产过程,与不同经营模式企业探讨各自适合的培养与学习策略是前提。要求各专业在学校教育学与企业教育学、学习心理学与工作心理学之间进行跨界反思,从基于一个学习地点的定界教育走向具有两个或两个以上学习地点的跨界教育思考与实践,才能推动校企合作有效深入开展。

四、结合案例在实际工作中的推广应用

以毕业设计为依托的学徒教育,在行动体系中,让知识重组生成学徒自己的知识及技能框架,学生通过系统化的工作过程,逐步学会解决问题的思维方式,最终形成解决问题的能力,较好完成毕业设计任务。

但在生产过程中的学徒,鉴于企业的盈利目标,企业不接受学徒只学不做事,甚至还要求学徒能为企业创利,学生的负担会很重,环境要求他们在短期内要适应企业的运营模式,还要在摸索过程中兼顾工作任务与学习任务,短期内的适应,谁做得好,谁就能胜任并赢得工作自信。校内教师在学徒进入企业前,搭建平台,做好适应企业的培训、指导、关爱,即能让校企合作深入开展有个好开局,且能推进一大步。

案例六　建筑工程学院道桥专业校企合作调研报告

建筑工程学院　杨平　颜川雄　刘云东

2023年3月24日

党的二十大是在全党全国各族人民迈上全面建设社会主义现代化国家新征程、向第二个百年奋斗目标进军的关键时刻召开的一次十分重要的大会。党的二十大报告提出"为党育人、为国育才,全面提高人才自主培养质量,着力造就拔尖创新人才"的育人要求。为深入学习贯彻党的二十大精神,以党的二十大精神为指引,落实好学校第六次党代会所确定的发展任务,切实抓好学校"双高计划"和职教本科申办等各项工作,实现培训教学相长。学校于2023年2月21日到23日,组织了"大学习 大培训 大讨论"。

根据学校的要求,于开学初到云南畅坦科技有限公司进行了多次走访和调研,现将学校与该公司合作案例的调研情况汇报如下:

一、开展校企合作案例调研基本情况

(一)校企合作,产教融合的案例基本情况

2022年1月份,云南畅坦科技有限公司与学校在高速路常寿命路面材料方面展开了相关的合作,并一起联合申报了相应的课题。

交通在云南省的经济社会发展中具有基础性、先导性、服务性作用。作为面向南亚东南亚的交通枢纽,云南省交通基础设施还需快速发展,建养任务繁重。但云南省地形波涛起伏,海拔落差高大,山地面积多,公路长隧道和大跨径桥梁占比较高。同时,立体气候显著,并具有寒、温、热(包括亚热带)三带气候,昼夜温差大、干湿季节分明。

云南省的这些地形和气候特点对公路铺设提出更高的挑战,尤其要求路面材料经久耐用,亟需研发新的铺面材料。云南畅坦科技有限公司结合云南省的地形和气候特点,长期从事环氧沥青材料及其工艺的研发,并且具有良好的工程应用实践。建筑工程学院道桥专业也是为服务云南省的交通行业,为该行业的发展提供高技能人才。经前期的多次沟通,2022年达成校企合作协议,并一同进行科研项目的合作,以促进相应的教学发展。根据项目的特点,项目参与的老师主要是学院的道桥专业与材料专业的相关老师。

(二)校企合作,产教融合主要做法

鉴于企业具有自主研发材料和工艺的特点和校企双方的各自需求及优势,合作首先集中在科技项目的合作,以科研项目促教学质量的方式,带动学院该专业的专业和教学发展。

(三)校企合作,产教融合取得的成效

目前,学校已和该企业一起联合取得了一个高速公路路表材料研究的合作项目。该项目的正常结题日期为 2023 年 10 月份，目前正处于和企业一起进行成果整理的阶段。

二、开展校企合作案例调研情况分析

（一）在办学机制体制方面

通过与企业合作和项目的实施，培养了老师从事科研的能力，和对该行业的熟悉程度。这些工作的开展，对该专业的教学形成了正面的促进作用。

（二）在人才培养方面

通过联合科研的进展，和对企业的深入了解。专业老师对本专业的学生培养目标更符合企业的要求。

（三）在专业课程体系建设方面

由于项目开展时间尚短，还没有对专业课程体系形成良好的反馈。

（四）在师资培养方面

通过项目的实施，激发了本专业相关老师对专业科研的热情，促进了老师对本专业发展方向的认可。

（五）在社会服务能力方面

由于企业本身具有工程应用方面的经验，科研项目的推进与实施，能够较好地服务云南省的道路与桥梁建设工作。

尤其是，项目本身涉及的环氧沥青材料是一种高性能化学改性材料。材料具有强度高、刚度大、黏结性强、疲劳寿命长、抗化学腐蚀、耐热抗寒性好等优点，可用于大跨径钢箱梁桥桥面、长隧道铺面等各种公路铺面的铺设。该材料的特点能够很好地符合云南省高速公路建设的需求，有利于云南省建造安全、舒适、低噪声、低成本、性能耐久的绿色环保公路，相关经验也可推广到其他地区。

三、开展校企合作案例调研经验总结

通过本次校企合作案例调研，充分认识到了科研项目合作在校企合作、师资培养中的促进作用；并了解到科研项目合作对教材编写、人才培养及教学工作的引导作用。

在项目合作过程中，也充分暴露了学校制度与校企合作方面的不适宜情况。这些不适宜主要体现在：(1)学校老师的上课时间不集中，难以找出集中时间进行项目的推进。(2)学校的审批流程较长，难以符合企业标准效率的要求。

四、结合案例在实际工作中的推广应用

“大学习　大培训　大讨论”活动的开展，以及校企合作具体事务的调研，使我们能够深入企业第一线了解企业的需求，能够对教学活动形成良好的促进作用。作为主管教学的副院长，要在日常工作中，促进老师更好地了解企业和社会对专业及学生的需求，才能更好地做好教学工作。

第 4 篇

双高建设典型案例

昆明冶金高等专科学校通过四年多的建设，在打造复合型、创新型、国际化的工程建设领域高素质技术技能人才培养高地、支撑工程建设领域创新发展的技术研发创新服务高地、引领高职教育创新发展等方面取得了显著成效；基本实现了核心专业全国领跑，骨干专业特色鲜明，优势突出，支撑专业协同发展，向"一带一路"国家输出建设领域新技术、新模式，在国际上形成一定的影响力，带动工程建设行业发展和转型升级，促进测绘、建筑、IT 领域的技术融合。

昆明冶金高等专科学校测绘工程技术双高建设专业群，经过 4 年时间的建设，涌现出了很多优秀的建设典型案例，本章节将会介绍：虚实结合助力"1 + X"证书制度推进；建设优质教学资源，打造在线精品课程；全面推进课程思政建设 切实提升课程育人实效；名师引领，德技双修 一流教师队伍促"双高"建设；借助《云南测绘》桥梁 打造"工作室"社会服务特色 - - 构建"校行企"共同体等优秀案例。

案例一　虚实结合助力“1＋X”证书制度推进

“1＋X”证书制度体现了职业教育作为一种类型教育的重要特征，是落实立德树人根本任务、完善职业教育和培训体系、深化产教融合校企合作的一项重要制度设计。昆明冶金高等专科学校测绘工程技术专业群各专业高度重视“1＋X”证书取证工作，以虚拟仿真平台为依托，积极探索虚实结合的训练方式，取得了较好的成绩。

一、建设内容

（一）对接岗位需求，明晰目标定位

在新型城镇化及城乡一体化建设背景下，专业群的人才培养主要面向工程建设领域，服务云南省“五网”基础设施、新型城镇化、城乡一体化、智慧城市、特色小镇与美丽乡村建设，在各种人才培养保障机制下，为社会输送专业知识扎实、技术水平过硬，符合产业发展趋势的复合型、创新型高素质技术技能人才。专业群立足于服务云南，深入行业企业调研，深度挖掘行业企业人才需求，根据需要开展十四个“1＋X”证书取证工作。

（二）三位一体，建设虚拟仿真实训平台

与行业龙头企业——南方测绘集团合作，按照服务“学生—企业—社会”三位一体的总体思路，聚焦井下作业场景难呈现、完整生产流程周期长、部分实训操作不可逆、高价值测绘仪器不充足、对接测绘新技术不紧密等“三高三难”问题，建设测绘虚拟仿真中心，打造集教学、实训、科研、竞赛、培训、科普于一体的综合性虚拟仿真教学实训平台，解决人才培养痛点，为测绘技术技能人才的培养培训、测绘知识传播、测绘素质养成提供条件支撑。

（三）完善人才培养方案，优化课程体系

根据“1＋X”职业技能等级标准，将技能培训内容及要求按照虚实结合融入专业人才培养方案中，优化课程设置。结合不同专业特点，设定“1＋X”证书初、中、高不同技能等级要求，根据不同技能等级设定不同学分，使学历证书体现的专业教学内容基本覆盖对应的国家职业技能等级证书标准，满足行业企业对无人机应用技术技能人才的需求。

（四）开发虚拟项目，化解实训难题

针对测绘仪器是精密电子设备，不能随意拆装，开发仪器认知项目，让学生体验仪器拆解和组装，帮助学生了解仪器内部构造，明晰工作原理，规范仪器操作，降低仪器损耗。

针对无人机操控受空域、飞行安全、气象环境等因素限制，开发无人机模拟操控项目，学生通过模拟操控考核后，再使用真机在指定区域内飞行，降低训练成本，提高飞行安全。

结合实际生产开发无人机摄影测量、水准测量、导线测量、GNSS测量、矿山测量、数字测图、变形监测等综合性虚拟实训项目，使学生在虚拟场景中熟悉生产过程，掌握专项测量的作业流程，帮助学生更好地适应生产。虚拟仿真实训教学如图4-1所示。

图4-1 虚拟仿真实训教学

(五)引培结合,建设虚拟仿真教学团队

结合教师从事实际生产能力弱、工程实践经验欠缺、对接行业企业最新技术等方面能力还存在差距,专业群积极邀请行业专家进校培训和派遣教师外出参加培训,结合虚拟仿真进行新技术的虚拟训练,培养一大批具有高超技艺、精湛技能和工匠精神的教师队伍,稳步提升学校教师的整体素质,发挥技术技能带头人在技术创新、技艺传授、技能竞赛等方面的带头作用,提高人才培养质量,更好地发挥技能大师在师带徒、技能攻关、技能推广、课程开发、高技能人才的培训研修等方面的作用。

二、建设效果

开展了十四个"1+X"证书取证及准备工作。目前完成无人机驾驶、无人机摄影测量、测绘地理信息数据获取与处理、测绘地理信息智能应用、不动产数据采集与建库、建筑工程施工工艺实施与管理、建筑信息模型(BIM)、装配式建筑构件制作与安装、建筑工程识图、工程造价数字化应用、Web前端开发等十一个证书取证工作,为社会输送高级技能人才5 000余人。

已完成无人机摄影测量、测绘地理信息数据获取与处理、测绘地理信息智能应用和建筑信息模型(BIM)等四个证书考核点建设。

成为"测绘地理信息数据获取与处理、测绘地理信息智能应用"两个证书省级管理中心;培养考评员五十名。

"无人机摄影测量""1+X"取证通过率100%,"工程造价数字化应用""1+X"取证通过率100%,"无人机驾驶""1+X"取证通过率92.7%,"测绘地理信息数据获取与处理""1+X"取证通过率98.6%,"不动产数据采集与建库""1+X"取证通过率93.3%,"建筑工程施工工艺实施与管理”“1 + X”取证通过率 90% 。

“建筑工程施工工艺实施与管理”“1 + X”取证被评为优秀考核站点;“工程造价数字化应用”“1 + X”取证被评为优秀培训和优秀组织奖;“不动产数据采集与建库”“1 + X”取证被评为优秀试点院校和优秀组织单位;“无人机驾驶”“1 + X”取证被评为优秀试点院校和优秀师资团队,测绘地理信息数据获取与处理被评为杰出考核站点等。优秀组织单位和杰出考核站点,如图 4-2、图 4-3 所示。

图 4-2　优秀组织单位

图 4-3　杰出考核站点

三、无人机驾驶“1 + X”取证案例经验

(一)结合有限资源,择优选拔培养

测绘学院高度重视无人机驾驶“1 + X”职业技能等级证书取证工作,考虑学院资源有限,采取择优选拔培养的模式开展试点工作。经过广泛宣传,积极动员,择优选拔参加培训班学员,春季学期末开展学员选拔工作,此次选拔共有 250 余名同学报名。利用课余和假期组织学生进行无人机驾驶相关理论的线上学习和模拟操控,采用通关方式,逐级选拔,最终 69 名学生进入飞行培训班,

最终64名同学顺利取证，通过率93%，据统计，该通过率在全国各试点院校名列前茅。

（二）线上线下结合，夯实理论知识

由于无人机驾驶理论学习内容较多，涉及空气动力学、飞行器设计制造、气象学、空域等多方面的理论学习，首次参加取证的学员主要是测绘地理信息类相关专业学生，之前未参加过相关理论学习。所以采取线上线下相结合的理论学习方法，由学生先在线上进行理论学习，然后整理难点，由线下专业的老师进行讲解，做到针对性学习。

（三）前置虚拟仿真，助力飞行实操

无人机驾驶取证考试分理论和实操两部分进行。无人机飞行如果不熟悉会有很大的危险性，摔机的概率非常高。基于此，学院引进了无人机虚拟仿真系统，学生首先用虚拟仿真系统进行飞行训练，待飞行操作熟练后，由教练考核通过后再用真机进行飞行，大大减少了无人机摔机现象，同时也做到了安全飞行。

（四）依托大师工作室，传授飞行技术，传承工匠精神

无人机应用技术技能大师工作室承担着培养拔尖技能人才的功能，此次培训取证工作由大师工作室提供技术支持，大师工作室有飞行经验丰富的学院专任教师和企业长期从事实际飞行任务的兼职教师，参加培训的学生不仅取得证书，而且学到很多从事实际生产的宝贵经验和精益求精的工匠精神，为毕业后的就业提供了坚实的基础。技能大师现场指导，如图4-4所示。

图4-4　技能大师指导现场

案例二　建设优质教学资源　打造在线精品课程

为进一步深化教育教学改革,不断创新教育教学模式,推动信息技术与教学工作深度融合,促进优质教学资源的建设、应用与共享,提升人才培养质量,测绘工程技术专业群分批分类建设了二十四门优质课程资源和五门职业能力培训课程资源。

一、建设内容

(一)建设优质课程资源

以微课、动画、课件、文本、题库等多种形式,建设测绘基础、GNSS 定位测量、物联网概论、建筑材料、钢结构工程施工等二十四门专业群所涵盖的专业基础课和专业核心课。

(二)建设职业能力培训课程资源

根据国家职业技能等级标准和职业资格标准,将证书培训内容及要求融入专业人才培养方案中,针对无人机驾驶、建筑信息模型(BIM)、建筑工程识图、装配式建筑构件制作与安装、传感网应用开发等"1 + X"证书试点,优化课程设置,开发课程资源。建设无人机驾驶、建筑信息模型(BIM)技术、建筑构造与识图、装配式建筑混凝土预制构件生产、传感网技术与应用等课程资源,实现"书证融通"、"课证融合"。

二、建设成效

(一)课程示范带动专业群教学资源库建设

二十九门课程涵盖了五个专业的部分专业基础课、专业核心课和职业能力拓展课,支撑了专业群教学资源库建设,并为下一步各专业开展教学资源库建设提供基础和示范。

(二)课程开放共享,服务社会

二十九门课程资源全部以在线开放课程的形式展现,面向社会开放共享,服务全国的相关专业领域师生、技术员工,社会效益显著。

三、经验做法

(一)分层次建设,打造一批精品课程

按照打造一批精品课程为目标,遴选建设基础较好的课程,重点打造优质课程资源,申报国家级、省级、校级在线精品课程。目前,专业群有两门课程获国家在线精品课程命名,四门课程获省级在线精品课程命名。

（二）以课程资源为基础，开展教材教法改革

课程资源建设是课程改革的排头兵。依托信息化教学平台，利用信息化教学手段，以课程资源为基础，开展教法改革，开发与课程教学资源库相配套的新形态教材，服务师生教学，深化教育教学改革。

案例三　全面推进课程思政建设切实提升课程育人实效

全面推进课程思政建设，是落实立德树人根本任务的战略举措，测绘工程技术专业群紧紧抓住教师队伍“主力军”、课程建设“主战场”、课堂教学“主渠道”，积极推进课程思政建设，深化课程思政教学改革，结合专业群课程特色，挖掘思政元素，发挥育人作用，切实提升课程思政育人实效，推动“课程思政”与“思政课程”同向同行，强化学生职业素养养成和专业技术积累，将专业精神、职业精神和工匠精神融入人才培养全过程。

一、建设内容

(一)提升教师课程思政建设能力

1. 开展课程思政专题培训

组织专业群教师参加全国高校教师网络培训中心组织的“高校教师课程思政教学能力培训”等各级各类课程思政培训，提升教师课程思政的建设能力。

2. 开展课程思政研讨

通过教学名师传帮带、教学能手带头示范、教材教案编写探讨等手段探索研究思政元素，在把握专业群学生认知规律、心理特点、发展需求的基础上，整合教学资源，创新教学方法，设计教学章节，形成专业课程科学合理的课程思政内容体系，不断提升课程思政育人能力。

通过政治理论学习、线上线下培训、典型经验交流、现场教学观摩相结合的方式，以思想引领和价值观塑造为目标，以课程研讨、专题培训、示范引领为抓手，强化教师课程思政的主体意识，提升教师队伍的整体水平。

(二)加强课程思政建设

全面推进党的二十大精神全面有机融入教育教学，让党的二十大精神第一时间进教材、进课堂、进学生头脑。

1. 立项建设课程思政示范课

组织专业群教师积极申报各级课程思政示范课程，数字测图、空间数据库技术应用、BIM施工组织与管理、商品混凝土、物联网概论等十四门课程获学校立项开展建设，推动专业教育与思政教育有机融合。

2. 组建思政课教师与专业课教师组成的课程团队

加强思政课教师与专业课教师合作交流、集体备课，将思想政治教育元素融入教学大纲和设计。利用课堂教学改革推进课程思政建设，结合专业课程属性，加强教学内容改革，优化教学设计，改进教学方法，深入挖掘梳理专业课程中蕴含的思想政治教育元素和所承载的思想政治教育功能，融入教育教学全过程。

3. 教学方法改革

注重启发式、讨论式教学，探索运用情境教学、榜样示范等多元教学方式，加强现代信息技术在课程思政教学中的应用，激发学生学习兴趣，引导学生深入思考，不断提升课程思政育人的针对性和实效性。以学习为中心任务、以课堂教学为基础，将课内与课外、线下与线上等多种学习方式有机结合起来，实现专业知识与理想信念、品德修为、文化自信等的内在融合。

二、建设效果

1.“数字测图”入选教育部课程思政示范课程，授课教师入选课程思政教学名师和教学团队。

2. 中国速度，中国实力——BIM 施工组织与管理课程思政案例获全国职业院校“战疫课堂”课程思政典型案例二等奖，入选全国职业院校课程思政优秀案例选编，由《人民日报》出版社出版；典型案例视频在全国职业院校德育网德育工作资源库专栏展示；中国速度，中国实力——BIM 施工组织与管理开学第一课获第五届云南省高校网络教育优秀作品微课类二等奖。

3. 数字测图、空间数据库技术应用两门课程入选 2022 年职业教育国家在线精品课程，数字测图、空间数据库技术应用、可编程计算器测绘计算、无人机测绘技术四门课程获云南省在线精品课程认定，钢结构工程施工、物联网概论、BIM 施工组织与管理、商品混凝土上线 MOOC 平台。四门课程获学校在线精品课程认定，十八门课程获学校在线精品课程立项。

4. 数字测图、BIM 施工组织与管理等八门校级“课程思政”示范课课程通过结题验收。打造校级、省级、国家级课程思政示范课程和精品在线开放课程建设体系。

5.《空间数据库技术应用》《钢结构工程施工（第四版）》《钢结构基础》三部教材获批“十三五”职业教育国家规划教材。教材《建筑结构》《生料制备与水泥制成》《安装工程计量与计价（第 2 版）》申报十四五职业教育国家规划教材。

三、案例经验

（一）《数字测图》课程改革

测绘属于特殊工种和艰苦行业，对从业人员的品行和技能要求高。我校测绘专业 1955 年举办，积淀深厚。专业办学中，将热爱祖国、忠诚事业、艰苦奋斗、无私奉献的测绘精神作为价值引领，贯穿人才培养全过程，锻造测绘品质，打造天地蓝图，绘职业人生的育人品牌。

《数字测图》课程立足调研，梳理大比例尺测图岗位的职业能力和素质要求，挖掘思政元素。结合教学内容，以培养新时代测绘人“踏遍青山人未老，量天测地绘新图”的家国情怀、一丝不苟的工作作风、严谨细致的工作态度、保密意识和高度责任感、吃苦耐劳和团结协作为目标，系统化设计思政点，深入挖掘我国测绘行业取得的伟大成就、英雄楷模故事、办学历程中师生励志故事、测图生产和管理中警示案件等，精选出与授课内容相匹配的典型案例，挖掘课程知识点蕴含的哲学思想和文化内涵，优化教学方案。精心设计教学组织与实施环节，延伸育人时空，创设职业情境，引入职业规范，融入相应知识能力模块，实现价值塑造、知识传授与能力培养相统一。

发挥教师的示范引领作用，在学生中选树学习榜样，实施传帮带，传承职业操守，在潜移默化中启发学生自觉认同，产生共鸣与升华，达到思政融入“润物细无声”的效果。《数字测图》课程标准，如图 4-5 所示。

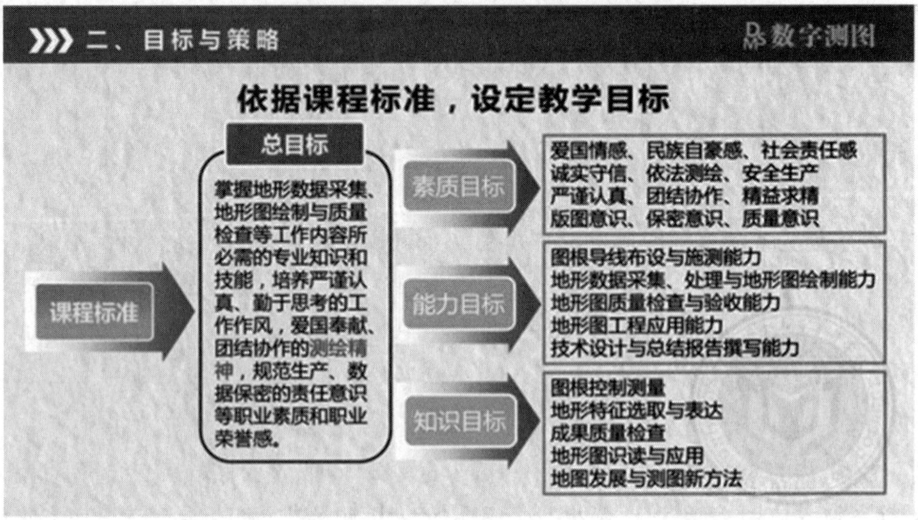

图 4-5　《数字测图》课程标准

（二）《生料制备与水泥制成》教材改革

《生料制备与水泥制成》教材通过课程思政的融入，体现立德树人的理念。水泥生产设备经历了从引进、消化吸收到创造的过程，国产立式辊磨、钢丝胶带斗式提升机、粉体计量给料装备、亮相《大国重器》纪录片的辊压机装备技术，一系列先进设备和技术在水泥生产线的应用，背后展现的是国家的崛起和实力，培养家国情怀。设备的操作与维护，培养职业素养和敬业精神。从整个工艺流程到单个设备的分析，培养大局观和整体意识。中国水泥工业的低耗环保指标世界领先，生料烘干的余热利用，水泥制成的工业废渣消耗，高效收尘设备的使用和清洁生产，培养绿色低碳意识。

案例四　名师引领，德技双修
一流教师队伍促“双高”建设

昆明冶金高等专科学校无人机应用技术专业教学团队是依托云南省省级教学团队——测绘工程技术专业教学团队发展起来的教学创新团队。以无人机应用技术专业建设为平台，基于服务云南省数字化发展，深化新一代信息技术同重点产业发展和打造世界一流“三张牌”融合应用为目标，以服务云南省新型城镇化建设技术集成与创新、岗位技能交叉与融合为主线，通过与中国特色高水平专业测绘工程技术专业群共享优质教学资源、共享就业与创业资源，创新人才培养模式，面向低空无人机操控、无人机组装与维护、无人机航测数据处理等岗位需求，培养测绘地理信息、“五网”基础设施建设、城市建设、乡村建设领域所需的复合型、创新型、国际化的高素质技术技能人才。2021 年获批教育部“第二批国家级职业教育教师教学创新团队立项建设单位和培育建设单位”，公示结果如图 4-6 所示。

中华人民共和国教育部

教育部关于公布第二批国家级职业教育
教师教学创新团队立项建设单位和
培育建设单位名单的通知

教师函〔2021〕7号

51	宁夏职业技术学院	高端装备	机电一体化技术	宁夏
52	广东工贸职业技术学院	高端装备	电气自动化技术	广东
53	河南机电职业学院	高端装备	工业机器人技术	河南
54	江苏航运职业技术学院	航空航天和海洋装备	船舶动力工程技术	江苏
55	九江职业技术学院	航空航天和海洋装备	船舶工程技术	江西
56	武汉船舶职业技术学院	航空航天和海洋装备	船舶动力工程技术	湖北
57	广州民航职业技术学院	航空航天和海洋装备	飞机机电设备维修	广东
58	昆明冶金高等专科学校	航空航天和海洋装备	无人机应用技术	云南
59	天津现代职业技术学院	航空航天和海洋装备	无人机应用技术	天津
60	重庆航天职业技术学院	航空航天和海洋装备	无人机应用技术	重庆
61	湖南汽车工程职业学院	现代交通运输	智能网联汽车技术	湖南
62	长春汽车工业高等专科学校	现代交通运输	汽车电子技术	吉林
63	淄博职业学院	现代交通运输	新能源汽车技术	山东

图 4-6　2021 年获批教育部“第二批国家级职业教育教师教学创新团队立项建设单位和培育建设单位”公示结果

一、建设内容

（一）以名师工作室为引领，构建教师发展共同体

以国家级“杨金华教学名师工作室”、云南省“张东明教学名师工作室”、云南省“赵文亮教学名师工作室”为引领，组建多方向的教师教学创新团队，做好传、帮、带，激发团队成员参与研究、学习、实践的主观能动性，共同承担专业建设、课程建设、人才培养、教材和教法改革等任务，开展无人机测绘、教学标准研制、测绘技能竞赛开发等领域教学科学研究，在模块化课程开发、教材开发、信息技术运用、教学科学研究及技能竞赛等方面取得标志性成果，引领测绘地理信息类职教改革。

（二）建设技能大师工作室，打造科技创新团队

以万保峰无人机应用技术技能大师工作室、李牧野无人机维修与检测技能大师工作室为平台，以云南省产业技术领军人才邓昌军为引领，充分发挥高技能领军人才的示范带头作用，组建科技创新团队。立足无人机领域内知名企业，加快高技能人才集聚，校企联合进行技术研修、技术攻关、技艺传承、技能推广、教学改革、人才培养等，实施技术改造，解决企业生产技术难题，推动产业升级和技术进步，提升教师科研能力和技术水平，创新现代学徒制人才培养途径。

通过大师匠心引领、技艺薪火相传，培养教师严谨求实的工匠精神，磨砺教学科研创新能力，打造一支能力技艺强、职业素养高、“双师”结构与“双师”素质兼顾的专业教学团队。

（三）建设课程思政团队，打造新时代高素质教师队伍

构建思想政治理论课和专业课同向同行的“思政课程＋课程思政”课程体系，组建课程思政团队，开展课程思政示范课建设和学生思想政治工作研究。丰富和拓宽教师的知识结构，提高教师的思想政治素质和职业道德水平，打造一支政治素质过硬、业务能力精湛、育人水平高超的新时代高素质教师队伍。

（四）申报“1＋X”证书试点，实施职业培训

结合教育部发布的“1＋X”职业技能等级标准，实施“1＋X”证书试点，申报“1＋X”证书考核中心、省级管理中心，开展培训和取证工作，推进落实“1＋X”制度改革，实现书证融通。我校无人机应用技术专业是无人机驾驶试点专业，2020 年，我校无人机驾驶“1＋X”取证通过率 92.7%、位列全国第一，被评为无人机驾驶“1＋X”职业技能等级证书“优秀试点院校”“优秀师资团队”。加大宣传和培训取证力度，实现“书证融通”“课证融合”，服务乡村振兴和退役军人就业创业。优秀师资团队证书，如图 4-7 所示。

图 4-7　优秀师资团队证书

（五）全面推进“三全育人”，实现思想政治教育与技术技能培养融合

以学生为中心，健全德技并修、工学结合的育人模式，构建“思政课程”与“课程思政”大格局，落实立德树人根本任务，将习近平新时代中国特色社会主义核心价值观贯彻人才培养全过程，将工匠精神的“敬业、精益、专注、创新”四个元素融入无人机应用技术专业人才培养目标中。结合

“课程思政”的价值塑造、能力培养、知识传授“三位一体”的教育功能，培养“以德修身、以技立业”德技并修的高素质、复合型技术技能人才。

二、建设效果

（一）工学结合有深度，协同创新促教学

依托学校测量队，搭建技术服务平台。发挥学校资源优势，承接生产项目，为社会提供测绘地理信息技术服务。利用实习、课余和假期，组织学生参与生产实践，实施生产育人。学生在生产中得到历练，更加贴近职业道德规范和素质要求，成为企业用人首选。

引企入校，共建校内实训基地，教学与生产相结合。与北京苍穹、上海华测、武汉适普公司合作，共建“GIS专业实训室”“摄影测量实训室”“三维激光扫描实训室”，将测绘新技术引入实践教学中，增强了学生就业竞争力。

建设校外实训基地，为师生顶岗实习和学生就业创造条件。与云南省遥感中心、武汉航天远景等三十余家企业合作，共建校外实训基地，保障顶岗实习的需要，为教师实践锻炼和学生就业创造条件。

共建学院，共育人才。与南方测绘集团合作，成立南方学院，共建南方数据生产中心和师资培训基地；与云南省测绘产品质量检测站共建测绘仪器检定场和测绘文化长廊。测绘仪器计量检定校准设施建设项目获云南省优秀测绘工程金奖。

高标准建设基地，协同创新促引领。建有教育部测绘地理信息生产性实训基地、云南省高职高专院校“专业实习实训教学基地”、云南省测绘人才培养创新实验区，高质量开展技术技能人才培养。

（二）技术技能有创新，赋能教育教学

教学团队发挥技术优势，为行业企业提供技术咨询服务，对无人机低空遥感、北斗卫星定位、物联网、三维激光扫描、精密工程测量、数值分析技术进行集成创新，开展矿区沉陷与变形监测理论与方法研究。

针对矿山井下陀螺定向，研究了一整套陀螺全站仪定向精度与稳定性检测的技术流程、数据处理与评价方法，解决地下高精度定向问题；针对云南矿区，建立了大地水准面拟合模型，研究解决大高差矿区高精度GPS测高的技术问题；研究建立了矿区2000坐标系框架及坐标系统转换模型；研究并建立矿区地表整体变形监测网及变形监测分析数据库系统；成果获云南省科技进步三等奖。

开展隧道仰拱开挖等风险工序变形实时监测预警关键技术研究，成果获中国水利水电第十四工程局有限公司科技进步一等奖。获专利五项，软件著作权十项，成果在多家企业转化并推广应用。

（三）人才培养成果优，服务社会经济发展

学校测绘地理信息专业群近三年来招生录取线均在二本到三本线之间，报到率在98%以上，在校生规模1 800余人。近三年毕业生就业率达98%，就业对口率在85%以上，学生就业满意度达88%，用人单位满意度达90%以上。

有国家精品课和精品资源共享课三门，主持国家教学成果二等奖两项，主持研制国家教学标准十三部，承办国赛两届；有国家和省部级高层次人才五名，教师在全国教学能力大赛中多次获奖。

学生在全国无人机测绘技能大赛、全国“挑战杯”创新创业大赛中获特等奖和一等奖；参加无人机驾驶"1+X"考试，通过率达92.7%，居全国第一，被评为无人机驾驶职业技能等级证书"优秀试点院校""优秀师资团队"。

（四）教学方法灵活多样，传统与个性化教学相结合

虚拟仿真，理实一体化开展教学。充分应用VR、AR等现代信息化手段，引入行业企业技术标准，遵循学生为主、教师引导的宗旨，采用虚实结合、理实一体化的教学方法，开展仿真、沉浸式教学。

依托信息化，改革传统课堂教学模式。以职教云、MOOC、学习通等网络平台为依托，建设线上线下O2O（Online To Offline）课程。

引入南方智慧实训平台，实现测绘实训外业记录、计算自动化，减少测绘作业的外业工作量和强度，提高课程实训效率，实施实训教学在线管理和评价。

采用蘑菇丁实习就业管理平台进行顶岗实习管理，监管学生顶岗期间的岗位内容、地理位置、出勤情况等，并掌握顶岗企业的相关信息。解决分散实习期间，教师难于跟踪学生、学生没有真正顶岗或随意更换单位等问题。

建立专业建设和教学过程质量监控机制。根据无人机应用技术专业高素质技术技能人才培养的要求，制定人才培养方案和课程教学标准。基于无人机在测绘地理信息生产过程中的应用，开展理实一体化教学设计，开发教学资源，编制授课计划、教案和实习实训指导文件，建立知识、技能考核体系，完善课程考核与学分认定制度，对教学准备、课堂教学、实训、实习、考试等各主要教学环节提出明确的质量要求和标准。建立专业人才培养质量保障体系，通过教学实施、过程监控、质量评价和持续改进，达成人才培养目标和培养规格。

（五）资源建设能力强，优质资源助力人才培养

教学团队推动信息技术与教育教学融合创新。结合测绘地理信息技术在重大工程项目的实施，开发了企业生产案例库和教学技术标准案例，为测绘地理信息类专业的教学提供了真实、丰富的案例素材，解决了我国测绘地理信息职业教育缺乏案例教学标准的困境。与北京工业职业技术学院共同承担国家职业教育专业教学资源库《工程测量技术专业教学资源库》的开发，参与《测绘地理信息技术专业教学资源库平台》的建设。建成控制测量、地理信息系统技术应用两门国家精品课程，建成地理信息系统技术应用一门国家级资源共享课程、数字测图一门省级精品视频公开课程。成果是为测绘地理信息类专业办学提供了丰富的教育教学资源，广泛应用于教学实践，取得了良好的教学效果。

开发课程教学标准，构建内部教学质量控制体系。从测绘地理信息岗位工作过程入手，引入国家和行业技术标准，结合实际生产任务和能力训练要求，确立课程设置和教学内容，分类开发了测绘工程技术、测绘地理信息技术、无人机应用技术等专业的理论、理实一体、实践课程系列教学标准，以及考试大纲和技能达标考核标准，建立了内部教学质量控制体系，规范了教学设计、课程组织与实施，促进了教学质量的提高。

（六）实习实训装备精良，支撑实践教学

建有无人机航空摄影测量、无人机检测与维修、时空数据处理等十三间实训室和无人机应用、无人机调装与维修两个技能大师工作室，以及无人机航拍劳动教育基地，拥有固定翼和旋翼无人机、工程训练无人机、机载雷达、五镜头摄像机、GNSS CORS等设备，配置模拟飞行操控、航空摄影测量、点云处理等专业软件，总值达1 300余万元，学生平均台数为十八，实训室管理制度完善，设

备完好率高，满足专业实训、双创培育和劳动教育需要。

校内建有专业实训场，经过全国和云南省职业院校技能大赛、省行业职工技能竞赛的检验。与企业共建的比长基线场、数据处理中心服务教学和生产。先后与武汉航天远景等企业签订合作协议，建立十五个校外实习基地，为学生提供持续、稳定的实习岗位。

（七）专业办学影响强，行业认可度高

无人机应用技术专业办学依托的测绘工程技术专业，获国家人力资源和社会保障部授予的“技能人才培育突出贡献奖单位”，是全国唯一一所入选《中国测绘地理信息年鉴（2017）》的高职院校。获国家级教学成果二等奖两项，省部级教学成果奖六项，省科技进步三等奖一项，省青年科技奖一项，全国职业院校教师教学能力大赛三等奖一项。

学校牵头成立了云南冶金矿业职业教育集团，牵头组建云南省测绘职业教育教学指导委员会，参与全国测绘地理信息职业教育教学指导委员会工作。团队成员中有三人分别担任省级行指委主任、副主任、秘书长；两人分别担任全国测绘地理信息职业教育教学指导委员会副主任和委员；一人担任云南省测绘学会副理事长。

拓展职业鉴定新途径，政校合作破解“双证书”实施难题。原国家测绘地理信息局在全国遴选了昆明冶金高等专科学校等四所院校作为首批职业技能鉴定试点单位。教学团队根据国家测绘地理信息职业资格标准，结合专业办学、特色教学、就业需求，开发培训教材、制定职业资格鉴定标准，实现了教学与职业资格鉴定的深度融合。政校合力探索出一条特有的职业工种鉴定的新途径，为职业院校推行测绘地理信息“双证书”建立了教学与评价标准体系。

搭建竞技平台，彰显云南职教影响力。教学团队在学校的支持下，成功举办了 2017 年、2018 年全国测绘技能竞赛，参赛院校近 180 校次。全国测绘技能竞赛的举办，充分展示了云南高职教育成果，扩大了影响力，学校获得“全国职业院校技能大赛突出贡献奖”表彰。

三、案例经验

针对测绘地理信息行业企业智能化、信息化、虚拟现实技术应用的需求，创新办学理念，创新人才培养与教学模式，形成了“测天地蓝图，绘职业人生”的育人品牌。

以“四有”好老师标准打造师德高尚、专兼结合、具有国际视野、名师大师引领的新时代职业教育“双师型”教师队伍，为培养复合型、创新型的高素质无人机测绘技术技能人才提供强有力的师资保障，服务地方产业转型升级。

培育教学名师、专业带头人、骨干教师，建设名师工作室和技能大师工作室，引进行业企业领军人才兼职任教，完善教师职业发展及评价体系。对接区域产业，引领教育教学模式和人才培养模式创新，开展“三教”改革，在“双师型”教师培养培训基地建设、产教融合、协同创新以及“1 + X”证书制度等方面起到示范引领作用。

打造一支服务“一带一路”，为云南省新型城镇化和基础设施建设领域培养创新型、复合型、国际化高素质技术技能人才的教师教学创新团队，为把学校建成“云南离不开，业内都认同，国际能交流”的中国特色高水平高职学校和中国特色高水平测绘工程技术专业群提供师资保障。

案例五　智慧建造工程实训基地

一、摘要

智慧建造工程实训基地项目2-5-1，是学校双高测绘工程技术专业群/实践教学基地/共享型特色实训基地/子项目。建设地点设在实训楼307A/307B室，共两间，每间建筑面积110平方米，共计220平方米，预算资金200万元，其中设备采购预算185万元、场地环境建设预算15万元。设备采购中标价183.565万元。主要由智能建造虚拟实训室、智能建造模拟实训室两部分组成。目前已验收投入使用。

二、建设背景

《国家职业教育改革实施方案》明确指出要充分调动各方面深化职业教育改革创新的积极性，带动政府、企业和职业院校建设一批资源共享，集实践教学、社会培训、企业真实生产和社会技术服务于一体的高水平职业教育实训基地。

智慧建造技术是支撑"中国建造"理念的技术基础，是指在建造过程中，充分应用BIM、物联网、大数据、人工智能、移动通信、云计算及虚拟现实等信息技术与机器人等相关设备，通过人机交互、感知、决策、执行和反馈，尽可能地解放人力，从体力替代逐步发展到脑力增强，提高工程建造的生产力和效率，提升人的创造力和科学决策能力。

我校建筑工程技术专业是云南省重点专业，国家级示范建设专业、全国高等职业院校骨干专业、国家"双高"计划测绘工程技术专业群建设专业。自1984年开办以来，已举办中专15个班，高职54个班，5年制20个班，培养毕业生4 500多名，许多毕业生已经成为云南省建设行业企业的领导、专家和业务骨干。

建筑工程学院在双高建设前期已建有建筑施工实训室、钢筋工程实训室、钢结构工程实训室、建筑施工软件实训室、BIM技术应用中心、建筑工程检测实训室、土工检测实训室等七间实训室。由于建设年代较早规模较小，实训设施已无法满足当前建筑行业数字化、管理智慧化的人才培养需求。亟需新建一个建设理念超前、技术先进、综合性强、辐射面广的新一代数字智慧建造工程实训基地。

三、建设目标

结合我国建筑业发展需求，以培养学生核心专业技能为目标，融入大数据、物联网、BIM、VR/AR/MR、智能机器人、智慧工地等技术，围绕施工生产全过程，体现互联协同、信息化施工、可视化管理，建成虚实结合、立体化、全方位的智慧建造工程实训基地，培养符合现代企业岗位要求的复合型技能人才。

四、建设思路

智慧建造工程实训基地总体建设思路是：一个核心目标、两种实训手段、满足四种需求。

一个核心目标即以培养学生核心专业技能为目标。两种实训手段即采用信息化虚拟建造和微缩模型实操模拟建造两种手段开展实训项目。满足四种需求即满足多专业的教学和实训需求；满足省培国培班、企业培训等社会服务需求；满足“1 + X”技能认证和专业技能竞赛培训需求；满足教师教学实训教具创新研发需求。

智慧建造工程实训基地建设突出 BIM 数字建造，突出实操动手能力，构建虚实结合的立体化全方位智慧建造工程实训基地。

五、实施过程

（一）深入调研科学论证

确保智慧建造工程实训基地建设，提出基地建设的先进性、实用性、开放性、共享性、安全性建设原则，在编制建设方案前非常重视调研论证工作。首先通过问卷星等平台进行了人才培训方案调研。为确定专业人才培养的关键性问题提供了强有力数据支撑。然后又多方联系企业、院校实地考察土木建筑大类实训基地，为基地建设提供了思路。建筑工程专业人培调研节选，如图 4-8 所示。

选项	小计	比例
建筑识图能力	433	94.96%
结构识图能力	397	87.06%
设备识图能力	226	49.56%
CAD 绘图能力	386	84.65%
BIM 软件应用能力	273	59.87%
装配式建筑相关技能	167	36.62%
测量放线、实测实量能力	325	71.27%
材料试验和检测能力	215	47.15%
编制施工方案能力	324	71.05%
编制预决算能力	272	59.65%
编制招、投标文件能力	259	56.8%
本题有效填写人次	456	

图 4-8　建筑工程专业人培调研节选

（二）建设方案撰写

调研后认真制定建设方案，从初稿到终稿方案经历了十一个月时间，期间多次进行方案讨论、比选，几经易稿最终敲定方案。

建筑业不同于其他产业，其产品为建筑物，建筑体量大、占地大、耗资多，其实训产品开发有其特殊性，比其他专业更难开展实训，在考察调研中发现，多数职业院校采用工法楼实训、工种实训、虚拟仿真实训等三大类实训。工法楼方案占地多、投资大，工种实训主要面向中职类专业，虚拟仿真实训限于当前技术水平真实度稍差。结合我校实际，在建设资金仅 185 万元、建设场地仅 220 平方米的条件下，选择了采用虚拟技术和策缩模型模拟技术来实现实训项目。

（三）实训项目开发

为实训项目的顺利开展，实训项目开发必不可少。我院结合建设目标、建设思路，开发了结构施工图识读实训项目。

实训项目采用项目式模块化教学理念，制定了实训任务书、指导书。实训分为梁、板、柱、墙、楼梯、基础六大项目，每个项目又分为平法识图、详图绘制、钢筋算量、钢筋翻样、绑扎安装等五个模块。适应建筑工程技术、建设工程管理、建设工程监理、工程造价等多专业按各自教学需求，灵活选择教学模块。实训任务书，如图 4-9 所示。

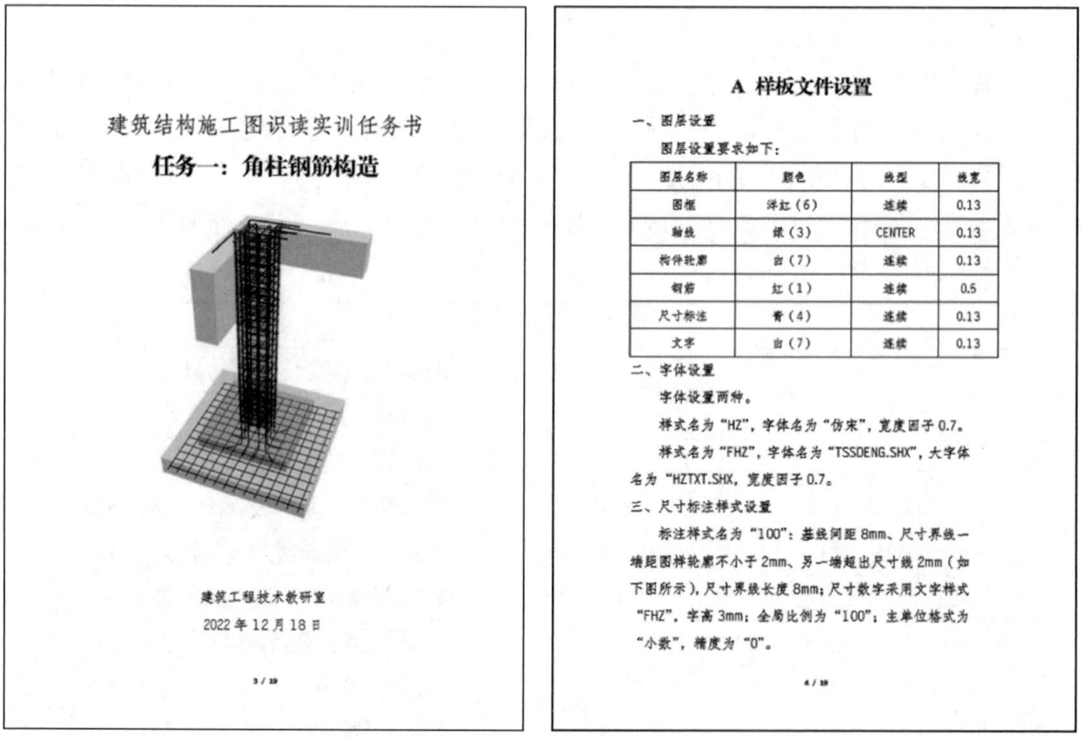

A 样板文件设置

一、图层设置

图层设置要求如下：

图层名称	颜色	线型	线宽
图框	洋红（6）	连续	0.13
轴线	绿（3）	CENTER	0.13
构件轮廓	白（7）	连续	0.13
钢筋	红（1）	连续	0.5
尺寸标注	青（4）	连续	0.13
文字	白（7）	连续	0.13

二、字体设置

字体设置两种。

样式名为“HZ”，字体名为“仿宋”，宽度因子 0.7。

样式名为“FHZ”，字体名为“TSSDENG.SHX”，大字体名为“HZTXT.SHX，宽度因子 0.7。

三、尺寸标注样式设置

标注样式名为“100”：基线间距 8mm、尺寸界线一端距图样轮廓不小于 2mm、另一端超出尺寸线 2mm（如下图所示），尺寸界线长度 8mm；尺寸数字采用文字样式“FHZ”，字高 3mm；全局比例为“100”；主单位格式为“小数”，精度为“0”。

4 / 19

图 4-9　实训任务书

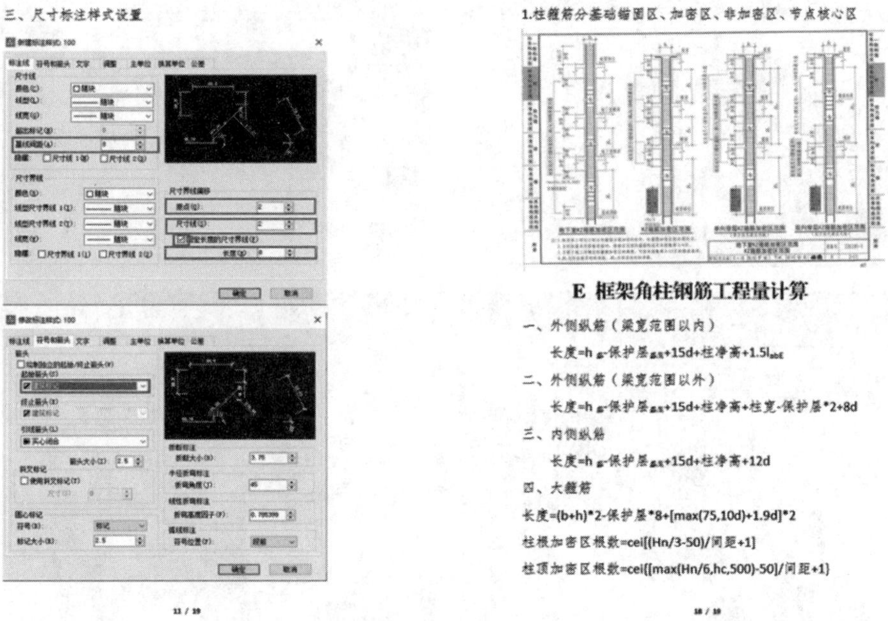
三、尺寸标注样式设置

1.柱箍筋分基础锚固区、加密区、非加密区、节点核心区

E 框架角柱钢筋工程量计算

一、外侧纵筋（梁宽范围以内）

长度=h梁-保护层梁底+15d+柱净高+1.5l_{abE}

二、外侧纵筋（梁宽范围以外）

长度=h梁-保护层梁底+15d+柱净高+柱宽-保护层*2+8d

三、内侧纵筋

长度=h梁-保护层梁底+15d+柱净高+12d

四、大箍筋

长度=(b+h)*2-保护层*8+[max(75,10d)+1.9d]*2

柱根加密区根数=ceil[(Hn/3-50)/间距+1]

柱顶加密区根数=ceil{[max(Hn/6,hc,500)-50]/间距+1}

图 4-9　实训任务书(续)

(四)成效亮点

实训基地于 2022 年建成,实训室环境优美、设备先进,为“1 + X”取证和技能竞赛提供了有力支撑。建成以来承接了建教协第三届平法应用技能大赛校内赛、“1 + X”建筑工程识图取证考试等证赛项目。同时也为混凝土结构平法识图、建筑信息化模型应用技术、建筑识图与构造、建筑 CAD 等多门课程提供了实训条件。智慧建造虚拟实训室与智慧建造模拟实训室,建教协第三届平法应用技能大赛校内赛,屋面节点构造模型实训,如图 4-10、图 4-11、图 4-12 所示。

图 4-10　智慧建造虚拟实训室与智慧建造模拟实训室

图 4-11　建教协第三届平法应用技能大赛校内赛

图 4-12　屋面节点构造模型实训

六、存在问题

由于双高建设规划中未提前规划场地，建设过程中经多次协调仍造成实训基地场地面积不足。建设方案规划面积500平方米，方案落地后仅220平方米，没有实训准备室或库房，实训材料、仪器设备存放困难。

七、下一步工作计划

进一步和学校沟通，通过学校或学院内部增设实训准备室，以解决材料、设备堆放问题。

案例六　借助《云南测绘》桥梁打造“工作室”社会服务特色——构建“校行企”共同体

一、工作室概况

测绘工程技术技能大师工作室(简称工作室)是首批校级技能大师工作室,成员主要包括杨永平、程功、黎剑、陈占、杨万枢、欧阳慧、张伟红、王敏、朱啟成,于 2020 年 3 月正式立项,主要开展以下三方面工作:

(1)人才培养。培养一批拔尖技能人才;打造一批具有高超技艺、精湛技能和工匠精神的“双师型”教师队伍。工作室成员黎剑老师指导学生备战云南省测绘技能大赛,如图 4-13 所示。

(2)教科研工作。积极申报各类教科研课题和公开发表学术论文。

(3)社会服务。签订校企合作协议,开展教师企业实践锻炼;良好运作《云南测绘》专业期刊。合作企业高级工程师潘俊华来校做学术讲座,工作室成员杨永平和陈占老师在昆明市测绘研究院实践锻炼,如图 4-14、图 4-15 所示。

图 4-13　工作室成员黎剑老师指导学生备战云南省测绘技能大赛

图 4-14　合作企业高级工程师潘俊华来校做学术讲座

图 4-15　工作室成员杨永平和陈占老师在昆明市测绘研究院实践锻炼

二、《云南测绘》期刊简介

《云南测绘》是由云南省测绘地理信息学会(简称学会)主办(见图 4),它是具有实用性、超前性、融产学研为一体的学术性科技刊物。《云南测绘》一贯坚持发扬学术民主,促进学术和技术交流;传播测绘科技前沿最新发展动态;全面反映我省测绘高新技术的研发、推广、应用、创新;推广基础测绘和地理信息数字产品生产及管理的新经验;介绍行业和学会动态及最新产品和软件;促进云南测绘事业的发展。《云南测绘》曾荣获云南省新闻出版局颁发的“首届云南优秀连续性内部出版物评审编校质量奖”。《云南测绘》封面和目录,如图 4-16 所示。

图 4-16 《云南测绘》封面和目录

三、借助《云南测绘》桥梁，打造“工作室”社会服务特色

（一）工作室负责《云南测绘》良好运作

杨永平作为工作室负责人，于 2018 年 12 月被学会聘任为“测绘编辑专业委员会委员”，后将《云南测绘》编辑部设在昆明冶金高等专科学校工作室，正式拉开了工作室与学会的深度合作。依托工作室平台，负责《云南测绘》的正常运作，包括《云南测绘》的年检、组稿、审稿、校稿、发行等工作，以及每年年会论文的收集、整理、排版、印刷和优秀论文的评选工作。“测绘编辑专业委员会委员”聘书，《云南测绘》内部资料出版物准印证，如图 4-17、图 4-18 所示。

图 4-17 “测绘编辑专业委员会委员”聘书

图 4-18 《云南测绘》内部资料出版物准印证

为了进一步提升《云南测绘》的办刊质量，以更好地促进云南省测绘新技术推广和行业应用，工作室与学会每年都不定期地召开测绘编辑专业委员会工作会议（见图4-19）。

图4-19　测绘编辑专业委员会工作会议

（二）打造"工作室"社会服务特色

社会服务是工作室建设的主要工作之一，工作室积极借助《云南测绘》，以此为桥梁纽带，探索出一条工作室开展社会服务的特色之路。

1. 拓宽期刊征稿内容，开拓工作者成长园地

进一步拓宽了《云南测绘》征稿内容，版面在原来"学术研究、技术交流、行业动态"三大板块的基础上，增设"教育园地"板块，期刊内容更加丰富，涉及大地测量、工程测量、不动产测绘、摄影测量与遥感、地理信息系统及建库、地图制印、测绘生产、测绘管理、体制改革、测绘教育、经验介绍等方面，尤其是新职教发展动态与研究、"3S"技术的发展与集成、"4D"测绘产品的综合开发与应用、BDS定位和无人机航测技术的研发与应用，成为培养年轻测绘科技/教育工作者的成长园地。

2. 搭建学术交流平台，构建"校行企"共同体

《云南测绘》是具有一定学术水平和实用价值的学术期刊，是云南省众多测绘企事业单位晋升职称认可的期刊之一。工作室以《云南测绘》为桥梁，建立了作者、审稿、编辑、读者四位一体的交流机制，对扩大我校的学术声誉及社会影响，促进我校测绘学科建设，紧跟测绘行业的前沿技术起到积极作用；搭建了云南省行业技术交流的平台，对推进产教融合、实现校企深度合作、提升学校办学水平和社会服务质量发挥了无可估量的作用，真正构建起"校行企"利益共同体（见图4-20）。

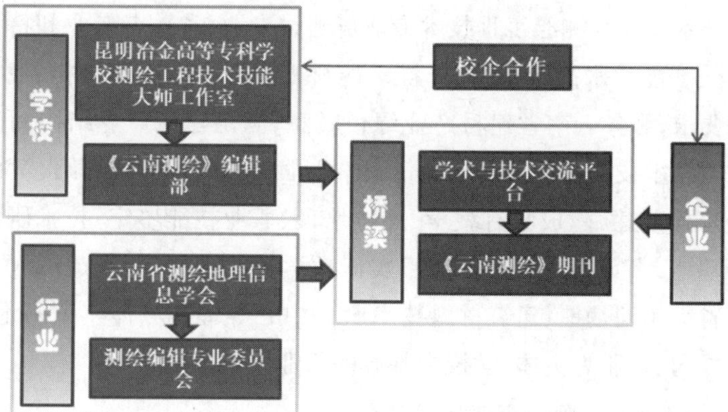

图4-20　"工作室"社会服务特色——构建"校行企"共同体

案例七 对接产业 校企合作 服务云南建材行业的建设与发展

一、主要做法

（一）对接云南省建材产业和发展需求

“十三五”期间，云南省持续推动水泥企业淘汰落后低效产能、置换建设先进产能项目，全省产业布局进一步优化，全省水泥产业集中度进一步提高，华润云水、中建材、华新、海螺、红狮五大集团的产能提高至70%。一大批绿色、高端、环保、智能的现代化水泥生产线陆续建成投产水泥行业整体装备、技术、规模均有了极大进步，单位产品能耗、排放指标均大幅下降。现全省共有熟料生产企业88户，直接从业人员约2.5万人，生产线105条，熟料产能9390万吨/年。我省建材行业正在由中低端向中高端，甚至高端发展，产业结构调整与转型升级，建材行业迫切需要提高企业技术人员的技术技能水平。

云南水泥建材集团有限公司由昆钢公司与华润水泥合作组建，注册资本金13.21亿元，拥有二十五家全资和控股子公司，分布于云南省十三个州（市），是云南省产品齐全、产业链长的建材企业。集团主营润熟料和水泥，以及矿渣微粉、混凝土砖、加气混凝土砌块、商品混凝土、建筑骨料等系列建材产品。

华新水泥股份有限公司始创于1907年，被誉为“中国水泥工业的摇篮”。名列全球水泥企业前十强和中国工业企业500强。华新水泥西部区域是公司旗下九大区域事业部之一，主要为水泥、水泥窑环保协同处置、骨料等产业。华新水泥西部区域在昆明及周边地区有十三家水泥基地、骨料及新材料等项目。

（二）依托学校的师资和实训基地

建筑材料工程技术专业是测绘工程技术专业群建设专业，省重点专业和特色专业。服务建材行业数字化、网络化、智能化水平大幅提升，推动建材工业全产业链高级化、现代化、安全化，加快迈入先进制造业的要求，服务云南省建材产业绿色转型，满足建材产业结构调整与转型升级对建筑材料类专业高素质技术技能人才的需求。教师教学团队为云南省教师教学创新团队和省级教学团队。通过校企合作共建，建成具有教学、岗位培训、职业技能鉴定、技术研发等功能的理实一体校内生产性实训基地，该实训基地为省实习实训教学基地。专业群依托区位优势和特色产业，充分发挥建筑材料省级实训基地、建筑材料技术服务中心等理实一体实训基地的社会服务功能，积极承办以政府为导向、企业为主体、学校为基础的行业技能大赛。

（三）加强沟通，深化合作，服务企业职工培训

学校与云南水泥建材集团、云南华新建材投资有限公司合作，承办水泥中央控制室操作工等

多个工种的技能竞赛。

1. 与云南水泥建材集团有限公司工会签订工会积极分子培训协议，充分发挥企业工会积极分子在建功立业活动中的带头作用。

2. 与云南华新建材投资有限公司签订中控操作员技能竞赛培训协议，满足企业员工岗位技能提升要求，满足事业部生产人员人才梯队建设，在事业部形成“比、学、赶、帮、超”的良好学习氛围。

二、主要成效

2019年至2022年完成云南水泥建材集团、云南华新建材投资有限公司、水泥质量控制工、中央控制室操作工培训和职工技能竞赛，为企业发展提供了有力的人才保障。培训详细情况，企业员工现场培训照片，企业员工技能竞赛，如表4-1、图4-21、图4-22所示。

表4-1　2019年至2022年企业培训情况

序号	开始时间	结束时间	企业	工种	培训对象	培训人数	培训时间(天)
1	2019年4月22日	2019年4月23日	云南水泥建材集团有限公司	中央控制室操作工（磨操工）	职工	29	2
2	2019年11月28日	2019年11月29	云南水泥建材集团有限公司	水泥质量控制工	职工	29	2
3	2020年7月15日	2020年7月16日	云南水泥建材集团有限公司	中央控制室操作工（窑操工）	职工	25	2
4	2020年7月15日	2020年7月16日	云南水泥建材集团有限公司	水泥物理检验工	职工	28	2
5	2020年11月20日	2020年11月21日	云南华新建材投资有限公司	中央控制室操作工（窑操工）	职工	28	2
6	2021年6月17日	2021年6月18日	云南华新建材投资有限公司	中央控制室操作工（磨操工）	职工	31	2
7	2021年6月9日	2021年6月11日	云南水泥建材集团有限公司	水泥物理检验工	职工	26	3
8	2021年6月9日	2021年6月11日	云南水泥建材集团有限公司	中央控制室操作工（磨操工）	职工	26	3
9	2022年6月19日	2022年6月21日	云南水泥建材集团有限公司	水泥质量控制工	职工	31	3
10	2022年6月19日	2022年6月21日	云南水泥建材集团有限公司	中央控制室操作工（磨操工）	职工	30	3

图 4-21　企业员工技能竞赛照片

图 4-22　企业员工理论竞赛照片

案例八　现代通信技术专业“三元五双一融通”人才培养模式探索

一、建设内容

为探索构建现代学徒制人才培养路径，实现企业与高职院校的双元育人、学训结合、岗位成才，提升人才质量和核心竞争力，现代通信技术专业立足于云南省信息产业条件和经济发展实际，深入剖析人才培养的内核，实行校企多方协同合作办学。自2018年先后被教育部和云南省教育厅批准为全国第三批和云南省第二批现代学徒制试点专业，经过三年多的试点建设，其创新性教学实践取得明显成效，2021年该项目顺利通过验收。在现代学徒制试点探索实践中，校企共同提出“三元、五双、一融通”的理念，培养无线通信领域精英学徒。“三元五双一融通”人才培养模式示意图，如图4-23所示。

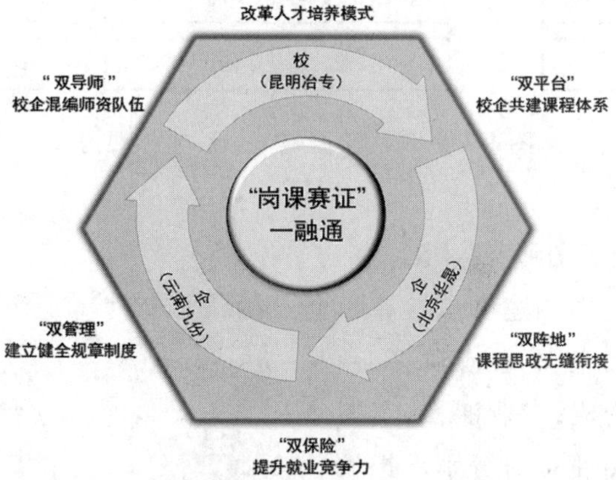

图4-23　“三元五双一融通”人才培养模式示意图

（一）三元

现代通信技术专业成立于2015年，作为与北京华晟经世信息技术有限公司合办专业，积极探索以西南地区为代表的无线通信网络建设与维护行业人才培养途径。在已有的校企合作模式基础上，结合《教育部关于开展现代学徒制试点工作的意见》精神，进而与云南九份签署现代学徒制合作协议。通过现代学徒制试点，形成特色鲜明、分工明确的校（昆明冶专）-企（北京华晟）-企（云南九份）三元主体（以下简称“校企企”）协同育人长效机制，打造“学校教师＋企业导师＋企业师傅”的三导师型教学团队，构建在专业建设、资源开发、人才培养、考评体系以及师资提升等方面统一理念、统一行动、统一把关的命运共同体。现代学徒制“三元”主体架构，如图4-24所示。

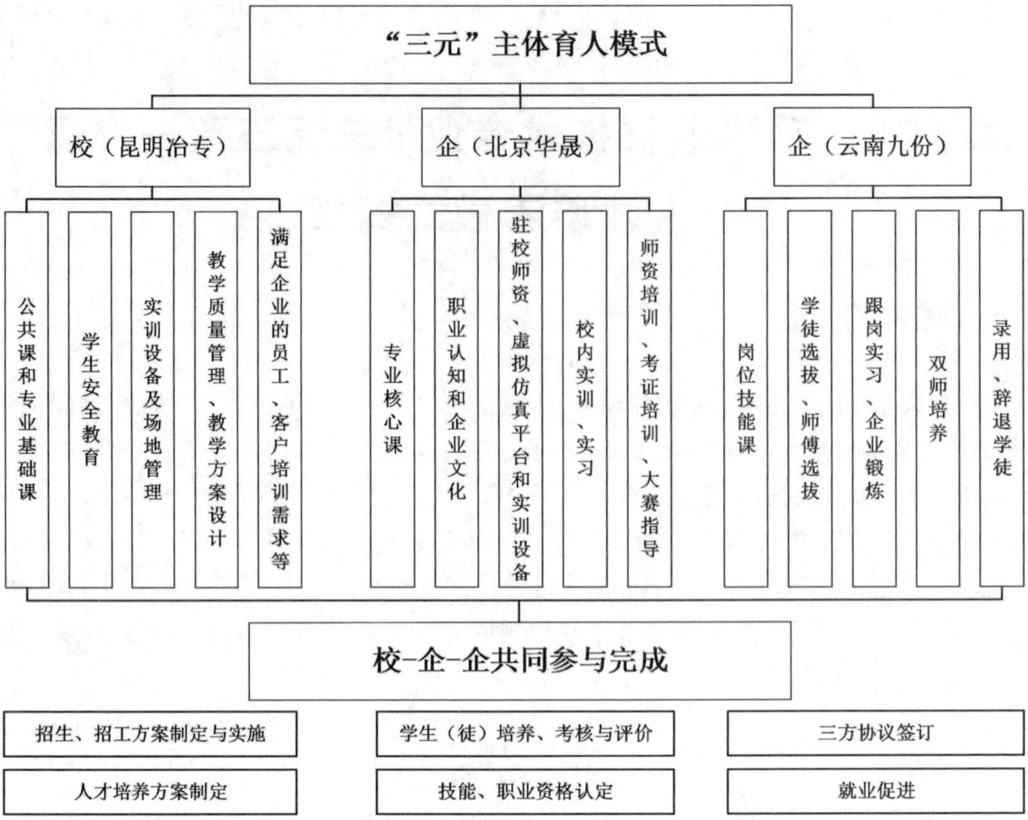

图 4-24　现代学徒制“三元”主体架构

(二) 五双

1. “双导师”——校企混编师资队伍

该专业对“双导师”的内涵建设包括有四个方面：师资队伍由校内专任教师、企业师傅、行业专家和技能大师等共同构成；专业课程、实训分为学校课程和企业课程，并由双方分别承担教学和指导；所有考核通过的学徒，均由一校一企“双负责人”对其进行安全管理和学业管理；学生(徒)的考核评价，也是由校企双方共同完成。校企“双导师”发挥各自优势，相互弥补，相互协同对学生进行教育教学管理，使学生对理论和实践、知识和技能的结合更为紧密。容会通信技术大师工作室牌匾，如图 4-25 所示。

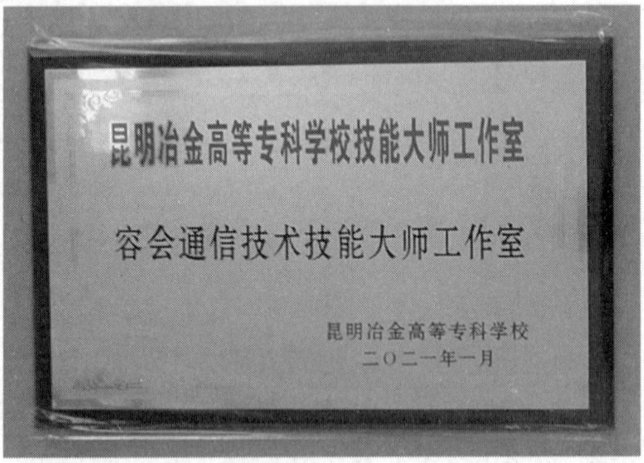

图 4-25　容会通信技术大师工作室牌匾

2. “双平台”——校企共建课程体系

“双平台”是指产业平台和教学平台。该专业紧跟技术前沿，以无线通信技术行业和相关企业的实际需求为切入点，分析毕业生面向的核心岗位群和典型工程项目，以“企业需求-岗位能力-专业课程”为递进链条，结合学生的通识素养、单项基本技术、专业核心能力、创新创业水平四项岗位必备能力，嵌入现代通信技术职业资格标准和行业技术规范，校企共建产教融合“双平台”课程体系，教融合“双平台”课程体系建设思路如图 4-26 所示。

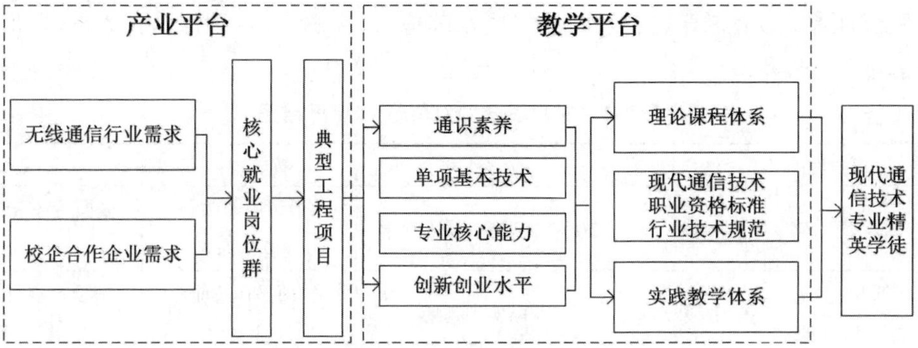

图 4-26　产教融合“双平台”课程体系建设思路

3. “双管理”——建立健全规章制度

在项目实践过程中，三主体深度融合共同参与顶层设计，建立健全成本分摊、教学实施、运行保障、考核评价等多种机制，逐步制定并实施了学生实习实训管理与考核制度、“双导师”教师管理办法、校内(外)实训基地管理与运行条例等相关管理制度和执行标准。通过不断完善规章制度，达到规范校企行为，切实保证现代学徒制的实施效果，实现互惠共赢。现代学徒制相关标准及制度，如图 4-27 所示。

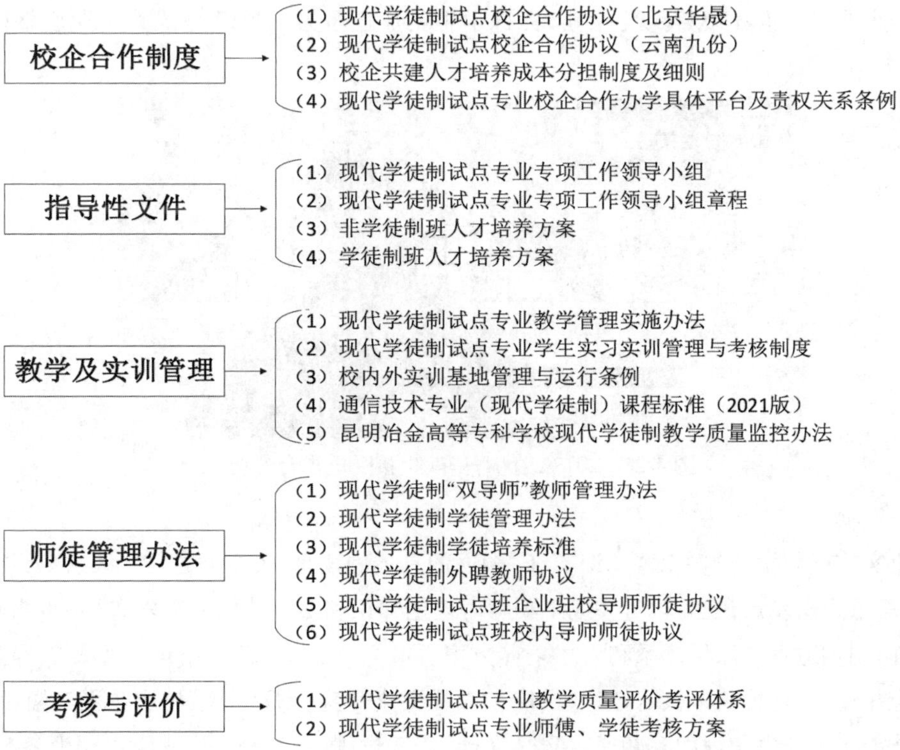

图 4-27　现代学徒制相关标准及制度

4.“双阵地”——课程思政无缝衔接

现代学徒制的实施和完善，不仅要培养学生理论文化知识和岗位实操技能，更要把课程思政中关于爱国主义和家国情怀、创新精神、工匠精神、系统论和工程思维元素以及社会主义核心价值观等内容融入日常的教育教学，实践课程思政“双阵地”的无缝衔接，即课堂育人阵地和工厂育人阵地。具体过程见表 4-2。

表 4-2　课程思政“双阵地”构建思路图

三主体	双阵地	授课对象	教学环境	教学内容	思政元素
校内导师	课堂育人阵地	学生	教室、实验室、线上教学	通识素养课、专业基础课	爱国情怀、改革创新、社会责任
企业驻校导师	课堂 + 工厂育人阵地	学生、准学徒	校内实训基地	单项操作技能、企业文化	全球视野、科技自信、大国崛起
企业师傅	工厂育人阵地	学徒	校外实训基地、项目一线	职业素养、岗位综合技能	工匠精神、吃苦精神、团队意识

5.“双保险”——提升就业竞争力

通过现代学徒制对人才的培养，最终要实现能够促进毕业生精准就业并主动服务于区域社会经济建设。因此在实施过程中，要充分调研行业发展规律，密切关注产业前沿动态，结合企业对人才结果的需求，不断调整和优化其就业方式，以达到企业对高素质技能型人才需求的目的。该专业立足于人岗不匹配、就业层次不高等问题，通过“三元”主体机制和企业畅通沟通渠道，采取学生自主择业和企业岗位推荐“双保险”策略，提升学生就业竞争力。2017 级优秀毕业生接受电视台专访，如图 4-28 所示。

图 4-28　2017 级优秀毕业生接受电视台专访

（三）一融通

该专业实施现代学徒制中对“岗课赛证”融通的具体做法是：校企通过对无线通信行业走访调研，以岗位需求为出发点，收集项目一线工程师对理论知识和实践技能的需求，进一步明确人才培养方向，从而制定适宜的课程体系和人才培养方案，同时将无线通信网络运行与维护职业技能资格考试内容相衔接，把相关考核的知识、技能和素质要求贯穿于日常教学，使课程与岗位、职业水平认证和技能等级证书知识相互融通；在学生（徒）培养过程中，鼓励并组织学生积极参与各类、各级别职业技能大赛，实现课赛结合。“岗课赛证”融通结构图，如图 4-29 所示。

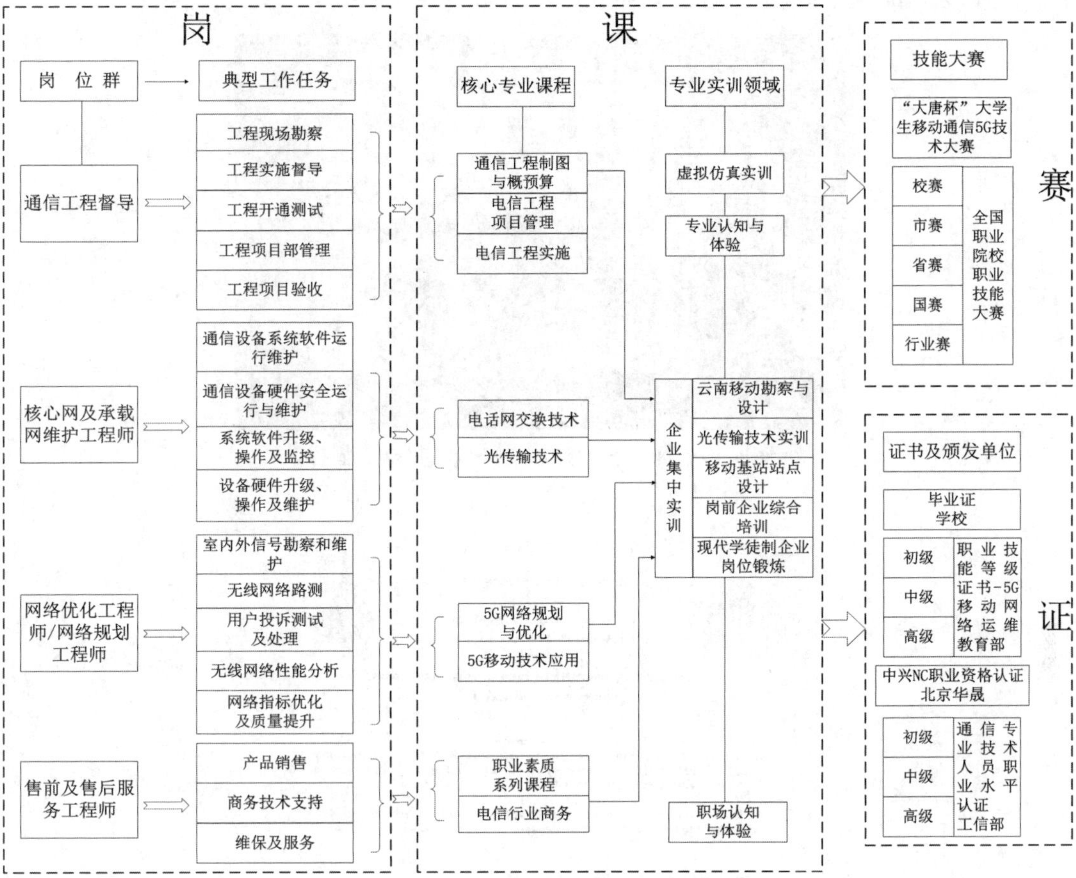

图 4-29　“岗课赛证”融通结构图

二、建设效果

(一)形成了校企多边合作共赢机制

在现代学徒制试点探索实践中,基于“三元五双一融通”的人才培养理念,借助企业优质资源,在学科建设、资源整合、双师进修、订单培养等方面深度合作,逐步形成了校企多边合作共赢机制。对学校而言,创新了教学模式,提高了人才培养的质量,扩大了办学规模和专业知名度;对学生而言,专业学习更有针对性,高质量就业得到保障;对企业而言,解决了招工难和岗位适应性差的问题,也可以获得稳定的人才输送渠道。

(二)推进了国际化办学进程

该专业以国内外ICT产业和“一带一路”建设人才发展需求为导向,促进产教融合和国际化人才培养,联合北京华晟在泰国坦亚武里皇家理工大学建立了“经世学堂海外教学基地”。以国际化专业教学标准为依据,聚焦以信息通信为核心的中国优势产业,实现海外教学和优质课程输出,为“一带一路”沿线国家培养应用型技能型的无线通信类国际化人才。“经世学堂海外教学基地”落成揭幕，“中泰”国际化合作协议，如图 4-30、图 4-31 所示。

图 4-30　“经世学堂海外教学基地”落成揭幕

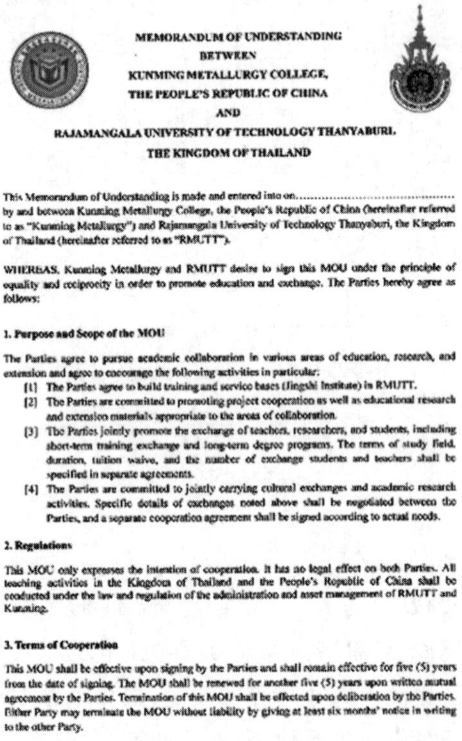

MEMORANDUM OF UNDERSTANDING
BETWEEN
KUNMING METALLURGY COLLEGE,
THE PEOPLE'S REPUBLIC OF CHINA
AND
RAJAMANGALA UNIVERSITY OF TECHNOLOGY THANYABURI,
THE KINGDOM OF THAILAND

This Memorandum of Understanding is made and entered into on.. by and between Kunming Metallurgy College, the People's Republic of China (hereinafter referred to as "Kunming Metallurgy") and Rajamangala University of Technology Thanyaburi, the Kingdom of Thailand (hereinafter referred to as "RMUTT").

WHEREAS, Kunming Metallurgy and RMUTT desire to sign this MOU under the principle of equality and reciprocity in order to promote education and exchange. The Parties hereby agree as follows:

1. Purpose and Scope of the MOU

The Parties agree to pursue academic collaboration in various areas of education, research, and extension and agree to encourage the following activities in particular:

[1] The Parties agree to build training and service bases (Jingshi Institute) in RMUTT.

[2] The Parties are committed to promoting project cooperation as well as educational research and extension materials appropriate to the areas of collaboration.

[3] The Parties jointly promote the exchange of teachers, researchers, and students, including short-term training exchange and long-term degree programs. The terms of study field, duration, tuition waive, and the number of exchange students and teachers shall be specified in separate agreements.

[4] The Parties are committed to jointly carrying cultural exchanges and academic research activities. Specific details of exchanges noted above shall be negotiated between the Parties, and a separate cooperation agreement shall be signed according to actual needs.

2. Regulations

This MOU only expresses the intention of cooperation. It has no legal effect on both Parties. All teaching activities in the Kingdom of Thailand and the People's Republic of China shall be conducted under the law and regulation of the administration and asset management of RMUTT and Kunming.

3. Terms of Cooperation

This MOU shall be effective upon signing by the Parties and shall remain effective for five (5) years from the date of signing. The MOU shall be renewed for another five (5) years upon written mutual agreement by the Parties. Termination of this MOU shall be effected upon deliberation by the Parties. Either Party may terminate the MOU without liability by giving at least six months' notice in writing to the other Party.

图 4-31　“中泰”国际化合作协议

（三）提升了师生专业水平

在技能竞赛方面，在 2019 年参加全国职业技能大赛中“4G 全网建设”赛项获国家级三等奖；2020 年获大学生 5G 技术与应用大赛获省级一等奖；2021 年获“蓝桥杯”软件和信息技术大赛获国家级优秀奖；2022 年获“大唐杯”全国大学生移动通信 5G 技术大赛国赛三等奖等。在就业方面，该专业目前就业率保持98%以上,毕业生月薪资远超于高职专业毕业生平均水平。在师资方面,该专业充分发挥校企混编师资的优势,发表学术论文、实用新型专利、软件著作等学术成果十余项,参与各类课题七项,开发教材五部,形成研究报告两份,教学大赛屡获佳绩。2023年获国赛三等奖,如图4-32所示。

图4-32　2023年获国赛三等奖

三、总结

综上所述,基于现代学徒制背景的“三元五双一融通”人才培养模式不仅为现代通信技术专业的产教融合、“三教”改革以及人才培养水平提升提供了理论依据,通过实践还表明此模式具有切实的实践指导意义。当前,校企的机制创新、顶层设计和政策法规上还存在一定的局限,有待各方面共同努力。未来,也将在深化校企合作、“双高”建设、精品教学资源开发和现代学徒制模式推广等方面作进一步研究和探索。

第 5 篇

建设成果佐证报告

本佐证报告是对昆明冶金高等专科学校校测绘工程技术专业群的建设成效进行了系统调研、分析和数据解读，通过此报告可系统了解本校“双高计划”各建设任务的实际成效，评价建设举措的有效性。同时也可以发现在建设过程中可能存在的宏观认识偏差、建设方向不聚焦、利益相关者感知不强、各方工作协调不足等问题，处理好“双高计划”与常规建设、短期目标与长远规划、战略发展筹划与落细落小落实之间的平衡关系，以评促改，推动学校“双高建设”整体绩效目标向着更高质量、更高水平迈进。

测绘工程技术专业群的建设任务评分表

评价方面	一级指标	二级指标	三级指标	分值	标准	自评分	评分依据
测绘工程技术专业群的建设任务评分（满分 100 分）	1. 产出指标(50 分)	1.1 数量指标(20 分)	近三年招生计划完成率(%)	2	≥85%	2	100%
			毕业生年终就业率(%)	2	≥95%	2	97%
			生师比	2	高职标准 18:1	2	18:01
			专业教学标准制定(个)	3	4	3	5 个专业标准(测绘工程技术、测绘地理信息技术、工程测量技术、地籍测绘与土地管理),1 个工程测量技术专业实训教学条件建设标准
			专业课程标准制定(个)	3	≥20	3	27
			“1 + X”证书试点专业数	2	≥3	2	5 个专业全覆盖,共 787 人参加取证。包含无人机驾驶、测绘地理信息数据获取与处理、测绘地理信息智能应用、不动产数据采集与建库、无人机摄影测量、建筑工程施工工艺实施与管理、建筑信息模型 BIM、装配式建筑构件制作与安装、建筑工程识图、工程造价数字化应用、Web 前端开发,共 11 种证书
			企业兼职教师比例	2	≥30%	2	专任教师 109 人、兼职教师 80 人,兼职教师比例 42.3%
			建成校外实习基地(个)	2	≥3	2	云南合信工程检测咨询有限公司、云南润晶工程技术(集团)股份有限公司、云南省有色地质局 312 队
			开展社会培训人次	2	≥2 000	1	987 + 30 = 1 017 人次
		1.2 质量指标(20 分)	专利授权数(个)	2	≥10	2	24 个实用新型专利
			双师型教师比例	2	≥50%	2	94.50%
			指导学生专业社团、技能竞赛、创新创业等活动省级以上获奖(个)	2	≥20	2	技能大赛 69 项、双创 14 项,共 214 人次
			党建及思想政治教育获奖(个)	2	≥1	2	6 个(样板支部 1 项、云南省思政教育精品项目 1 项、国家思政示范课 1 项、省级五四青年奖章 1 项、思政案例和微课获奖 2 项)

续上表

评价方面	一级指标	二级指标	三级指标	分值	标准	自评分	评分依据
测绘工程技术专业群的建设任务评分（满分 100 分）	1. 产出指标(50 分)	1.2 质量指标(20 分)	省级教育教学成果奖励（个）	3	≥1	3	3 个(“三方协同 五轮驱动:高职测绘地理信息类专业实践育人体系的创新实践”获省级特等奖、“‘三全育人’理念下‘四维四同’思政育人模式的创新与实践”教学成果省级一等奖、高职建筑工程技术专业新形态一体化《钢结构工程施工》教材的创新与实践获省级二等奖)
			承办省级及以上职业院校技能大赛(次)	2	≥1	2	承办国赛 1 次(工程测量赛项)、省赛 10 次(建筑识图、物联网技术应用、信息安全管理与评估赛项各 3 届,云南省青年职业技能大赛计算机程序设计员(云计算平台与运维)赛项 1 届)
			现代学徒制培养项目（个）	3	≥3	3	4 个(测绘工程技术、测绘地理信息技术、建筑工程技术、物联网应用技术),辐射专业群相关专业 2 个(工程造价、建筑装饰工程技术)
			省级及以上高层次人才数量(人)	2	≥2	2	共 5 人(培养国家高层次人才特殊支持计划教学名师 2 人、云南省高层次人才特殊支持计划教学名师 2 人,引进云南省高层次人才特殊支持计划产业技术领军人才 1 人)
			建设省级以上虚拟仿真实训中心(个)	2	≥1	2	国家级虚拟仿真基地培育项目(数字矿山测绘虚拟仿真中心)
		1.3 时效指标(10 分)	任务总体完成度	3	≥60%	3	77.22%
			任务阶段完成度	1	≥90%	1	100%
			总体绩效目标完成度	2	≥60%	2	78.80%
			财政资金到位率	2	100%	2	100%
			总预算资金执行率	2	>60%	2	财政投入 1 227 万、行业企业投入(2 000 万 +1 069 万)

续上表

评价方面	一级指标	二级指标	三级指标	分值	标准	自评分	评分依据
测绘工程技术专业群的建设任务评分（满分 100 分）	2. 效益指标(30 分)	2. 1 社会效益指标（15 分）	引领职业教育改革发展和人才培养的贡献度	3	显著	3	1 支国家级教学团队、1 门国家课程思政示范课、3 部国家规划教材、承办国赛 1 项、主持制订标准 6 部(1 部待发布)、3 项省级教学成果奖;学生技能大赛国赛获奖 2 项、省赛获奖 194 人次,双创大赛国赛获奖 2 项、省赛获奖 11 项
			专业设置与区域重点产业匹配度	4	100%	4	增设新专业 5 个(无人机应用技术、信息安全技术应用、大数据技术与应用、人工智能技术应用、建筑智能化工程技术)、申办高职本科 2 个(测绘工程技术、建筑工程技术)、专业人才需求分析报告
			社会服务到款额	5	≥100	4. 2	大红山铜矿职工培训 10 万、建工企业职工培训 4. 1 万,国培项目 70 万
			支撑国家战略和区域经济社会发展的贡献度	3	显著	2. 4	开展科普教育活动,服务云南发展。入选全国测绘地理信息科普教育基地,测绘科普示范项目获省级立项;校企共建省级测绘基准,服务云南测绘行业生产,获全国测绘优秀工程铜奖、云南省测绘优秀工程金奖。主持云级刊物《云南测绘》的编辑出版工作
		2. 2 可持续影响指标（15 分）	国际合作交流或开展项目(个)	3	≥1	3	2(中白国际交流班、中肯建筑工程学院)
			专业群教学资源为企业和社会培训使用(人次)	6	≥1 000	6	28 000 人次
			与企业合作开展技术服务项目	6	≥1	6	10(高原山区高速公路长寿面路表结构与材料研究技术开发科技创新项目、玉溪矿业有限公司大红山铜矿测量技术培训、2019 年度云南水泥建材集团水泥质量控制工技能竞赛及培训、2019 年度云南水泥建材集团水泥物理检验工和水泥中央控制室操作工技能竞赛及培训、2020 年度华新水泥云南事业部中控窑操员技能竞赛及培训、招商银行网络安全培训、世界技能竞赛信息安全赛项云南省参赛队网络安全培训、云南华新建材投资有限公司水泥中央控制室操作工(磨操)技能竞赛及培训、云南水泥建材集团 2021 年度水泥物理检验工技能竞赛及培训、云南水泥建材集团 2021 年度水泥中央控制室操作工(磨操)技能竞赛及培训)

续上表

评价方面	一级指标	二级指标	三级指标	分值	标准	自评分	评分依据
测绘工程技术专业群的建设任务评分（满分100分）	3. 满意度指标（10分）	3.1 服务对象满意度指标(10分)	在校生满意度	2	≥95%	2	97.78%
			毕业生满意度	1.5	≥95%	1.5	98.98%
			教职工满意度	1.5	≥95%	1.5	95.04%
			用人单位满意度	2	≥92%	2	99.50%
			家长满意度	1	≥95%	1	97.60%
			满意度评价客观性	2	测评报告	2	第三方评价报告
	4. 管理与执行指标（10分）	4.1 资金管理指标（5分）	资金管理制度健全性	2	完善	2	专业群绩效考核管理办法、专业群资金使用管理办法
			资金使用合规性	2	使用合规	2	依据国家和云南省财务管理制度、学校财务管理制度
			财务收支情况评价客观性	1	审计报告	1	第三方审计报告
		4.2 项目管理指标（5分）	项目的组织保障	2	完善	1.5	成立测绘专业群项目领导小组、专业群建设指导委员会和专业类分委员会，分级组建子项目实施团队
			项目的管理制度健全性	2	完善	1.5	制订测绘专业群项目管理办法、经费使用管理办法、测绘专业群建设指导委员会章程
			项目的运行情况	1	流畅	1	实施专业群项目负责制、子项目审批备案制、专业群项目建设例会制、项目推进月报制度，及时通报专业群建设情况，找出问题并提出整改措施，确保专业群建设顺利推进
					自评分	96.60	

一、产出指标

（一）数量指标

1. 近三年招生计划完成率（98.49%）

测绘工程技术专业群近三年招生计划平均完成率 98.49%。测绘专业群近三年招生计划完成率统计，如图 5-1 所示。

2019—2021 年测绘工程技术专业群招生计划完成率情况统计

年度	专业名称	计划	报到人数	计划完成率
2019	建筑工程技术	165	160	96.97%
	建筑材料工程技术	165	166	100.61%
	测绘工程技术	110	107	97.27%
	测绘地理信息技术	110	107	97.27%
	物联网应用技术	110	117	106.36%
	合计	660	657	99.55%
2020	建筑工程技术	210	201	95.71%
	建筑材料工程技术	120	121	100.83%
	测绘工程技术	108	120	111.11%
	测绘地理信息技术	108	100	92.59%
	测绘工程技术（中白）	50	53	106.00%
	物联网应用技术	108	110	101.85%
	合计	704	705	100.14%
2021	建筑工程技术	220	202	91.82%
	建筑材料工程技术	110	124	112.73%
	测绘工程技术	110	113	102.73%
	测绘地理信息技术	110	107	97.27%
	测绘工程技术（中白）	50	52	104.00%
	物联网应用技术	110	82	74.55%
	合计	710	680	95.77%
近三年招生计划平均完成率				98.49%

招生就业中心

2022.5.26

图 5-1　测绘专业群近三年招生计划完成率统计

2. 毕业生年终就业率(98%)

测绘工程技术专业群 2019—2021 年毕业生年终平均就业率 98%。测绘专业群毕业生年终就业率统计，如图 5-2 所示。

2019-2021 年测绘工程技术专业群毕业生年终就业率情况统计

年份	专业	人数	就业人数	就业率
2019	建筑材料工程技术	83	80	96.39%
	建筑工程技术	177	174	98.31%
	测绘地理信息技术	50	49	98.00%
	测绘工程技术	110	109	99.09%
	物联网应用技术	94	92	97.87%
	合计	514	504	98.05%
2020	建筑材料工程技术	109	106	97.25%
	建筑工程技术	221	217	98.19%
	测绘地理信息技术	110	109	99.09%
	测绘工程技术	115	113	98.26%
	物联网应用技术	107	104	97.20%
	合计	662	649	98.04%
2021	建筑材料工程技术	154	149	96.75%
	建筑工程技术	335	319	95.22%
	测绘地理信息技术	118	115	97.46%
	测绘工程技术	113	109	96.46%
	物联网应用技术	125	123	98.40%
	合计	845	815	96.45%
测绘工程技术专业群三年年终平均就业率				98%

招生就业中心
2022.5.26

图 5-2　测绘专业群毕业生年终就业率统计

3. 生师比(17.9∶1)

生师比为 17.9∶1，符合高职办学标准。学校基本数据如图 5-3 所示。

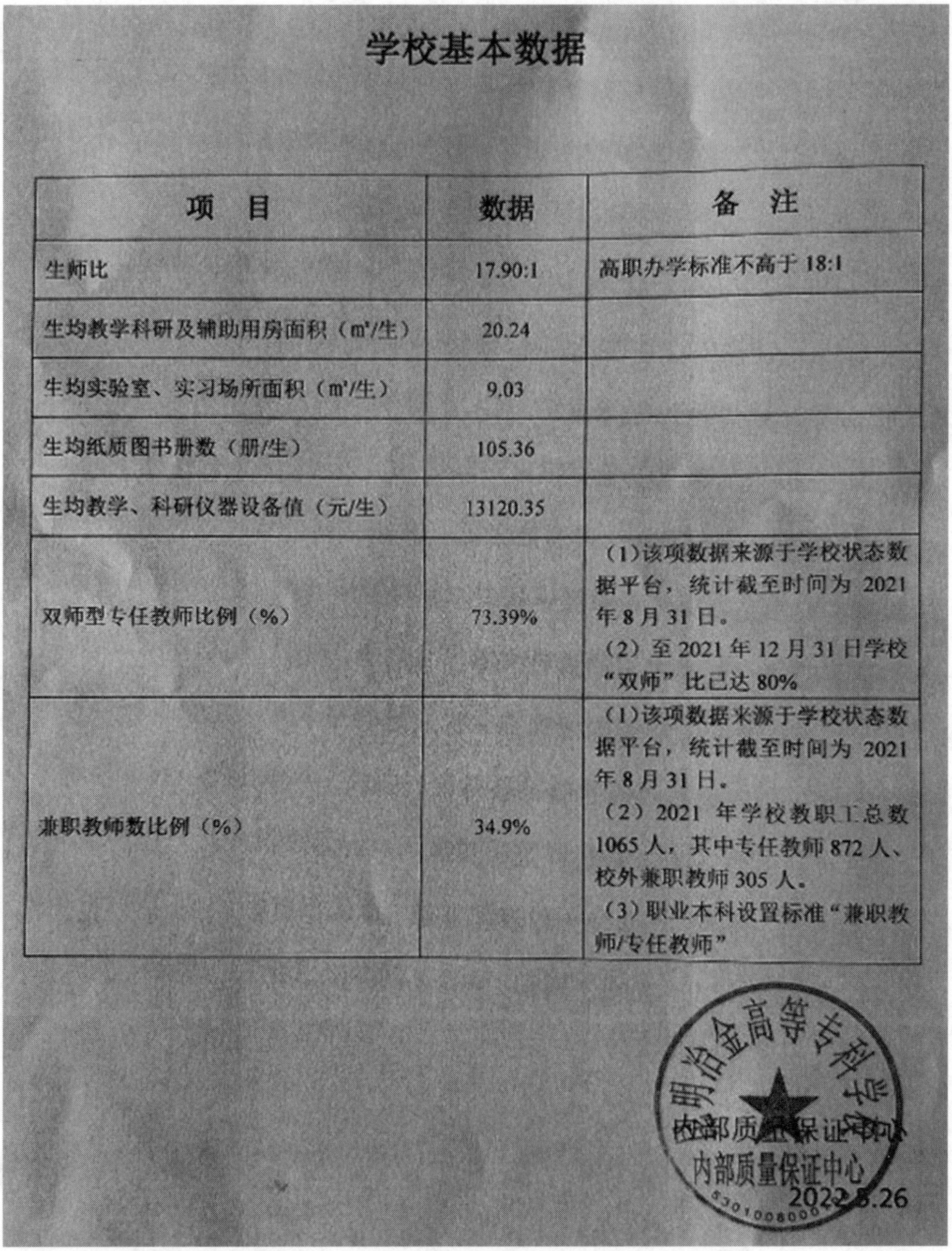

学校基本数据

项　目	数据	备　注
生师比	17.90:1	高职办学标准不高于 18:1
生均教学科研及辅助用房面积（m²/生）	20.24	
生均实验室、实习场所面积（m²/生）	9.03	
生均纸质图书册数（册/生）	105.36	
生均教学、科研仪器设备值（元/生）	13120.35	
双师型专任教师比例（%）	73.39%	（1）该项数据来源于学校状态数据平台，统计截至时间为 2021 年 8 月 31 日。 （2）至 2021 年 12 月 31 日学校"双师"比已达 80%
兼职教师数比例（%）	34.9%	（1）该项数据来源于学校状态数据平台，统计截至时间为 2021 年 8 月 31 日。 （2）2021 年学校教职工总数 1065 人，其中专任教师 872 人、校外兼职教师 305 人。 （3）职业本科设置标准"兼职教师/专任教师"

图 5-3　学校基本数据

4. 专业教学标准制定(6 个)

2019 年，依据教育部 2015 版专业目录，主持制订的高等职业学校测绘工程技术、测绘地理信息技术、工程测量技术、地籍测绘与土地管理共四个国家专业教学标准由教育部颁布实施；2021 年，主持制订的高等职业学校工程测量技术专业实训教学条件建设标准由教育部颁布实施。

2021 年，依据教育部发布的职业教育专业目录(2021 版)，主持制订高等职业教育专科和本科测绘工程技术专业简介和教学标准，并顺利结题，结题证书如图 5-4 所示。

结 题 证 书

CE HUI DI LI XIN XI HANG ZHI WEI

课题名称：教育部《职业教育专业简介》和《职业教育专业教学标准》修（制）订研究
课题内容：测绘工程技术（220302）专业
课题负责人：吕翠华
主持单位：昆明冶金高等专科学校
课题完成人：杨永平、朱恩利、陆金平、周荣、郭宝宇、赵文亮、邹自力、邹进贵、魏峰远
焦明连、夏永华、鲁春阳、吴迪、侯至群、张忠辉、胡炜、陈利

此课题经审核，准予结题，特发此证。

全国测绘地理信息职业教育教学指导委员会
2021年12月20日

结 题 证 书

CE HUI DI LI XIN XI HANG ZHI WEI

课题名称：教育部《职业教育专业简介》和《职业教育专业教学标准》修（制）订研究
课题内容：测绘工程技术（420302）专业
课题负责人：吕翠华
主持单位：昆明冶金高等专科学校
课题完成人：杨永平、朱恩利、陆金平、周荣、郭宝宇、赵文亮、李怡彬、李笑娜、张洪
刘攀、王涛、王秋燕、董仲奎、侯至群、胡炜、陈利

此课题经审核，准予结题，特发此证。

全国测绘地理信息职业教育教学指导委员会
2021年12月20日

结 题 证 书

Concluding the certificate

TONGREN UNIVERSITY

课题名称：高等职业学校工程测量技术专业实训教学条件建设标准
课题负责人：赵文亮
主持单位：昆明冶金高等专科学校
课题完成人：吕翠华、张东明、杨永平、王敏、曾晨曦、李长青、陈琳、全志强、
来丽芳、张凯、李天和、李怡彬

此课题经审核，准予结题，特发此证。

全国测绘地理信息职业教育教学指导委员会
2019年12月20日

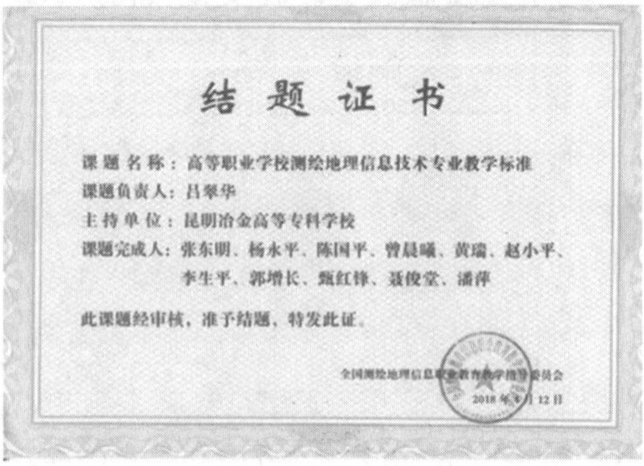

结 题 证 书

课 题 名 称：高等职业学校测绘地理信息技术专业教学标准
课题负责人：吕翠华
主 持 单 位：昆明冶金高等专科学校
课题完成人：张东明、杨永平、陈国平、曾晨曦、黄瑞、赵小平、
李生平、郭增长、甄红锋、聂俊堂、潘萍

此课题经审核，准予结题，特发此证。

全国测绘地理信息职业教育教学指导委员会
2018年4月12日

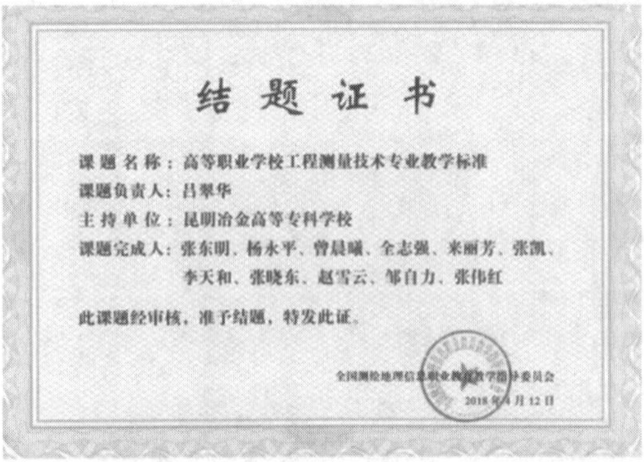

结 题 证 书

课 题 名 称：高等职业学校工程测量技术专业教学标准
课题负责人：吕翠华
主 持 单 位：昆明冶金高等专科学校
课题完成人：张东明、杨永平、曾晨曦、全志强、来丽芳、张凯、
李天和、张晓东、赵雪云、邹自力、张伟红

此课题经审核，准予结题，特发此证。

全国测绘地理信息职业教育教学指导委员会
2018年4月12日

结 题 证 书

课 题 名 称：高等职业学校地籍测绘与土地管理专业教学标准
课题负责人：赵文亮
主 持 单 位：昆明冶金高等专科学校
课题完成人：张东明、吕翠华、陈国平、曾晨曦、葛俊洁、
陈传胜、王金玲、李明、许辉熙、张福荣、李孝文

此课题经审核，准予结题，特发此证。

全国测绘地理信息职业教育教学指导委员会
2018年4月12日

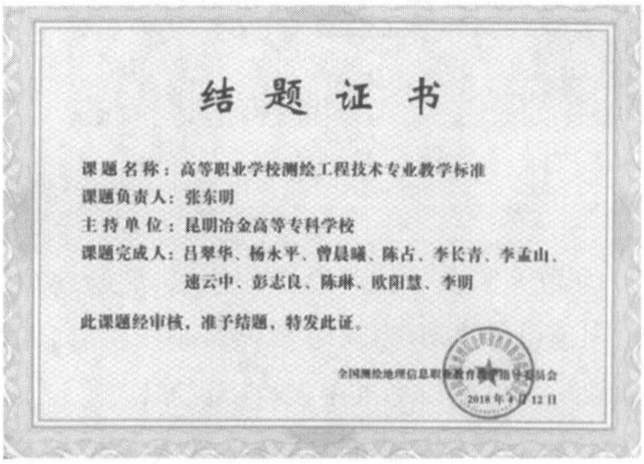

结 题 证 书

课 题 名 称：高等职业学校测绘工程技术专业教学标准
课题负责人：张东明
主 持 单 位：昆明冶金高等专科学校
课题完成人：吕翠华、杨永平、曾晨曦、陈占、李长青、李孟山、
速云中、彭志良、陈琳、欧阳慧、李明

此课题经审核，准予结题，特发此证。

全国测绘地理信息职业教育教学指导委员会
2018年4月12日

结 题 证 书

课题名称：教育部《职业教育专业简介》和《职业教育专业教学标准》修（制）订研究

此课题经审核，准予结题，特发此证。

2021年12月20日

图 5-4　结题证书

5. 专业课程教学标准制定(26项)

共制订专业课程教学标准26个,包括测绘基础、数字测图、地理信息系统技术应用、空间数据库技术应用、地图制图等26门课程标准。《通信电子技术基础》课程教学标准详情如下:

《通信电子技术基础》课程标准

课程名称:通信电子技术基础

适用专业:通信技术专业

建议学时:60学时

编制时间:2021年8月

一、课程定位与设计思路

(一)课程定位

本课程是昆明冶金高等专科学校通信技术专业的专业必修课程。本课程是以高等职业学校通信技术专业的学生就业为导向,在行业专家的指导下,在内容上将模拟电子技术、高频电子线路的内容整合,形成通信专业所需要的知识体系,起着联系基础课程与专业课程的桥梁作用。本课程强调理论联系实际,注重工程概念,对学生解决实际问题的能力和实践动手能力的培养具有重要作用。通过该课程的学习,可使学生系统地掌握各种功能单元电路的工作原理和分析设计技术,体会电子线路设计与电子信号变换的物理实现过程,为后续通信工程的专业课程打下基础。

(二)设计思路

《通信电子技术基础》作为通信技术专业的一门专业基础课,其实践性很强。本课程的前导课程有《通信工程配电技术》、《计算机技术基础》、《操作系统》等,后续有《通信原理》、《信号处理》等专业技能课,地位十分重要。

本课程参考学时:60学时。

二、课程目标

(一)能力目标

1. 掌握集成运算放大器的输入、输出特性。

2. 了解反馈的概念、会分析负反馈在电路中的作用。

3. 掌握用multisim仿真软件分析基础单元电路的能力。

4. 学会分析、安装电子线路的能力。

(二)知识目标

1. 掌握基尔霍夫电流/电压定律(KCL、KVL)。

2. 掌握电路的串联、并联、混联分析方法。

3. 掌握电阻、电容、电感等基础元器件的功能和特性。

4. 掌握二极管的伏安特性。

5. 掌握三极管的电流放大原理。

6. 掌握三极管的输入、输出特性曲线。

7. 了解放大电路的组成、会分析共射级放大电路。

8. 掌握集成运算放大器的输入、输出特性。

(三)素质目标

1. 具备小组讨论、总结交流的基本能力。

2. 树立积极的学习观,提高自己的就业竞争力。

3. 具备将理论知识落实到实际操作的转换能力。

三、教学内容与教学要求

教学内容根据岗位能力需求进行精选,教师要认真把握企业的实际情况,确实把应知应会的知识和能力传授给学生。具体教学内容如下:

(一)理论教学部分

1. 教学内容的选取

本课程在内容上将模拟电子技术、高频电子线路的内容整合,形成通信专业所需要的知识体系,起着联系基础课程与专业课程的桥梁作用。本课程强调理论联系实际,注重工程概念,对学生解决实际问题的能力和实践动手能力的培养具有重要作用。通过该课程的学习,可使学生系统地掌握各种功能单元电路的工作原理和分析设计技术,体会电子线路设计与电子信号变换的物理实现过程,为后续通信工程的专业课程打下基础。

2. 教学内容的排序

根据学习项目的难易程度,并且考虑到三年制学生对于计算机网络接触多、了解少、基础差的特点,采取深入浅出的教学内容排序模式,教学内容主要选取了九大学习项目,按照先后顺序分别如下。

学习项目1:电路基础概念与万用表的介绍与使用

学习项目2:基本电子元器件的功能与特点

学习项目3:二极管的伏安特性与限幅电路

学习项目4:三极管的输入、输出特性曲线

学习项目5:放大电路的组成、共射级放大电路

学习项目6:集成运算放大器的输入、输出特性

学习项目7:反馈的概念、负反馈在电路中的作用

学习项目8:multisim仿真软件分析基础单元电路

3. 重点、难点

重点:

掌握电路原理的基础知识,基尔霍夫电流/电压定律,基本电子元器件的功能与特点,学会分析二极管的伏安特性,三极管的输入、输出特性曲线,了解放大电路的组成,共射级放大电路的功能与作用。具备用multisim仿真软件分析基础单元电路的能力。

难点:

三极管的结构特点与输出、输入性能；共射级基本放大电路的工作原理与作用；集成运算放大器的原理与应用；multisim仿真软件的使用；

（二）实践教学部分

1. Multisim验证基尔霍夫电流/电压定律

2. Multisim分析二极管单向导电性

3. Multisim设计二极管限幅电路

4. Multisim分析三极管输入、输出特性曲线

5. Multisim设计共射级放大电路

6. Multisim设计射级跟随器

7. Multisim设计两级放大电路

8. Multisim验证集成运算放大器的功能

9. Multisim分析负反馈放大电路

四、实施建议

（一）师资要求

1. 高等学校培养的具有教师资格的学士/硕士；

2. 具有担任职业学校电子电路课程的专业知识和实践经验；

3. 对电路设计有细致、全面的了解；

4. 能单独指导学生本课程的实践操作。

教学方法应采用项目教学，从现形企事业单位实际需求着手进行理实一体化教学，充分利用投影、多媒体、模拟软件等教学手段。教学上以实施项目目标为考评机制，重组理论与实践教学内容，要避免进入因完全侧重技能而导致学生只会依葫芦画瓢的误区，使用学做相间、教学互动的教学方法，以保证学生胜任工作。

（二）教学组织与教学手段要求

教学组织：本课程为理实一体课程，重点培养学生的单元电路的工作原理分析能力和电路设计能力，需要实践操作，因此，开展教学活动的场所为多媒体机房。需配备的硬件设备如下：电脑、投影仪；对软件环境要求如下：Windows XP及以上操作系统、Office2007。

教学手段：以多媒体演示教学为课内主要教学手段，以网络交流为课外辅助教学手段，突出学生的主体地位，培养学生的专业核心能力与可持续发展能力，从而优化教学过程、提高教学效果与教学质量。

（三）教学环境要求

教学环境应能够满足教师演示讲解及学生利用电脑分组讨论或单独操作。本课程既然是理实一体化的学习，就应该具有相应的实验环境，在机房安装相应的电路设计与仿真软件如Multisim10，为了便于学生对电学定理的理解和对元器件结构、功能的了解，安装了电子电路虚拟实训软件。

（四）教学评价建议

由于本课程是以项目式课程进行教学，每个项目都是一个单独的考核测试，应以实施项目目

标为评估机制，重组理论与实践教学内容，采取考、评、鉴结合的测试手段、注重过程性考核，以达到强化学生动手能力，培养学生应用能力的目标。

具体考试比例建议为：笔试 30%，平时项目实施过程性考核 40%，实训 30%。

（五）课程资源开发及利用建议

为了提高教学的效率，需要充分借助于仿真软件，学生也可以利用仿真软件在课后进行补充学习。项目课程的学习不是要学生会依葫芦画瓢，牢固地掌握技能并达到灵活应用需要理论的支撑，理论的薄弱这是学生在进行本项目课程学习中突出的问题，所以收集和编写帮助学生学习的知识文档很重要。

五、其他说明

本课程标准适用于高职现代通信技术专业。

昆明冶金高等专科学校

计算机信息学院

2021 年 8 月

6.“1 + X”证书试点专业数（五个）

专业群测绘工程技术、测绘地理信息技术、建筑工程技术、建筑材料工程技术、物联网应用技术五个专业全覆盖，共 787 人参加取证。包含无人机驾驶、测绘地理信息数据获取与处理、测绘地理信息智能应用、不动产数据采集与建库、无人机摄影测量、建筑工程施工工艺实施与管理、建筑信息模型 BIM、装配式建筑构件制作与安装、建筑工程识图、工程造价数字化应用、Web 前端开发，共十一种证书。“1 + X”证书的报考及通过率，见表 5-1。

表 5-1　“1 + X”证书的报考及通过率

序号	证书名称	等级	参加人数	通过率	序号	证书名称	等级	参加人数	通过率
1	无人机驾驶	初、中、高级	69	92.7%	7	建筑信息模型 BIM	初、中级	40/18	68.0%/56.0%
2	测绘地理信息数据获取与处理	中级	72	100.0%	8	装配式建筑构件制作与安装	初级	49	18.0%
3	测绘地理信息智能应用	中级	68	86.7%	9	建筑工程识图	初级	39	—
4	不动产数据采集与建库	初级	60	93.3%	10	工程造价数字化应用	中级	40	100%
5	无人机摄影测量	中级	34	—	11	Web 前端开发	初、中级	264/14	26.1%/50%
6	建筑工程施工工艺实施与管理	中级	20	90%					

7. 企业兼职教师比例(41.02%)

测绘工程技术专业群现有专任教师 115 人,含双师型教师 109 人,有兼职教师 80 人,兼职教师比例 41.02%。

8. 建成校外实习基地(6 个)

测绘工程技术专业群 2019—2021 年,共建成实习基地 6 个,包括云南省有色地质局三一二队、云南航测科技有限公司、云南合信工程检测咨询有限公司、博文建设有限公司、昆明云仁轮胎制造有限公司、云南省公安厅网络安全保卫总队。校外实习基地协议列表见表 5-2。

表 5-2　校外实习基地协议列表

序号	实习基地名称	共建协议	签订日期
1	云南省有色地质局三一二队	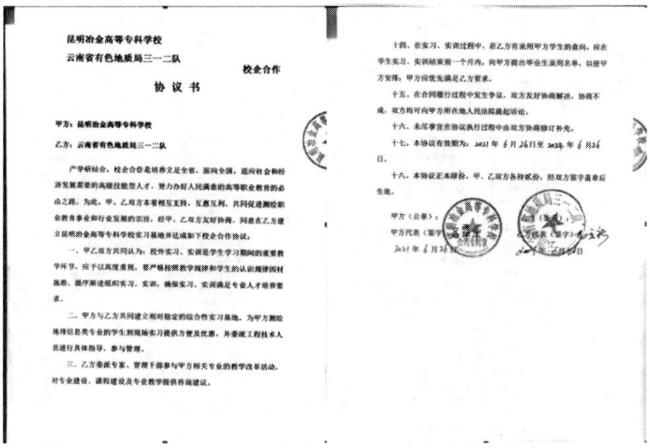 昆明冶金高等专科学校 云南省有色地质局三一二队 校企合作 协 议 书 甲方:昆明冶金高等专科学校 乙方:云南省有色地质局三一二队 十七、本协议有效期为:2021 年 6 月 26 日至 2024 年 6 月 26 日。 十八、本协议正本肆份,甲、乙双方各持贰份,经双方签字盖章后生效。 甲方(公章): 甲方代表(签字): 2021 年 6 月 26 日	2021 年 6 月 26 日
2	云南航测科技有限公司	 校企合作协议 甲方单位:昆明冶金高等专科学校 乙方单位:云南航测科技有限公司 签订日期:2021 年 6 月 26 日 六、双方都有责任和义务保守技术机密,严格遵守保密法规定的条款,不得泄露在合作开展过程中所涉及到的国家技术机密。 七、协议未尽事宜或实施过程发生分歧,双方友好协商解决。 八、实施协议发生争议,双方不能友好协商解决时,可向甲方所在地人民法院提起诉讼。 九、本协议一式肆份,双方各执两份,双方签字盖章后生效,有效期自 2021 年 6 月 26 日至 2024 年 6 月 26 日。 甲　方:昆明冶金高等专科学校 甲方代表: 签字日期:2021 年 6 月 26 日 乙　方: 乙方代表: 签字日期:2021 年 6 月 26 日	2021 年 6 月 26 日

续上表

序号	实习基地名称	共建协议	签订日期
3	云南合信工程检测咨询有限公司	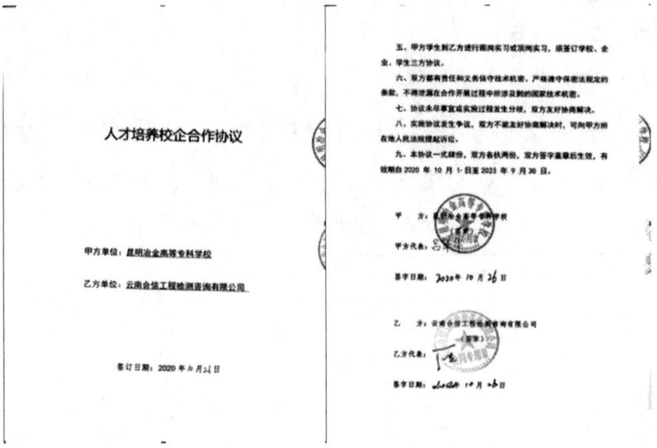 人才培养校企合作协议 甲方单位：昆明冶金高等专科学校 乙方单位：云南合信工程检测咨询有限公司	2020 年 10 月 26 日
4	博文建设 有限公司	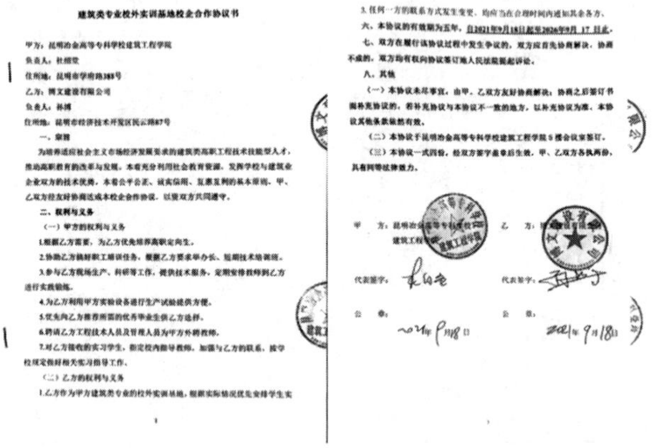 建筑类专业校外实训基地校企合作协议书 甲方：昆明冶金高等专科学校建筑工程学院 乙方：博文建设有限公司	2021 年 9 月 18 日
5	昆明云仁轮胎制造有限公司	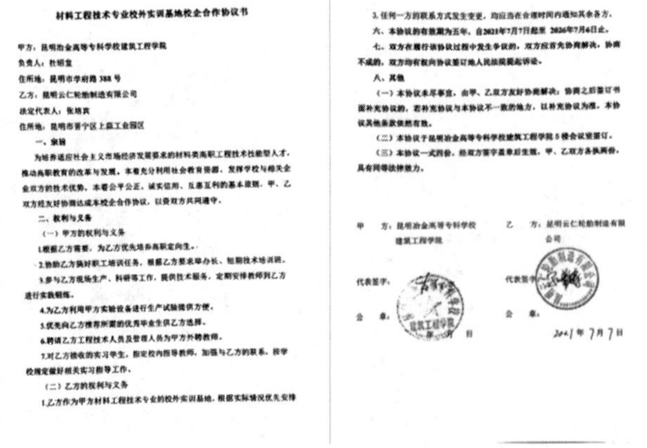 材料工程技术专业校外实训基地校企合作协议书 甲方：昆明冶金高等专科学校建筑工程学院 乙方：昆明云仁轮胎制造有限公司	2021 年 7 月 7 日

续上表

序号	实习基地名称	共建协议	签订日期
6	云南省公安厅网络安全保卫总队	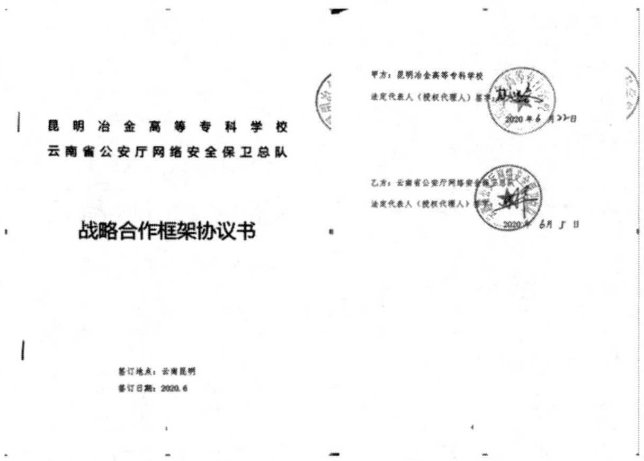 昆明冶金高等专科学校 云南省公安厅网络安全保卫总队 战略合作框架协议书 签订地点：云南昆明 签订日期：2020.6 甲方：昆明冶金高等专科学校 法定代表人（授权代理人）签字 乙方：云南省公安厅网络安全保卫总队 法定代表人（授权代理人）签字	2020 年 6 月 22 日

9. 开展社会培训人次（810 人次）

为企业开展技术技能培训 8 期、233 人次；与安宁市人力资源和社会保障局合作，开展 2021 年青年高端职业技能人才培训——HTML5 应用程序开发 Web 前端工程师培训 3 期、124 人次；受邀参加由丽江市技工学校组织，云南省人力资源和社会保障部在云南省丽江市宁蒗县举办的就业青年培训，培训学员 45 人次。

与南方测绘科技股份有限公司昆明分公司合作，开展云南省中职测量大赛师资能力提升培训 1 期、74 人次；举办“1 + X”测绘地理信息数据获取与处理、测绘地理信息智能应用职业技能等级证书专题培训 1 期、62 人次；受邀为全国职业教育教师教学创新团队和教师企业实践基地建设第一期培训班培训共 152 人次；受邀培训滇西应用技术大学地球科学与工程学院教师 32 人次；依托学校国培师资基地，开展全国职教师资培训 4 期、78 人次。

面向社会培训累计 810 人次。企业、院校培训统计见表 5-3，2020-2021 年国培师资培训见表 5-4。

表 5-3　企业、院校培训统计

年份	企业名称	工种	培训人数
2019	云南建材集团有限公司	水泥质量控制工	29
	玉溪矿业有限公司大红山铜矿	测量技术培训	30
2020	云南建材集团有限公司	水泥窑操工	25
	云南建材集团有限公司	水泥物理检验工	28
	华新水泥有限公司	水泥窑操工	28
	教育部行业职业教育教学指导委员会工作办公室	全国职业教育教师教学创新团队和教师企业实践基地建设第一期培训	152

续上表

年份	企业名称	工种	培训人数
2021	云南建材集团有限公司	水泥窑操工	26
	云南建材集团有限公司	水泥物理检验工	26
	华新水泥有限公司	水泥窑操工	31
	安宁市人力资源和社会保障局	2021 年青年高端职业技能人才培训 ——HTML5 应用程序开发 Web 前端工程师	124
	南方测绘科技股份有限公司昆明分公司	云南省中职测量大赛师资能力提升培训	74
	南方测绘科技股份有限公司昆明分公司	“1 + X”测绘地理信息数据获取与处理、 测绘地理信息智能应用职业技能等级证书专题培训	62
	丽江市技工学校、云南省人力资源 和社会保障部	在云南省丽江市宁蒗县举办的就业青年培训	45
	滇西应用技术大学地球科学与工程学院	职业教育与人才培养模式改革专题培训	32

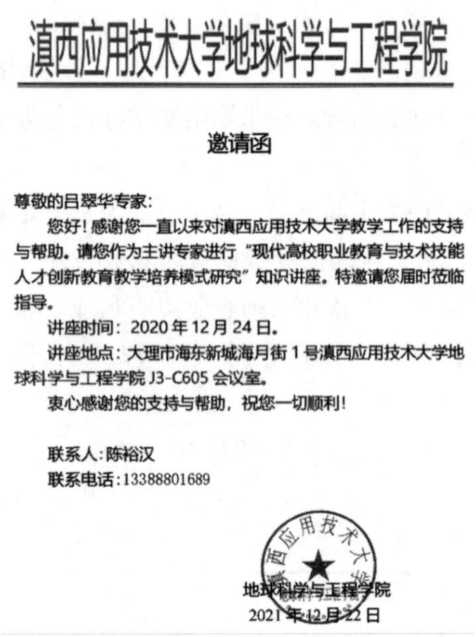

滇西应用技术大学地球科学与工程学院

邀请函

尊敬的吕翠华专家:

您好！感谢您一直以来对滇西应用技术大学教学工作的支持与帮助。请您作为主讲专家进行“现代高校职业教育与技术技能人才创新教育教学培养模式研究”知识讲座。特邀请您届时莅临指导。

讲座时间：2020 年 12 月 24 日。

讲座地点：大理市海东新城海月街 1 号滇西应用技术大学地球科学与工程学院 J3-C605 会议室。

衷心感谢您的支持与帮助，祝您一切顺利！

联系人：陈裕汉

联系电话：13388801689

地球科学与工程学院

2021 年 12 月 22 日

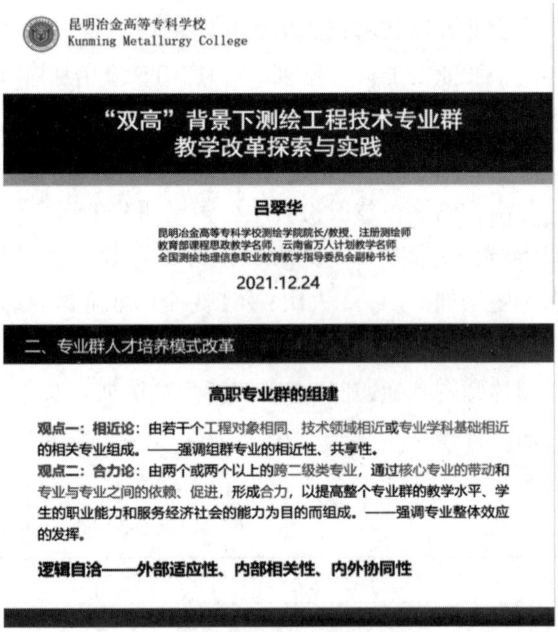

2021.12.24，受邀培训滇西应用技术大学地球科学与工程学院教师，主题为职业教育与人才培养模式改革，研讨职业本科建设

续上表

云南省测绘职业教育教学指导委员会
广州南方测绘科技股份有限公司昆明分公司

关于举办云南省中职测量大赛师资能力提升培训及中职虚拟仿真测量技能大赛培训班的通知

各相关单位：

云南省职业院校技能大赛（中职组）工程测量比赛开赛在即，为进一步规范测量比赛内容，将“课、赛、证、教、训、岗”有机结合，促使学生职业素养、技能水平稳步提升，引领院校专业建设、人才培养和课程改革，全面提升教学质量，同时贯彻《国家职业教育改革实施方案》，落实教育部牵头的《关于在院校实施“学历证书+若干职业技能等级证书”制度试点方案》等有关政策、文件要求，推进云南省“测绘地理信息数据获取与处理”及“测绘地理信息智能应用”职业技能等级证书试点工作，以及深化云南省虚拟仿真实验教学项目建设，云南省测绘职业教育教学指导委员会联合广州南方测绘科技股份有限公司昆明分公司决定开展云南省中职测量大赛师资能力提升培训及中职虚拟仿真测量技能大赛说明会，现将相关事项通知如下：

四、举办时间及地点

1、时间：2021 年 5 月 11 日 19：00 - 21：00；

2、地点：云南工业技师学院西河校区（云南省曲靖市西平镇珠江源大道汇宝东盛2号）

五、培训安排表

序号	时间	内容	主讲人	备注
1	19：00~19:20	培训班开班致辞	赵文亮	
2	19：20~20：00	测绘类专业1+X证书改革推进与实施	吕翠华	
3	20：00~20：30	中职测量大赛组织训练实施方案；课赛融通、教训结合教法分享，以赛促学、以赛促教案例分享	冯涛	
4	20：30~21：00	云南省虚拟仿真测量技能大赛（中职组）细则解读；虚拟仿真测量技能大赛竞赛平台讲解	许国帅	

六、特邀专家介绍

赵文亮：全国测绘地理信息职业教育教学指导委员会副主任委员，云南省测绘职业教育教学指导委员会主任委员，昆明冶金高等专科学校副校长，教授

吕翠华：云南省测绘职业教育教学指导委员会秘书长，昆明冶金高等专科学校测绘学院院长，云南省“万人计划”教学名师，云南省青年科技奖获得者，注册测绘师，教授

冯涛：全国工务工程专业教学指导委员会委员，昆明市“春城教学名师”，昆明市“金牌工人”，昆明铁道职业技术学院铁道工程专业负责人，副教授

许国帅：广州南方测绘科技股份有限公司昆明分公司副总经理、教育事业部总监，工程师

2021.5.11，为云南省中职测量师资开展培训，内容为“1 + X”证书改革推进与实施、技能大赛指导，提升中职师资能力

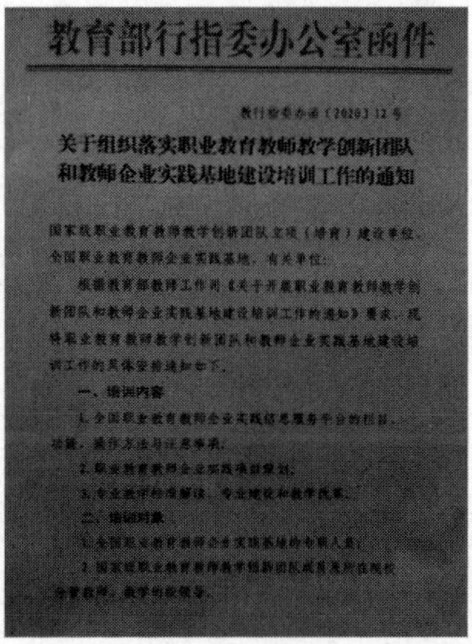
教育部行指委办公室函件

教行指委办函〔2020〕12号

关于组织落实职业教育教师教学创新团队和教师企业实践基地建设培训工作的通知

一、培训内容

二、培训对象

	14:40-15:10	报告四 主题：精密加工—教师企业实践基地案例分享 主讲人：乔治费歇尔精密机床（上海）有限公司 加工方案中国行业经理　史文
	15:10-15:30	茶歇
	15:30-17:00	讨论交流： 1.院校希望企业实践基地可实现的功能 2.企业实践基地机制建设 3.如何开展岗位实践 4.如何策划、实施课题研究和社会赋能 5.企业实践基础建设难点和问题 主持人：中国教学仪器设备有限公司 校企合作部经理 张利华
第三天 12月11日	9:00-10:30	主题：专业教学标准体系解读 主讲人：教育部行业职业教育教学指导委员会工作办公室 常务副主任 王国川
	10:30-11:30	主题：专业建设和教学改革 主讲人：昆明冶金高等专科学校 测绘学院主持工作副院长 吕翠华
	12:00-14:00	午餐
	14:00-16:00	参观昆明冶金高等专科学校
	16:00 后	离会

用餐地点：聚贤堂自助餐厅

会议地点：昆明云安会都酒店云安会堂四楼二号会议室

会议联系人：刁明磊 13810607550，朱允笑 13701297707

2020.12.10-11，为全国职教师资开展能力提升培训

表 5-4　2020-2021 年国培师资培训统计

序号	开展时间	培训内容	等级	培训人数
1	2020.7.17-23	“1 + X”证书制度试点院校教师培训（建筑信息模型 BIM）	中高职	27
2	2020.7.17-8.11	“双师型”教师专业技能培（工程造价）	中职	10
3	2021.3.23—4.17	云南省职业院校能力素质提升计划高职建筑工程技术“双师型”教师专业技能培训	高职	26
4	2021.3.13—3.22	云南省职业院校能力素质提升计划中高职院校“1 + X”建筑工程识图教师专业技能培训	中高职	15

续上表

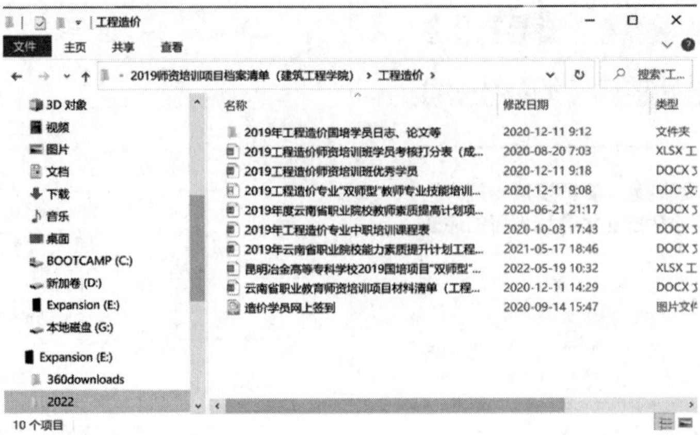

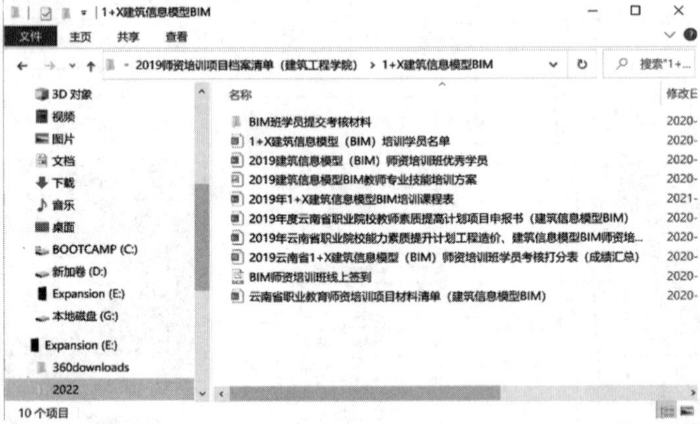

2020 年完成 2 项 2019 年国培师资培训任务档案

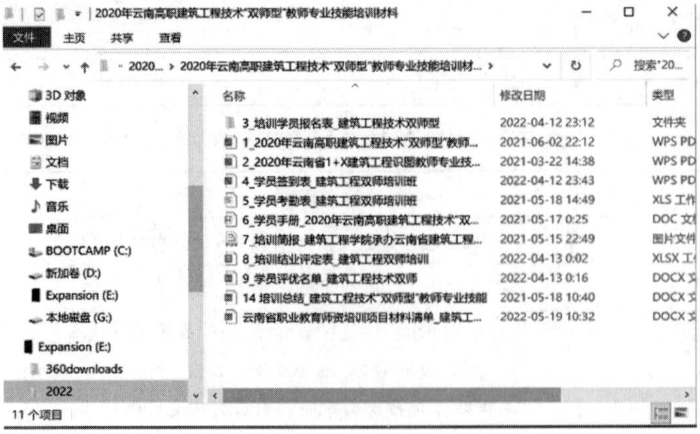

续上表

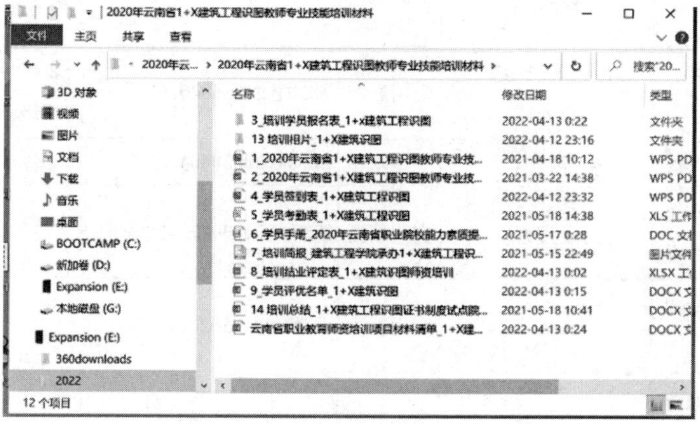

2021 年完成 2 项 2020 年师资培训任务档案

（二）质量指标

1. 专利授权数（24 项）

测绘工程技术专业群近三年获得专利授权 24 项，专利授权统计见表 5-5。

表 5-5　专利授权统计

序号	专利名称	发明人	专利类型	专利号	专利权人	授权公告日期
1	便于安装的监控摄像头	杨蕾颖、刘淞麟	实用新型	ZL201921159103.7	昆明冶金高等专科学校	2020 年 04 月
2	电子沙盘（项目管理）	杨蕾颖	实用新型	ZL201930224766.1	昆明冶金高等专科学校	2019 年 10 月
3	一种基于 BIM 的建筑工程用防护栏	李燕、武彦生、高雄、龙彬	实用新型	ZL202020151354.7	昆明冶金高等专科学校	2020 年 10 月
4	一种建筑工程管理用公告板	胡瑛、张玮、张峰、李鹤松	实用新型	ZL201922053764.8	昆明冶金高等专科学校	2020 年 10 月
5	一种建筑施工用灰浆搅拌装置	裴利剑、毛娅萍	实用新型	ZL201921975259.2	昆明冶金高等专科学校	2020 年 07 月
6	一种建筑施工用脚手架	裴利剑、毛娅萍	实用新型	ZL201921975289.3	昆明冶金高等专科学校	2020 年 08 月
7	一种建筑施工用可回收斜支撑结构	裴利剑、毛娅萍	实用新型	ZL201921975843.8	昆明冶金高等专科学校	2020 年 08 月
8	一种排水管水垢预防装置	张嵩、杨晓杰、李卫、赵雪君、李浩、杨海燕、李春艳	实用新型	ZL202020191641.0	昆明冶金高等专科学校	2020 年 10 月
9	一种三角筋结构的加气砖	徐兴卫、姚志奇、郑艳红	实用新型	ZL201921387186.5	云南巧消渣科技有限公司	2020 年 07 月

续上表

序号	专利名称	发明人	专利类型	专利号	专利权人	授权公告日期
10	一种具有定位拼接结构的加气砖	徐兴卫、吕鹏、郑艳红	实用新型	ZL201921356840.6	云南巧消渣科技有限公司	2020 年 08 月
11	一种矿山探测用绘图板	潘萍	实用新型	ZL201920830804.2	潘萍	2020 年 08 月
12	一种基于双目相机的便携式区域变化检测装置	金月茗	实用新型	ZL201921839173.7	昆明冶金高等专科学校	2020 年 05 月
13	一种信号强度高的勘测无人机	万保峰	实用新型	ZL201821950201.8		2019 年 11 月
14	一种具有减震功能的防护性测量无人机	万保峰	实用新型	ZL201921462539.3		2020 年 06 月
15	一种地形测绘用的组装式无人机	葛俊洁	实用新型	ZL201921086784.9		2020 年 06 月
16	一种排水管水垢预防装置	张嵩、杨晓杰、李卫、赵雪君、李浩、杨海燕、李春艳	实用新型	ZL202020191641.0	昆明冶金高等专科学校	2020 年 10 月
17	一种三角筋结构的加气砖	徐兴卫、姚志奇、郑艳红	实用新型	ZL201921387186.5	云南巧消渣科技有限公司	2020 年 07 月
18	一种具有定位拼接结构的加气砖	徐兴卫、吕鹏、郑艳红	实用新型	ZL201921356840.6	云南巧消渣科技有限公司	2020 年 08 月
19	一种土木工程建筑施工支架	胡瑛等	实用新型	ZL201920011163.8	昆明冶金高等专科学校	2019 年 09 月
20	一种便携式建筑工程室内环境污染物浓度检测装置	赵雪君、张嵩、杨晓杰、李浩、李卫、杨海燕	实用新型	CN202120003995.2	昆明冶金高等专科学校	2021 年 09 月
21	一种用于废玻璃粉与混凝土混合的装置	杨晓杰、廖家志、杨向勇、李永庆、张嵩	实用新型	CN202020598740.0	昆明冶金高等专科学校	2021 年 03 月
22	建筑材料用拉伸强度检测装置	李卫、张嵩、杨晓杰、李浩、赵雪君、杨海燕、李春艳	实用新型	CN202120180070.5	昆明冶金高等专科学校	2021 年 09 月
23	一种强吸附性高分子材料过滤芯	杨海燕、张嵩、杨晓杰、赵逸群、张世玲、赵雪君、龚晓莹	实用新型	CN202023184151.7	昆明冶金高等专科学校	2021 年 01 月
24	一种基于 BIM 的装配式建筑构件	胡瑛等	实用新型	ZL202021604656.1	昆明冶金高等专科学校	2021 年 04 月

2. 双师型教师比例(94.5%)

测绘工程技术专业群现有专任教师 115 人,其中双师型教师 109 人,双师型教师比例达 94.5%。双师型教师名单(部分)如下:

序号	姓名	性别	学历学位	职称	职业资格证书	生产实践时间
1	赵文亮	男	本科/学士	教授		
2	张东明	男	本科/硕士	教授	注册测绘师、高级技师	
3	李东升	男	研究生/硕士	讲师	注册测绘师	
4	吕翠华	女	本科/硕士	教授	注册测绘师、高级技师	36
5	葛俊洁	女	本科/硕士	讲师	中级技师	24
6	马娟	女	研究生/硕士	副教授	中级技师	12
7	万保峰	男	研究生/硕士	高级工程师	注册测绘师、高级技师	108
8	陈占	男	研究生/硕士	讲师	中级技师	12
9	王敏	女	研究生/硕士	讲师	中级技师	

3. 指导学生专业社团、技能竞赛、创新创业等活动省级以上获奖(80 项)

(1)学生竞赛获国家级奖目录(5 项)

学生竞赛获国家级奖						
序号	奖项名称	奖项等级	获奖人员	颁发部门	获奖日期	获奖人次
1	2019 年全国职业院校技能大赛高职组建筑工程识图比赛	三等奖	贾茂源、袁建俺	全国职业院校技能大赛组委会	2019 年 5 月	2
2	全国职业院校技能大赛高职组“经世IUV 杯”4G 全网建设技术赛项比赛	三等奖	周瑞、胡男	全国职业院校技能大赛组委会	2019 年 5 月	2
3	第十二届挑战杯中国大学生创业计划竞赛(单兵测绘作业系统——基于无人机倾斜摄影测量的地形图测绘)	铜奖	罗向峰、徐安荣、董志伟、杨志乐、李娟	第十二届挑战杯中国大学生创业计划竞赛组织委员会	2020 年 12 月	5
4	第五届中国“互联网+”大学生创新创业大赛《化工废渣磷石膏的变废为宝—环保型磷石膏生产技术及产品推广》	铜奖	朱梓激	中国“互联网+”大学生创新创业大赛组委会	2019 年 1 月	1
5	第十二届“挑战杯”中国大学生创业计划竞赛《中华非遗,一壶银壶》	铜奖	唐君、肖理泽	团中央、教育部、中国科协	2020 年 12 月	2

(2)学生竞赛获省级奖目录(75 项)

学生竞赛获省级奖						
序号	奖项名称	奖项等级	获奖人员	颁发部门	获奖日期	获奖人次
1	2019 年云南省职业院校技能大赛高职组物联网技术应用竞赛	一等奖	樊心昊、李华、叶建斌	云南省教育厅	2019 年 4 月	3
2	2019 年云南省职业院校技能大赛高职组物联网技术应用竞赛	二等奖	王科媛、朱嘉鼎、杜娟	云南省教育厅	2019 年 4 月	3
3	2019 年“蓝桥杯”全国软件和信息技术大赛	一等奖	樊心昊	工信部	2019 年 3 月	1
4	2019 年“蓝桥杯”全国软件和信息技术大赛	三等奖	叶建斌	工信部	2019 年 3 月	1
5	2019 年“蓝桥杯”全国软件和信息技术大赛	优秀奖	樊心昊	工信部	2019 年 6 月	1
6	2019 年云南省大学生计算机设计大赛	二等奖	樊心昊、李华、叶建斌	云南省计算机教学研究会	2019 年 6 月	3
7	2019 年第十届云南省大学生课外学术科技节科技作品赛	优秀奖	樊心昊、李华、叶建斌	云南省共青团	2019 年 6 月	3
8	2019 年云南省大学生计算机设计大赛	二等奖	阮云飞、黄毅	云南省计算机教学研究会	2019 年 6 月	2
9	2020 年云南省大学生计算机设计大赛	二等奖	自建云、李华	云南省计算机教学研究会	2020 年 6 月	2
10	2020 年云南省职业院校技能大赛高职组物联网技术应用竞赛	一等奖	杨少鹏、张松铭、张伟晗	云南省教育厅	2020 年 1 月	3
11	2020 年云南省职业院校技能大赛高职组物联网技术应用竞赛	一等奖	岩文的、邱瑞煜、张宇	云南省教育厅	2020 年 1 月	3
12	2021 年云南省职业院校技能大赛高职组物联网技术应用赛项	一等奖	黄润谟、赵洵、张军军	云南省教育厅	2021 年 1 月	3
13	2021 年云南省职业院校技能大赛高职组物联网技术应用赛项	二等奖	冯狄、钟能、李浩文	云南省教育厅	2021 年 1 月	3
14	云南省智能制造应用技术大赛物联网安装调试员赛项	二等奖	朱辉、尚康	云南省人社厅	2021 年 9 月	2
15	2021 年浪潮杯云南省大学生计算机设计大赛	三等奖	杨芸	云南省计算机教学研究会	2021 年 6 月	1
16	2021 年浪潮杯云南省大学生计算机设计大赛	三等奖	黄润谟、冯狄、钟能	云南省计算机教学研究会	2021 年 6 月	3

续上表

学生竞赛获省级奖						
序号	奖项名称	奖项等级	获奖人员	颁发部门	获奖日期	获奖人次
17	2021 年浪潮杯云南省大学生计算机设计大赛	三等奖	莫福豪、朱辉、郭浪	云南省计算机教学研究会	2021 年 6 月	3
18	2021 年浪潮杯云南省大学生计算机设计大赛	三等奖	黄润谟、钟能	云南省计算机教学研究会	2021 年 6 月	2
19	2021 年中国—东盟教育交流周——物联网技术大赛国际邀请赛	一等奖	朱辉、尚康	中国—东盟教育周组委会	2021 年 12 月	2
20	2020 年云南省职业院校技能大赛高职组物联网技术应用竞赛指导学生	一等奖	张宇、岩温的、邱瑞煜	云南省教育厅	2020 年 4 月	3
21	2020 年云南省职业院校技能大赛高职组物联网技术应用竞赛指导学生	一等奖	杨少鹏、张伟晗、张松铭	云南省教育厅	2020 年 4 月	3
22	2021 年云南省职业院校技能大赛高职组软件测试赛项	二等奖	沈玉山、李辉洋、何民东	云南省教育厅	2021 年 1 月	3
23	2021 年浪潮杯云南省大学生计算机设计大赛	二等奖	李宝、范吉航、曹哲熙	云南省计算机教学研究会	2021 年 6 月	3
24	2021 年浪潮杯云南省大学生计算机设计大赛	三等奖	汪明贵、李亚敏	云南省计算机教学研究会	2021 年 6 月	2
25	2021 年浪潮杯云南省大学生计算机设计大赛	二等奖	程万里、袁铭、赵震南	云南省计算机教学研究会	2021 年 6 月	3
26	十二届“蓝桥杯”全国软件和信息技术专业人才大赛(云南赛区 C/C + + 程序设计大学 C 组)	一等奖	吴泽豪	工信部	2021 年 5 月	1
27	振兴杯全国技能大赛(云计算平台管理)赛项云南省赛区	金奖	卢云、毛孝华	云南省共青团省委、云南省人社厅	2021 年 1 月	2
28	2019 年云南省职业院校技能大赛——信息安全管理与评估赛项	二等奖	田王尧、王希敬、杨炷	云南省教育厅	2019 年 4 月	3
29	2019 年云南省职业院校技能大赛——计算机网络技术赛项	三等奖	杨劲松、毛梦欢、杜鹏峰	云南省教育厅	2019 年 4 月	3
30	2019 年云南省职业院校技能大赛——计算机网络技术赛项	三等奖	皇甫艳、李行、王骆萍	云南省教育厅	2019 年 4 月	3
31	2019 年第十二届“认证杯”数学中国数学建模网络挑战赛第二阶段	优秀奖	曹润、匡灿、岩颜	数学中国数学建模网络挑战赛组委会	2019 年 1 月	3
32	2019 年第十二届“认证杯”数学中国数学建模网络挑战赛第一阶段	三等奖	李立钊、李继仁、谈鸿见	数学中国数学建模网络挑战赛组委会	2019 年 1 月	3

续上表

学生竞赛获省级奖						
序号	奖项名称	奖项等级	获奖人员	颁发部门	获奖日期	获奖人次
33	2019 年第十二届“认证杯”数学中国数学建模网络挑战赛第二阶段	三等奖	李立钊、李继仁、谈鸿见	教育厅	2019 年 1 月	3
34	2020 年云南省职业院校技能大赛——信息安全管理与评估赛项	二等奖	田阳、曾佳新、唐亚龙	教育厅	2020 年 4 月	3
35	2020 年云南省职业院校技能大赛——信息安全管理与评估赛项	三等奖	李箫凡、段国松、杨茂龙	教育厅	2020 年 4 月	3
36	2020 年云南省职业院校技能大赛——计算机网络技术赛项	三等奖	徐权杰、卢云、郑煜瀚	教育厅	2020 年 4 月	3
37	2020 年云南省职业院校技能大赛——计算机网络技术赛项	三等奖	夏家晟、沈玉山、毛佟	教育厅	2020 年 4 月	3
38	2020 年云南省大学生计算机设计大赛——《城南外》	二等奖	刘泉	教育厅	2020 年 6 月	1
39	2020 年全国工控安全深度行（云南站）工业信息安全攻防对抗赛	二等奖	保德虎、袁建明	云南省工业和信息化厅	2020 年 9 月	2
40	2019 年云南省职业院校技能大赛建筑工程识图赛项	一等奖	黄磊、贾茂源	云南省教育厅	2019 年 4 月	2
41	2019 年云南省职业院校技能大赛建筑工程识图赛项	一等奖	吴磊、张国泰	云南省教育厅	2019 年 4 月	2
42	2020 年云南省职业院校技能大赛建筑工程识图赛项	一等奖	杨双林、王进	云南省教育厅	2020 年 4 月	2
43	2020 年云南省职业院校技能大赛建筑工程识图赛项	一等奖	刘多、张骅瑜	云南省教育厅	2020 年 4 月	2
44	2021 年云南省职业院校技能大赛建筑工程识图赛项	一等奖	郭伟、朱江	云南省教育厅	2021 年 3 月	2
45	2021 年云南省职业院校技能大赛建筑工程识图赛项	一等奖	陈建春、张露月	云南省教育厅	2021 年 3 月	2
46	2021 年云南省职业院校技能大赛（高职组）建筑信息建模赛项	二等奖	李红林	云南省教育厅	2021 年 3 月	1
47	2019 年全国建设类院校施工技术应用技能大赛	二等奖	吴磊、张国泰、李飞	中国建设教育协会	2019 年 11 月	3
48	2019 年全国建设类院校施工技术应用技能大赛	二等奖	黄磊、段义、李潇	中国建设教育协会	2019 年 11 月	3

续上表

学生竞赛获省级奖						
序号	奖项名称	奖项等级	获奖人员	颁发部门	获奖日期	获奖人次
49	2019 年全国建材类专业学生职业技能大赛水泥物理性能检测赛项	三等奖	董宾浩、史文辉	全国建材职业教育教学指导委员会	2019 年 11 月	2
50	2019 年全国建材类专业学生职业技能大赛水泥物理性能检测赛项	三等奖	谢敏、梁小冲	全国建材职业教育教学指导委员会	2019 年 11 月	2
51	第四届全国建设类院校施工技术应用技能大赛	二等奖	吴磊、张国泰、李飞、黄磊、段义、李潇	中国建设教育协会	2019 年 11 月	6
52	“品茗杯”全国高校 BIM 应用毕业设计大赛	二等奖	袁建雄、张玲鹏、付建兵	中国建设教育协会	2019 年 4 月	3
53	第五届全国高等院校学生 BIM 应用技能网络大赛	二等奖	张骅瑜、杨镇滔、杨武东、赵银东、赵德院	中国建设教育协会	2019 年 4 月	5
54	第六届全国高校 BIM 毕业设计创新大赛	三等奖	呼云跃、张骅瑜、赵银东、王楠、杨镇滔、赵德院、杨武东	中国建设教育协会	2020 年 1 月	7
55	2019 年全国高等院校 BIM 应用技能大赛	二等奖	朱兴鹏、王涛、杨玲香	中国建设教育协会	2019 年 1 月	3
56	第五届全国建设类院校施工技术应用技能大赛	二等奖	胡洪飞、储海山、毛军、沈海华、罗元垒、张太文	中国建设教育协会	2020 年 11 月	6
57	2020 年全国数字建筑创新应用大赛	一等奖	杨秋月、杨晓峰、白梦建	中国建设教育协会	2020 年 12 月	3
58	“达北杯”第三届全国大学生无人机测绘技能竞赛	特等奖	王胱平、贺发昆	全国测绘地理信息职业教育教学指导委员会、自然资源部职业技能鉴定指导中心	2019 年 7 月	2
59	2019 年云南省职业院校技能大赛（高职组）工程测量赛项	二等奖	罗洪兵、杨国良、朱家锐、阳朝奇	云南省教育厅	2019 年 4 月	4
60	2019 年云南省职业院校技能大赛（高职组）工程测量赛项	二等奖	杨丽销、游金晶、严杨杨、李欢国	云南省教育厅	2019 年 4 月	4
61	2019 年全国高职院校大学生测绘技能大赛	一等奖	游金晶、严杨杨、罗洪兵、杨国良	全国测绘地理信息职业教育教学指导委员会	2019 年 5 月	4
62	2020 年云南省职业院校技能大赛（高职组）工程测量赛项	一等奖	李军儒、杨志兴、孙玉豪、陈楠	云南省教育厅	2020 年 1 月	4

续上表

学生竞赛获省级奖						
序号	奖项名称	奖项等级	获奖人员	颁发部门	获奖日期	获奖人次
63	2020 年云南省职业院校技能大赛（高职组）工程测量赛项	二等奖	胡从晨、李兴奎、锁幕、李德喜	云南省教育厅	2020 年 1 月	4
64	2021 年云南省职业院校技能大赛（高职组）工程测量赛项	一等奖	何先贵、余涛、程文军、李建成	云南省教育厅	2021 年 1 月	4
65	2021 年云南省职业院校技能大赛（高职组）工程测量赛项	一等奖	余涛、邓强、周全攀、李洪超	云南省教育厅	2021 年 1 月	4
66	“南方测绘杯”首届全国测绘地理信息职业院校大学生虚拟仿真测图大赛	特等奖	郎海昕、姜林迅	全国测绘地理信息职业教育教学指导委员会	2021 年 12 月	2
67	“南方测绘杯”首届全国测绘地理信息职业院校大学生虚拟仿真测图大赛	特等奖	王青龙、王家奇	全国测绘地理信息职业教育教学指导委员会	2021 年 12 月	2
68	“南方测绘杯”首届全国测绘地理信息职业院校大学生虚拟仿真测图大赛	一等奖	骆荣春、黄金丹	全国测绘地理信息职业教育教学指导委员会	2021 年 12 月	2
69	“翰文杯”第六届云南省“互联网 +”大学生创新创业大赛	银奖	张荣军、刘彭轩、孙裕、苏佩灵、孙涛、宋宇	云南省教育厅	2020 年 9 月	6
70	2020 年第九届“挑战杯”云南省大学生创业计划竞赛	铜奖	张荣军、刘彭轩、孙裕、苏佩灵、孙涛、宋宇	共青团云南省委、中共云南省委教育工委、云南省科学技术协会、中国科学院昆明分院等	2020 年 11 月	6
71	2020 年第九届“挑战杯”云南省大学生创业计划竞赛	金奖	罗向峰、徐安荣、董志伟、杨志乐、李娟	共青团云南省委、中共云南省委教育工委、云南省科学技术协会、中国科学院昆明分院等	2020 年 11 月	5
72	第五届云南省“互联网 +”大学生创新创业大赛	金奖	朱梓澂	云南省教育厅	2019 年 7 月	1
73	第六届云南省“互联网 +”大学生创新创业大赛	银奖	祁常福、王永茂、蔺瑞玉	云南省教育厅	2020 年 9 月	3
74	第九届“挑战杯”云南省大学生创业竞赛	金奖	唐君、肖理泽	共青团云南省委、中共云南省教育工委、云南省科学技术协会等	2020 年 11 月	2
75	第九届“挑战杯”云南省大学生创业竞赛	铜奖	祁常福、王永茂、蔺瑞玉	共青团云南省委、中共云南省教育工委、云南省科学技术协会等	2020 年 11 月	3

(3)学生获奖证书(部分)

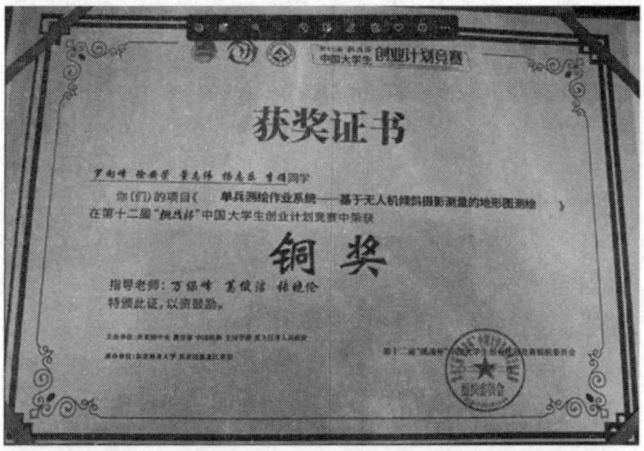

获奖证书

你(们)的项目《单兵测绘作业系统——基于无人机倾斜摄影测量的地形图测绘》在第十二届"挑战杯"中国大学生创业计划竞赛中荣获

铜奖

特颁此证，以资鼓励。

获奖证书

你们的作品《化工废渣磷石膏的变废为宝——环保型磷石膏砖生产技术及产品推广》，在第五届中国"互联网+"大学生创新创业大赛中荣获 铜奖

特发此证，以资鼓励。

2019年云南省职业院校技能大赛

荣誉证书

李华 樊心昊 叶建斌同学：

参加2019年云南省职业院校技能大赛，高职组物联网技术应用竞赛项目获一等奖。

指导教师：林雨 王瑞

云南省教育厅

二〇一九年四月

2019年云南省职业院校技能大赛

荣誉证书

杜娟 王科媛 朱嘉鼎同学：

参加2019年云南省职业院校技能大赛，高职组物联网技术应用竞赛项目获二等奖。

指导教师：林雨 王瑞

云南省教育厅

二〇一九年四月

蓝桥杯大赛

获奖证书

昆明冶金高等专科学校樊心昊：

荣获第十届蓝桥杯全国软件和信息技术专业人才大赛云南赛区单片机设计与开发大学组一等奖。

特发此证，以资鼓励。

证书编号：081007849

蓝桥杯大赛

获奖证书

昆明冶金高等专科学校樊心昊：

荣获第十届蓝桥杯全国软件和信息技术专业人才大赛全国总决赛单片机设计与开发大学组优秀奖。

特发此证，以资鼓励。

证书编号：081017001

2019年5月25日

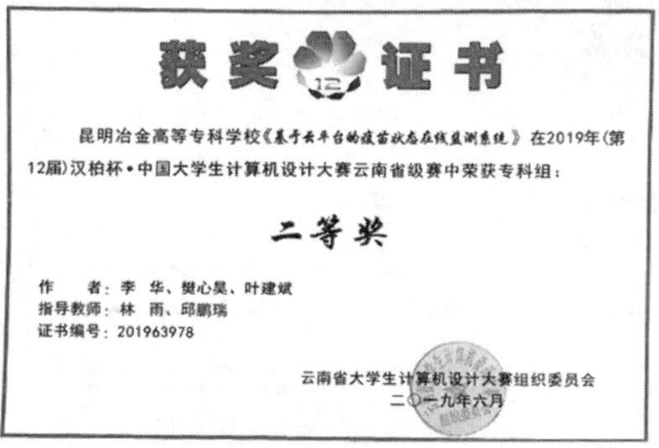

获奖证书

昆明冶金高等专科学校《基于云平台的疫苗状态在线监测系统》在2019年(第12届)汉柏杯·中国大学生计算机设计大赛云南省级赛中荣获专科组：

二等奖

作　　者：李华、樊心昊、叶建斌

指导教师：林雨、邱鹏瑞

证书编号：201963978

云南省大学生计算机设计大赛组织委员会

二〇一九年六月

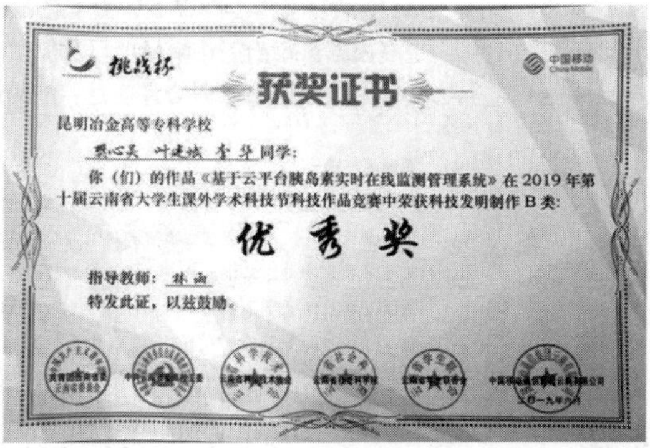

挑战杯

获奖证书

昆明冶金高等专科学校

樊心昊 叶建斌 李华同学：

你(们)的作品《基于云平台胰岛素实时在线监测管理系统》在2019年第十届云南省大学生课外学术科技节科技作品竞赛中荣获科技发明制作B类：

优秀奖

指导教师：林雨

特发此证，以兹鼓励。

获奖证书

昆明冶金高等专科学校《基于HB-907和北斗定位的智能物流运输监测系统》在2019年(第12届)汉柏杯•中国大学生计算机设计大赛云南省级赛中荣获专科组：

二等奖

作　　者：阮云飞、黄　毅
指导教师：余　斐
证书编号：201963979

云南省大学生计算机设计大赛组织委员会
二〇一九年六月

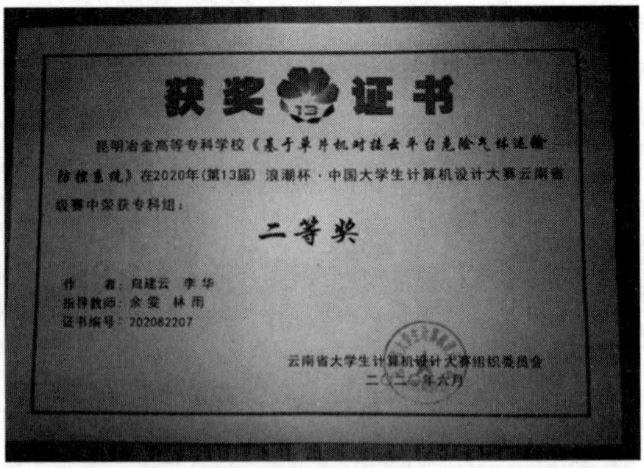

获奖证书

昆明冶金高等专科学校《基于单片机对接云平台危险气体运输跟踪系统》在2020年(第13届) 浪潮杯·中国大学生计算机设计大赛云南省级赛中荣获专科组：

二等奖

作　　者：向建云　李华
指导教师：余斐　林雨
证书编号：202082207

云南省大学生计算机设计大赛组织委员会
二〇二〇年六月

4. 党建及思想政治教育获奖(7 项)

2019. 12	测绘学院第二党支部获全国样板党支部

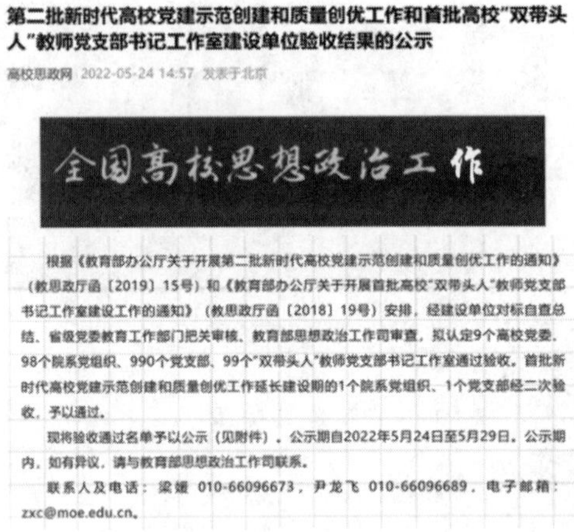

第二批新时代高校党建示范创建和质量创优工作和首批高校"双带头人"教师党支部书记工作室建设单位验收结果的公示

高校思政网 2022-05-24 14:57 发表于北京

根据《教育部办公厅关于开展第二批新时代高校党建示范创建和质量创优工作的通知》（教思政厅函〔2019〕15号）和《教育部办公厅关于开展首批高校"双带头人"教师党支部书记工作室建设工作的通知》（教思政厅函〔2018〕19号）安排，经建设单位对标自查总结、省级党委教育工作部门把关审核、教育部思想政治工作司审查，拟认定9个高校党委、98个院系党组织、990个党支部、99个"双带头人"教师党支部书记工作室通过验收。首批新时代高校党建示范创建和质量创优工作延长建设期的1个院系党组织、1个党支部经二次验收，予以通过。

现将验收通过名单予以公示（见附件）。公示期自2022年5月24日至5月29日。公示期内，如有异议，请与教育部思想政治工作司联系。

联系人及电话：梁媛 010-66096673，尹龙飞 010-66096689，电子邮箱：zxc@moe.edu.cn。

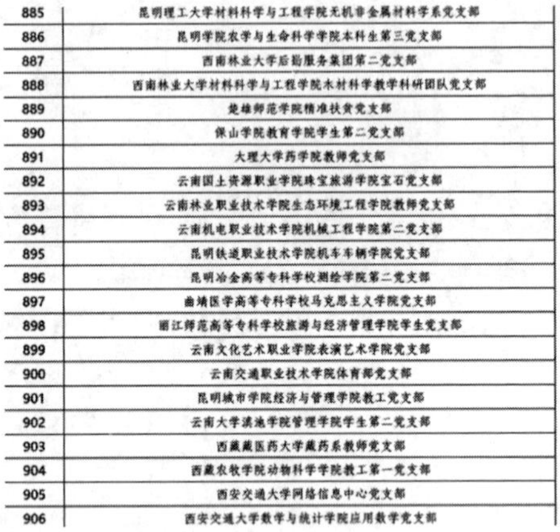

885	昆明理工大学材料科学与工程学院无机非金属材料科学系党支部
886	昆明学院农学与生命科学学院本科生第三党支部
887	西南林业大学后勤服务集团第二党支部
888	西南林业大学材料科学与工程学院木材科学教学科研团队党支部
889	楚雄师范学院精准扶贫党支部
890	保山学院教育学院学生第二党支部
891	大理大学药学院教师党支部
892	云南国土资源职业学院珠宝旅游学院宝石党支部
893	云南林业职业技术学院生态环境工程学院教师党支部
894	云南机电职业技术学院机械工程学院第二党支部
895	昆明铁道职业技术学院机车车辆学院党支部
896	昆明冶金高等专科学校测绘学院第二党支部
897	曲靖医学高等专科学校马克思主义学院党支部
898	丽江师范高等专科学校旅游与经济管理学院学生党支部
899	云南文化艺术职业学院表演艺术学院党支部
900	云南交通职业技术学院体育部党支部
901	昆明城市学院经济与管理学院教工党支部
902	云南大学滇池学院管理学院学生第二党支部
903	西藏藏医药大学藏药系教师党支部
904	西藏农牧学院动物科学学院教工第一党支部
905	西安交通大学网络信息中心党支部
906	西安交通大学数学与统计学院应用数学党支部

2020. 8	"'测天地蓝图,绘职业人生'实践育人综合改革与实践"入选云南省思政教育精品项目

中共云南省委教育工委文件

云教工委发〔2020〕23 号

中共云南省委教育工委关于公布 2020 年高校思想政治工作精品项目和原创文化精品推广行动计划培育项目名单的通知

各高等学校：

根据教育部思政司 2020 年工作安排，省委教育工委组织开展了高校思想政治工作精品项目和原创文化精品推广行动计划培育项目征集遴选工作，共评选出高校思想政治工作精品项目 31 项（名单详见附件 1）、原创文化精品推广行动计划培育项目 14 项（名单详见附件 2），现予以公布。

有关高校要对入选项目进一步加强建设和宣传推广，充分发

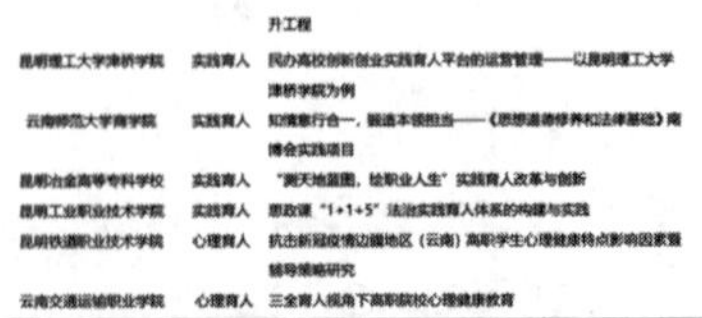

		升工程
昆明理工大学津桥学院	实践育人	民办高校创新创业实践育人平台的运营管理——以昆明理工大学津桥学院为例
云南师范大学商学院	实践育人	知情意行合一，锻造本领担当——《思想道德修养和法律基础》南博会实践项目
昆明冶金高等专科学校	实践育人	"测天地蓝图，绘职业人生"实践育人改革与创新
昆明工业职业技术学院	实践育人	思政课"1+1+5"法治实践育人体系的构建与实践
昆明铁道职业技术学院	心理育人	抗击新冠疫情边疆地区（云南）高职学生心理健康特点影响因素暨辅导策略研究
云南交通运输职业学院	心理育人	三全育人视角下高职院校心理健康教育

2021. 5	《数字测图》获得教育部课程思政示范课

机构　新闻　公开　服务　互动　文献

首页 > 公开

教育部思想政治工作司 中央网信办网络社会工作局关于公布第五届全国大学生网络文化节和全国高校网络教育优秀作品推选展示活动入选名单的通知

各省、自治区、直辖市党委教育工作部门、教育厅（教委）、网信办，新疆生产建设兵团教育局、网信办，部属各高等学校党委、部省合建各高等学校党委：

根据《教育部思想政治工作司 中央网信办网络社会工作局关于举办第五届全国大学生网络文化节和全国高校网络教育优秀作品推选展示活动的通知》（教思政司函〔2020〕9号）工作安排，经作品申报、资格审核、专家审议、结果公示等程序，遴选产生了第五届"全国大学生网络文化节"和"全国高校网络教

序号	类别	作品名称	作者	学校
4	新媒体作品	核桃的旅行	运迪、聂阳阳、郑彧豪	同济大学
5	新媒体作品	当我在党旗下宣誓的时刻	张元、崔丽、朱皓阳	天津师范大学
6	新媒体作品	党的声音——变迁与共振	臣昕月	南京师范大学
7	新媒体作品	追梦·蜕变	黄星君、孙珊珊、朱妮、杨爱霞、曹辰昊、刘淑颖	武汉职业技术学院
8	新媒体作品	在希望的田野上	钱云光、吴娟、童欣、蒋杰、文译	电子科技大学
9	新媒体作品	你的样子	杨莉、吴伟杰、王艺萌、李鑫、孙若男	湖南大学
10	新媒体作品	爱在远山——西北师大教育部体育美育浸润行动计划纪实	杨庆、王剑、钟佳岐、宁宁、李绍光、孔凡瑶	西北师范大学
11	新媒体作品	你们是最可爱的人	刘思远、程刘龙天	武汉音乐学院
12	新媒体作品	精工	王征、姜曼、赵安琪、李田锋、段文兴、陈遇	北京理工大学
13	新媒体作品	《心在绿春》扶贫攻坚主题原创歌曲MV	王琳舒、吴涛、李文庆、曹少鹏、刘海蓉	中国海洋大学
14	新媒体作品	《我唱山歌给党听》	孟达、翟俊豪	广西师范大学
15	新媒体作品	党员日记	曹勇、李永青、张东明、欧阳志平、赵亚芳、赵远娥	昆明冶金高等专科学校
16	新媒体作品	温暖的寻找	张睿、王柳力、黄逸丁、段雄、杨辉	湖南艺术职业学院
17	新媒体作品	遇见不一Young的南工程	朱晓倩	南京工程学院
18	新媒体作品	我们一定赢	杨进	绵阳师范学院
19	新媒体作品	等待花开	张琨琨、李姿莹	闽南师范大学
20	新媒体作品	戏·承	秦江波	中国戏曲学院

2020.7	"中国速度，中国实力——《BIM 施工组织与管理》课程思政设计"获全国职业院校"战役课堂"课程思政典型案例二等奖

荣誉证书

您的案例《中国速度，中国实力——〈BIM施工组织与管理〉第一课课程思政设计》在2020年教育部职业院校文化素质教育指导委员会课程思政研究院举办的"战疫课堂"课程思政典型案例征集大赛中荣获 二等奖。

特发此证，以资鼓励。

教育部职业院校文化素质教育指导委员会

2020年7月9日

2021.6	袁建明老师获云南省"五四"青年奖章

<table>
<tr><td></td><td>
</td></tr>
<tr><td>2020.11</td><td>中国速度，中国实力——“BIM 施工组织与管理”开学第一课获第五届云南省高校网络教育优秀作品微课类二等奖</td></tr>
</table>

5. 省级教育教学成果奖励(3 项)

教师姓名	项目名称	奖项等次	日期
吕翠华、葛俊洁、马娟、杨永平、万保峰、陈占、王敏、张伟红	第一届云南省教学成果奖(职业教育)	特等奖	2021.11
张东明	第一届云南省教学成果奖(职业教育)	一等奖	2021.11
杜绍堂、胡瑛、戚豹、刘东良、杨艳华、赵鑫、罗保、陈泉	第一届云南省教学成果奖(职业教育)	二等奖	2021.11

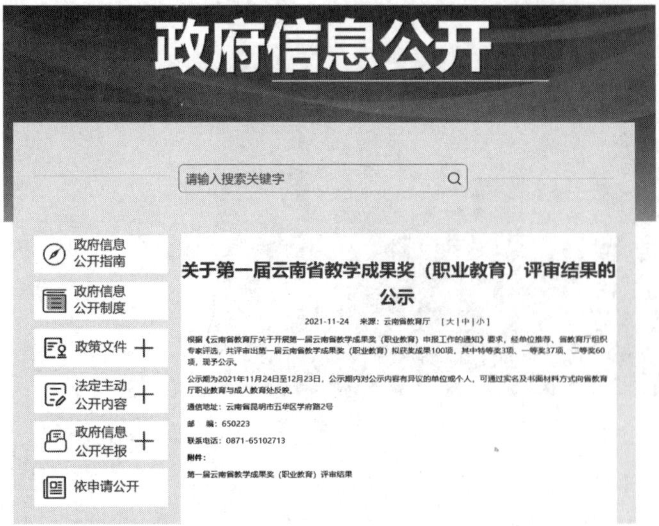

政府信息公开

请输入搜索关键字

政府信息公开指南
政府信息公开制度
政策文件
法定主动公开内容
政府信息公开年报
依申请公开

关于第一届云南省教学成果奖（职业教育）评审结果的公示

2021-11-24　来源：云南省教育厅　[大|中|小]

根据《云南省教育厅关于开展第一届云南省教学成果奖（职业教育）申报工作的通知》要求，经单位推荐、省教育厅组织专家评选，共评审出第一届云南省教学成果奖（职业教育）拟获奖成果100项，其中特等奖3项、一等奖37项、二等奖60项，现予公示。

公示期为2021年11月24日至12月23日，公示期内对公示内容有异议的单位或个人，可通过实名及书面材料方式向省教育厅职业教育与成人教育处反映。

通信地址：云南省昆明市五华区学府路2号

邮　编：650223

联系电话：0871-65102713

附件：

第一届云南省教学成果奖（职业教育）评审结果

第一届云南省教学成果奖（职业教育）评审结果

特等奖（3 项）

成果名称	成果完成人	成果完成单位
三方协同 五轮驱动：高职测绘地理信息类专业实践育人体系的创新实践	吕翠华、葛俊洁、马娟、杨永平、万保峰、陈占、王敏、张伟红	昆明冶金高等专科学校
“走出去 引进来”服务“一带一路”高职教育国际化新路径探索与实践	[illegible]	云南交通职业技术学院、云南阳光道桥股份有限公司、泰国[illegible]技术学院
引领职业教育精准扶智的本土技术技能人才培养模式创新与实践	[illegible]	滇西应用技术大学

一等奖（37 项）

成果名称	成果完成人	成果完成单位
基于“产学研训创”五位一体的特色产业学院建设实践与探索	[illegible]	云南能源职业技术学院、[illegible]
云锡职院“1116”校企一体“三全育人”模式的探索与实践	[illegible]	云南锡业职业技术学院、云南锡业集团（控股）有限责任公司
产教同频、校企同台、赛教同行、多元同评的汽车专业人才培养模式创新与实践	[illegible]	云南交通运输职业学院
三教统整、三维平台、三层孔粮：高职医学专业“一体三翼”人才培养体系的改革与实践	[illegible]	曲靖医学高等专科学校、曲靖市第二人民医院
戏曲生态重建视阈下云南地方戏曲表演人才“三维一体”培养模式创新与实践	[illegible]	云南文化艺术职业学院、云南省滇剧院
聚焦专业建设 推荐多元共治 增强民办高职院校适应性的探索与实践	[illegible]	云南经贸外事职业学院、上海[illegible]信息技术有限公司、云南师范大学
服务“老-少-边”健康需求 创新高职临床医学专业人才培养模式的探索	[illegible]	昆明卫生职业学院、[illegible]

—1—

烟草专业理实一体化人才培养模式的创新与实践	陆欣、毛绍春、董从华、李玉萍、普匡、张志忠、任琼丽、张立猛	玉溪农业职业技术学院、云南省烟草公司玉溪市公司
"大思政课"视域下高职院校思想政治理论课"学研拓思"教学模式创新与实践	张磊、王明琼、陈正权、向艳、张兰、王鸣、张慧颖、杨允	曲靖医学高等专科学校
开放教育化学工程与工艺专业人才培养模式的创新与实践	郑毅、唐芳、张正惠、刘龙江、陈秋、陈晓春、黄遥、周明普	云南开放大学、云南燃一化工科技有限责任公司
中等职业学校酒店专业教师以提升行业服务能力为导向的入企循环实践研究	李梅、吴秋颖、赵枝萍、刘金平、辉春丽、吴白美、曾菲菲、龙德贵	芒市职业教育中心
基于教学任务项目化，"KAPIQ"五位一体的职业教育课程建设探索与实践	侯德东、宋飞宇、史庆南、宋爱苹、甄祯、王丽、高运、邢文斐	云南经济管理学院
产教融合、校企一体共建物流高水平技术技能平台——"校企命运共同体"的实践	张晓雷、张龙、王雪娇、邹红艳、刘伟、戴袁贵、杨再锋、惠春梅	昆明工业职业技术学院、云南省物流投资集团有限公司
"两个一体，剧目驱动"的云南民族舞蹈表演人才培养创新与实践	栾亚敏、杨旭康、韩萍、曹琳、美兰卓玛、李晓甜、徐维佳、马倩倩	云南文化艺术职业学院、云南省歌舞剧院
一流党建引领高素质应用型技术技能人才培养的探索与实践	丁恒道、崔鹏、范永福、周晓红、王瑞、王晶晶、邓世昆、姜洁	云南大学滇池学院
中等职业学校"星级学生"考核评价体系的构建与实践	王恩超、卜梅、段家菁、陈典裕、朱庆文、马俊萍、徐德功	文山州民族职业技术学校
少数民族文化在边境民族地区小学师资培养中的应用实践——以数学学科为例	周长军、申玉洁、杨启祥、郭彩莲、穆勒浪、刘永照、余有富、丁李程	德宏师范高等专科学校
"三全育人"理念下"四维四同"思政育人模式的创新与实践	张东明、赵亚芳、赵远镶、李永青、欧阳志平、杨浩、孙锐、杨彬楠	昆明冶金高等专科学校
以"三教"改革为抓手推进民办高职院校创新创业教育工作改革的研究与实践	邓节军、子重仁、赵洁、钟文卿	云南工程职业学院
工程机械类专业校企协同"一标准三核心九共同"人才培养模式的创新与实践	张爱山、孙燕、孙磊、王雪秋、郭照新、代绍军、赵文坤、杨雷	云南交通职业技术学院、云南湘泰工程设备有限公司（三一重工）
以技能竞赛引领促高技能人才培养的探索与实践	金之椰、李云海、普建能、尹铺平、吉应红、崔丽花、张彦青	楚雄技师学院

推行标准化管理提升学校内涵发展水平	李自云、赵霞、王绍祥、张艳丽、郭靖	楚雄技师学院
创建"思政+能力模块"课程标准，推进林业类专业高质量课程体系建设	林向群、唐宗英、林光辉、田琳、李雪娟、张化、张俊文、陈福	云南林业职业技术学院、云南林业和草原科学院油茶研究所
基于 PICOS 模式"课堂革命"在高职临床医学专业教学中的创新与实践	杨峥、李彦娴、赵志敏、杨艳、李霞萍、段先忠、马玉美、杨丽艳	保山中医药高等专科学校
"陶习苑"职业教育模式建构	欧应宏、秦艳丽、李秋敏、赵伟、杜黎波、徐洪明、李红锋、陈洪	红河州民族师范学校
传承德宏世居少数民族采脊技艺 培养学生文化自信	岳太虹、王成萍、何仙元、王万琳、杨洋、杨先志、杨世能、陈以周	德宏州陇川县职业高级中学
基于民族技艺传承的《民族传统疗法》立体化教学体系架构与实践（教材）	潘琼、严六九、李汉雄、张如银、王文义	云南新兴职业学院
综合素质人才培养模式下《公共艺术》教材的开发与应用（教材）	杨旭、柏松、王婷婷、颜艳、吴刚	云南轻纺职业学院
基于服务"三农"发展的创新创业教育体系构建探索	邵权、潘彦维、李一源、张江荣、霍海龙、韩卫明	云南农业职业技术学院
"两双一体、三群联动、全域试点"现代学徒制人才培养体系的创新与实践	齐武福、张建雄、郑毅、杨加庆、赵心亮、秦忠、罗启钟、蒋娟	云南国土资源职业学院、云南地矿珠宝检测中心
基于"工作项目+竞赛"的护理专业学生主动实践能力培养模式的探索与实践	李保刚、宋峰、许银风、于敏、王洁、韩娟、李莹、杨珺	云南医药健康职业学院
以职业能力为导向的体育课程体系构建与实践	羌梦华、邹丽、金强、张程波、罗文强、俞芳、刘武、石清龙	云南机电职业技术学院
职业院校学生职业核心能力培养模式构建与实践	付学芝、唐立、张晟楠、袁秀莲、朱雯、高俊良、高爱红	云南工贸职业技术学院
高职建筑工程技术专业新形态一体化《钢结构工程施工》教材的创新与实践	杜绍堂、胡琪、威豹、刘东良、杨艳华、赵鑫、罗保、陈泉	昆明冶金高等专科学校
"五递进、四联动、三融合、两链接、一根本"的创新创业教育模式探索与实践	宋林、于佛财、高亚芳、刘楠、刘朝辉、张一平	云南经贸外事职业学院、云南光谷光机电孵化器管理有限公司
高等职业教育"大学语文"课程教学模式改革的探索与实践（教材）	王树青、秦秀清、张惠香、段劼、杨漪、汪兆娟、杨志敏	大理护理职业学院、大理技师学院、大理农林职业技术学院

—6—

6. 承办省级及以上职业院校技能大赛(11 次)

承办全国职业院校技能大赛工程测量赛项 1 次,承办云南省职业院校技能大赛建筑识图、物联网技术应用、信息安全管理与评估赛项共 9 次,承办云南省青年职业技能大赛计算机程序设计员(云计算平台与运维)赛项 1 次。累计承办省级及以上职业院校技能大赛 11 次。

(1)承办 2021 年全国职业技能大赛宣传报道

2021年全国职业院校技能大赛高职组工程测量赛项总决赛成功举办

自然资源职业资格　2021-07-02 17:16　发表于北京

近日，由教育部联合自然资源部等相关部门共同主办的2021年全国职业院校技能大赛高职组工程测量赛项总决赛在云南昆明成功举办。本次竞赛由云南省教育厅、云南省自然资源厅、安宁市人民政府作为承办单位，由昆明冶金高等专科学校承办。自然资源部职业技能鉴定指导中心主任、全国测绘地理信息职业教育教学指导委员会副主任易树柏、中国工程院院士张祖勋、昆明冶金高等专科学校党委书记雷霆、校长杨金华等出席竞赛开、闭幕式并讲话，教育部职业技术教育中心研究所、云南省教育厅、安宁市人民政府等单位的有关领导出席了竞赛开、闭幕式，并对赛事活动进行全程指导。

大赛期间，"高端引领、工匠传承、技能报国"专题学术报告同期开展，中国工程院院士张祖勋，武汉大学教授陶本藻，原国测一大队副大队长、总工程师、自然资源部特聘自然资源科学传播首席专家庞尚益，广州南方测绘科技股份有限公司副总经理郭宝宇分别作了主题分享，推进了职业院校间的专业交流，引导了专业人才培养模式改革与专业建设。

此次大赛以技能竞赛为平台，与测绘地理信息数据获取"1+X"职业技能等级证书对接，创新"双证书"制度，起到了"以赛促练、以赛促训、以赛促学"的目的。各参赛队操作熟练规范，内业计算快速准确，展现了很高的测绘职业素养和技术水平，体现出测绘高职教育高素质技术技能人才的类型特色。竞赛中各队队员配合默契，分工明确，节奏有序，培养了选手们认真细致的专业工作作风、团结协作的团队意识和测绘人不怕苦、不怕累的优秀品质。

据悉，全国职业院校技能大赛是由教育部发起，联合相关部门、行业组织和地方政府共同举办的一项全国性职业院校学生技能竞赛活动。大赛作为我国职业教育工作的一项重大制度设计与创新，深化了职业教育教学改革，推动产教融合、校企合作，促进了人才培养和产业发展的结合，扩大了职业教育的国际交流，增强了职业教育的影响力和吸引力。大赛已经成为广大师生展示风采、追梦圆梦的广阔舞台，成为促进我国职业教育改革发展的重要抓手。

(2)承办云南省职业技能大赛宣传报道

2020年云南省职业院校技能大赛九个赛项在我校开赛

昆明冶金高等专科学校 2020-01-07 11:24 发表于云南

1月6日上午，由我校协办的2020年云南省职业院校技能大赛九个赛项在我校开赛。校长王资、副校长叶加冕，省教育厅职成处副处长李永珺、云南师范大学教务处处长陈新、大赛合作企业代表厦门科云信息科技有限公司总经理谢建英，以及参加高职组会计技能、建筑工程识图、物联网技术应用、信息安全管理与评估、电子商务技术、现代物流作业方案设计与实施、市场营销、现代电气控制系统安装与调试和工业产品数字化设计与制造9个赛项的32所院校251支参赛队代表参加启动仪式。启动仪式由副校长叶加冕主持。

7. 现代学徒制培养项目(4 +2 个)

专业群中测绘工程技术、测绘地理信息技术、建筑工程技术、物联网应用技术 4 个专业、专业群辐射带动的 2 个相关专业工程造价、建筑装饰工程技术共 6 个现代学徒制培养项目获省级立项。现代学徒制培养项目,如图 5-5 所示。

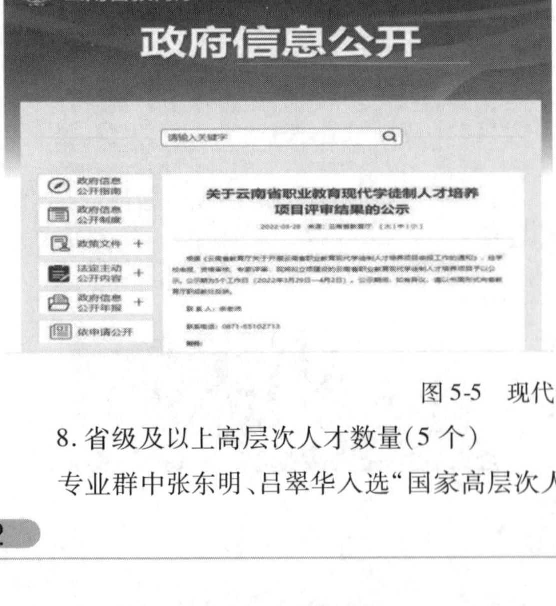

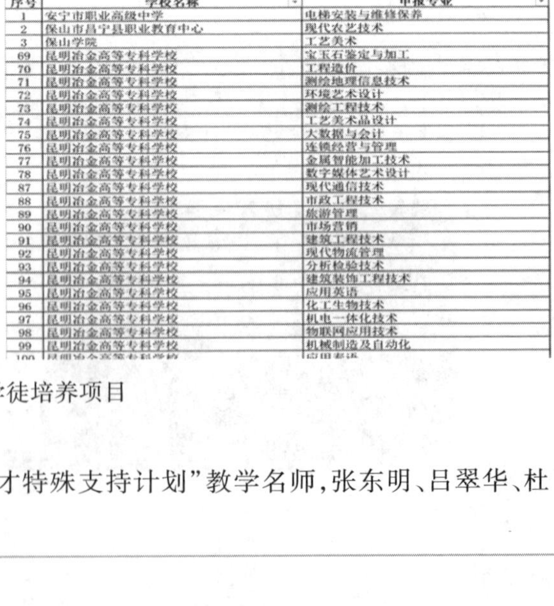

云南省职业教育现代学徒制人才培养拟立项项目一览表

序号	学校名称	申报专业
1	安宁市职业高级中学	电梯安装与维修保养
2	保山市昌宁县职业教育中心	现代农艺技术
3	保山学院	工艺美术
69	昆明冶金高等专科学校	宝玉石鉴定与加工
70	昆明冶金高等专科学校	工程造价
71	昆明冶金高等专科学校	测绘地理信息技术
72	昆明冶金高等专科学校	环境艺术设计
73	昆明冶金高等专科学校	测绘工程技术
74	昆明冶金高等专科学校	工艺美术品设计
75	昆明冶金高等专科学校	大数据与会计
76	昆明冶金高等专科学校	连锁经营与管理
77	昆明冶金高等专科学校	金属智能加工技术
78	昆明冶金高等专科学校	数字媒体艺术设计
87	昆明冶金高等专科学校	现代通信技术
88	昆明冶金高等专科学校	市政工程技术
89	昆明冶金高等专科学校	旅游管理
90	昆明冶金高等专科学校	市场营销
91	昆明冶金高等专科学校	建筑工程技术
92	昆明冶金高等专科学校	现代物流管理
93	昆明冶金高等专科学校	分析检验技术
94	昆明冶金高等专科学校	建筑装饰工程技术
95	昆明冶金高等专科学校	应用英语
96	昆明冶金高等专科学校	化工生物技术
97	昆明冶金高等专科学校	机电一体化技术
98	昆明冶金高等专科学校	物联网应用技术
99	昆明冶金高等专科学校	机械制造及自动化
100	昆明冶金高等专科学校	应用英语

图 5-5　现代学徒培养项目

8. 省级及以上高层次人才数量(5 个)

专业群中张东明、吕翠华入选“国家高层次人才特殊支持计划”教学名师,张东明、吕翠华、杜绍堂、赵文亮入选云南省“万人计划”教学名师，引进 1 名产业教授——邓昌军入选云南省“万人计划”产业领军人才。

9. 建设省级以上虚拟仿真实训中心(1 个)

测绘虚拟仿真中心作为学校有色冶金智能制造示范性虚拟仿真实训基地子项目于 2021 年 8 月入选国家示范性虚拟仿真实训基地培育项目。建设省级以上虚拟仿真实训中心，如图 5-6 所示。

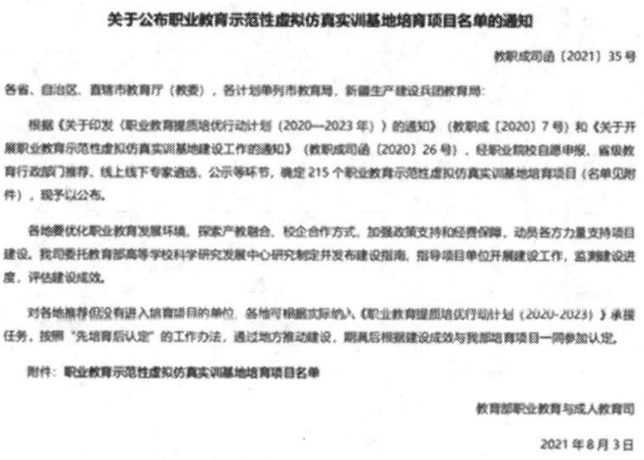

关于公布职业教育示范性虚拟仿真实训基地培育项目名单的通知

教职成司函〔2021〕35 号

各省、自治区、直辖市教育厅（教委），各计划单列市教育局，新疆生产建设兵团教育局：

根据《关于印发〈职业教育提质培优行动计划（2020—2023 年）〉的通知》（教职成〔2020〕7 号）和《关于开展职业教育示范性虚拟仿真实训基地建设工作的通知》（教职成司函〔2020〕26 号），经职业院校自愿申报、省级教育行政部门推荐、线上线下专家遴选、公示等环节，确定 215 个职业教育示范性虚拟仿真实训基地培育项目（名单见附件），现予以公布。

各地要优化职业教育发展环境，探索产教融合、校企合作方式，加强政策支持和经费保障，动员各方力量支持项目建设。我司委托教育部高等学校科学研究发展中心研究制定并发布建设指南，指导项目单位开展建设工作，监测建设进度，评估建设成效。

对各地推荐但没有进入培育项目的单位，各地可根据实际纳入《职业教育提质培优行动计划（2020-2023）》承接任务，按照“先培育后认定”的工作办法，通过地方推动建设，期满后根据建设成效与我部培育项目一同参加认定。

附件：职业教育示范性虚拟仿真实训基地培育项目名单

教育部职业教育与成人教育司

2021 年 8 月 3 日

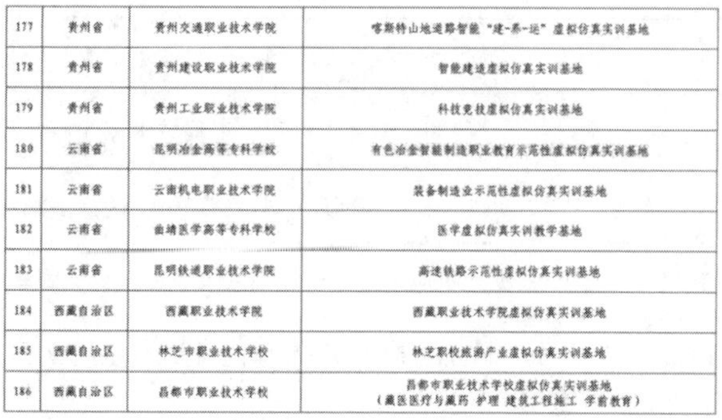

177	贵州省	贵州交通职业技术学院	喀斯特山地道路智能“建-养-运”虚拟仿真实训基地
178	贵州省	贵州建设职业技术学院	智能建造虚拟仿真实训基地
179	贵州省	贵州工业职业技术学院	科技竞技虚拟仿真实训基地
180	云南省	昆明冶金高等专科学校	有色冶金智能制造职业教育示范性虚拟仿真实训基地
181	云南省	云南机电职业技术学院	装备制造业示范性虚拟仿真实训基地
182	云南省	曲靖医学高等专科学校	医学虚拟仿真实训教学基地
183	云南省	昆明铁道职业技术学院	高速铁路示范性虚拟仿真实训基地
184	西藏自治区	西藏职业技术学院	西藏职业技术学院虚拟仿真实训基地
185	西藏自治区	林芝市职业技术学校	林芝职校旅游产业虚拟仿真实训基地
186	西藏自治区	昌都市职业技术学校	昌都市职业技术学校虚拟仿真实训基地（藏医医疗与藏药 护理 建筑工程施工 学前教育）

图 5-6　建设省级以上虚拟仿真实训中心

二、效益指标

（一）社会效益指标

1. 引领职业教育改革发展和人才培养的贡献度

专业群拥有国家级职业教育教师教学团队 1 支、“国家高层次人才特殊支持计划”教学名师 2 名，全国样板支部 1 个，国家课程思政示范课 1 门，“十三五”国家规划教材 3 部，国家示范性虚拟仿真实训基地培育项目 1 项，教育部创新发展行动计划项目认定骨干专业 4 个、生产性实训基地 1 个。承办国赛 1 项，主持制订国家专业教学标准 6 部，其中，2021 版测绘工程技术高职专科和本科专业简介和教学标准待发布；主持国家级职业教育教师教学创新团队重点课题 1 项。获省级教学成果奖 3 项，学生在全国职业技能大赛和双创大赛中获奖 5 项，在云南省职业技能大赛和双创大赛中获奖 75 项。

中国科教评价网，测绘工程技术专业排名居全国第 1，等级为五星；测绘地理信息技术专业排名居全国第 2，等级为五星；建筑材料工程技术专业排名居全国第 4，等级为四星。专业群总排名居全国第 137 位，引领职业教育改革发展和人才培养的贡献度显著。

2. 主持完成的省部级及以上成果统计

序号	项目名称	立项单位	结题时间
1	高等职业学校测绘工程技术专业教学标准	教育部	2019

续上表

序号	项目名称	立项单位	结题时间
2	高等职业学校工程测量技术专业教学标准	教育部	2019
3	高等职业学校测绘地理信息技术专业教学标准	教育部	2019
4	高等职业学校地籍测绘与土地管理专业教学标准	教育部	2019
5	高等职业学校工程测量技术专业实训教学条件建设标准	教育部	2019
6	高等职业教育专科测绘工程技术专业简介和教学标准	教育部	2021
7	高等职业教育本科测绘工程技术专业简介和教学标准	教育部	2021
8	教育部课程思政示范项目《数字测图》	教育部	2021
9	无人机应用技术专业国家级职业教育教师教学创新团队	教育部	2021
10	“十三五”职业教育国家规划教材《空间数据库技术应用》	教育部	2021
11	“十三五”职业教育国家规划教材《钢结构基础》	教育部	2021
12	“十三五”职业教育国家规划教材《钢结构工程施工》	教育部	2021
13	国家示范性虚拟仿真实训基地培育项目《有色冶金智能制造示范性虚拟仿真实训基地》	教育部	2021
14	教育部创新发展行动计划校企共建生产性实训基地《测绘地理信息生产性实训基地》	教育部	2019
15	教育部创新发展行动计划骨干专业《测绘工程技术》	教育部	2019
16	教育部创新发展行动计划骨干专业《测绘地理信息技术》	教育部	2019
17	教育部创新发展行动计划骨干专业《建筑工程技术》	教育部	2019
18	教育部创新发展行动计划骨干专业《建筑材料工程技术》	教育部	2019
19	国家级职业教育教师教学创新团队重点课题《新时代职业院校无人机应用技术专业领域团队教师教育教学改革创新与实践》	教育部	2021
20	全国样板党支部	教育部	2019
21	全国测绘地理信息职业教育研究重点课题《测绘地理信息类专业团队协作的模块化教学模式构建与实施》	全国测绘地理信息职业教育教学指导委员会	2021
22	云南省高校思想政治教育精品项目《“测天地蓝图，绘职业人生”实践育人综合改革与实践》	云南省高校工委	2020

3. 国家级职业教育教师教学创新团队(1 支)

教育部关于公布第二批国家级职业教育
教师教学创新团队立项建设单位和
培育建设单位名单的通知

教师函〔2021〕7 号

各省、自治区、直辖市教育厅（教委），新疆生产建设兵团教育局：

为深入贯彻落实习近平总书记关于教育的重要论述和全国职业教育大会精神，按照《国家职业教育改革实施方案》《全国职业院校教师教学创新团队建设方案》部署安排，我部启动了第二批国家级职业教育教师教学创新团队遴选工作。

经院校自主申报、省级教育行政部门和全国行业职业教育教学指导委员会审核推荐、项目秘书处形式审查、专家会议评审、网上公示，确定第二批国家级职业教育教师教学创新团队立项建设单位 240 个，国家级职业教育教师教学创新团队培育建设单位 2 个。现将结果予以公布（名单见附件）。

各省级教育行政部门负责省（区、市）域内国家级职业教育教师教学创新团队（以下简称国家级团队）立项（培育）建设的过程管理和质量监控，要加大对国家级团队立项（培育）建设单位的支持力度，在职业院校教师素质提高计划等项目中予以重点倾斜。国家级团队立项（培育）建设单位作为团队建设第一责任主体，负责团队建设的具体筹划和组织实施，要制定具体实施方案，细化目标任务，建立工作机制，创设必要条件，稳步开展建设。各地各校要对接本区域重点专业集群，总结借鉴首批国家级团队建设经验，因地制宜做好省

序号	学校名称	专业领域	专业名称	省份
54	江苏航运职业技术学院	航空航天和海洋装备	船舶动力工程技术	江苏
55	九江职业技术学院	航空航天和海洋装备	船舶工程技术	江西
56	武汉船舶职业技术学院	航空航天和海洋装备	船舶动力工程技术	湖北
57	广州民航职业技术学院	航空航天和海洋装备	飞机机电设备维修	广东
58	昆明冶金高等专科学校	航空航天和海洋装备	无人机应用技术	云南
59	天津现代职业技术学院	航空航天和海洋装备	无人机应用技术	天津
60	重庆航天职业技术学院	航空航天和海洋装备	无人机应用技术	重庆
61	湖南汽车工程职业学院	现代交通运输	智能网联汽车技术	湖南
62	长春汽车工业高等专科学校	现代交通运输	汽车电子技术	吉林
63	淄博职业学院	现代交通运输	新能源汽车技术	山东
64	山西工程科技职业大学	现代交通运输	新能源汽车工程技术	山西
65	山东交通职业学院	现代交通运输	新能源汽车检测与维修技术	山东
66	广西交通职业技术学院	现代交通运输	新能源汽车技术	广西
67	安徽机电职业技术学院	现代交通运输	汽车制造与试验技术	安徽
68	湖南交通职业技术学院	现代交通运输	新能源汽车技术	湖南
69	湖北交通职业技术学院	现代交通运输	新能源汽车技术	湖北
70	柳州职业技术学院	现代交通运输	智能网联汽车技术	广西
71	青海交通职业技术学院	现代交通运输	新能源汽车检测与维修技术	青海
72	烟台汽车工程职业学院	现代交通运输	新能源汽车技术	山东
73	陕西交通职业技术学院	现代交通运输	新能源汽车技术	陕西
74	湖南铁道职业技术学院	现代交通运输	铁道机车运用与维护	湖南
75	山东职业学院	现代交通运输	城市轨道车辆应用技术	山东
76	唐山工业职业技术学院	现代交通运输	动车组检修技术	河北
77	河北交通职业技术学院	现代交通运输	城市轨道交通工程技术	河北
78	石家庄铁路职业技术学院	现代交通运输	铁道工程技术	河北
79	陕西铁路工程职业技术学院	现代交通运输	高速铁路施工与维护	陕西

4. 教育部课程思政示范课(1 门)

教育部关于公布课程思政示范项目
名单的通知

教高函〔2021〕7 号

各省、自治区、直辖市教育厅（教委），新疆生产建设兵团教育局，有关部门（单位）教育司（局），部属各高等学校、部省合建各高等学校，国家开放大学、教育部考试中心：

为深入贯彻落实习近平总书记关于教育的重要论述和全国教育大会精神，贯彻落实中共中央办公厅、国务院办公厅《关于深化新时代学校思想政治理论课改革创新的若干意见》，深入实施《高等学校课程思政建设指导纲要》，经组织推荐、专家遴选、会议评议和网络公示等，确定课程思政示范课程 699 门、课程思政教学名师和团队 699 个、课程思政教学研究示范中心 30 个。现予以公布。

各地各高校要进一步强化课程思政建设主体责任，强化示范引领，健全优质资源共享机制和平台建设，加大支持保障力度，构建国家、地方、高校多层次课程思政建设示范体系，全面推进课程思政高质量建设。

附件：1.课程思政示范课程、教学名师和团队名单

2.课程思政教学研究示范中心名单

教育部

2021 年 5 月 28 日

序号	学校名称	课程思政示范课程	课程思政教学名师和团队
	职业技术学校		
87	江西交通职业技术学院	汽车营销	官海兵、孙丽娟、付慧敏、张光磊、周琼、吉戎轩、周羽皓、毛玲霞
88	江西陶瓷工艺美术职业技术学院	粉古彩陶瓷装饰	朱辉球、李雄德、何琦、许倩晔、雷鑫、倪娜、吴兵、丁露
89	江西卫生职业学院	中药炮制技术	刘素兰、赖国文、彭林、李泽华、邓晓霞、胡越、董洁、颜干明
90	金华职业技术学院	跨境电子商务基础	徐腾飞、张函、高洁、严梦甜、金川涵、徐安琪、葛睿、沈捷
91	金华职业技术学院	急危重症护理	胡爱招、陈岚、李春燕、潘超君、于倩、周静倩、
92	金华职业技术学院	药学服务实务	陈菲、王建美、麻佳蕾、何海华
93	昆明卫生职业学院	药理学	唐当柱、郭凤娇、韩云波、李云飞、李玉晶、王恩权、龙雨霏、苏敏
94	昆明冶金高等专科学校	数字测图	吕翠华、黎剑、陈占、万保峰、王敏、杨永平、孙锐、金月茗
95	兰州石化职业技术学院	化工分析方法选择与方案设计	郑晓明、于娇娇、代学玉、柳樱华、刘良、甘黎明、吴继强、高兰玲
96	兰州资源环境职业技术学院	冶金技术史	马琼、杨健壮、侯伟、李万利、魏致慧、冉曙、王小康、韩玉霞
97	丽水职业技术学院	插花技艺	邱东萍、张建新、林丹、吴地花、章小燕、丁鸿、余海珍、蔡佩珍
98	辽宁机电职业技术学院	生产线自动化技术实训	于晓云、许连阁、郭海林、白杨、张颖、蔡月、高山、姜伟
99	辽宁省交通高等专科学校	桥梁工程试验与检测	顾威、张永丹、于可鑫、霍君华、金春福、于忠涛、朱芳芳、车媛
100	辽宁铁道职业技术学院	土力学与地基基础	李辉、张佳、孙桂岩、姜雄基、任龙、王文野、李秀换、刘玉欣
101	柳州铁道职业技术学院	列车运行自动控制系统维护	陶汉卿、黄斌、黄莺、吴昕慧、张娟娟、张欣、杨璐、班华明
102	南京工业职业技术大学	家具创意设计	朱云峰、杨华、鄢炜丹、葛小凡、赵靖、汤琳
103	南京工业职业技术大学	机械设计与创新	张长英、徐坚、刘思峰、龚晓群、张云玲、李勤涛、丁士清、黄庆军
104	南京信息职业技术学院	仪器仪表标准操作	曹庆珠、王蕾、顾艳华、王北戎、张文姗、张方园、蒋洪晖
105	南京中华中等专业学校	古诗词欣赏	陈莉、程云、卢晨晨、徐珊珊、王学柱、陆秋玉、李卫卫、闫妍
106	南宁职业技术学院	居住空间设计	黄春波、黎卫、蔡春艳、蒙良柱、翁素馨、杨佳佳、黄玉霜、黄晓明

5.“十三五”国家规划教材(3 部)

中华人民共和国教育部
Ministry of Education of the People's Republic of China

信息名称：教育部办公厅关于公布“十三五”职业教育国家规划教材书目的通知
信息索引：360A07-08-2020-0022-1　生成日期：2020-12-14　发文机构：教育部办公厅
发文字号：教职成厅函〔2020〕20号　信息类别：职业教育与成人教育
内容概述：教育部办公厅公布“十三五”职业教育国家规划教材书目。

教育部办公厅关于公布“十三五”
职业教育国家规划教材书目的通知

教职成厅函〔2020〕20号

各省、自治区、直辖市教育厅（教委），新疆生产建设兵团教育局，有关单位：

为落实党中央、国务院关于教材建设的决策部署和《国家职业教育改革实施方案》有关要求，根据“十三五”职业教育国家规划教材建设工作安排，经有关单位申报、形式审查、专家评审、面向社会公示等程序，共3973种教材入选“十三五”职业教育国家规划教材（以下简称“十三五”国规教材），现予以公布（见附件1），并就有关事项通知如下：

一、严格教材选用。各省级教育行政部门要严格落实《职业院校教材管理办法》，加强对本地区职业院校教材选用工作的管理；各职业院校须按有关规定，完善教材选用制度，规范教材选用流程，优先选用“十三五”国规教材书目中的教材，确保优质教材进课堂，杜绝不合格教材流入学校。

二、规范标识使用。有关出版单位须按照要求规范使用“十三五”国规教材专用标识（见附件2），严禁未入选的教材擅自使用国规教材专用标识，或使用可能误导教材选用的相似标识及表述，如使用造型、颜色高度相似的标识，标注主体或范围不明确的“规划教材”“示范教材”等字样，或擅自标注“全国”“国家”等字样。

三、及时修订更新。各教材编写单位、主编和出版单位要注重吸收产业升级和行业发展的新知识、新技术、新工艺、新方法，对入选的“十三五”国规教材内容进行每年动态更新完善，并不断丰富相应数字化教学资源，提供优质服务。

四、巩固建设成效。各教材编写单位、主编和出版单位应本着精益求精的原则高度重视教材质量提升，充分发挥教材铸魂育人作用。“十三五”国规教材使用两年后，将按程序参加复核，综合内容更新、使用评价等情况，达到要求的将按照有关规定转入“十四五”国规教材书目。同时，有关教材管理部门将建立入选教材质量抽查、发行使用核查等长效工作机制，保证“十三五”国规教材建设成果。

附件：1.“十三五”职业教育国家规划教材书目

2.“十三五”职业教育国家规划教材标识及使用要求

329	高职	资源环境与安全大类	GNSS定位测量（第三版）	周建郑	黄河水利职业技术学院	测绘出版社
330	高职	资源环境与安全大类	空间数据库技术应用	马娟	昆明冶金高等专科学校	测绘出版社
331	高职	资源环境与安全大类	水污染控制技术	李敏	天津工业职业学院	冶金工业出版社有限公司
544	高职	土木建筑大类	建筑施工技术	李辉	四川建筑职业技术学院	重庆大学出版社有限公司
545	高职	土木建筑大类	钢结构基础	杜绍堂	昆明冶金高等专科学校	重庆大学出版社有限公司
546	高职	土木建筑大类	新平法识图与钢筋计算（第二版）	肖明和	济南工程职业技术学院	人民交通出版社股份有限公司
594	高职	土木建筑大类	建筑力学（第三版）	刘明晖	浙江建设职业技术学院	北京大学出版社有限公司
595	高职	土木建筑大类	钢结构工程施工（第四版）	杜绍堂	昆明冶金高等专科学校	高等教育出版社有限公司
596	高职	土木建筑大类	地基与基础	赵邵华	湖南城建职业技术学院	中南大学出版社有限责任公司

6. 教育部创新发展行动计划项目认定(5 项)

教育部关于公布《高等职业教育创新发展行动计划（2015—2018 年）》项目认定结果的通知

教职成函〔2019〕10 号

各省、自治区、直辖市教育厅（教委），新疆生产建设兵团教育局：

根据《教育部办公厅关于开展〈高等职业教育创新发展行动计划（2015—2018 年）〉项目认定的通知》（教职成厅函〔2019〕8 号），经各地和有关行业职业教育教学指导委员会推荐及公示，现将认定的骨干专业、生产性实训基地、优质专科高等职业院校、“双师型”教师培养培训基地、虚拟仿真实训中心、协同创新中心、技能大师工作室等项目名单予以公布。

附件：《高等职业教育创新发展行动计划（2015—2018 年）》项目认定名单（排序不分先后）

教育部

2019 年 7 月 1 日

2627	昆明冶金高等专科学校	建筑材料工程技术
2628	昆明冶金高等专科学校	有色冶金技术
2629	昆明冶金高等专科学校	环境工程技术
2630	昆明冶金高等专科学校	建筑工程技术
2631	昆明冶金高等专科学校	测绘工程技术
2632	昆明冶金高等专科学校	电气自动化技术
2633	昆明冶金高等专科学校	测绘地理信息技术

1020	昆明冶金高等专科学校	电气自动化（西门子、罗克韦尔）生产性实训基地
1021	昆明冶金高等专科学校	宝玉石类专业（乾兴翠）生产性实训基地
1022	昆明冶金高等专科学校	测绘地理信息生产性实训基地

7. 国家级职业教育教师教学创新团队重点课题(1 项)

教 育 部 办 公 厅

教师厅函〔2021〕29 号

教育部办公厅关于公布第二批国家级职业教育教师教学创新团队课题研究项目的通知

各省、自治区、直辖市教育厅（教委），各计划单列市教育局，新疆生产建设兵团教育局，有关单位：

为深入贯彻习近平总书记关于职业教育的重要指示批示和全国职业教育大会精神，落实《关于推动现代职业教育高质量发展的意见》《国家职业教育改革实施方案》，根据《全国职业院校教师教学创新团队建设方案》，我部组织开展了第二批国家级职业教育教师教学创新团队课题研究项目遴选工作。经有关单位自主申报、专家小组初评、组长会议审核和网上公示，确定课题立项单位，现将结果予以公布，并就有关要求明确如下：

一、要认清课题研究的重要意义。设立国家级职业教育教师教学创新团队课题，是团队建设的重要内容和手段，是创新探索项目教学、情境教学、模块化教学模式的重要举措。要以课题研究为载体，搭建协作共同体建设平台，根据团队建设的重点任务、核心内容、预期成果等，确定重点课题、子课题、一般课题等多种课题形式，在全面建设的基础上各有侧重，形成一系列完整的可复制、可应用、可推广的研究成果，推动教师、教材、教法“三

专业领域	评审编号	申报单位	课题名称	课题类别	负责人
高端装备(三)	YB2021020302	内蒙古机电职业技术学院	“平台共建、模块重构、项目贯穿”的“双元育人”模式探索与实践研究	一般课题方向 2	刘玲
	YB2021020304	陕西国防工业职业技术学院	机电一体化技术专业群“双师型” 创新团队教师企业实践机制研究	一般课题方向 4	孟繁增
高端装备(四)	ZH2021020401	南京工业职业技术大学	新时代职业院校机械电子工程技术专业领域团队教师教育教学改革创新与实践	主课题	王晓勇
	ZI2021020402	湖南工业职业技术学院	智能制造装备技术专业人才培养方案的制订与实施研究	子课题方向 2	李强
	ZI2021020403	浙江机电职业技术学院	与职业标准相衔接的高端装备类专业课程体系 构建与实践——以智能制造装备技术专业为例	子课题方向 3	高永祥
	ZI2021020404	太原铁路机械学校	机电技术应用专业群团队协作构建模块化教学模式和方法的研究	子课题方向 4	李红
	ZI2021020405	浙江信息工程学校	职业教育适应性视角下中职机电专业课程体系与新形态教材的研究实践	子课题方向 5	姚志恩
	ZI2021020406	江苏工程职业技术学院	新能源装备技术专业创新团队教学质量评价体系	子课题方向 6	朱海荣
	YB2021020401	上海石化工业学校	机电技术应用专业课程思政改革方法与路径研究——以《机电设备系统安装与调试》为例	一般课题方向 1	黄汉军
	YB2021020402	无锡机电高等职业技术学校	基于产教融合的机电技术应用专业群校企“双元育人”模式探索与实践研究	一般课题方向 2	徐岳清
航空航天和海洋装备(一)	ZH2021030101	昆明冶金高等专科学校	新时代职业院校无人机应用技术专业领域团队教师教育教学改革创新与实践	主课题	张东明
	ZI2021030102	天津现代职业技术学院	无人机应用技术专业（群）基于现代学徒制的人才培养方案设计与实践研究	子课题方向 2	岳鹍
	ZI2021030103	广州民航职业技术学院	对接飞机维修国际职业标准的飞机机电设备维修专业课程体系构建与实践研究	子课题方向 3	田巨
	ZI2021030105	重庆航天职业技术学院	无人机应用技术专业群新形态教材开发	子课题方向 5	刘昭琴
	YB2021030102	重庆航天职业技术学院	无人机应用技术专业群“双元育人”模式探索与实践研究	一般课题方向 2	吴道明

—12—

8. 中国科教评价网专业排名(2020～2022)

(1)测绘工程技术专业

2020～2022 年均排名全国第一,等级为五星。测绘工程技术专业排名,如图 5-7 所示。

金平果2020测绘工程技术高职专业排行榜

金平果排行榜　评价要看专业的！！！

排名	高校名称	等级	学校数
1	昆明冶金高等专科学校	5★	20
2	黄河水利职业技术学院	4★	20
3	云南交通职业技术学院	4★	20
4	河南测绘职业学院	4★	20
5	安徽水利水电职业技术学院	3★	20
6	甘肃建筑职业技术学院	3★	20
7	玉溪农业职业技术学院	3★	20
8	辽宁生态工程职业学院	3★	20
9	石家庄铁路职业技术学院	3★	20
10	烟台黄金职业学院	3★	20

金平果2021测绘工程技术高职专业排行榜

金平果排行榜　评价要看专业的！！！

排名	高校名称	等级	学校数
1	昆明冶金高等专科学校	5★	23
2	黄河水利职业技术学院	4★	23
3	云南交通职业技术学院	4★	23
4	河南测绘职业学院	4★	23
5	甘肃建筑职业技术学院	3★	23
6	辽宁生态工程职业学院	3★	23
7	石家庄铁路职业技术学院	3★	23
8	安徽水利水电职业技术学院	3★	23
9	烟台黄金职业学院	3★	23
10	玉溪农业职业技术学院	3★	23
11	云南国土资源职业学院	3★	23

金平果2022测绘工程技术高职专业排行榜

金平果排行榜　评价要看专业的！！！

排名	高校名称	等级	学校数
1	昆明冶金高等专科学校	5★	23
2	黄河水利职业技术学院	4★	23
3	河南测绘职业学院	4★	23
4	云南交通职业技术学院	4★	23
5	甘肃建筑职业技术学院	3★	23
6	辽宁生态工程职业学院	3★	23
7	武汉铁路职业技术学院	3★	23
8	石家庄铁路职业技术学院	3★	23
9	湖南安全技术职业学院	3★	23
10	烟台黄金职业学院	3★	23
11	湖南水利水电职业技术学院	3★	23

图 5-7　测绘工程技术专业排名

(2)测绘地理信息技术专业

2020～2022 年排名分别为全国第三、二、三，等级分别为四星、五星、四星。测绘地理技术专业排名，如图 5-8 所示。

金平果2020测绘地理信息技术高职专业排行榜

金平果排行榜　评价要看专业的！！！

排名	高校名称	等级	学校数
1	黄河水利职业技术学院	5★	52
2	广东工贸职业技术学院	5★	52
3	昆明冶金高等专科学校	4★	52
4	河南测绘职业学院	4★	52
5	四川建筑职业技术学院	4★	52
6	扬州市职业大学	4★	52
7	重庆工程职业技术学院	4★	52
8	辽宁省交通高等专科学校	4★	52
9	长江工程职业技术学院	4★	52
10	兰州资源环境职业技术学院	4★	52
11	湖南工程职业技术学院	3★	52
12	甘肃建筑职业技术学院	3★	52
13	江苏城乡建设职业学院	3★	52
14	云南国土资源职业学院	3★	52
15	辽宁理工职业学院	3★	52
16	甘肃林业职业技术学院	3★	52
17	昆明工业职业技术学院	3★	52
18	石家庄铁路职业技术学院	3★	52
19	四川水利职业技术学院	3★	52
20	福建水利电力职业技术学院	3★	52

金平果2021测绘地理信息技术高职专业排行榜

金平果排行榜　评价要看专业的！！！

排名	高校名称	等级	学校数
1	黄河水利职业技术学院	5★	52
2	昆明冶金高等专科学校	5★	52
3	广东工贸职业技术学院	4★	52
4	河南测绘职业学院	4★	52
5	四川建筑职业技术学院	4★	52
6	扬州市职业大学	4★	52
7	江苏城乡建设职业学院	4★	52
8	重庆工程职业技术学院	4★	52
9	辽宁省交通高等专科学校	4★	52
10	兰州资源环境职业技术学院	4★	52
11	甘肃建筑职业技术学院	3★	52
12	江西信息应用职业技术学院	3★	52
13	湖南工程职业技术学院	3★	52
14	云南国土资源职业学院	3★	52
15	长江工程职业技术学院	3★	52
16	石家庄铁路职业技术学院	3★	52
17	湖北国土资源职业学院	3★	52
18	四川水利职业技术学院	3★	52
19	定西师范高等专科学校	3★	52
20	昆明工业职业技术学院	3★	52

金平果2022测绘地理信息技术高职专业排行榜

金平果排行榜　评价要看专业的！！！

排名	高校名称	等级	学校数
1	黄河水利职业技术学院	5★	52
2	广东工贸职业技术学院	5★	52
3	昆明冶金高等专科学校	4★	52
4	重庆工程职业技术学院	4★	52
5	四川建筑职业技术学院	4★	52
6	河南测绘职业学院	4★	52
7	扬州市职业大学	4★	52
8	江苏城乡建设职业学院	4★	52
9	石家庄铁路职业技术学院	4★	52
10	辽宁省交通高等专科学校	4★	52
11	甘肃建筑职业技术学院	3★	52
12	湖南工程职业技术学院	3★	52
13	山西水利职业技术学院	3★	52
14	湖北国土资源职业学院	3★	52
15	云南国土资源职业学院	3★	52
16	江西信息应用职业技术学院	3★	52
17	福建船政交通职业学院	3★	52
18	长江工程职业技术学院	3★	52
19	四川水利职业技术学院	3★	52
20	江西水利职业学院	3★	52
21	内蒙古建筑职业技术学院	3★	52
22	民办合肥财经职业学院	3★	52

图 5-8　测绘地理信息技术专业排名

（3）建筑材料工程技术专业

2020～2022 年排名均为全国第四，等级为四星。建筑材料工程技术专业排名，如图 5-9 所示。

金平果2020建筑材料工程技术高职专业排行榜

金平果排行榜　评价要看专业的！！！

排名	高校名称	等级	学校数
1	黑龙江建筑职业技术学院	5★	16
2	绵阳职业技术学院	4★	16
3	河北建材职业技术学院	4★	16
4	昆明冶金高等专科学校	4★	16
5	清远职业技术学院	3★	16
6	常州工程职业技术学院	3★	16
7	湖南城建职业技术学院	3★	16
8	山西职业技术学院	3★	16

金平果2021建筑材料工程技术高职专业排行榜

金平果排行榜　评价要看专业的！！！

排名	高校名称	等级	学校数
1	黑龙江建筑职业技术学院	5★	16
2	绵阳职业技术学院	5★	16
3	常州工程职业技术学院	4★	16
4	昆明冶金高等专科学校	4★	16
5	清远职业技术学院	3★	16
6	河北建材职业技术学院	3★	16
7	山西职业技术学院	3★	16
8	石家庄铁路职业技术学院	3★	16

金平果2022建筑材料工程技术高职专业排行榜

金平果排行榜　评价要看专业的！！！

排名	高校名称	等级	学校数
1	绵阳职业技术学院	5★	15
2	黑龙江建筑职业技术学院	4★	15
3	常州工程职业技术学院	4★	15
4	昆明冶金高等专科学校	4★	15
5	清远职业技术学院	3★	15
6	石家庄铁路职业技术学院	3★	15
7	河北建材职业技术学院	3★	15
8	湖南城建职业技术学院	3★	15

图 5-9　建筑材料工程技术专业排名

(4)建筑工程技术专业

2020~2021年未进入全国排名前列,2022年位列全国29名,等级为四星。建筑工程技术专业排名如图5-10所示。

金平果2022建筑工程技术高职专业排行榜

金平果排行榜 评价要看专业的!!!

排名	高校名称	等级	学校数
1	四川建筑职业技术学院	5★	565
2	日照职业技术学院	5★	565
3	广西建设职业技术学院	5★	565
4	黄河水利职业技术学院	5★	565
5	湖南城建职业技术学院	5★	565
6	江苏建筑职业技术学院	5★	565
7	浙江建设职业技术学院	5★	565
8	南通职业大学	5★	565
9	黑龙江建筑职业技术学院	5★	565
10	陕西铁路工程职业技术学院	5★	565
11	河南建筑职业技术学院	5★	565
12	内蒙古建筑职业技术学院	5★	565
13	绍兴职业技术学院	5★	565
14	广州城建职业学院	5★	565
15	安庆职业技术学院	5★	565
16	重庆工业职业技术学院	5★	565
17	广东建设职业技术学院	5★	565
18	重庆工程职业技术学院	5★	565
19	黎明职业大学	5★	565
20	湖北城市建设职业技术学院	5★	565
21	浙江同济科技职业学院	5★	565
22	威海职业学院	5★	565
23	济南工程职业技术学院	5★	565
24	扬州工业职业技术学院	5★	565
25	江苏城乡建设职业学院	5★	565
26	浙江工业职业技术学院	5★	565
27	邯郸职业技术学院	5★	565
28	石家庄职业技术学院	5★	565
29	昆明冶金高等专科学校	4★	565
30	常州工程职业技术学院	4★	565

图5-10 建筑工程技术专业排名

2. 专业设置与区域重点产业匹配度

结合行业产业转型升级需要,利用专业群师资、实训等教学条件,增设无人机应用技术、信息安全技术应用、大数据技术与应用、人工智能技术应用、建筑智能化工程技术共五个新专业,申办测绘工程技术、建筑工程技术两个高职本科专业,专业设置与区域重点产业匹配度达100%。

(1)2019年成功申办无人机应用技术专业

普通高等学校设置备案类
高等职业教育（专科）专业申请表

学校名称（盖章）：昆明冶金高等专科学校
学校主管部门：云南省教育厅
专业名称：无人机应用技术
专业代码：560610
修业年限：3
年拟招生人数：50 人
申请时间：2019 年 10 月
专业负责人：吕翠华
联系电话：13888034593

5.教师基本情况表

序号	姓名	性别	年龄	职称	最后学历毕业学校、专业、学位	教龄	现从事专业	拟任课程	专职/兼职
1	吕翠华	女	43	教授	武汉大学、地理信息系统、硕士	22	地理信息系统	数字测图、GIS 技术应用	专职
2	万保峰	男	38	高级工程师	中国地质大学（武汉）、摄影测量与遥感、硕士	2	摄影测量与遥感	低空无人机遥感、无人机操控应用基础	专职
3	陈国平	男	39	副教授	昆明理工大学、摄影测量与遥感、博士	11	摄影测量与遥感	无人机导论与飞行法规、空气动力学与飞行原理	专职
4	杨永平	男	45	高级工程师	河海大学、测绘工程、硕士	5	测绘工程	测绘基础、GNSS 技术应用	专职
5	马鹏	女	41	副教授	昆明理工大学、地理信息系统、硕士	15	地理信息系统	三维激光扫描技术应用、空间数据库技术应用	专职
6	张晓伦	男	32	讲师	昆明理工大学、摄影测量与遥感、硕士	5	摄影测量与遥感	遥感技术应用、无人机航测数据处理	专职
7	李东升	男	33	讲师	昆明理工大学、地理信息系统、硕士	6	摄影测量与遥感	数字摄影测量、无人机航测数据处理	专职
8	杨万顺	男	35	讲师	昆明理工大学、测绘工程、工学硕士	6	测绘工程	GNSS 技术应用、无人机维护及保养	专职
9	葛俊洁	女	41	讲师	昆明理工大学、地籍测绘与土地管理、硕士	17	地籍调查与测量	自然资源调查、无人机行业应用	专职
10	李亚娟	女	35	讲师	西南林业大学、电子信息工程、本科	11	数字图像处理	数字图像处理等	专职
11	黄桂芳	女	55	副教授	云南师范大学、电气自动化、本科	33	电气自动化	电子电工技术	专职

6.支撑专业办学条件情况表

专业办学经费及来源	10 万元、学校经费		专业仪器设备总价值（万元）	1142 万	
专业图书资料、数字化教学资源情况	专业图书文献配备满足人才培养、专业建设、教科研等工作的需要，方便师生查询、借阅。专业类图书文献主要包括：无人机行业政策法规资料、有关无人机技术应用的技术、标准、方法、操作规范以及实务案例类图书、期刊等。 建设、配备与本专业有关的音视频素材、教学课件、数字化教学案例库、虚拟仿真软件、数字教材等专业教学资源库，种类丰富、形式多样、使用便捷、动态更新、满足教学。				
主要专业仪器设备装备情况	序号	设备名称	型号/规格	数量	购入时间
	1	南方固定翼无人机	南方天巡无人机	1	2016.11
	2	四旋翼无人机	精灵 3Pro	1	2017.10
	3	四旋翼无人机	精灵 4Pro	9	2018.12
	4	平民化摄影测量系统	Doublegrid	10	2016.11
	5	数字化摄影测量系统	武汉适普	19	2016.05
	6	无人机操控模拟系统	SM600 模拟器遥控器 5.0	31	2018.01
	7	全数字摄影测量系统	VirtuoZo 软件	110	2017.05
	8	倾斜摄影测量系统	经纬 M600 和睿铂 DG3 航摄仪	1	2018.12
	9	全站仪	南方 NTS-342R10A	36	2016.09
	10	高精度电子水准仪	天宝 DINI03	10	2016.09

(2)2019 年成功申办信息安全与管理专业

附件 1

普通高等学校设置备案类
高等职业教育（专科）专业申请表

学校名称（盖章）：
学校主管部门：
专业名称：信息安全与管理
专业代码：610211
修业年限：3
年拟招生人数：40
申请时间：2019 年 10 月 8 日
专业负责人：韩迎春
联系电话：18669038196

5.教师基本情况表

序号	姓名	性别	年龄	职称	最后学历毕业学校、专业、学位	教龄	现从事专业	拟任课程	专职/兼职
1	李乾桓	女	54	教授	[illegible] 测绘工程 学士学位	30	计算机网络技术	计算机技术概论、网络管理综合实训	专职
2	韩迎春	女	47	副教授	云南大学 通信与信息专业 研究生学历 学士学位	25	计算机软件技术	操作系统安全配置、网络安全基础	专职
3	吴焱	女		副教授	昆明理工大学 计算机及应用 学士学位	25	计算机软件技术	数据结构、Python 程序设计、嵌入式开发技术	专职
4	包爱民	女	51	高级工程师	[illegible] 硕士学位	11	计算机网络技术	数据恢复与病毒防护 计算机取证技术	专职
5	余云峰	男	42	讲师	昆明理工大学 计算机及应用 本科学历 硕士学位	19	计算机网络技术	计算机网络技术、Web 开发与安全防护、汇编语言	专职
6	袁建明	男	31	讲师	云南财经大学 计算机系统结构专业 硕士学位	4	计算机网络技术	信息安全基础、信息日志审核、安全扫描与风险评估、云计算技术	专职
7	何亚南	女	28	助教	云南财经大学 计算机应用专业 硕士学位	2	计算机网络技术	网络技术基础 数据库技术与应用	专职
8	谢晟杰	男	27	助教	云南财经大学 计算机应用技术专业 硕士学位	2	计算机网络技术	操作系统安全配置 信息安全产品配置与应用	专职
9	肖霄松	男	29	高级工程师	武汉理工大学 计算机软件与理论专业 硕士学位	5	网络安全技术	系统安全配置实训、数据备份与恢复实训	兼职

6.支撑专业办学条件情况表

专业办学经费及来源	学校配套新专业建设费 10 万 合作单位硬件设备支持		专业仪器设备总价值（万元）	600	
专业图书资料、数字化教学资源情况	学校图书馆为专业提供了丰富的图书资料和数字化资源，到 2018 年 12 月，总馆藏资源 215 万册（件），其中纸质图书 86.3 万册，电子资源 128.7 万册（件）；学院内部同时建有专业资料 200 册，10 余门专业核心课程正进行教学资源库建设。				
主要专业仪器设备装备情况	序号	设备名称	型号/规格	数量	购入时间
	1	网络安全仿真实平台	组	50	2013 年
	2	网络安全攻防平台	ISCSNX3-3000A/台	2	2017 年
	3	防火墙	TG-22104/台	10	2017 年
	4	入侵防御系统	TI-21104/台	10	2017 年
	5	Web 应用防火墙	TWA-61138/台	5	2017 年
	6	防病毒网关	TA-21104-Virus/台	1	2017 年
	7	网络行为审计系统	ACM-31304/台	1	2017 年
	8	服务器	FusionServer RH2288 V2/V3/台	8	2017 年
	9	存储服务器	2800 V3/台	1	2016 年

(3)2020 年成功申办大数据技术与应用专业

附件 1

普通高等学校设置备案类
高等职业教育（专科）专业申请表

学校名称（盖章）：昆明冶金高等专科学校
学校主管部门：云南省教育厅
专业名称：大数据技术与应用
专业代码：610215
修业年限：3
年拟招生人数：120
申请时间：2020 年 9 月 26 日
专业负责人：周绍景
联系电话：13888773512

5.教师基本情况表

序号	姓名	性别	年龄	职称	最后学历毕业学校、专业、学位	教龄	现从事专业	拟任课程	专职/兼职
1	周绍景	男	40	副教授	云南大学 计算机应用技术 工学硕士	18 年	软件技术	Web 开发技术、数据分析与开发	专职
2	邱炭林	男	42	副教授	云南大学 计算机应用技术 工学硕士	20	计算机应用技术	Python 程序设计、人工智能	专职
3	容会	男	43	教授	云南大学 软件工程硕士	19	计算机应用技术	大数据理论	专职
4	韩迎春	女	47	副教授	云南大学 通信与信息专业 研究生学历	25	计算机软件技术	大数据应用毕业设计	专职
5	余云峰	男	44	讲师	云南大学软件工程	21	软件工程	数据库技术、数据挖掘算法	专职
6	潘宏斌	男	40	副教授	云南大学软件工程	18	软件工程	Mysql 数据库技术、毕业设计	专职
7	张曙	男	52	高级实验师	云南师范大学	30	计算机科学技术	操作系统与网络运维	专职
8	黄建	男	37	助教	昆明理工大学、通信工程、学士、软件工程硕	11 年	软件技术	数据运维、数据分析	专职
9	温志峰	男	56	副教授	云南大学 计算数学理学学士	34 年	软件技术	数据分析、数据库技术	专职
10	曹晗	女	40	讲师	昆明理工大学 计算机科学技术工程硕士	16 年	软件技术	前端开发技术、数据运维	专职

6.支撑专业办学条件情况表

专业办学经费及来源	学校配套新专业建设费 10 万 合作单位硬件设备支持		专业仪器设备总价值（万元）	600	
专业图书资料、数字化教学资源情况	学校图书馆为专业提供了丰富的图书资料和数字化资源，到 2018 年 12 月，总馆藏资源 215 万册（件），其中纸质图书 86.3 万册，电子资源 128.7 万册（件）；学院内部同时建有专业资料 200 册；10 余门专业核心课程正进行教学资源库建设。				
主要专业仪器设备装备情况	序号	设备名称	型号/规格	数量	购入时间
	1	服务器	FusionServer RH2288 V2/V3/台	8	2017 年
	2	存储服务器	2800 V3/台	1	2016 年
	3	计算机	戴尔/台	120	2019 年
	4				
专业实习实训基地情况	序号	实训基地名称	合作单位	校内/外	实训项目
	1	大数据分析与运维实训基地	云南彩云大数据产业发展有限公司	校外	大数据平台运维、数据分析
	2	大数据分析与挖掘实训基地	云南云上云大数据产业发展有限公	校外	大数据平台运维、数据分析
	3	大数据开发实训基地	云南云上中智海大数据有限公司	校外	大数据平台运维、数据分析

（4）2020 年成功申办人工智能技术服务专业

附件 1

普通高等学校设置备案类

高等职业教育（专科）专业申请表

学校名称（盖章）：昆明冶金高等专科学校

学校主管部门：云南省教育厅

专业名称：人工智能技术服务

专业代码：610217

修业年限：3

年拟招生人数：120

申请时间：2020.9

专业负责人：邱发林

联系电话：13064224476

	7	人工智能算法应用实训				/20				
	8	毕业设计					/20		必修	10
岗位实训课	1	生产实习						/20	必修	9
	2	顶岗实习						/20	必修	9

标识符号说明：○不在或开课计划；/不计入周课时合计；x不计入要求学分；#考试

（三）各类课程比例

课程类型	选修类型	开设学分	（要求学分）	占总学分比例%	课时	占总课时比例%	
						理论教学	实训教学
公共基础课	必修	39	39	23.63	627	15.73	7.45
综合素质选修课	选修	8	8	4.41	93	3.32	0.00
专业基础课和专业课	必修	73	72	53.63	1443	14.57	33.98
岗位实训课	必修	18	18	13.24	540	0.00	19.96
	合计	136	136	100	2700	32.63	66.37

九、　教学基本条件

（一）师资队伍

1.任职条件

(1)队伍结构

学生数与本专业专任教师数比例不高于 25:1，双师素质教师占专业教师比一般不低于 60%，专任教师队伍要考虑职称、年龄，形成合理的梯队结构。

(2).专任教师

具有高校教师资格和本专业领域有关证书；有理想信念、有道德情操、有扎实学识、有仁爱之心；具有计算机相关专业本科及以上学历；具有扎实的计算机技术理论功底和实践能力；具有较强信息化教学能力，能够开展课程教学改革和科学研究；每 5 年累计不少于 6 个月的企业实践经历。

(3).专业带头人

原则上应具有副高及以上职称，能够较好地把握国内外人工智能行业、专业发展，能广泛联系行业企业，了解行业企业对人工智能专业人才的需求实际，教学设计、专业研究能力强，组织开展教科研工作能力强，在本区域或本领域具有一定的专业影响力。

(4).兼职教师

兼职教师主要从人工智能相关企业聘任，具备良好的思想政治素质、职业道德和工匠精神，具有扎实的人工智能专业知识和丰富的实际工作经验，具有计算机专业工程师及以上职称，能承担专业课程教学、实习实训指导和学生职业发展规划指导等教学任务。

（二）教学设施

主要包括专业教室、校内实训室、校外实训基地、支持信息化教学方面的基本要求。

1、专业教室的基本条件

固定和可移动的视听设备，便于进行多媒体教学。

2、校内实训室（基地）的基本条件

本专业拥有多媒体实训室、应用实训室、软件实训室、组装实训室、组网实训室、云计算实训室等实训室，并准备筹建商业智能实训室、智能机器人实训室、人工智能开发实训室，为专业创造了良好的校内实训环境，并为专业课开展理实一体化教学提供了可靠保障。

3、校外实训基地的基本条件

具有稳定的校外实训基地。能够开展人工智能专业相关实训活动，实训设施齐备，实训岗位、实训指导教师确定，实训管理及实施规章制度齐全。能提供计算机技术专业相关实习岗位，能涵盖当前人工智能专业的主流技术，可接纳一定规模的学生实习；能够配备相应数量的指导教师对学生实习进行指导和管理。

人工智能技术服务专业部分校外实训基地

序号	名称/合作企业	主要实训内容
1	云南人工智能展示中心	认识实习、生产实习、顶岗实习、双师教师实践、科研交流、课题研究
2	云南未来人工智能科技有限公司	认识实习、顶岗实习、毕业设计
3	云南秒启人工智能科技有限行公司	认识实习、生产实习、顶岗实习

4、学徒实习基地的基本条件

校内基地贴近专业教学、贴近课堂、贴近学生特点，仪器设备数量要保证；校外基地具有一定规模，有能力接receive学生实习，并安排工作经验丰富的专人对学生进行实习指导和管理。

（5）2020 年成功申办建筑智能化工程技术专业

附件 1

普通高等学校设置备案类

高等职业教育（专科）专业申请表

学校名称（盖章）：昆明冶金高等专科学校

学校主管部门：云南省教育厅

专业名称：建筑智能化工程技术

专业代码：540404

修业年限：3 年

年拟招生人数：50 人

申请时间：2020.8

专业负责人：李静

联系电话：14787450885

5.教师基本情况表

序号	姓名	性别	年龄	职称	最后学历毕业学校、专业、学位	教龄	现从事专业	拟任课程	专职/兼职
1	李静	女	29	讲师	昆明理工大学，供热供燃气通风空调工程，硕士	6年	建筑暖通、给排水、电气安装	智能系统安装与运行、火灾自动报警与消防联动、安防系统施工	专职
2	张敏	女	50	副教授/高工	云南工业大学，电力系统及其自动化，学士	16年	建筑电气工程	供配电技术、火灾自动报警与消防联动、安防系统施工	专职
3	王胜明	男	52	副教授	云南工业大学，工业与民用建筑，学士	33年	建筑工程	布线施工技术、施工组织管理	专职
4	杨家文	男	48	讲师	昆明理工大学大学，选矿工程，学士	29年	通信技术	电工学	专职
5	黎福莉	女	52	高工	大学本科/昆明理工大学，工业电气自动化，学士	10年	智能弱电、通信技术、控制工程	单片机与接口技术、组态应用技术、传感器技术、PLC控制技术、计算机网络技术	兼职
6	李成维	男	33	中职	河南工业大学，建筑环境与设备工程，学士	10	安装工程施工	实训、实习	兼职
7	罗卓英	女	40	副教授	昆明理工大学，工业电气自动化，学士	16年	建筑自动控制	电梯控制技术、电子组件分析与测试	兼职
8	席伟	男	52	正高工	云南工业大学，电力系统及其自动化，学士	13年	建筑智能化	电子技术、电路分析与测试	兼职
9	赵维平	女		高工	云南工学院，电力系统及其自动化，学士	10年	电力系统施工	楼宇自动化技术	兼职

6.支撑专业办学条件情况表

专业办学经费及来源	财政拨款		专业仪器设备总价值(万元)	280 万	
专业图书资料、数字化教学资源情况	学校开设有建筑设备工程技术专、计算机工程技术、信息工程技术、机电一体化技术及电缆系统自动化等专业，相关专业图书资源丰富，可满足教学等的需要。相关课程中电气自动控制技术、电子电工、PLC控制技术等已为校级精品课程，其他专业基础课及专业课都完成电子课件制作。				
主要专业仪器设备装备情况	序号	设备名称	型号/规格	数量	购入时间
	1	建筑照明系统	ST-2000	6 套	2010 年
	2	建筑供配电系统	ST-2001	6 套	2010 年
	3	建筑消防系统	ST-2002	6 套	2010 年
	4	建筑给排水系统	ST-2003	6 套	2010 年
	5	建筑安防系统	ST-2004	14 套	2014 年
	6	物业抄表系统	ST-2005	14 套	2014 年
	7	现代通讯技术系统	ST-2006	14 套	2010 年
	8	单片机及单片机实验	ST-2007	14 套	2010 年
	9	楼宇智能化工程系统	ST-2008	14 套	2010 年
专业实习实训基地情况	序号	实训基地名称	合作单位	校内/外	实训项目
	1	消防工程实训基地	钟星消防公司	校外	消防设备调试
	2	建筑消防实训室		校内	消防设备调试
	3	供配电及照明实训室	建筑设备监控	校内	监控设备调试
	4	建筑给排水		校内	建筑给排水设备安装调试
	5	建筑安装		校内	建筑照明、远程抄表、煤气、安防、供水、暖通等实训

（6）学校招生网招生专业截图

(7)测绘工程技术申办职业本科专家论证意见

昆明冶金高等专科学校专家论证意见表

项目名称	测绘工程技术专业(职业本科)设置可行性报告
专家论证意见	可行性报告分析了我国测绘地理信息产业发展新形势、我省经济社会发展、人才培养的新要求;对昆明冶金高等专科学校测绘工程技术专业办学基础、优势特色进行了说明;从人才培养定位和专业课程设置、师资队伍建设、校内实训条件建设、后续保障等方面,拟定了学校测绘工程技术专业(职业本科)建设方案。 可行性报告内容完整,各要素齐全,专业建设方案合理,符合社会发展对测绘工程技术专业(职业本科)设置的需要,具有可行性。 建议: 1. 完善人才培养、专业学科建设方面的规划(专业建设实施计划工作方案),增加保障措施、风险分析等内容; 2. 完善"五、预期成效"章节,进一步说明测绘工程技术专业(职业本科)设置对我省社会经济高质量发展的促进作用。

参加论证人员(签字)	姓名	工作单位/专业方向	职务/职称	本人签字	论证结果
	邱云峰	云南省测绘产品检测站、省测绘地理信息学会/测绘工程	站长、秘书长/正高级工程师	邱云峰	通过✓ 修改后通过 不通过 专家组负责人:(签字) 邱云峰 2022 年 3 月 18 日
	王占辉	南方测绘科技股份有限公司昆明分司、云南省测绘地理信息职业教育教学指导委员会/测绘工程	总经理、副主任/注册测绘师	王占辉	
	王彦东	云南云金地科技有限公司/测绘工程	总经理/正高级工程师	王彦东	

昆明冶金高等专科学校专家论证意见表

项目名称	测绘工程技术专业(职业本科)2023 级人才培养方案
专家论证意见	评审组认真听取了云南工业职业大学测绘工程技术专业(职业本科)2023 级人才培养方案汇报,审阅了相关文档资料,经质询和讨论,形成如下评审意见: 一、方案根据职业教育国家专业教学标准编制,格式规范、体系完整、内容齐全,符合评审要求。 二、方案经过充分调研与分析,以需求为导向,准确定位专业人才培养目标和培养规格,合理构建课程体系,有序安排教学进程,明确教学内容、教学方法、教学资源、教学条件保障等要求,加强基础、强化实践,并将产教融合、校企合作等落实到人才培养具体过程中,专业培养特色鲜明。 三、方案遵循学生认知规律、职业成长规律和职业教育规律,从整体设计教学活动,既全面贯彻落实了党的教育方针、立德树人的根本任务,又合理处理好了公共基础课程与专业课程、理论教学和实践教学、学历证书和各类职业培训证书之间的关系,体现了培养方案的科学性、规范性和适应性,可操作性强。 四、建议强化生产单位现场实习课程,增加仪器设备保护、测绘作业安全等教育。 综上所述,评审组同意方案通过评审。

参加论证人员(签字)	姓名	工作单位/专业方向	职务/职称	本人签字	论证结果
	侯至群	昆明市测绘研究院、云南省地理信息协会/测绘工程	院长、秘书长/正高级工程师	侯至群	通过✓ 修改后通过 不通过 专家组负责人:(签字) 2022 年 3 月 18 日
	刘鸿飞	云南省测绘工程院/测绘工程	总工/正高级工程师	刘鸿飞	
	夏永华	昆明理工大学城市学院/测绘工程	系主任/副教授	夏永华	
	浦绍超	中国电建集团昆明勘测设计研究院/测绘工程	信息院副总工/正高级工程师	浦绍超	
	陈秀萍	云南省测绘产品检测站/测绘工程	主任/正高级工程师	陈秀萍	

(8)建筑工程技术专业申办职业本科专家论证意见

昆明冶专《建筑工程专业设置可行性报告》专家论证意见表

日期: 2022 年 2 月 14 日

论证内容	《建筑工程专业设置可行性报告》
专家论证意见	2022 年 2 月 14 日在昆明冶金高等专科学校莲华校区行政楼六楼中会议室召开了建筑工程学院《高职本科建筑工程专业设置可行性报告》论证会。与会专家经听取汇报、质询、讨论,一致认为该报告办学方向和培养目标明确,专业设置可行。 建议按以下意见修改完善: 1. 报告应突出现有高职专科、普通本科已不能满足企业高质量发展对高层次人才的需求,亟需增加高职本科层次人才的培养。 2. 行业企业需求调研应充分挖掘补充调研数据,以充实专业设置的支撑依据。 3. 专业扩展模块应体现宽基础、强应用的职业本科办学理念。

参加论证人员(签字)	姓名	专业方向	职称	签字	论证结果
	江蔼	建筑工程	正高工	江蔼	通过✓ 修改后通过 不通过 专家组负责人:(签字) 江蔼 2022年2月14日
	罗保	建筑工程	正高工	罗保	
	杜绍堂	建筑工程	教授	杜绍堂	
	杨晓杰	建筑材料	副教授	杨晓杰	
	张育才	建筑材料	教授	张育才	
	赵逸群	建筑材料	高工	赵逸群	
	张锋	工程管理	副教授	张锋	

昆明冶专《建筑工程专业人才培养方案》专家论证意见表

日期: 2022 年 2 月 14 日

论证内容	《建筑工程专业人才培养方案》
专家论证意见	2022 年 2 月 14 日在昆明冶金高等专科学校莲华校区行政楼六楼中会议室召开了建筑工程学院《建筑工程专业(本科)人才培养方案》论证会。与会专家经听取汇报、质询、讨论,一致认为该方案专业人才培养目标定位准确,专业课程体系完善,教学进程安排合理。 建议按以下意见修改完善: 1. 对标教育部《建筑工程本科专业简介》(征求意见稿)中的培养目标、专业能力、专业课程等内容,修改完善本方案。 2. 专业拓展课程设置应体现与交叉学科的融合。 3. 优化教学方式,适度降低理论课时,增加实践教学课时。

参加论证人员(签字)	姓名	专业方向	职称	签字	论证结果
	江蔼	建筑工程	正高工	江蔼	通过:✓ 修改后通过 不通过 专家组负责人:(签字) 江蔼 2022年2月14日
	罗保	建筑工程	正高工	罗保	
	杜绍堂	建筑工程	教授	杜绍堂	
	杨晓杰	建筑材料	副教授	杨晓杰	
	张育才	建筑材料	教授	张育才	
	赵逸群	建筑材料	高工	赵逸群	
	张锋	工程管理	副教授	张锋	

3. 社会服务到款额

测绘工程技术专业群社会服务到款额累计达83.225万元。

社会服务到款额统计表

序号	项目名称	时间	到款额(万元)
1	云南水泥建材集团水泥质量控制工技能竞赛及培训	2019年11月	0.5
2	云南水泥建材集团水泥窑操工技能竞赛及培训	2020年7月	0.5
3	云南水泥建材集团水泥物理检验工技能竞赛及培训	2020年7月	0.5
4	华新水泥云南区域事业部水泥中控窑操员技能竞赛及培训	2020年11月	0.5
5	云南华新建材投资有限公司水泥中央控制室操作工(磨操)技能竞赛及培训	2021年6月	0.5
6	云南水泥建材集团2021年度水泥物理检验工技能竞赛及培训	2021年6月	0.8
7	云南水泥建材集团2021年度水泥中央控制室操作工(磨操)技能竞赛及培训	2021年6月	0.8
8	玉溪矿业有限公司大红山铜矿测量技术培训	2019年4月	10
9	2018年高职教师建筑工程施工企业实践班	2019年1月～2019年2月	10
10	2019年云南省职业院校能力素质提升计划中等职业院校工程造价专业“双师型”教师专业技能培训班	2020年7月～2020年8月	10.7
11	2019年云南省职业院校能力素质提升计划中高职院校“1+X”建筑信息模型BIM教师专业技能培训班	2020年7月	7.425
12	2020年云南省职业院校能力素质提升计划“1+X”建筑工程识图证书制度试点院校教师培训	2021年3月	12
13	2020年云南省职业院校能力素质提升计划建筑工程技术“双师型”教师专业技能培训	2021年3月～2021年4月	29

4. 支撑国家战略和区域经济社会发展的贡献度

发挥技术优势，参与中老铁路(国际)隧道风险工序变形实时监测预警系统研发，获中国水利水电第十四工程局有限公司科学技术进步一等奖。发挥教育资源优势，开展科普教育活动，服务云南发展，入选全国测绘地理信息科普教育基地，测绘科普示范项目获省级立项。校企共建省级测绘基准，服务云南测绘行业生产，获全国测绘优秀工程铜奖、云南省测绘优秀工程金奖。主持行业技术期刊《云南测绘》编辑出版工作，为云南省测绘地理信息行业提供技术交流平台。测绘工程技术专业群支撑国家战略和区域经济社会发展的贡献度显著。

(1)行业企业获奖统计

序号	项目名称	奖项等次	日期
1	“中老铁路(国际)隧道风险工序变形实时监测预警系统技术”获中国水利水电第十四工程局有限公司科学技术进步奖	一等奖	2019年6月
2	“测绘仪器计量检定校准设施建设项目”获全国优秀测绘工程奖	铜奖	2021年11月
3	“测绘仪器计量检定校准设施(设备)建设项目”获云南省优秀测绘工程奖	金奖	2021年1月
4	云南省测绘地理信息协会先进个人		2020年8月

(2)获奖证书

为表彰和奖励在中国水利水电第十四工程局科学技术进步活动中做出重要贡献的单位和个人，充分发挥广大科技工作者的积极性和创造性，促进工程局科学技术的发展，特颁此证，以资鼓励。

中国水利水电第十四工程局有限公司科学技术进步奖

获奖证书

项目名称：中老铁路（国际）隧道风险工序变形实时监测预警系统技术

获奖等级：一等奖

获奖者：昆明冶金高等专科学校

奖励年度：2019年度

发证机构：中国水利水电第十四工程局有限公司

证书号：2019-KJJB-1-04-D04

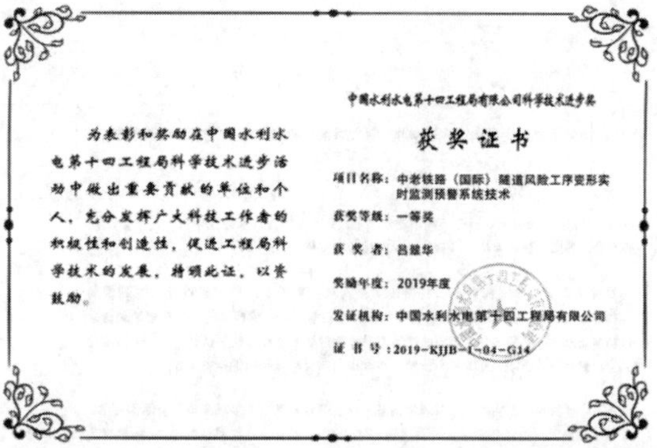

为表彰和奖励在中国水利水电第十四工程局科学技术进步活动中做出重要贡献的单位和个人，充分发挥广大科技工作者的积极性和创造性，促进工程局科学技术的发展，特颁此证，以资鼓励。

中国水利水电第十四工程局有限公司科学技术进步奖

获奖证书

项目名称：中老铁路（国际）隧道风险工序变形实时监测预警系统技术

获奖等级：一等奖

获奖者：吕翠华

奖励年度：2019年度

发证机构：中国水利水电第十四工程局有限公司

证书号：2019-KJJB-1-04-G14

全国优秀测绘工程奖

证书

为表彰全国优秀测绘工程奖获奖单位，特颁发此证书。

项目名称：测绘仪器计量检定校准设施建设项目

奖励等级：铜奖

获奖单位：云南省测绘产品检测站、昆明冶金高等专科学校、自然资源部第一大地测量队

证书号：2021-03-03-77　2021年10月

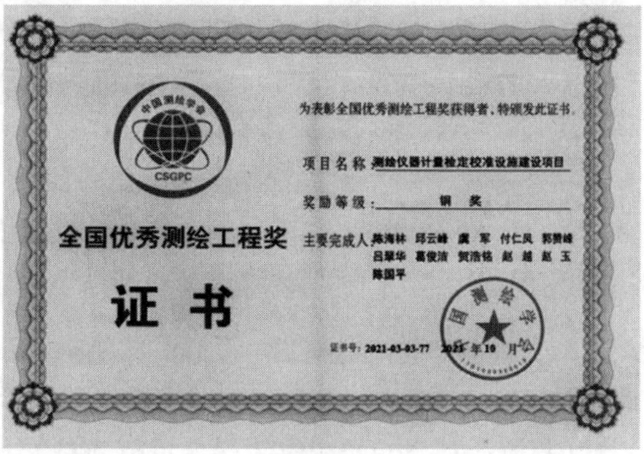

全国优秀测绘工程奖

证书

为表彰全国优秀测绘工程奖获得者，特颁发此证书。

项目名称　测绘仪器计量检定校准设施建设项目

奖励等级：铜奖

主要完成人　陈海林　邱云峰　虞军　付仁凤　郭赞峰　吕翠华　葛俊洁　贺浩铭　赵越　赵玉　陈国平

证书号：2021-03-03-77　2021年10月

云南测绘
Yunnan Surveying And Mapping

2020年度优秀测绘工程奖

证书

证书号：云工2020A-04

项目名称：测绘仪器计量检定校准设施（设备）建设项目

奖励等级：金奖

获奖单位：云南省测绘产品检测站
昆明冶金高等专科学校
自然资源部第一大地测量队

云南省测绘地理信息学会

2021年1月[illegible]日

云南测绘
Yunnan Surveying And Mapping

2020年度云南省优秀测绘工程奖

项目名称：测绘仪器计量检定校准设施（设备）建设项目

申报单位：云南省测绘产品检测站
昆明冶金高等专科学校
自然资源部第一大地测量队

完成单位：自然资源部第一大地测量队

主要完成人：陈海林　邱云峰　虞军　付仁凤　郭赞峰　吕翠华　葛俊洁　贺浩铭　赵越　赵玉　陈国平

奖励等级：金奖

证书号：云工2020A-04-06

获奖者：吕翠华

云南省测绘地理信息学会

2021年1月29日

(3)全国测绘地理信息科普教育基地命名文件

中国测绘学会关于命名 2021—2025 年全国测绘地理信息科普教育基地的通知

测学发〔2022〕15 号

各省、自治区、直辖市、计划单列市测绘（地理信息）学会，本会各分会、专业（工作）委员会，各团体会员单位，各有关测绘地理信息单位：

为贯彻落实《中华人民共和国科学技术普及法》和《全民科学素质行动规划纲要（2021-2035 年）》，充分发掘和合理利用社会科普资源，积极推动我国测绘地理信息科普事业发展，根据《全国测绘地理信息科普教育基地管理办法（试行）》，中国测绘学会组织开展了 2021-2025 年全国测绘地理信息科普教育基地的认定工作。

在各省、自治区、直辖市测绘（地理信息）学会推荐基础上，中国测绘学会组织评审，专家实地抽查，公示等程序，中国测绘学会决定命名中国测绘科技馆等 39 家单位为 2021-2025 年全国测绘地理信息科普教育基地。

各推荐单位应加强对全国测绘地理信息科普教育基地日常工作的指导，充分发挥全国测绘地理信息科普教育基地的科普宣传和教育功能。

希望获得命名的全国测绘地理信息科普教育基地不断完善科普条件和功能，注重运用信息化手段和新媒体提高科普实效，同时，要主动加强与各方特别是学校、社区等的联系，使更多的公众能走入科普教育基地接触科学体验科学，享受科普服务，激发科学兴趣，为提高全民科学素质作出积极贡献。

中国测绘学会科普处联系人：谭吉安　谢立娟
联系电话：010-63881447　010-63881407

附件：2021-2025 年全国测绘地理信息科普教育基地认定名单

2022 年 2 月 16 日
中国测绘学会

20	航天宏图信息技术股份有限公司	航天宏图信息技术股份有限公司
21	江苏之心地理信息园	高邮市自然资源和规划局
22	广东省国土资源测绘院	广东省国土资源测绘院 广东省测绘学会
23	正元地理信息科技体验馆	正元地理信息集团股份有限公司
24	郑州北斗卫星导航应用协会	郑州北斗卫星导航应用协会
25	重庆市测绘地理信息科普基地	重庆市勘测院（重庆市地图编制中心） 重庆两江协同创新区建设投资发展有限公司
26	浙江测绘与地理信息科技博物馆	浙江省测绘科学技术研究院
27	图治涟基岩标科普基地 航摄遥感技术应用科普基地	中水北方勘测设计研究有限责任公司
28	辽宁省实景三维空间信息专业技术创新中心	辽宁宏图创展测绘勘察有限公司
29	兰州资源环境职业技术学院测绘地理信息科普教育基地	兰州资源环境职业技术学院测绘与地理信息学院
30	甘肃建筑职业技术学院智能测绘科普教育基地	甘肃建筑职业技术学院测绘地理信息系
31	兰州交通大学测绘地理信息科普教育基地	兰州交通大学
32	三和数码无人机测绘技术与应用科普教育基地	三和数码测绘地理信息技术有限公司
33	平湖市新埭中心小学	平湖市新埭中心小学
34	黄河水利职业技术学院测绘地理信息科普教育基地	黄河水利职业技术学院
35	杭州师范大学遥感与地球科学研究院	杭州师范大学遥感与地球科学研究院
36	武汉大学遥感卫星地面站	武汉大学测绘遥感信息工程国家重点实验室
37	测绘科学与技术科普教育基地	昆明冶金高等专科学校
38	天津大学海洋技术科普基地	天津大学海洋科学与技术学院
39	天城大地测科普教育基地	天津城建大学

（4）测绘科学与技术省级科普示范项目

项目编号：

云南省科学技术协会
提升科技社团能力服务创新发展项目协议书
(2022年)

项目名称:	测绘科学与技术科普教育示范
项目类别:	科技社团科普示范类
项目实施学会:	云南省测绘地理信息学会
项目负责人及电话:	吕翠华，13888034593
学会联系人及电话:	张兴华，13888716118
传　　真:	
通讯地址:	昆明市安康路82号
邮政编码:	650033
电子信箱:	390816829@qq.com

云南省科学技术协会

一、项目名称：测绘科学与技术科普教育示范

二、项目资助单位（甲方）：云南省科学技术协会

三、项目实施学会（乙方）：云南省测绘地理信息学会

四、项目实施方案	
项目目的	开展测绘科学与技术科普教育示范，落实《全民科学素质行动规划纲要（2021－2035年）》，探索科技资源科普化、科普信息化提升、科普基础设施、基层科普能力提升的实践方法和途径，促进云南省科普联动大格局的形成，推动测绘地理信息行业发展、测绘学科建设和专业教育，实现科普教育资源共建共享。
项目组织实施条件	该项目由昆明冶金高等专科学校主要承担，相关专业委员会和会员单位给予协助。昆明冶金高等专科学校测绘工程技术专业群是中国特色高水平院校高水平专业群，专业办学引领全国测绘地理信息职业教育。拥有全国测绘地理信息科普教育基地、国家生产性实训基地和国家级教学创新团队，前期已开展多期科普活动，科普经验丰富。学校仪器、设备、场地、师资和学生志愿者可以为该项目的开展提供保障。项目资金由省级财政预算支持，日常科普活动和设施维护费用从昆明冶金高等专科学校测绘学院经费支出，云南省测绘学会和测绘企业支持并赞助专题科普活动。
项目主要内容及绩效目标	1. 建立测绘科普教育微信公众号。推送科普小常识、科普体验、科普动态、科普展示、科普参观预约、科普文章等相关内容，建立大众易于接受和方便学习的网上科普教育形式，提高科普成效。 2. 依托学校现有科普教育基地开展线下专题科普活动3次、技术培训和体验2次、日常科普服务3次，受众面达1000人次。开展线上科普知识推送服务20次。 3. 开发一批优质共享的测绘科普教育资源，包括科普小动画、科普专题视频、科普推文等。科普资源通过网络平台推广、共享，扩大科普资源受众面。 4. 科普教育活动模式在相关学会交流推广。针对不同科普对象，优化科普内容，线上线下结合，创新科普教育模式，在相关行业学会、协会（研究会）交流1次。

（5）《云南测绘》编辑出版

云南省测绘地理信息学会

测绘编辑专业委员会

（挂靠单位：昆明冶金高等专科学校）

主任委员：	赵文亮	13987109048
副主任会员：	吕翠华	13888034593
	解智强	13033375530
委　　员：	包　堃	13888110236
	申　辽	13577186225
	熊登亮	13888013692
	许泉立	13888087220
	陈裕汉	13388801689
	刘　康	13888965651
	杨永平	13888865160

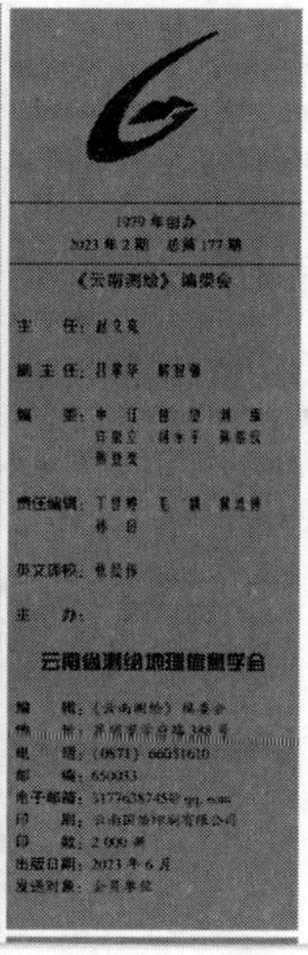

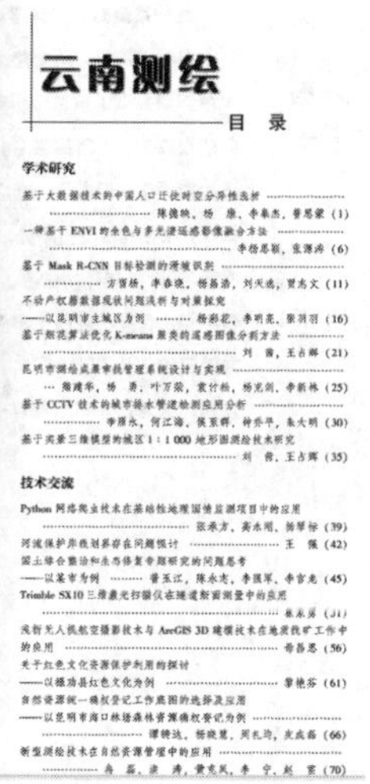

（6）成果应用证明

①科技成果转化应用（2项）

专利应用证明

由昆明冶金高等专科学校万保峰、陈国平和云南航测科技有限公司技术人员桓源芬、王文媛、韩金萍等共同研制开发的"一种可采集土质样品的勘测无人机"于2019年7月获得专利授权。该项专利可以快速采集土质样品，服务于云南省"占补平衡"、"增减挂钩"等项目的土地质量评估，大大地提高了土壤样品的采集效率，目前已经广泛应用于相关项目，特别是为本公司创造出丰富的价值，特此证明！

云南航测科技有限公司

2022年5月19日

效　益　证　明

由昆明冶金高等专科学校万保峰和云南航测科技有限公司技术人员杨泽华、董广亮、许红等共同研制开发的信号强度高的勘测无人机于2019年11月获得专利授权。由于云南地处云贵高原，山高谷深，地形起伏大，造成无人机地面监控无法接收到无人机的实时信号，经常会造成无人机坠毁，导致无人机测绘对测区要求较高，经过双方努力攻关，多次试验，终于研制出信号强度高的勘测无人机，将无人机航飞范围由原来的50公里扩大到300公里，大大提高了无人机飞行时间和飞行航程，为艰苦危险偏远山区等地的无人机测绘工作创造了可能，3年来，该项技术为公司创造收入500余万元，同时该技术已应用到其它无人机测绘公司，为无人机测绘系统在云南省的普及做出了该有的贡献，特此证明！

云南航测科技有限公司

2022年5月4日

②教学标准推广应用（3所院校）

应用证明

昆明冶金高等专科学校是国家高水平高职院校建设单位，测绘类专业办学基础好，历史悠久，在国内省内声誉高、社会认可度高、人才培养质量高。自2019年测绘工程技术专业群入选国家高水平专业群建设以来，不断加强专业建设，规范专业教学文件，在国家教学标准的指导下，形成了一套完整的课程标准、实习实训标准、考核评价标准，除在其本校使用外，还积极将标准推广到兄弟院校，共享成果。我校自2021年开始借鉴、学习昆明冶金高等专科学校测绘类专业教学标准，目前已应用1年多，根据教研室主任、授课教师、学生等多方面反馈的情况，体系化的教学标准不但规范了教学，而且对于专业发展、人才培养等均具有一定的推动作用。

江西应用技术职业学院测绘地理信息学院

2021年12月[illegible]日

应用证明

昆明冶金高等专科学校测绘类专业办学规范、特色鲜明，一直引领国内同类高职院校测绘类专业办学，在教学中形成了一套完整的课程标准、实习实训标准、考核评价标准。自2020年开始，我院通过借鉴、学习，并将整套教学标准引入到测绘类专业办学中，进一步规范了专业教学，促进了专业发展。

特此证明！

云南国土资源职业学院国土空间信息学院

202[illegible]29日

应用证明

昆明冶金高等专科学校是国家“双高”建设单位，测绘工程技术专业群是高水平建设专业群，测绘类专业办学时间长、质量高，在全国高职高专院校中排名靠前。

近年来，我校与昆明冶金高等专科学校沟通交流不断增多，在人才培养、专业建设、课程建设、实习实训条件建设等方面相互学习，相互借鉴。昆明冶金高等专科学校测绘类专业在长期的积淀中形成了一套完整的课程标准、实习实训标准、考核评价标准，我校结合自身特点将其借鉴到专业建设、课程建设中，最终用于人才培养，成效显著。

特此证明！

玉溪农业职业技术学院建筑与环境艺术工程学院

2021年12月27日

（二）可持续影响指标

1. 国际合作交流或开展项目(2 个)

与白俄罗斯国立农科院合作办学，招收测绘工程技术专业国际班，实施“3 +2 +1”专、本、硕贯通培养。与肯尼亚梅鲁国家理工学院合作共建肯尼亚建筑工程技术专业鲁班工坊、中肯建筑工程学院。

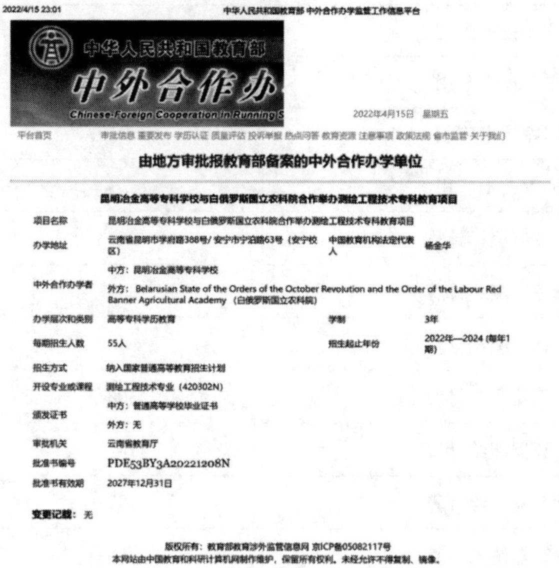

2022/4/15 23:01　　中华人民共和国教育部 中外合作办学监管工作信息平台

中华人民共和国教育部 中外合作办

Chinese-Foreign Cooperation in Running S

2022年4月15日　星期五

平台首页　审批信息 重要发布 学历认证 质量评估 投诉举报 热点问答 教育资源 注意事项 政策法规 省市监管 关于我们

由地方审批报教育部备案的中外合作办学单位

昆明冶金高等专科学校与白俄罗斯国立农科院合作举办测绘工程技术专科教育项目

项目名称	昆明冶金高等专科学校与白俄罗斯国立农科院合作举办测绘工程技术专科教育项目		
办学地址	云南省昆明市学府路388号/安宁市宁泊路63号（安宁校区）	中国教育机构法定代表人	杨金华
中外合作办学者	中方：昆明冶金高等专科学校 外方：Belarusian State of the Orders of the October Revolution and the Order of the Labour Red Banner Agricultural Academy（白俄罗斯国立农科院）		
办学层次和类别	高等专科学历教育	学制	3年
每期招生人数	55人	招生起止年份	2022年—2024 (每年1期)
招生方式	纳入国家普通高等教育招生计划		
开设专业或课程	测绘工程技术专业（420302N）		
颁发证书	中方：普通高等学校毕业证书 外方：无		
审批机关	云南省教育厅		
批准书编号	PDE53BY3A20221208N		
批准书有效期	2027年12月31日		

变更记载：无

版权所有：教育部教育涉外监管信息网 京ICP备05082117号
本网站由中国教育和科研计算机网制作维护，保留所有权利。未经允许不得复制、镜像。

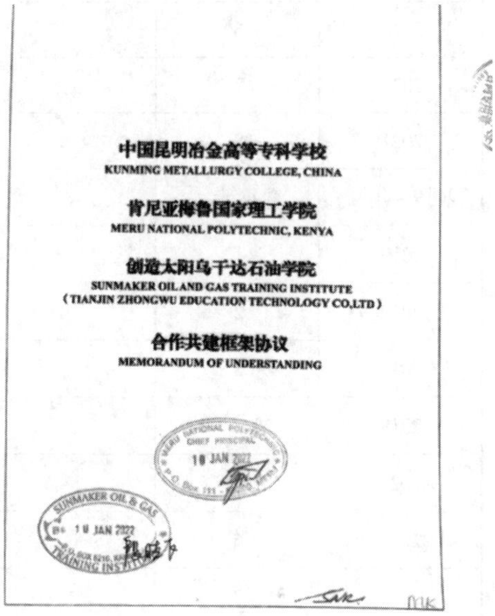

中国昆明冶金高等专科学校
KUNMING METALLURGY COLLEGE, CHINA

肯尼亚梅鲁国家理工学院
MERU NATIONAL POLYTECHNIC, KENYA

创造太阳乌干达石油学院
SUNMAKER OIL AND GAS TRAINING INSTITUTE
（TIANJIN ZHONGWU EDUCATION TECHNOLOGY CO,LTD）

合作共建框架协议
MEMORANDUM OF UNDERSTANDING

2. 专业群教学资源为企业和社会培训使用(18037 人次)

2019 ~ 2021 年，数字测图、空间数据库技术应用、可编程计算器测绘计算在线开放课程学习人次共计 18037 人次。

(1)在线开放课程学习人次统计

开课时间	开课次数	课程	学习人次
2019	1	数字测图	702
2019	2	数字测图	1 130
2019	3	数字测图	729
2019	4	数字测图	1 245
2020	5	数字测图	1 725
2020	6	数字测图	586
2021	7	数字测图	685
2021	8	数字测图	1 398
2019 ~ 2021	小计	数字测图	8 200
2019	1	空间数据库技术应用	882

开课时间	开课次数	课程	学习人次
2019	2	空间数据库技术应用	1 121
2019	3	空间数据库技术应用	1 074
2019	4	空间数据库技术应用	872
2020	5	空间数据库技术应用	1 018
2020	6	空间数据库技术应用	842
2021	7	空间数据库技术应用	1 382
2021	8	空间数据库技术应用	1 049
2019～2021	小计	空间数据库技术应用	8 240
2019	1	可编程计算器测绘计算	266
2019	2	可编程计算器测绘计算	383
2019	3	可编程计算器测绘计算	93
2019	4	可编程计算器测绘计算	398
2020	5	可编程计算器测绘计算	185
2021	6	可编程计算器测绘计算	189
2021	7	可编程计算器测绘计算	83
2019～2021	小计	可编程计算器测绘计算	1 597
2019～2021		合计	18 037
2022	9	数字测图	6 228
2022	9	空间数据库技术应用	3 359
2022	8	可编程计算器测绘计算	1 729
2022		合计	11 316

（2）课程网站截图

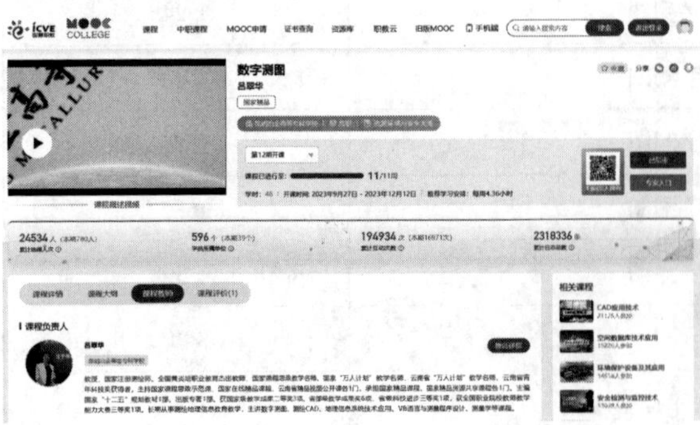

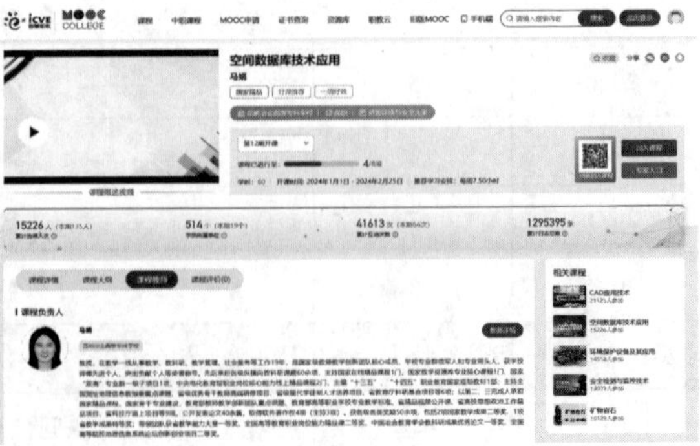

3. 与企业合作开展技术服务项目(10 项)

(1)与企业合作开展技术服务统计

序号	合作企业	主要服务内容	是否签订协议
1	玉溪矿业有限公司大红山铜矿	矿山测量技术培训、咨询服务	是
2	云南建材集团有限公司	水泥质量控制工、水泥窑操工、水泥物理检验工培训	是
3	华新水泥有限公司	水泥窑操工培训	是
4	云南航测科技有限公司	无人机倾斜摄影测量、航空摄影测量等技术咨询、服务	否
5	云南省交通投资建设集团有限公司	高速公路桥梁及隧道等重要构造物永久性观测网设置及观测	否
6	云南省盐业股份有限公司	昆明盐矿沉降观测	是
7	中铁二十二局集团有限公司三清高速公路工程指挥部	三清高速 GNSS 控制网复测	否
8	云南新坐标科技有限公司	昭通市无人机摄影测量	否
9	中国水利水电第十四工程局有限公司	隧道风险工序实时监测预警系统研发	否
10	云南宾南高速公路有限公司	高原山区高速公路长寿面路表结构与材料研究	是

(2)协议、照片及证书

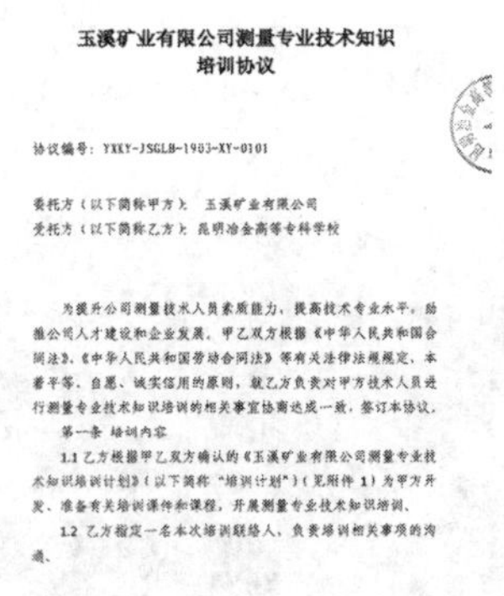

玉溪矿业有限公司测量专业技术知识
培训协议

协议编号：YXKY-JSGLB-1903-XY-0101

委托方（以下简称甲方）：玉溪矿业有限公司
受托方（以下简称乙方）：昆明冶金高等专科学校

为提升公司测量技术人员素质能力，提高技术专业水平，助推公司人才建设和企业发展，甲乙双方根据《中华人民共和国合同法》、《中华人民共和国劳动合同法》等有关法律法规规定，本着平等、自愿、诚实信用的原则，就乙方负责对甲方技术人员进行测量专业技术知识培训的相关事宜协商达成一致，签订本协议。

第一条 培训内容

1.1 乙方根据甲乙双方确认的《玉溪矿业有限公司测量专业技术知识培训计划》（以下简称"培训计划"）（见附件 1）为甲方开发、准备有关培训课件和课程，开展测量专业技术知识培训。

1.2 乙方指定一名本次培训联络人，负责培训相关事项的沟通。

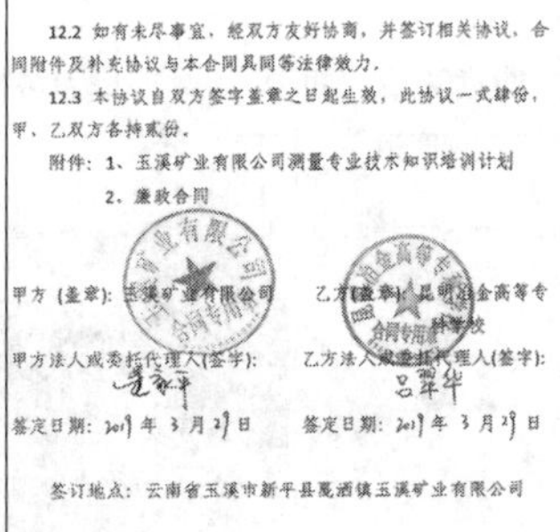

12.2 如有未尽事宜，经双方友好协商，并签订相关协议，合同附件及补充协议与本合同具同等法律效力。

12.3 本协议自双方签字盖章之日起生效，此协议一式肆份，甲、乙双方各持贰份。

附件：1、玉溪矿业有限公司测量专业技术知识培训计划

2、廉政合同

甲方（盖章）：玉溪矿业有限公司　　乙方（盖章）：昆明冶金高等专科学校

甲方法人或委托代理人(签字)：　　乙方法人或委托代理人(签字)：

签定日期：2019 年 3 月 29 日　　签定日期：2019 年 3 月 29 日

签订地点：云南省玉溪市新平县戛洒镇玉溪矿业有限公司

2019 年 4 月为玉溪矿业有限公司开展定制测量专业技术知识培训，培训人数为 30 人。

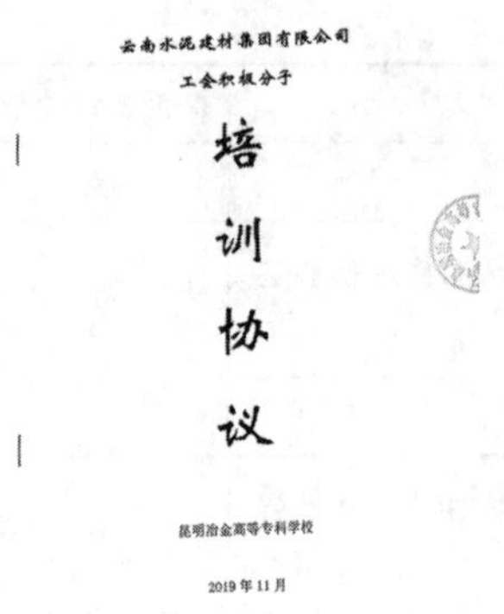

云南水泥建材集团有限公司

工会积极分子

培训协议

昆明冶金高等专科学校

2019 年 11 月

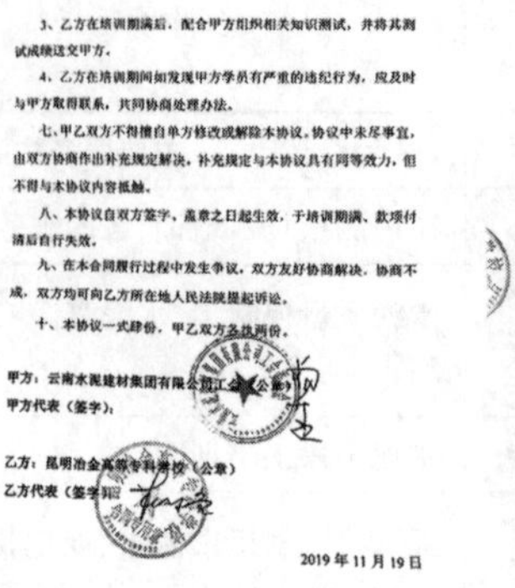

3、乙方在培训期满后，配合甲方组织相关知识测试，并将其测试成绩送交甲方。

4、乙方在培训期间如发现甲方学员有严重的违纪行为，应及时与甲方取得联系，共同协商处理办法。

七、甲乙双方不得擅自单方修改或解除本协议，协议中未尽事宜，由双方协商作出补充规定解决，补充规定与本协议具有同等效力，但不得与本协议内容抵触。

八、本协议自双方签字、盖章之日起生效，于培训期满、款项付清后自行失效。

九、在本合同履行过程中发生争议，双方友好协商解决，协商不成，双方均可向乙方所在地人民法院提起诉讼。

十、本协议一式肆份，甲乙双方各执两份。

甲方：云南水泥建材集团有限公司工会（公章）

甲方代表（签字）：

乙方：昆明冶金高等专科学校（公章）

乙方代表（签字）：

2019 年 11 月 19 日

2019 年 11 月为云南建材水泥集团有限开展定制企业技能竞赛培训项目一项为水泥质量控制工，人数为 29 人。

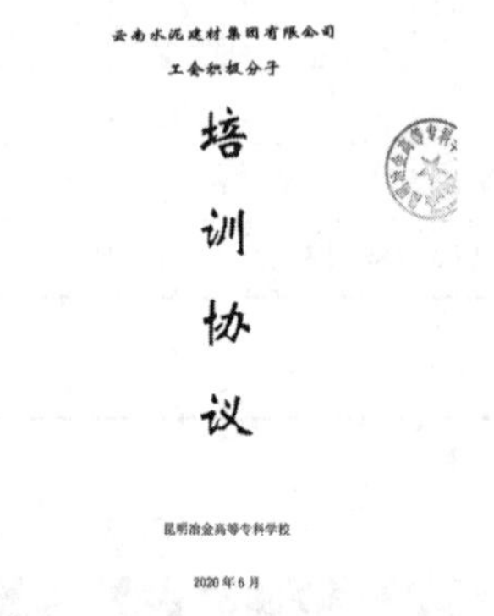

云南水泥建材集团有限公司

工会积极分子

培训协议

昆明冶金高等专科学校

2020 年 6 月

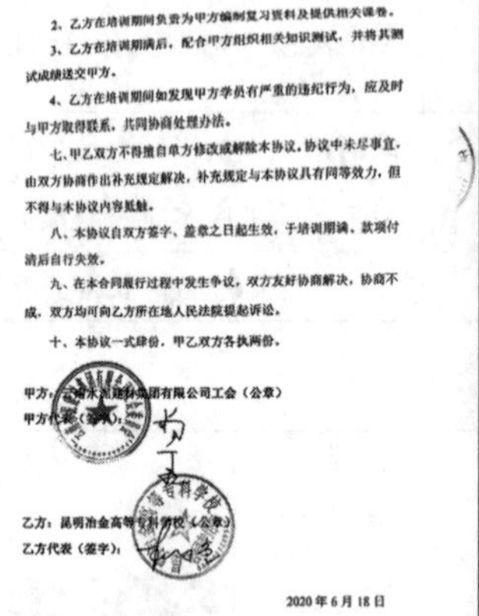

2、乙方在培训期间负责为甲方编制复习资料及提供相关课卷。

3、乙方在培训期满后，配合甲方组织相关知识测试，并将其测试成绩送交甲方。

4、乙方在培训期间如发现甲方学员有严重的违纪行为，应及时与甲方取得联系，共同协商处理办法。

七、甲乙双方不得擅自单方修改或解除本协议，协议中未尽事宜，由双方协商作出补充规定解决，补充规定与本协议具有同等效力，但不得与本协议内容抵触。

八、本协议自双方签字、盖章之日起生效，于培训期满、款项付清后自行失效。

九、在本合同履行过程中发生争议，双方友好协商解决，协商不成，双方均可向乙方所在地人民法院提起诉讼。

十、本协议一式肆份，甲乙双方各执两份。

甲方：云南水泥建材集团有限公司工会（公章）

甲方代表（签字）：

乙方：昆明冶金高等专科学校（公章）

乙方代表（签字）：

2020 年 6 月 18 日

2020 年 6 月为云南建材水泥集团有限开展企业定制技能竞赛培训两项，竞赛项目为窑操工、物检工，人数为 53 人。

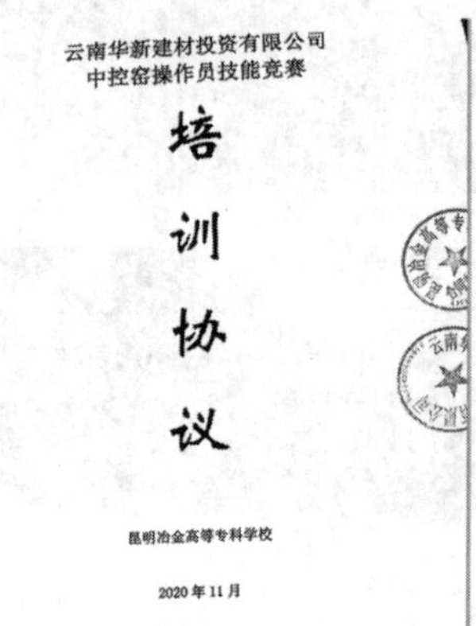

云南华新建材投资有限公司

中控窑操作员技能竞赛

培训协议

昆明冶金高等专科学校

2020 年 11 月

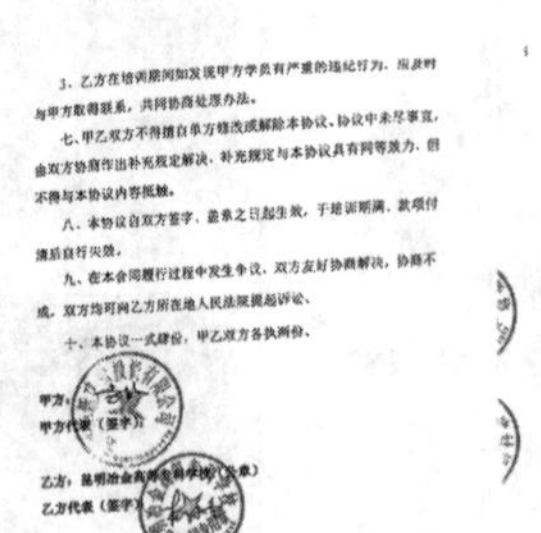

3、乙方在培训期间如发现甲方学员有严重的违纪行为，应及时与甲方取得联系，共同协商处理办法。

七、甲乙双方不得擅自单方修改或解除本协议，协议中未尽事宜，由双方协商作出补充规定解决，补充规定与本协议具有同等效力，但不得与本协议内容抵触。

八、本协议自双方签字、盖章之日起生效，于培训期满、款项付清后自行失效。

九、在本合同履行过程中发生争议，双方友好协商解决，协商不成，双方均可向乙方所在地人民法院提起诉讼。

十、本协议一式肆份，甲乙双方各执两份。

甲方：

甲方代表（签字）：

乙方：昆明冶金高等专科学校（公章）

乙方代表（签字）：

2020 年 11 月 17 日

2020 年 11 月为云南华新建材投资有限公司开展企业定制技能竞赛培训一项，竞赛项目为中控窑操作员，人数为 28 人。

云南水泥建材集团有限公司

工会积极分子

培训协议

昆明冶金高等专科学校

2021 年 5 月

2、乙方在培训期间负责为甲方编制复习资料及提供相关课卷。

3、乙方在培训期满后，配合甲方组织相关知识测试，并将其测试成绩送交甲方。

4、乙方在培训期间如发现甲方学员有严重的违纪行为，应及时与甲方取得联系，共同协商处理办法。

七、甲乙双方不得擅自单方修改或解除本协议。协议中未尽事宜，由双方协商作出补充规定解决，补充规定与本协议具有同等效力，但不得与本协议内容抵触。

八、本协议自双方签字、盖章之日起生效，于培训期满、款项付清后自行失效。

九、在本合同履行过程中发生争议，双方友好协商解决，协商不成，双方均可向乙方所在地人民法院提起诉讼。

十、本协议一式肆份，甲乙双方各执两份。

甲方：云南水泥建材集团有限公司工会（公章）

甲方代表（签字）：

乙方：昆明冶金高等专科学校（公章）

乙方代表（签字）：

2021 年 5 月 27 日

2021 年 5 月为云南水泥建材集团有限公司开展企业定制技能竞赛培训两项，竞赛项目为水泥磨操工、物检工，人数为 52 人。

云南华新建材投资有限公司

中控磨操作员技能竞赛

培训协议

昆明冶金高等专科学校

2021 年 6 月

3、乙方在培训期间如发现甲方学员有严重的违纪行为，应及时与甲方取得联系，共同协商处理办法。

七、甲乙双方不得擅自单方修改或解除本协议。协议中未尽事宜，由双方协商作出补充规定解决，补充规定与本协议具有同等效力，但不得与本协议内容抵触。

八、本协议自双方签字、盖章之日起生效，于培训期满、款项付清后自行失效。

九、在本合同履行过程中发生争议，双方友好协商解决，协商不成，双方均可向乙方所在地人民法院提起诉讼。

十、本协议一式肆份，甲乙双方各执两份。

甲方：云南华新建材投资有限公司（公章）

甲方代表（签字）：

乙方：昆明冶金高等专科学校（公章）

乙方代表（签字）：

2021 年 6 月 11 日

2021 年 6 月为云南华新建材投资有限公司开展企业定制技能竞赛培训一项，竞赛项目为中控窑操作员，人数为 31 人。

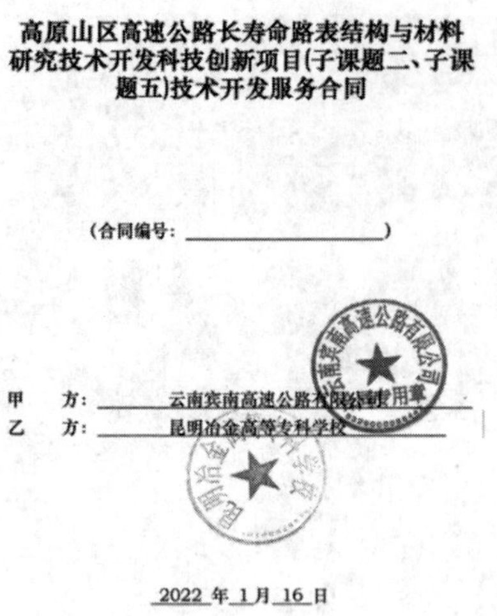

高原山区高速公路长寿命路表结构与材料研究技术开发科技创新项目(子课题二、子课题五)技术开发服务合同

(合同编号：＿＿＿＿＿＿＿＿＿)

甲　　方：云南宾南高速公路有限公司

乙　　方：昆明冶金高等专科学校

2022 年 1 月 16 日

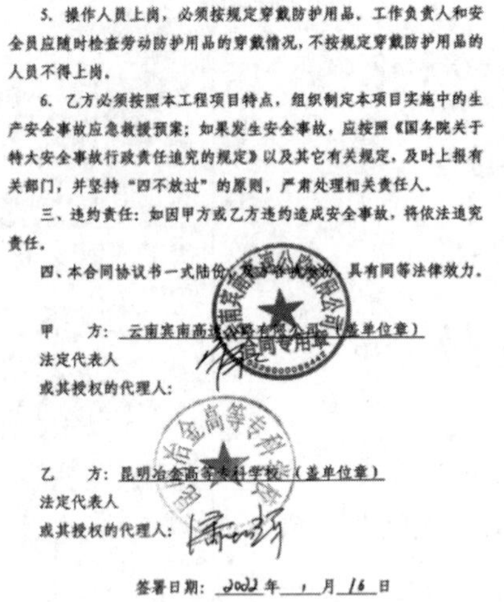

5. 操作人员上岗，必须按规定穿戴防护用品。工作负责人和安全员应随时检查劳动防护用品的穿戴情况，不按规定穿戴防护用品的人员不得上岗。

6. 乙方必须按照本工程项目特点，组织制定本项目实施中的生产安全事故应急救援预案；如果发生安全事故，应按照《国务院关于特大安全事故行政责任追究的规定》以及其它有关规定，及时上报有关部门，并坚持"四不放过"的原则，严肃处理相关责任人。

三、违约责任：如因甲方或乙方违约造成安全事故，将依法追究责任。

四、本合同协议书一式陆份，具有同等法律效力。

甲　　方：云南宾南高速公路有限公司（盖单位章）

法定代表人

或其授权的代理人：

乙　　方：昆明冶金高等专科学校（盖单位章）

法定代表人

或其授权的代理人：

签署日期：2022 年 1 月 16 日

高原山区高速公路长寿面路表结构与材料研究技术开发科技创新项目,技术服务合同金额 97.27 万元。

中国水利水电第十四工程局有限公司科学技术进步奖

获奖证书

为表彰和奖励在中国水利水电第十四工程局科学技术进步活动中做出重要贡献的单位和个人，充分发挥广大科技工作者的积极性和创造性，促进工程局科学技术的发展，特颁此证，以资鼓励。

项目名称：中老铁路（国际）隧道风险工序变形实时监测预警系统技术

获奖等级：一等奖

获 奖 者：昆明冶金高等专科学校

奖励年度：2019年度

发证机构：中国水利水电第十四工程局有限公司

证 书 号：2019-KJJB-1-04-D04

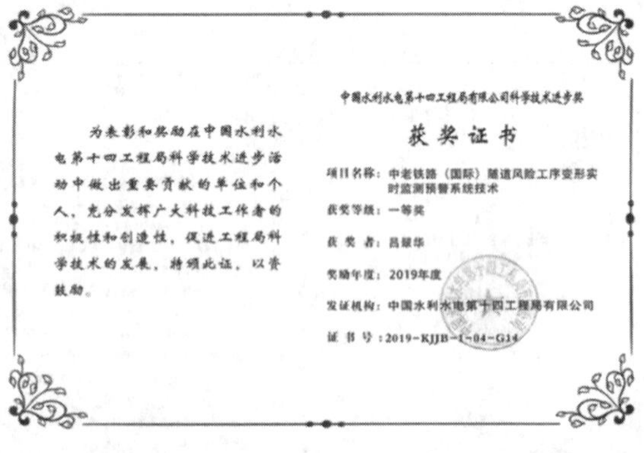

中国水利水电第十四工程局有限公司科学技术进步奖

获奖证书

为表彰和奖励在中国水利水电第十四工程局科学技术进步活动中做出重要贡献的单位和个人，充分发挥广大科技工作者的积极性和创造性，促进工程局科学技术的发展，特颁此证，以资鼓励。

项目名称：中老铁路（国际）隧道风险工序变形实时监测预警系统技术

获奖等级：一等奖

获 奖 者：吕淑华

奖励年度：2019年度

发证机构：中国水利水电第十四工程局有限公司

证 书 号：2019-KJJB-1-04-G14

2019 年 6 月,"中老铁路(国际)隧道风险工序变形实时监测预警系统技术"获中国水利水电第十四工程局有限公司科学技术进步奖。

万保峰 同志：

鉴于您本人在无人机测绘方面的突出贡献和影响力，特聘您为我司技术专家，为解决无人机测绘培训方面提供解决方案。

万保峰老师受聘为专家，解决无人机测绘培训技术问题。	胡瑛老师受聘为“1＋X”建筑工程施工工艺与管理职业技能等级证书“教材编审专家，师资培训专家”。	杨蕾颖老师受聘为 BIM 专家库成员。
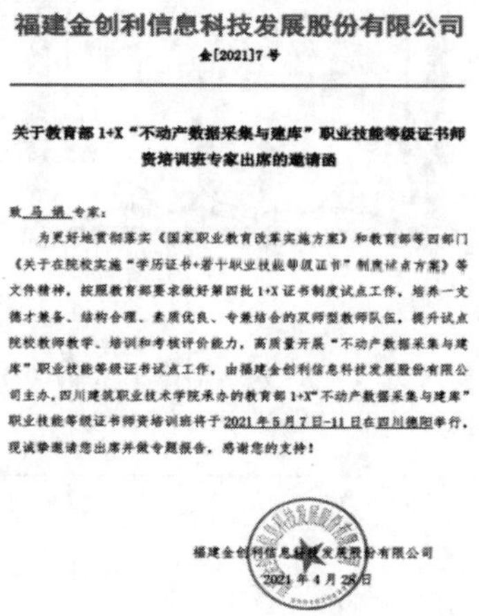 福建金创利信息科技发展股份有限公司 金[2021]7 号 关于教育部 1+X“不动产数据采集与建库”职业技能等级证书师资培训班专家出席的邀请函 致 马骁 专家： 为更好地贯彻落实《国家职业教育改革实施方案》和教育部等四部门《关于在院校实施“学历证书+若干职业技能等级证书”制度试点方案》等文件精神，按照教育部要求做好第四批 1+X 证书制度试点工作，培养一支德才兼备、结构合理、素质优良、专兼结合的双师型教师队伍，提升试点院校教师教学、培训和考核评价能力，高质量开展“不动产数据采集与建库”职业技能等级证书试点工作，由福建金创利信息科技发展股份有限公司主办，四川建筑职业技术学院承办的教育部 1+X“不动产数据采集与建库”职业技能等级证书师资培训班将于 2021 年 5 月 7 日-11 日在四川德阳举行，现诚挚邀请您出席并做专题报告，感谢您的支持！ 福建金创利信息科技发展股份有限公司 2021 年 4 月 28 日	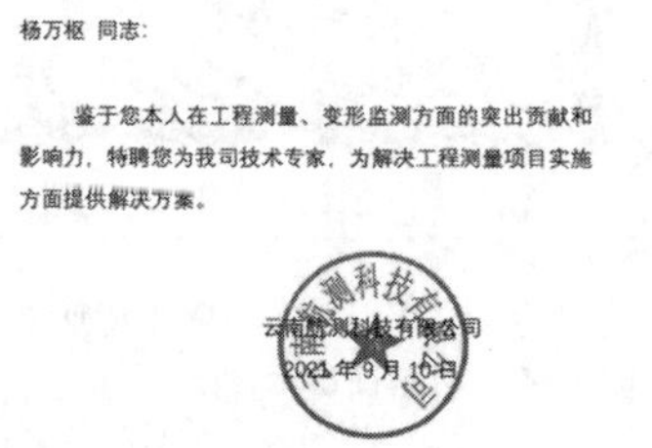 杨万枢 同志： 鉴于您本人在工程测量、变形监测方面的突出贡献和影响力，特聘您为我司技术专家，为解决工程测量项目实施方面提供解决方案。 云南航测科技有限公司 2021 年 9 月 10 日	 2020 年度“[redacted]培训班课程表
受聘教育部“1＋X”“不动产数据采集与建库”职业技能等级证书师资培训班专家。	杨万枢老师受聘为专家，解决工程测量问题。	2020 年 5 月万保峰老师为云南自由贸易试验区含光技术有限公司培训提供无人机技术服务。
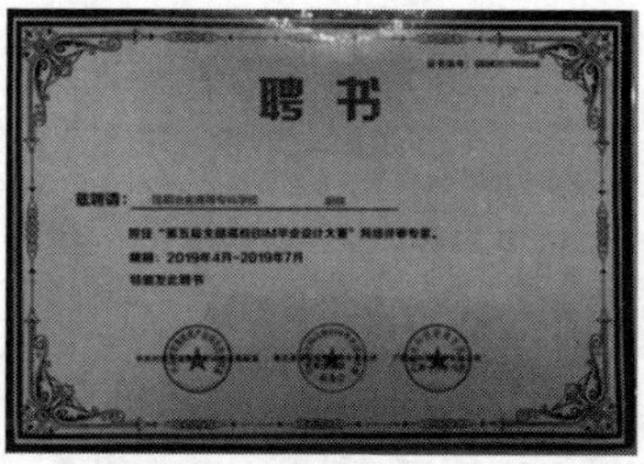 	 	
胡瑛老师受聘“全国高校 BIM 毕业设计大赛”网络评审专家。	胡瑛老师受聘为 BIM 专家库成员。	2020 年袁建明老师为神州数码开展网络安全技术培训 1 期，并被聘请为第 46 届世界技能大赛云南选拔赛网络安全赛项裁判员。

受聘为"1 + X"建筑信息模型职业技能等级证书区域专家。	受聘为"1 + X"建筑信息模型职业技能等级证书培训讲师团。	受聘为"1 + X"建筑信息模型职业技能等级证书区域专家。

三、满意度指标

根据问卷调查结果，测绘工程技术专业群在校生满意度为 97.78%，毕业生满意度为 98.98%，教职工满意度为 95.04%，用人单位满意度为 99.75%，家长满意度为 97.35%。具体见第三方评价报告。满意度第三方报告，如图 5-11 所示。

主要结论

本报告以"职教 20 条"、"双高计划"申报及评价系列文件、职业教育改革发展各相关重要文件等为依据，对昆明冶金高等专科学校测绘工程技术专业群的建设成效进行了系统调研、分析和数据解读，并对教职工、在校生、毕业生、行业企业/用人单位、家长在专业群"双高"建设各项任务中的满意度得分进行算术平均计算，结果如下表所示。

在校生满意度为 97.78%、毕业生满意度为 98.98%、教职工满意度为 95.04%、行业企业满意度为 99.50%（其中，用人单位满意度为 99.75%）、家长满意度为 97.35%。

各调研对象对"双高"专业群建设质量的总体满意度评价得分

调研维度	调研对象	满意度
测绘工程技术专业群	在校生	97.78%
	毕业生	98.98%
	教职工	95.04%
	行业企业	99.50%
	其中：用人单位	99.75%
	家长	97.35%

此外，本报告还得出了如下主要结论。

图 5-11　满意度第三方报告

四、管理与执行指标

(一)资金管理指标

测绘工程技术专业群各一级项目负责人根据本项目的阶段建设目标和任务进度计划在总预算内上报年度预算,项目组汇总后综合各子项目推进情况,协调年度预算,统筹资金使用。实训软硬件设备的采购在项目预算内,由所属学院论证,党政联席会研究决定报一级项目负责人审核实施。课程教学资源和教材根据不同建设目标,分级分类给予不同的经费支持。项目经费使用由各项目经办人提出申请,一级子项目负责人审核后上报专业群负责人和相关责任部门领导批准使用。

财务收支情况见第三方审计报告,如图 5-12 所示。

昆明冶金高等专科学校

"双高计划"项目 2019-2021 年度

财务收支的专项审计报告

中证天通会计师事务所（特殊普通合伙）云南分所

中国·昆明

图 5-12　财务收支情况第三方审计报告

(二)项目管理指标

1. 项目的组织保障

成立测绘工程技术专业群建设项目领导小组、专业群建设指导委员会和专业类分委员会,分级组建子项目实施团队。

2. 项目的管理制度健全性

测绘工程技术专业群各级各类子项目实行备案制、项目负责制。制订“双高计划”建设项目测绘工程技术专业群项目实施管理办法、测绘工程技术专业群项目绩效考核管理办法，规范项目管理。拟定测绘工程技术专业群一级子项目建设目标责任书，明确责任。制订“双高计划”建设项目测绘工程技术专业群教学指导委员会章程，建立委员会运行机制。